山本龍彦 監修

安全保障

石井由梨佳 編

法律文化社

本講座の刊行にあたって

　情報技術（Information Technology）の発展とともに，法と情報技術とを架橋する「情報法」なる法学分野が生まれ，その守備範囲を漸次広げてきた。ただ，例外はあるにせよ，情報法研究と目されるものには，各研究者のバックグラウンド（"本籍地"）の基本的思考（通説）を情報技術の実践にただ適用したり，各国で複雑に展開する情報法制をただ紹介したりするものが少なくなく，この分野は，法学において二次的で周辺的な分野と理解されてきたように思われる。従前，情報法がいわゆる「馬の法」（馬の不法行為の問題は，既存の不法行為法の馬事案への適用にすぎず，「馬の法」という独立した範疇を観念する必要はないとの議論）との類比で議論されてきたのは，このような情報法の"フォロワー"的立ち位置と関係していよう。

　しかし，情報法は，今後も法学分野の"フォロワー"であり続けるのだろうか。また，あり続けるべきなのだろうか。

　人工知能（Artificial Intelligence, AI）を含む情報技術の加速度的発展により，「民主主義」，「法の支配」，「領土」（国家主権）といった，これまで法学分野において自明とされてきた諸概念が動揺している。何より，脳神経科学などの発展とも相まって，近代法学の前提でもある人間の自律的・主体的な意思決定や「自由意思」の存在それ自体の虚構性が，科学的に実証されつつある。このように，現在の情報技術の加速度的発展により被弾しているのが近代法学の「通説」そのものであるとすると，情報法はこれまでどおり，「本籍地」の「通説」をただ情報技術に適用するだけ，というわけにもいかない。ならば情報法は，今度は，加速する情報技術ないし自然科学（自然主義）の"フォロワー"となり，法学ないし人文社会科学の伝統的パラダイムを徹底して否定する「破壊の学問」となるべきなのだろうか。もちろん，情報法の未来をこのようにラディカルに構想することもできようが，歴史を見ればそれは必然でない。

i

確かに，かつての法学ないし人文社会科学のパラダイムシフトも，自然科学の重要な発見ないし転回によって駆動された。ガリレオやニュートンの歴史的発見や方法論が，旧パラダイムの非科学性を暴露し，「世界」や「人間」に関する認識を根源的に変容させたのである。しかし，ホッブズやカントら，近代法学のパラダイム構築に寄与した人文社会科学者たちは，新たな自然科学の知見に強く魅了されながらも，極端な懐疑主義に陥り，法学を含む人文社会科学を「破壊」しようとしたのではなく，自然科学的知見と向き合い（ホッブズに与えたガリレオの影響，カントに与えたニュートンの影響はよく知られる），それを前提に，新たなパラダイム構築を力強くリードしたのである。

　繰り返すが，AIを含む情報技術の加速度的発展は，これまでの法学ないし人文社会科学のパラダイムを動揺させている。あの終末論的歴史観を援用すれば，生成 AI (generative AI) の登場は，伝統的パラダイムにとっての Antichrist なのかもしれない。そこで情報法に求められるのは，Christ を装った Antichrist に惑わされ，「アルゴリズム」に反するすべての道徳原理や社会制度を破壊するのではなく，情報技術の発展を最前列に着座して真摯に受け止め，その知見を前提に，法学のパラダイムシフトをリードすることではないだろうか。

　「情報法の未来をひらく」――。本講座のタイトルに込めたのは，このような思いである。比較的若い世代の法学研究者が，先端の情報技術に触れ，そこから新たな論点を発見・抽出し，果敢にも法学の本質へと分け入る。それはもう，"フォロワー" としての情報法ではない。法学そのものを牽引する "リーダー" としての情報法である。本講座は，この AI 時代に理論的な掘り下げが特に必要と思われるテーマとして，「ガバナンス」（第 1 巻　稲谷龍彦編），「法」（第 2 巻　松尾陽編），「プライバシー」（第 3 巻　音無知展＝山本龍彦編），「プラットフォーム」（第 4 巻　成原慧編），「表現の自由」（第 5 巻　水谷瑛嗣郎編），「経済・金融」（第 6 巻　藤谷武史編），「安全保障」（第 7 巻　石井由梨佳編）を掲げ，各執筆者に上述のような "リーダー" 的気概をもってこれらのテーマに取り組んでいただいた。

　本講座の監修者として，こうして情報法の未来がひらかれることで，個人が

尊重され，民主主義がさらに発展する AI 社会が実現されることを切に願う。

　最後に，監修作業をお手伝いいただいた関西大学社会学部・水谷瑛嗣郎氏，企画段階から編集まで，監修者および各巻編者の作業をきめ細やかにサポートいただいた法律文化社編集部の梶原有美子氏，梶谷修氏，徳田真紀氏，畑光氏には記して深く感謝申し上げる次第である。

　　　　　　　監修　山 本 龍 彦（慶應義塾大学大学院法務研究科教授）

はしがき

1　問題の所在 —— ポスト人工知能時代における安全保障上の脅威

　安全保障とは，外部にある脅威から，自らの国，社会，企業，市民の安全を確保することである。このように捉えるとき，情報法は，その設計次第で，安全保障の基盤にもなるし，それを揺るがす道具にもなる。

　今日のデジタル化社会において，情報の利活用は，量的な拡大と質的な深化を遂げている。2024年現在，我々は携帯端末やタブレットを持ち歩きながら移動をし，プラットフォーム事業者の提供する報道で情報を得，オンラインショップで買い物をし，ソーシャル・ネットワーキング・サービス（SNS）のアプリを通じて家族や友人とコミュニケーションを取る。我々がその日にどこに行き何をしたのか，何に興味関心を持ち，どのような嗜好を有し，誰と繋がっているのかは，データとなって端末やサーバに蓄積されている。そして，その日のニュースからお勧めの店舗や商品まで，我々にどのような情報を提供するべきかは，それらのデータを基にして，事業者が用いるアルゴリズムが決める。

　人工知能（AI）や分散台帳技術，量子情報通信を含めたデジタル技術の深化と広がりは，一方では，国や社会の境界を低くする作用を持ち，グローバルな情報流通を促進する。しかし，他方で，それは当事者が意図していない情報の利用や，これまで表面化することがなかった情報の流出や拡散を許すリスクを孕む。

　まず，これまでにも存在していた情報漏洩のリスクは，デジタル化によってその度合いを増している。サイバーインシデントが引き起こす損失額は数十兆ドルに上りうる。また，テロ組織や組織犯罪集団が，ダークウェブなど情報を隠匿する技術を使って禁制品の売買等の違法行為を行っていることも，市民の安全を脅かす。

　加えて，ポストAI時代においては，脅威をもたらす外部の脅威の存在は分散し，可視化されづらくなっている。敵は，陸，海，空，宇宙，サイバーに次ぐ，第6の安全保障領域であるところの人間の「脳」に直接働きかけるからである。例えば，デジタルメディアの普及により，フェイクニュースの拡大や，

SNSを通じた世論の操作など，情報を武器として用いる新しい形態の情報戦が既になされている。これはプラットフォーム事業をはじめとした，利用者の属性に沿って情報を選択的に提供できる仕組みを通じて，利用者の認知領域に働きかけることで実施される。広告によって収益を得る事業者には，その利用者が見たい情報や，関心を惹く情報を提供する商業上の動機がある。そのため利用者が心地よく感じる情報が優先的に表示され，そうではない情報は排除されてしまう。民主主義的な意思決定過程に介入しようとする者が，これを利用して，選挙報道を歪めたり，特定の集団を排除したり貶めたりするような情報を流したりすることが喫緊の課題になっている。

2　本書の課題 ── 情報法における安全保障上の脅威への対応

　デジタル技術の進化と拡大は利点も大きい。これらの技術を用いて，個人情報を含めたデータの適正かつ効果的な活用をすること，それによって新しい産業を創出し，活力のある経済社会と豊かな国民生活の実現をすること，それとともに個人の権利利益を保護することが望ましいことに異論はないだろう。さらには我々の社会を基礎付ける立憲主義原理に則って，社会のデジタル化を進めていく必要性も，議論の起点としてよい。

　しかし，安全保障上の脅威の存在形態が情報のデジタル化によって質的に変わるとき，国，事業者，市民との関係もまた構造的に変容している。このような状況は，国内的側面とトランスナショナルな側面の双方において生じている。

(1)　国内的側面

　国によって上記の脅威への対応のあり方は異なるが，多かれ少なかれ，上記の流れは，従来の国と事業者やデジタルサービスの利用者との関係を構造的に変容させている。このことは次の3つの関係軸において把握することができる。

　第1に，政府と市民との関係である。国は保安のために様々な情報を収集するが，その侵襲の度合いは，情報技術の発展に伴い量的にも質的にも高くなっている。データ駆動型の捜査手法を利用すること，安価になった全地球測位システム（GPS）を容疑者の車に付着させてその行動を監視すること，通信事業者に利用者の位置情報を提出させること，顔認証技術を利用して特定の場所を通行する者全てを監視することなどは，一方ではテロや組織犯罪の抑止になる

ものの，他方では市民の自由との緊張関係をもたらす。

　確かに，従来の情報法領域においても，国家が犯罪の予防や捜査のために，通信を含む表現活動や，金融の利用状況等の監視を強化することが，安全と自由を制約することは課題として認識されてきた。政府からの恣意的な制御を許さないようにすることは，法の役割である。日本では基本権や民主主義といった社会の根幹的な価値を守るために憲法があり，それを踏まえて当局や事業者に対する適切な規律を行うために刑事訴訟法をはじめとした各法が整備されている。しかし，それらの法規則だけで立憲的価値を守ることができるかは慎重な検討が必要である。

　また，行政側に蓄積された情報が適切に管理されなかったり，AIの活用によって個人の能力やリスクの評価，あるいはプロファイリングがなされたりする場合，利用者がコントロールできないところでその自律性が制約され得る。これらの技術活用が憲法の定める統治機構に不当な影響を及ぼさないための仕組みや，個人の基本権を侵害しないための措置が必要になる。

　第2に，政府と事業者との関係である。民間事業者が保有する情報へのガバメントアクセスは，上記のデータの蓄積が通信事業者をはじめとした民間企業においてなされている限り，主要な情報収集手段となる。もっとも，捜査や監視の対象となる通信事業者等は，同時に，表現の自由の媒介者であり，国家経済の担い手でもある。事業者が多面的な役割を担うことから，政府と事業者による情報取得，利活用をどのように規律するかという課題が生じる。

　事業者を介さずに利用者間（P2P）で行われる暗号通信や分散型取引が普及すると，事業者を情報の集積拠点として利用してきた従来の捜査，監視体制を組み直す必要が生じる。事業者を介してそのような通信取引を行っている場合，国が事業者に対してバックドアの設置を命じることができるかも，重要な論点である。

　第3に，事業者と利用者である市民との関係である。確かに，事業者は個人情報保護法をはじめとした法律を遵守することで，利用者の権益を守る義務を負うことになる。しかし，それらの法律を施行すれば守るべき基本的な価値を擁護できるのかが常に問われなければならない。例えば，冒頭に述べたように様々なサービスの利用を通じて利用者の認知が歪められるにしても，事業者の

情報の利活用に対して利用者が同意していることをどのように評価すればよいかという問題がある。どのような利活用がなされるのか分かりやすい説明がされていないとしたら，あるいは事業者の提供する情報通信技術抜きで生活できないとしたら，もはや同意は形骸化しているためである。また，利用者は事業者に提供した自己に関する情報についてどこまでコントロールできるか，情報に対する権利を人権として認めるべきかも論争を呼んでいる。

(2) **トランスナショナルな側面**

(ⅰ) 情報法の調和化不可能性と国際協力の必要性

事業者は，経済的な動機からクロスボーダーで活動する。そこで，政府が自国管轄に服しながら外国で活動する事業者のデータにアクセスしたり，事業者が移転するデータに移転先の現地国がアクセスしたりする契機が増加している。

経済領域では通商や投資を円滑に行うために，国内法の仕組みをある程度調和化（harmonize）しておき，相互運用性を確保する。しかし，情報法は各国の価値，歴史，経済状況，社会構造を織り込んで策定されるもので，そのあり方は国によって異なる。そのため，そのようなすり合わせが本質的にできないところがある。

同時に，主要国の情報法政策が地球規模でのインパクトを持つのも，情報法の特徴である。図式的に言えば，大手IT企業の本拠地である米国は，連邦レベルでの個人情報保護法を設けることなく，情報の自由な流通を促進しようとする。他方で，欧州連合（EU）は，厳格な情報法制の域外適用によってその影響力を広げている（ブリュッセル効果）。これに対して，中国は，国民への監視体制を強めると共に一帯一路政策を通じて東南アジア，南米，アフリカに自らの通信システムを広める（北京効果）。このように，主要国・地域のアプローチは明確に異なっている。それらの管轄に服する事業者は，相反する対応をしなければならないことがある。

また，権威主義が台頭することを背景にして，民主主義を基調とする国が共通の規範を形成しようとする動きも顕著である。2022年12月には，経済協力開発機構（OECD）が民間企業の保有する対話アプリの履歴や個人情報などについて，政府が収集等を行うための原則（*Declaration on Government Access to Per-*

sonal Data Held by Private Sector Entities, OECD/LEGAL/0487）を採択した。それ自体に法的拘束力はないが，それが各国法で実現されていくことが期待される。もっとも，これらは有志国との間で形成されている規範であり，権威主義国との溝を埋めるものにはならない。

　情報の越境移転や交換について国際協力が見込めない状況は，情報の自由な流通と，安全保障との緊張関係を生み出す。そのことが，翻って各国の情報法と個人の権利保障にどのような帰結をもたらすのかも問われなければならない。すなわち，いずれの国で活動するのが安全と言えるか，その判断基準を利用者や利用者の所在国が設定することが必要になる。そして，データを保有する事業者が法執行国の法に対して有する信頼，利用者が事業者のデータ取扱に対して有する信頼をどのように確保するかが課題となる。

(ii) 通信インフラの保護

　情報と安全保障を語るときに欠かすことができないのは通信インフラの構築と保護である。金融取引も含めて，通信は海底ケーブルと人工衛星通信網を通じてなされる。国がインフラの維持について自律的なコントロールを持てるかは，安全保障上，死活的に重要である。国際法では，いずれの国にも属さない国際領域での通信は，全ての国に開かれており，他国はそれを不当に阻害してはならないという，公海，あるいは宇宙空間における利用の自由が原則となってきた。しかし，2010年代後半以降，米中対立を背景にして，通信インフラの地政学的な意義が見直されている。また海底ケーブルが故意に破壊される例や，人工衛星や地上局がサイバー攻撃の対象となる例が増加している。これにどのように対応し，自国と外部を繋ぐインフラを維持，保護しなくてはならないか，検討が必要となる。

　情報法における安全保障上の脅威への対応はどのようになされるべきだろうか。法的基盤となる価値，原理を実現するべく，ここまでで素描した理念と実態とのギャップを克服するためには何が必要だろうか。これらが本書を貫く問いである。

3　本書の構成

　情報法における安全保障に関する問題は幅広い領域にまたがる。そこで，本

書では狭い意味での情報法に止まらない，憲法，刑法，国際法，安全保障法の理論と実務に精通した専門家に，以下の問題について，それぞれの専門領域の視点から論文を寄稿していただいた。

本書は3部9章から成る。第Ⅰ部では，情報取得，利活用，保持のあり方として守るべき価値は何かを論じる。第1章の横大道聡論文は，安全保障が構造的に変容していることを踏まえて，本来，安全保障を脅かすための道具ではないはずの外国企業のSNSプラットフォームの利活用が，安全保障上の問題として議論されている要因を明らかにする。具体的には，米国における外国企業のSNSプラットフォームに対する規制に焦点を当てた実証研究を展開する。その際，2016年から2020年にかけて，トランプ政権下において講じられた，安全保障上の懸念から試みられた中国企業のSNSプラットフォームに対する規制と，2021年以降，バイデン政権下において実施されている規制の展開を追う。そして，中国のSNSプラットフォーム事業者に対して米国が有する警戒感の源泉としての中国法制度を踏まえ，日本法への示唆を加える。

第2章の山田哲史論文も，プラットフォーム事業者を中心とする私企業のもとに情報が収集，蓄積されていることに着目する。国家は，安全保障や犯罪予防，犯罪捜査などの目的で，国境を越えて事業を展開する事業者の顧客として，情報を取得する。国家による監視のために，デジタル技術が用いられることに伴い，憲法的価値に関わる脅威が生じる。本論文では，具体的には，特定の日時に特定の場所にいた利用者の情報を取得するジオフェンス令状を具体的題材として，法的規律の枠組みが直面している問題を明らかにする。

第3章の中崎隆論文は，犯罪対策は国家安全保障において重要な位置を占めていること，しかし日本では十分な体制がとられているとは言えないことを指摘し，効果的な犯罪対策体制のために，人権保護とのバランスを図りながらも，的確な情報収集・共有を行える体制を構築することが必要であるという。同論文は，刑事捜査を主にして安全保障に関わる情報収集と共有に関する，国家間や主要国における仕組みを俯瞰する。その上で，日本による対応とその不十分な点，改善の余地のある点を挙げる。

第Ⅱ部では，国境を越える情報を，国際法と各国法がどのように規律しているのかを検証している。第4章の藤井康次郎＝根本拓＝福島惇央論文では，越

境データ移転規制についてその透明性をいかに高めるか，またそのためにどのような制度が構築されるべきかを論じる。このことが，ビジネスへの障害の緩和や越境データ移転規制に関する国際的な規律に関する議論の進展等の観点からも，有益であるためである。越境データ移転規制が，安全保障を理由とする場合には通商協定において一定の規律が及ぶ余地はある。しかし，透明性の向上を図ることにより，過度な規制を牽制することができる。このような問題意識に基づき，同論文は，国際通商制度における透明性とアカウンタビリティを高めるための仕組みについての整理と分析を行う。

　第5章の石井由梨佳論文は，事業者らが主に経済的理由から個人データを越境移転することを，経済安全保障の観点からどのように規律するべきかを検討する。個人情報保護法では越境移転をする際には，相手国が安全であることを求める。しかし，各国は事業者の情報移転に関してどのような基準で安全を判断するのか，関連する国内法形成の動向や，国際法規範の形成も踏まえながら論じる。

　第6章の那須仁＝石井由梨佳論文は，国，国に準ずる団体，テロ組織などが，情報を利用して敵対者を凌駕することを目的にした作戦行動である情報戦の法的規律のあり方を論じる。現状では情報戦に関して国際法の各国への義務付けは具体的なレベルでは行われておらず，各国の法整備が先行している。表現の自由や利用者の基本権，事業者の営業の自由と情報戦の脅威から個人，社会，国家の安全を守る要請をどのように調整するかという課題は，各国に共通する問題である。そこで同論文では，情報戦に対する法整備の現状を踏まえ，情報戦対策としての法の役割がいかにあるべきかを示す。まず，偽情報規制法と国家秘密保護法を中心に国内法整備の現状と課題を考察する。次いで，情報戦が平時と武力紛争時においてどの程度国際法の下で規制されているのかを明らかにする。最後に，情報規制が引き起こす表現の自由との軋轢を国家安全保障の観点から検討する。

　第7章の西貝吉晃論文は，アクティブ・サイバー・ディフェンス（能動的サイバー防御，ACD）と日本の刑法との間の関係を掘り下げる。具体的には，ACDのうち刑法上の犯罪を構成する行為を抽出した上で法的に評価する。すなわち，ACDを適法に行うための日本の刑罰規定の犯罪構成要件の限定解釈の可能性

や現行の違法性阻却事由の適用論も議論しつつ，立法論の見地からの検討を行う。さらに，ACDを目的とする行為を一定の範囲で適法だとすべきだとした場合に，そうした活動の権限をどの機関に与えるべきかについても考察する。

第Ⅲ部では，海底ケーブルと人工衛星という国際通信インフラの保護を，主に国際法の観点から論じている。第8章の武井良修論文は，安全保障上の懸念を踏まえて，海底ケーブルをめぐる法的な問題についての分析を行う。まず，海底ケーブルに関する法制度について，国際法の観点を中心に概観し，その特徴を分析する。次いで海底ケーブルの保護に関する法的問題について脅威類型ごとに検討し，政策上の課題を明らかにする。そして，最近の海底ケーブル事業に係る動向を読み解き，これらの動きが現行の国際法制度にどのような影響を与えうるのかについて検討し，今後の法制度の方向性について見解を示す。

第9章の高屋友里論文は，衛星通信に対する有害な混信に着目し，それが国際電気通信連合（ITU）においてどのように規律されているのかを検討する。現状では，宇宙安全保障の概念や定義は確立していない。例えば，衛星通信に対する有害な混信を引き起こすサイバー行動が，宇宙活動に対する脅威であるという認識は，関係国や国際諸機関において十分に共有されていない。本論文は，既存のITU法制度における「有害な混信」の禁止規範と履行制度やサイバー脅威低減への法的試みを踏まえて，宇宙空間の脅威を低減するために透明性・信頼醸成措置に対して，ITUの履行制度が寄与するという指摘を行う。ITUが提示するTCBMは，衛星通信に対する有害な混信の「可視化」を促進するものであり，それはサイバー脅威低減につながるためである。

本講座の企画は，山本龍彦先生監修の下で進められた。また，法律文化社の梶原有美子氏，梶谷修氏，徳田真紀氏は，企画，編集，校閲に至るまで，地道で丁寧な支援をしてくださった。

本書が今後の法学領域における安全保障問題の研究や，学際的研究の発展に寄与することを，そして，日本における情報法関連の各種施策において有益な参照先となることを願う。

2024年7月

編者　石井由梨佳

目　　次

本講座の刊行にあたって
はしがき
略語・日本法令・条約一覧
執筆者紹介

第Ⅰ部　情報取得，利活用，保持

第1章　安全保障の構造変容と情報法
――米国の中国プラットフォーム事業者の規制を手がかりに――

[横大道聡]　2

1．はじめに：情報に関する安全保障上の問題　2
2．トランプ政権の試み：大統領令に示された対中国強硬姿勢　4
　国家安全保障上の脅威に対する緊急事態宣言：大統領令13873号／TikTok・WeChat の規制：大統領令13942号・13943号／法廷闘争とその結末
3．バイデン政権下の動向：トランプ政権からの断絶と継承　13
　問題意識の継承と TikTok・WeChat 規制の撤回：大統領令14034号／情報通信技術及びサービス審査（ICTS 審査）／対米外国投資委員会（CFIUS）／立法府の動向／小括
4．中国の安全保障　21
　中国の法制度の概観／中国国家安全法と中国サイバーセキュリティ法／米国の警戒の源泉
5．若干の検討　26
　安全保障・対・安全保障／安全保障の過剰／日本の場合
6．おわりに：安全保障の視点を踏まえた情報法へ　34

xiii

第2章 デジタル技術の浸透と国家監視
――いわゆる「ジオフェンス令状」の問題をきっかけにして――

[山田哲史] 36

1. はじめに：デジタル技術の発展・浸透とプライバシー　36
2. ジオフェンス令状の仕組み　41
3. アメリカ合衆国憲法修正4条による規律の可能性　43
   捜索該当性：第三者法理の問題／相当な理由の存在と令状の特定性
4. 問題の再確認と展望：ジオフェンス令状をめぐる議論を踏まえて　58
   問題の再確認／プライバシー論の再構成を主張する見解／統制手法論
5. おわりに：ポストデジタル時代の公・私の行方　66

第3章 安全保障のための情報の収集・共有とその制約
――組織犯罪等を減らすために――

[中崎　隆] 68

1. はじめに：国家安全保障のための情報の収集・共有の必要性　68
   安全保障と犯罪対策／国家安全保障を確保するための体制／国家安全保障と情報の収集・共有と人権の調整／小括：本章の狙いと構成
2. 国際的な安全保障の枠組み　73
   国連等の国際組織の活動／多国間条約／FATF勧告
3. 日本による対応　82
   行政機関による情報の収集（特に捜査）について／行政機関による情報共有／民間による政府への情報共有／民間事業者間の情報共有
4. おわりに：日本にとっての今後の法整備上の課題　110

目次

第Ⅱ部　国境を越える情報とその環境

第4章　越境データ移転規制における透明性の確保
　　　　――国際的な制度構築に向けて――
　　　　　　　　　　　　　　　　　　［藤井康次郎・根本　拓・福島惇央］112

1．はじめに：越境データ移転規制に関する透明性・アカウンタビリティの向上の必要性　112
2．国際通商制度における透明性・アカウンタビリティを高めるための仕組み　116

　国際通商制度における透明性・アカウンタビリティに関する仕組み／透明性・アカウンタビリティの向上のための仕組みの類型／透明性・アカウンタビリティを高めるための制度へのステークホルダーの参加に関する検討

3．越境データ移転規制に関する透明性・アカウンタビリティを高めるための制度の設計に関する検討　125

　越境データ移転規制に関する透明性・アカウンタビリティを高める制度の設計に関する示唆／制度の実効性の確保に向けた検討／規制の内容を把握するために必要となる情報

4．おわりに：DFFTの実現に向けて　135

第5章　経済安全保障と情報データの流通の規律
　　　　――2021年の「LINE問題」を手掛かりに――
　　　　　　　　　　　　　　　　　　　　　　　　［石井由梨佳］136

1．はじめに：経済安全保障とデータの自由流通の相剋　136

　問題の所在／2021年の「LINE問題」／本章の課題と構成

2．情報法における経済安全保障の制御　143

　政府による事業者が保有するデータへのアクセス／越境移転の制限／外国事業者の投資制限

3．主要国の管轄権の射程　154

　国際法上の規則／他国事業者に対する自国・地域法の適用

xv

4．国際協力の可能性と実践　159
　　他国法との抵触可能性／国際協力の実践
5．おわりに：信頼性のある自由なデータ流通のために　162

第6章　デジタルメディアと情報戦
――情報の自由と安全保障の相剋――

[那須　仁・石井由梨佳] 163

1．はじめに：デジタル化時代における情報戦　163
　　現代における情報戦／情報戦の具体例／本章の課題
2．各国国内法における情報戦への対応　167
　　偽情報拡散の規制／プラットフォーム事業者の情報提供義務／外国事業者の役務提供の禁止／国家機密の保護
3．国際法における情報戦の規律　179
　　国内不干渉原則／人権保障／国際協力の強化
4．情報戦対策と個人の情報の自由　185
　　民主主義の政策決定プロセス／政府の説明責任／プラットフォーム事業者の責任
5．おわりに：情報戦への対応力強化のために　189

第7章　アクティブ・サイバー・ディフェンスと刑事実体法
――サイバーセキュリティの維持のための立法論――

[西貝吉晃] 191

1．はじめに：考察の契機としての「国家安全保障戦略」　191
2．ACD措置の類型化の困難性　194
3．代表的な行為類型における犯罪の成否の検討　195
　　ユーザー認証の突破と不正アクセス禁止法違反／不正指令電磁的記録に関する罪／電子計算機損壊等業務妨害罪／通信の秘密侵害罪／ハニーポットと共犯論／小括
4．違法性阻却事由　214
　　緊急行為の検討／刑法35条の活用
5．おわりに：立法の際に意識すべきことのまとめ　241

目　次

第Ⅲ部　国際通信インフラ

第8章　国際海底通信ケーブルに関する法制度
　　　　──安全保障上の脅威からの保護をめぐる問題を中心に──

［武井良修］246

1. はじめに：安全保障問題としての海底ケーブル保護　246
2. 関連国際法枠組みの概観　251
   　海底ケーブルの敷設／海底ケーブルの保護
3. 脅威類型ごとの法的問題と政策上の課題　259
   　他の海洋活動による破損，切断事故／武力紛争時以外の意図的な損壊および窃取／武力紛争時の攻撃／通信傍受
4. 近年の海底ケーブル敷設に係る展開と法的問題　271
   　事業者の多様化と国の役割の変化／国際ガバナンス体制
5. おわりに：現行法制度の課題と今後の展望　277

第9章　衛星通信に対する有害な混信の禁止と宇宙安全保障
　　　　──透明性・信頼醸成措置に着目して──

［高屋友里］278

1. はじめに：国連と衛星通信　278
2. 衛星通信に対する「有害な混信」　282
   　定義／履行制度／ITUとサイバーセキュリティ
3. 宇宙安全保障と透明性・信頼醸成措置（TCBM）　290
   　宇宙安全保障の概念／国連軍縮委員会による2013年TCBM/GGE報告書の検討／国連総会第1委員会による「責任ある行動規範」決議とTCBM／ITUとTCBM
4. おわりに：ITU法体制の課題　298

事項索引

略語・日本法令・条約一覧

■略　語

ABMT	Area-Based Management Tool（区域型管理ツール）
ACD	Active Cyber Defense（能動的サイバー防御）
ACDC	Active Cyber Defense Certainty Act
APEC	Asia-Pacific Economic Cooperation（アジア太平洋経済協力）
ARIN	Asset Recovery Interagency Network
ARIN-AP	Asset Recovery Interagency Network - Asia Pacific
ASAT 兵器	Anti-satellite weapons（対衛星兵器）
ATA	Antiterrorism Act（反テロ法）
BBNJ 協定	Biodiversity Beyond National Jurisdiction Agreement（国の管轄権外区域の海洋生物多様性の保全および持続可能な利用に関する海洋法に関する国際連合条約の下の協定）
BIS	Bank for International Settlements（国際決済銀行）
C&C サーバ	Command and Control Server（コマンド&コントロールサーバ）
CARIN	Camden Asset Recovery Inter-Agency Network
CBM	Confidence-Building Measure（信頼醸成措置）
CBPR	APEC Cross-Border Privacy Rules（APEC 越境プライバシー規則）
CFAA	Computer Fraud and Abuse Act（米国：コンピュータ詐欺と濫用に関する法律）
CFIUS	Committee on Foreign Investment in the United States（米国：対米外国投資委員会）
CIA	Central Intelligence Agency（米国：中央情報局）
CISA	Cybersecurity Information Sharing Act（米国：サイバーセキュリティ情報共有法）
CLOUD 法	Clarifying Lawful Overseas Use of Data Act（米国：海外のデータの合法的使用を明確化する法律）
CPTPP	Comprehensive and Progressive Agreement for Trans-Pacific Partnership（環太平洋パートナーシップに関する包括的及び先進的な協定）
CRS	Common Reporting Standard（共通報告基準）
CSLI	Cell Site Location Information（基地局位置情報）
DDoS	Distributed Denial of Service（分散型サービス拒否）

DFFT	Data Free Flow with Trust（信頼性のある自由なデータ流通）
DOJ	Department of Justice（米国：司法省）
EEZ	Exclusive Economic Zone（排他的経済水域）
EIA	Environmental Impact Assessment（環境影響評価）
ENMOD条約	Convention on the Prohibition of Military or Any Other Hostile Use of Environmental Modification Techniques（環境改変技術の軍事的使用その他の敵対的使用の禁止に関する条約〔環境改変兵器禁止条約〕）
EPA	Economic Partnership Agreement（経済連携協定）
EU	European Union（欧州連合）
FBI	Federal Bureau of Investigation（米国：連邦捜査局）
FCC	Federal Communications Commission（米国：連邦通信委員会）
FDI	Foreign Direct Investment（外国直接投資；海外直接投資）
FIRRMA	Foreign Investment Risk Review Modernization Act（米国：外国投資リスク審査現代化法）
FIU	Financial Intelligence Unit（金融情報機関）
FQDN	Fully Qualified Domain Name
FinCEN	Financial Crimes Enforcement Network
GAFAM	Google, Apple, Facebook, Amazon, Microsoft
GATS	General Agreement on Trade in Services（サービスの貿易に関する一般協定）
GATT	General Agreement on Tariffs and Trade（関税及び貿易に関する一般協定）
GCI	Global Cybersecurity Index（グローバル・サイバーセキュリティ・インデックス）
GDPR	General Data Protection Regulation（欧州連合：一般データ保護規則）
GGE	Group of Governmental Experts（政府専門家グループ）
GMDSS	Global Maritime Distress and Safety System（全世界的な海上遭難・安全システム）
GPAI	Global Partnership on Artificial Intelligence（人工知能に関するグローバルパートナーシップ）
GPS	Global Positioning System（全地球測位システム）
HLEG	High-Level Expert Group（国連ハイレベル専門家グループ）
IACS	International Association of Classification Societies（国際船級協会連合）
IAP	Institutional Arrangement for Partnership（パートナーシップのための制度的取り決め）
ICJ	International Court of Justice（国際司法裁判所）

ICOC 案	International Code of Conduct for Outer Space Activities	（宇宙活動に関する国際行動規範案）
ICPC	International Cable Protection Committee	（国際ケーブル保護委員会）
ICTS 審査	Information and Communications Technology and Services Review	（情報通信技術及びサービス審査）
ICTY	International Criminal Tribunal for the former Yugoslavia	（旧ユーゴスラビア国際刑事裁判所）
IEEPA	International Emergency Economic Powers Act	（米国：国際緊急経済権限法）
IGF	Internet Governance Forum	（インターネット・ガバナンス・フォーラム）
IHO	International Hydrographic Organization	（国際水路機関）
ILA	International Law Association	（国際法協会）
ILC	International Law Commission	（国際法委員会）
IMO	International Maritime Organization	（国際海事機関）
IP アドレス	Internet Protocol Address	（IP アドレス）
ISA	International Seabed Authority	（国際海底機構）
ISP	Internet Service Provider	（インターネットサービスプロバイダー）
IT	Information Technology	（情報技術）
ITU	International Telecommunication Union	（国際電気通信連合）
IUCN	International Union for Conservation of Nature	（国際自然保護連合）
IoT	Internet of Things	（モノのインターネット）
JAFIC	Japan Financial Intelligence Center	（日本：警察庁犯罪収益移転防止対策室）
JDM	Japan Consumer Credit Association Data of Merchant	（日本：加盟店情報交換センター）
MIFR	Master International Frequency Register	（国際周波数登録原簿）
MOU	Memorandum of Understanding	（了解覚書）
NATO	North Atlantic Treaty Organization	（北大西洋条約機構）
NEA	National Emergencies Act	（米国：国家緊急事態法）
NGO	Non-Governmental Organization	（非政府組織）
NIST	National Institute of Standards and Technology	（米国：国立標準技術研究所）
NOTICE	National Operation Towards IoT Clean Environment	
NSA	National Security Agency	（米国：国家安全保障局）
NTMs	Non-Tariff Measures	（非関税措置）
OCC	Office of the Comptroller of the Currency	（米国：通貨監督庁）

OECD	Organisation for Economic Co-operation and Development（経済協力開発機構）
OEWG	Open-ended Working Group（国連オープンエンド作業部会）
OFAC	Office of Foreign Assets Control（米国：外国資産管理局）
OMB	Office of Management and Budget（米国：行政管理予算局）
PAROS	Prevention of an Arms Race in Outer Space（宇宙空間における軍拡競争防止）
PF 事業者	Platform Business Operator（プラットフォーム事業者）
PPWT 案	Prevention of the Placement of Weapons in Outer Space Treaty（宇宙空間における兵器配置防止条約案）
RCEP	Regional Comprehensive Economic Partnership（地域的包括的経済連携協定）
SEA	Strategic Environmental Assessment（戦略的環境アセスメント）
SGDSN	Secrétariat général de la défense et de la sécurité nationale（フランス：国防・国家安全保障総局）
SNS	Social Networking Service（ソーシャル・ネットワーキング・サービス）
SPS 協定	Agreement on the Application of Sanitary and Phytosanitary Measures（衛生植物検疫措置の適用に関する協定）
SUA 条約	Convention for the Suppression of Unlawful Acts Against the Safety of Maritime Navigation（海洋航行の安全に対する不法な行為の防止に関する条約）
TBT 協定	Agreement on Technical Barriers to Trade（貿易の技術的障害に関する協定）
TCBM	Transparency and Confidence-Building Measures（宇宙活動における透明性・信頼醸成措置）
TPRM	Trade Policy Review Mechanism（貿易政策検討制度）
TRIPS 協定	Agreement on Trade-Related Aspects of Intellectual Property Rights（知的所有権の貿易関連の側面に関する協定）
TWEA	Trading with the Enemy Act（米国：対敵通商法）
UNCLOS	United Nations Convention on the Law of the Sea（海洋法に関する国際連合条約）
UNCOPUOS	United Nations Committee on the Peaceful Uses of Outer Space（国連宇宙空間平和利用委員会）
UNCTAD	United Nations Conference on Trade and Development（国連貿易開発会議）
UNIDIR	United Nations Institute for Disarmament Research（国連軍縮研究所）

VIGINUM	The French Agency for the Vigilance and Protection of Digital Spaces（フランス：デジタル空間監視保護機関）
WSIS	World Summit on the Information Society（情報社会世界サミット）
WTO	World Trade Organization（世界貿易機関）

■日本法令（制定年順）
刑法（明治40年法律第45号）
大麻取締法（昭和23年法律第124号）
外国為替及び外国貿易法（外為法）（昭和24年法律第228号）
覚醒剤取締法（昭和26年法律第252号）
逃亡犯罪人引渡法（昭和28年法律第68号）
核原料物質，核燃料物質及び原子炉の規制に関する法律（昭和32年法律第166号）
国税通則法（昭和37年法律第66号）
租税条約等の実施に伴う所得税法，法人税法及び地方税法の特例等に関する法律（昭和44年法律第46号）
国際捜査共助等に関する法律（昭和55年法律第69号）
麻薬特例法（平成3年法律第94号）
不正競争防止法（平成5年法律第47号）
組織犯罪処罰法（平成11年法律第136号）
高度情報通信ネットワーク社会形成基本法（平成12年法律第144号）
公衆等脅迫目的の犯罪行為等のための資金等の提供等の処罰に関する法律（テロ資金等提供処罰法）（平成14年法律第67号）
個人情報の保護に関する法律（個人情報保護法）（平成15年法律第57号）
犯罪収益の移転の防止に関する法律（犯収法）（平成19年法律第22号）
犯罪利用預金口座等に係る資金による被害回復分配金の支払等に関する法律（平成19年法律第133号）
特定秘密の保護に関する法律（平成25年法律第108号）
サイバーセキュリティ基本法（平成26年法律第104号）
国際連合安全保障理事会決議第千二百六十七号等を踏まえ我が国が実施する国際テロリストの財産の凍結等に関する特別措置法（テロ資金凍結特措法）（平成26年法律第124号）
経済施策を一体的に講ずることによる安全保障の確保の推進に関する法律（経済安全保障推進法）（令和4年法律第43号）

略語・日本法令・条約一覧

■条約（採択年順）

1884年　Protection of Submarine Cable Convention（adopted on 14 March 1884, entered into force on 1 May 1888）（海底電信線保護万国連合条約）

1936年　International Convention Concerning the Use of Broadcasting in the Cause of Peace（adopted on 23 September 1936, entered into force on 1 January 1937）（平和のための放送の使用に関する国際条約）

1947年　General Agreement on Tariffs and Trade（adopted on 30 October 1947, entered into force on 1 January 1948）（関税及び貿易に関する一般協定〔GATT〕）

1950年　European Convention on Human Rights（adopted on 4 November 1950, entered into force on 3 September 1953）（人権と基本的自由の保護のための条約〔欧州人権条約〕）

1958年　High Seas Convention（adopted on 29 April 1958, entered into force on 30 September 1962）（公海条約）

　　　　Continental Shelf Convention（adopted on 29 April 1958, entered into force on 10 June 1964）（大陸棚条約）

1961年　Single Convention on Narcotic Drugs（adopted on 30 March 1961, entered into force on 13 December 1964）（麻薬に関する単一条約）

1963年　Convention on Offences and Certain Other Acts Committed on Board Aircraft（adopted on 14 September 1963, entered into force on 4 December 1969）（航空機内で行なわれた犯罪その他ある種の行為に関する条約〔航空機内の犯罪防止条約，東京条約〕）

1966年　International Covenant on Civil and Political Rights（adopted on 16 December 1966, entered into force on 23 March 1976）（市民的及び政治的権利に関する国際規約〔ICCPR，市民権規約〕）

1967年　Treaty on Principles Governing the Activities of States in the Exploration and Use of Outer Space, including the Moon and Other Celestial Bodies（adopted on 27 January 1967, entered into force on 10 October 1967）（月その他の天体を含む宇宙空間の探査及び利用における国家活動を律する原則に関する条約〔宇宙条約〕）

1968年　Agreement on the Rescue of Astronauts, the Return of Astronauts and the Return of Objects Launched into Outer Space（adopted on 22 April 1968, entered into force on 3 December 1968）（宇宙飛行士の救助及び送還並びに宇宙空間に打ち上げられた物体の返還に関する協定〔宇宙救助返還協定〕）

　　　　Treaty on the Non-Proliferation of Nuclear Weapons（adopted on 1 July 1968, entered into force on 5 March 1970）（核兵器の不拡散に関する条約〔核兵器不拡散防止条約〕）

1970年	Convention for the Suppression of Unlawful Seizure of Aircraft（adopted on 16 December 1970, entered into force on 14 October 1971）（航空機の不法な奪取の防止に関する条約〔航空機不法奪取防止条約〕）
1971年	Convention on Psychotropic Substances（adopted on 21 February 1971, entered into force on 16 August 1976）（向精神薬に関する条約）
	Convention for the Suppression of Unlawful Acts Against the Safety of Civil Aviation（adopted on 23 September 1971, entered into force on 26 January 1973）（民間航空の安全に対する不法な行為の防止に関する条約〔民間航空不法行為防止条約，モントリオール条約〕）
1972年	Convention on the Prohibition of the Development, Production and Stockpiling of Bacteriological (Biological) and Toxin Weapons and on their Destruction（adopted on 10 April 1972, entered into force on 26 March 1975）（細菌兵器（生物兵器）及び毒素兵器の開発，生産及び貯蔵の禁止並びに廃棄に関する条約〔生物兵器禁止条約〕）
1973年	Convention on International Trade in Endangered Species of Wild Fauna and Flora（adopted on 3 March 1973, entered into force on 1 July 1975）（絶滅のおそれのある野生動植物の種の国際取引における条約〔ワシントン条約〕）
	Convention on the Prevention and Punishment of Crimes Against Internationally Protected Persons, including Diplomatic Agents（adopted on 14 December 1973, entered into force on 20 February 1977）（国際的に保護される者（外交官を含む。）に対する犯罪の防止及び処罰に関する条約〔国家代表等犯罪防止条約，外交官等保護条約〕）
1975年	Convention on Registration of Objects Launched into Outer Space（adopted on 14 January 1975, entered into force on 15 September 1976）（宇宙空間に打ち上げられた物体の登録に関する条約〔宇宙物体登録条約〕）
1978年	Treaty on Extradition Between Japan and the United States of America（adopted on 3 March 1978, entered into force on 26 March 1980）（日本国とアメリカ合衆国との間の犯罪人引渡しに関する条約〔日米犯罪人引渡条約〕）
1979年	International Convention Against the Taking of Hostages（adopted on 17 December 1979, entered into force on 3 June 1983）（人質をとる行為に関する国際条約〔人質行為禁止条約〕）
	Agreement Governing the Activities of States on the Moon and Other Celestial Bodies（adopted on 18 December 1979, entered into force on 11 July 1984）（月その他の天体における国家活動を律する協定〔月協定〕）
1980年	Convention on the Physical Protection of Nuclear Material（adopted on 3 March 1980, entered into force on 8 February 1987）（核物質防護条約）
1988年	Convention for the Suppression of Unlawful Acts Against the Safety of Mari-

time Navigation（adopted on 10 March 1988, entered into force on 1 March 1992）（海洋航行の安全に対する不法な行為の防止に関する条約〔SUA条約〕）

United Nations Convention Against Illicit Traffic in Narcotic Drugs and Psychotropic Substances（adopted on 20 December 1988, entered into force on 11 November 1990）（麻薬及び向精神薬の不正取引の防止に関する国際連合条約〔麻薬新条約〕）

1989年 Basel Convention on the Control of Transboundary Movements of Hazardous Wastes and their Disposal（adopted on 22 March 1989, entered into force on 5 May 1992）（有害廃棄物の国境を越える移動及びその処分の規制に関するバーゼル条約）

1992年 Convention for the Protection of the Marine Environment of the North-East Atlantic（OSPAR Convention）（adopted on 22 September 1992, entered into force on 25 March 1998）（北東大西洋海洋環境保護条約）

Constitution and Convention of the International Telecommunication Union（adopted on 22 December 1992, entered into force on 1 January 1994）（国際電気通信連合憲章〔ITU憲章〕）

1994年 General Agreement on Trade in Services（adopted on 15 April 1994, entered into force on 1 January 1995）（サービスの貿易に関する一般協定〔GATS〕）

Agreement on Technical Barriers to Trade（adopted on 15 April 1994, entered into force on 1 January 1995）（貿易の技術的障害に関する協定〔TBT協定〕）

Agreement on Subsidies and Countervailing Measures（adopted on 15 April 1994, entered into force on 1 January 1995）（補助金及び相殺措置に関する協定〔補助金協定〕）

Agreement on the Application of Sanitary and Phytosanitary Measures（adopted on 15 April 1994, entered into force on 1 January 1995）（衛生植物検疫措置の適用に関する協定〔SPS協定〕）

Agreement on Trade-Related Aspects of Intellectual Property Rights（adopted on 15 April 1994, entered into force on 1 January 1995）（知的所有権の貿易関連の側面に関する協定〔TRIPS協定〕）

1997年 Convention on Combating Bribery of Foreign Public Officials in International Business Transactions（adopted on 21 November 1997, entered into force on 15 February 1999）（国際商取引における外国公務員に対する贈賄の防止に関する条約〔OECD贈賄防止条約〕）

Terrorist Bombing Convention（adopted on 15 December 1997, entered into force on 23 May 2001）（テロリストによる爆弾使用の防止に関する国際条約）

2000年　United Nations Convention Against Transnational Organized Crime（adopted on 15 November 2000, entered into force on 29 September 2003）（国際的な組織犯罪の防止に関する国際連合条約〔国際組織犯罪防止条約〕）

2001年　Supplementary Protocol to the Council of Europe Convention for the Protection of Individuals with regard to Automatic Processing of Personal Data （adopted on 8 November 2001, entered into force on 1 July 2004）（欧州評議会108号条約追加議定書）

　　　　Convention on Cybercrime（adopted on 23 November 2001, entered into force on 1 July 2004）（サイバー犯罪に関する条約〔サイバー犯罪条約〕）

2002年　Treaty on Extradition Between Japan and the Republic of Korea（adopted on 8 April 2002, entered into force on 21 June 2002）（犯罪人引渡しに関する日本国と大韓民国との間の条約〔日韓犯罪人引渡条約〕）

2003年　Treaty Between Japan and the United States of America on Mutual Legal Assistance in Criminal Matters（adopted on 5 August 2003, entered into force on 21 July 2006）（刑事に関する共助に関する日本国とアメリカ合衆国との間の条約〔日米刑事共助条約〕）

　　　　United Nations Convention Against Corruption（adopted on 31 October 2003, entered into force on 14 December 2005）（腐敗の防止に関する国際連合条約〔腐敗防止条約〕）

　　　　Treaty Between Japan and the United States of America on the Avoidance of Double Taxation and the Prevention of Fiscal Evasion with Respect to Taxes on Income（adopted on 6 November 2003, entered into force on 30 March 2004）（所得に対する租税に関する二重課税の回避及び脱税の防止のための日本国政府とアメリカ合衆国政府との間の条約〔日米租税条約〕）

2010年　Arab Convention on Combating Information Technology Offences（adopted on 21 December 2010, entered into force on 1 July 2013）

2018年　Comprehensive and Progressive Agreement for Trans-Pacific Partnership （adopted on 8 March 2018, entered into force on 30 December 2018）（環太平洋パートナーシップに関する包括的及び先進的な協定〔CPTPP〕）

　　　　Japan-EU Economic Partnership Agreement（adopted on 17 July 2018, entered into force on 1 February 2019）（日EU経済連携協定〔日EU EPA〕）

　　　　United States-Mexico-Canada Agreement（adopted on 30 November 2018, entered into force on 1 July 2020）（アメリカ合衆国，メキシコ合衆国及びカナダとの協定〔USMCA〕）

2019年　US-UK Data Transfer Agreement（adopted on 3 October 2019, entered into force on 3 October 2022）

2020年　Regional Comprehensive Economic Partnership Agreement（adopted on 15

略語・日本法令・条約一覧

November 2020, entered into force on 1 January 2022)（地域的包括的経済連携協定〔RCEP〕）
2021年　US-Australia Data Transfer Agreement (adopted on 15 December 2021, entered into force on 31 January 2024)
2022年　Second Additional Protocol to the Convention on Cybercrime on Enhanced Co-operation and Disclosure of Electronic Evidence (adopted on 12 May 2022, entered into force on 1 January 2023)（協力及び電子的証拠の開示の強化に関するサイバー犯罪に関する条約の第二追加議定書〔サイバー犯罪条約第2追加議定書〕）
2023年　Agreement under the United Nations Convention on the Law of the Sea on the Conservation and Sustainable Use of Marine Biological Diversity of Areas Beyond National Jurisdiction (BBNJ Agreement) (adopted on 19 June 2023, not yet in force)（国の管轄権外区域の海洋生物多様性の保全及び持続可能な利用に関する海洋法に関する国際連合条約の下の協定）

〔凡　例〕
・本書におけるウェブサイトの最終閲覧日は2024年4月1日である。
・雑誌，または書籍に収録されている欧文文献は，著者名，"タイトル,"出典雑誌あるいは書籍，引用頁（最初の頁）として表記している。

◆執筆者紹介（＊は編者／執筆順）

＊石井　由梨佳（いしい　ゆりか）　　　　　　　　　　はしがき，第5章，第6章
　　防衛大学校人文社会科学群　准教授

　横大道　　聡（よこだいどう　さとし）　　　　　　　　　　　　　　第1章
　　慶應義塾大学大学院法務研究科　教授

　山田　　哲史（やまだ　さとし）　　　　　　　　　　　　　　　　　第2章
　　京都大学大学院法学研究科　教授

　中崎　　　隆（なかさき　りゅう）　　　　　　　　　　　　　　　　第3章
　　弁護士

　藤井　康次郎（ふじい　こうじろう）　　　　　　　　　　　　　　　第4章
　　西村あさひ法律事務所・外国法共同事業　パートナー弁護士

　根本　　　拓（ねもと　たく）　　　　　　　　　　　　　　　　　　第4章
　　山田・尾﨑法律事務所　弁護士

　福島　　惇央（ふくしま　あつなか）　　　　　　　　　　　　　　　第4章
　　西村あさひ法律事務所・外国法共同事業　アソシエイト弁護士

　那須　　　仁（なす　ひとし）　　　　　　　　　　　　　　　　　　第6章
　　米国・陸軍士官学校　教授

　西貝　　吉晃（にしがい　よしあき）　　　　　　　　　　　　　　　第7章
　　千葉大学大学院専門法務研究科　教授

　武井　　良修（たけい　よしのぶ）　　　　　　　　　　　　　　　　第8章
　　慶應義塾大学法学部　准教授

　高屋　　友里（たかや　ゆり）　　　　　　　　　　　　　　　　　　第9章
　　東京大学未来ビジョン研究センター　客員研究員

情報取得，利活用，保持

第 1 章

安全保障の構造変容と情報法
——米国の中国プラットフォーム事業者の規制を手がかりに——

横大道　聡

1．はじめに：情報に関する安全保障上の問題

　本章のテーマは，「安全保障の構造変容と情報法」である。本書のはしがきで示されているように，「安全保障とは『外部』の脅威から，自らの国，社会，企業，市民の安全を確保すること」であり，「安全保障上の脅威の存在形態が情報のデジタル化によって質的に変わるとき，国，事業者，市民との関係もまた構造的に変容している」という事態が，「情報」との関係における「安全保障の構造変容」である。「高度情報通信ネットワーク社会」の到来によって，「情報」が特有の安全保障上の問題を引き起こし，その法的規制が議論されているなか，こうした問題を筆者が専攻する憲法学の観点から扱うべしというのが，編者の意図であろう。

　それでは，「安全保障の構造変容と情報法」との表題の下で何を論じればよいのだろうか。取り上げることのできるテーマは多岐に渡るであろうが，本章

（1）　安全保障とは何かをめぐる議論として，古関彰一『安全保障とは何か——国家から人間へ』（岩波書店，2013年），遠藤乾「安全保障とは何か」遠藤誠治＝遠藤乾編『シリーズ日本の安全保障1　安全保障とは何か』（岩波書店，2014年）33頁以下などを参照。
（2）　高度情報通信ネットワーク社会形成基本法（平成12年法律第144号）2条は，「高度情報通信ネットワーク社会」を，「インターネットその他の高度情報通信ネットワークを通じて自由かつ安全に多様な情報又は知識を世界的規模で入手し，共有し，又は発信することにより，あらゆる分野における創造的かつ活力ある発展が可能となる社会」と表現している。
（3）　情報法とは何かをめぐる議論として，曽我部真裕「情報法の成立可能性」長谷部恭男ほか編『岩波講座　現代法の動態1　法の生成／創設』（岩波書店，2014年）123頁以下を参照。曽我部真裕＝林秀弥＝栗田昌裕『情報法〔第2版〕』（弘文堂，2019年）2頁の簡単な定義では，情報法は，「情報の生産・流通・消費に関する法」のことをいう。

では，アクチュアルな問題で，かつ，日本に対しても一定の意味を持つ問題として，激化が続く米中対立という文脈における「情報」に関する「安全保障」の問題である。アメリカ合衆国（米国）において講じられている中国企業のSNSプラットフォームに対する規制を取り上げることにしたい。

まず2．では，ドナルド・トランプ政権下において，安全保障上の懸念から試みられた中国企業のSNSプラットフォームに対する規制について概観する。次に3．では，ジョー・バイデン政権においてもトランプ政権と同様の問題意識を継承しつつ，トランプ政権とは違ったかたちでの規制策を講じていることをみる。そして4．では，中国のSNSプラットフォーム事業者に対して米国が有する警戒感の源泉としての中国法制度を確認し，最後に5．で，若干

（4） 例えば，インターネット等を通じた安全保障にかかわる国家秘密（機密情報）の漏洩という問題も，2010年11月のウィキリークス事件以降の重要な問題となっており，近年でも，いわゆるディスコード・リーク事件が発生するなど，「安全保障の構造変容と情報法」の問題の1つとして取り上げるに値する問題である。ディスコード・リーク事件とは，ディスコード（discord）というゲームユーザー向けボイスチャット・アプリを通じて米軍の機密情報が暴露され，マサチューセッツ州空軍州兵のジャック・テシェイラが2023年4月に逮捕された事件である。国家秘密の問題については，横大道聡「国家秘密と自己統治の相克――ウィキリークス問題を素材として」大沢秀介編『フラット化社会における自由と安全』（尚学社，2014年）142頁以下，同「国家秘密と自己統治の相克・再訪」樋口陽一＝中島徹＝長谷部恭男編『憲法の尊厳――奥平憲法学の継承と展開』（日本評論社，2017年）257頁以下を参照。その他，山口いつ子「国家安全保障におけるアルゴリズムによる監視――憲法上の言論の自由・プライバシーとプラットフォーム事業者の役割」憲法研究3号（2018年）47頁以下，廣瀬陽子『ハイブリッド戦争――ロシアの新しい国家戦略』（講談社，2021年），水谷瑛嗣郎「デジタル社会における戦争と言論の自由」法学館研究所 Law Journal 27号（2022年）72頁以下なども参照。

（5） 「プラットフォーム」とは何かについて一致した定義があるわけではないが，さしあたり本章では，千葉惠美子編『デジタル・プラットフォームとルールメイキング』（日本評論社，2023年）84頁〔成原慧〕が指摘する一般的な理解，すなわち，「情報・商品・サービスの提供者と利用者など2者以上の異なる参加グループの間に介在し，両者を仲介または媒介する『場』」というように理解しておく。そして，当該プラットフォームがインターネットなどデジタル技術を用いている場合には「デジタル・プラットフォーム」といい，デジタル技術を用いてソーシャル・ネットワークの場を提供するサービスを「SNSプラットフォーム」，その事業のためにSNSプラットフォームを設計・提供する主体を「SNSプラットフォーム事業者」と呼ぶことにする。なお，成原慧「プラットフォームはなぜ情報法の問題になるのか」法セ785号（2020年）54頁以下も参照。

（6） 本章が取り上げる問題は，経済安全保障の問題群の1つとしても取り上げられる問題である。経済安全保障と憲法上の問題についての概観として，横大道聡「立憲主義と経済安全保障」法時96巻1号（2023年）10頁以下を参照。

（7） 例えば Anupam Chander, "Trump v. TikTok." *Vanderbilt Journal of Transnational Law*, Vol. 55 No. 5 (2022), p. 1145. 参照。

の検討と日本への示唆について考えてみることにしたい。

2．トランプ政権の試み：大統領命令に示された対中国強硬姿勢

　トランプ大統領は，中国企業のSNSアプリに対して，何度も国家安全保障上の懸念を示し，これを規制しようとしてきた。本節では，いくつかのトランプ大統領命令に示された問題意識，対処内容と法的根拠，そして法廷闘争の顛末について簡単に見ていく。後でも触れるように本節で取り上げる問題は，ドナルド・トランプという特異なパーソナリティをもった人物による一過性の逸脱行動というわけではなく，民主党・共和党という党派の垣根を超えて共有された問題意識に基づく行動であり，今後も継続が予想される規制であるということを，あらかじめ強調しておきたい。

(1)　国家安全保障上の脅威に対する緊急事態宣言：大統領命令13873号

　2019年5月15日，トランプ大統領は，「情報通信技術及びサービスのサプライチェーンの安全確保」と題された大統領命令13873号[8]（以下，大統領命令を命令と省略することがある）を発出した。大統領命令の発出の法的根拠は，1977年に制定された国際緊急経済権限法（IEEPA）[9]と，1976年に制定された国家緊急事態法（NEA）[10]，そして合衆国法典第3編第301条[11]である。

　この命令の前文では，命令を発出するに至った現状認識が披露されている。やや長いが，本章のテーマにとって重要であると思われるため，煩を厭わずに引用しよう（下線部は引用者。以下同）。

　　私ことアメリカ合衆国大統領ドナルド・J・トランプは，外国の敵対勢力（for-

---

[8]　Exec. Order No. 13873, Securing the Information and Communications Technology and Services Supply Chain, 84 Fed. Reg. 22,689 (May 17, 2019).
[9]　50 U.S.C. 1701-1707.
[10]　50 U.S.C. 1601-1651. 概要については，高野浩「アメリカの一九七六年国家緊急事態法〔付録　緊急事態特別権限根拠規定一覧表〕（資料）」レファレンス336号（1979年）78頁以下，浜谷英博「アメリカ国家緊急事態法の意義と問題点」日本政教研究所紀要7巻（1983年）41頁以下などを参照。
[11]　3 U.S.C. 301.

eign adversaries)⁽¹²⁾が，アメリカ合衆国とその国民に対して経済・産業スパイを含む悪意あるサイバー行為を行うために，膨大な量の機密情報を保存・通信し，デジタル経済を促進し，重要インフラと必須の緊急サービスを支える情報通信技術・サービスの脆弱性をますます作り出し，悪用しているということを認定する。

　私はさらに，外国の敵対勢力が所有・支配し，又はその管轄権若しくは指示に服する者が設計・開発・製造又は供給する情報通信技術又はサービスを，米国内で無制限に取得又は使用することは，外国の敵対勢力が情報通信技術又はサービスの脆弱性を作り出し，その脆弱性を悪用する能力を増大させ，壊滅的な影響をもたらす可能性があり，その結果，<u>米国の国家安全保障，外交政策及び経済に対する異常かつ桁外れの脅威（unusual and extraordinary threat）を構成する</u>ということを認定する。

　かかる脅威は，そのような技術又はサービスの個別の取得又は使用の場合にも，そのような技術の取得又は使用を集団として考える場合にも存在する。情報通信技術，そしてより一般的な米国経済における開放的な投資環境を維持することは，米国の全体的な成長と繁栄にとって重要であるが，そのような開放性は，国家安全保障上の致命的な脅威から我が国を守る必要性との間でバランスをとる必要がある。この脅威に対処するために，米国内において提供・利用される情報通信技術及びサービスの安全性・完全性・信頼性を保護するための追加的な措置が必要である。これらの認識を踏まえ，私はここに，<u>この脅威に関する国家緊急事態（national emergency）を宣言する</u>。

　引用文中の下線は，大統領命令の法的根拠に挙げられた法律の規定に特に関係する部分である。まず，IEEPA は，「米国の国家安全保障，外交政策及び経済に対する，その全部又は相当部分が米国外に源流を持つ，異常かつ桁外れの脅威（unusual and extraordinary threat）に対処するために」，大統領に様々な商取引を規制し，米国の管轄下にある外国所有の財産や資産を凍結する権限等を⁽¹³⁾付与する法律である⁽¹⁴⁾。IEEPA が規定する権限を行使するためには，大統領は，当該脅威に関して国家緊急事態を宣言しなければならない⁽¹⁵⁾。この国家緊急事態の宣言について規定している法律が，NEA である。NEA は，これまで明確なルールが決められていなかった大統領による国家緊急事態宣言についての

---

(12) 「外国の敵対勢力」は，同命令3条(b)で，「米国の国家安全保障又は米国人の安全及び安心（security and safety）に著しく悪影響を及ぼす長期的な行動パターン又は深刻な事例に関与している外国政府又は外国の非政府関係者を意味する。」と定義されている。同命令に基づく商務省規則（後掲注(48)）では，具体的な国家名が挙げられている（後掲注(51)参照）。
(13) 50 U.S.C. 1702(a). 例外も定められているが，これについては後述する。

詳細を規定する一般法であり，大統領は，「特別又は臨時の権限を行使することを認める議会制定法」によってのみ，国家緊急事態宣言を発出する権限が認められる旨を規定する。[16]このように，命令13873号は，IEEPA上の権限を行使できるようにするための命令なのである。[17]

命令13873号の主たる内容は，上記の認識で示されたような取引を禁止することである。その取引とは，「米国内の情報通信技術又はサービスの設計，完全性，製造，生産，流通，設置，運用又は保守に対する妨害工作又は破壊工作の過度のリスク（undue risk）」や，「合衆国の重要インフラの安全性又は回復力，又は合衆国のデジタル経済に壊滅的な影響を及ぼす過度のリスク」，「その他，米国の国家安全保障又は米国人の安全安全に許容できないリスク（unacceptable risk）をもたらす」ような，「外国の敵対勢力が所有・支配し，又はその管轄権若しくは指示に服する者が設計・開発・製造又は供給する情報通信技術又はサービスを含む取引」である（1条）。また同命令は，商務長官に対して，他省庁の長との協議等のうえで，禁止される取引を停止する時期や方法を指示し，適切な規則や規定の採択，IEEPAによって大統領に与えられている他のすべての権限を行使するなど，本命令を実施するために必要な措置を講じる権限を付与する（2条）。このうち，権限の委任に関係するものが，大統領がその職務に関して行政機関の長等に委任する権限について規定する合衆国法典第3編第301条である。[18]

---

(14) IEEPAについては，Cristopher A. Casey, Jennifer K. Elsea and Dianne E. Rennack, *CRS Report, The International Emergency Economic Powers Acts: Origins, Evolution, and Use*, Congressional Research Service, R45618 (Updated September 28, 2023) 参照。邦語文献では，小野純子「米国における輸出管理の歴史——EAAからECRAまで」村山裕三編『米中の経済安全保障戦略——新興技術をめぐる新たな競争』（芙蓉書房出版，2021年）50頁以下，梅川健「アメリカ大統領権限と緊急事態法制——国際緊急経済権限法と経済制裁を中心に」CISTECジャーナル191号（2021年）62頁以下などを参照。
(15) 50 U.S.C. 1701(a)(b).
(16) 50 U.S.C. 1621(a). そして，「国家緊急事態下に行使されるべき権力と権限を与える法律の条項は，（1）大統領が（本項(a)に従い）国家緊急事態を明確に宣言した場合にのみ効力を有し，（2）本章に従った場合にのみ効力を維持する」。50 U.S.C. 1621(b).
(17) NEAにより，国家緊急事態宣言は原則として1年で終了する（50 U.S.C. 1622 (d)）。そのため2020年5月13日に，国家緊急事態宣言の延長がなされている。Continuation of the National Emergency with Respect to Securing the Information and Communications Technology and Services Supply Chain, 85 Fed. Reg. 29321 (May 13, 2020).

(2) TikTok・WeChat の規制：大統領命令13942号・13943号

　命令13873号から約1年3か月後の2020年8月6日，トランプ大統領は2つの大統領命令を発出した。[19]大統領命令13942号[20]と大統領命令13943号[21]である。[22]これらは，命令13873号によって権限行使が可能となったIEEPAに基づく規制について，さらに具体的に定めるものである。命令13942号には，「TikTokがもたらす脅威に対処し，情報通信技術及びサービスのサプライチェーンに関する国家緊急事態に対処するための追加措置」，命令13943号には，「WeChatがもたらす脅威に対処し，情報通信技術及びサービスのサプライチェーンに関する国家緊急事態に対処するための追加措置」という題名が付されている。このことから明らかなように，両命令は，TikTokとWeChatという中国企業が開発・提供するSNSプラットフォームに規制を課すことをその内容とするものである。

　両命令の内容はほぼ同一である。まず，「中華人民共和国（中国）の企業が開発・所有するモバイル・アプリケーションの米国内での普及が，米国の国家安全保障，外交政策，経済を脅かし続けている」という認識のもと，2019年の命令13873号からの「追加措置（additional steps）」の必要性を謳いつつ，「現時点において，特にTikTokというモバイル・アプリケーションがもたらす脅威

---

(18) 全訳は次の通りである。「合衆国大統領は，行政府の部局の長又は上院の助言と同意を得て任命される必要のある行政府の部局の公務員に対して，大統領による承認，批准又はその他の措置を執ることなしに，（1）法律により大統領に与えられた職務，又は（2）当該公務員が，大統領の承認，批准又はその他の措置によってのみ，又はその措置に従うことが法律によって要求又は許可されている職務を指定し，その権限を行使させる権限を有する。ただし，ここに含まれるいかなる規定も，大統領がそのような職務を遂行するよう指定した長又はその他の公務員の行為に対する大統領の責任を免除するものではない。当該指定と承認は文書により行われ，連邦官報に掲載されるものとし，大統領が望ましいと考える条件や制約に従うものとし，大統領はいつでもその全部又は一部を取り消すことができるものとする」。

(19) その法的根拠は，命令13873号と同じである。

(20) Exec. Order No. 13942, Addressing the Threat Posed by TikTok, and Taking Additional Steps To Address the National Emergency With Respect to the Information and Communications Technology and Services Supply Chain, 85 Fed. Reg. 48,637 (Aug. 6, 2020).

(21) Exec. Order No. 13943, Addressing the Threat Posed by WeChat, and Taking Additional Steps To Address the National Emergency With Respect to the Information and Communications Technology and Services Supply Chain, 85 Fed. Reg. 48,641 (Aug. 6, 2020).

(22) 渡井理佳子『経済安全保障と対内直接投資——アメリカにおける規制の変遷と日本の動向』（信山社，2023年）132-134頁も参照。

に対処するための行動を取らなければならない」,「類似した脅威をもたらすWeChatという別のモバイル・アプリケーションに対処するためのさらなる行動が必要である」という現状認識を披露する。

　それでは，この両モバイル・アプリケーション（以下，アプリと記す場合がある。）がいかなる類の国家安全保障上の脅威を米国に対してもたらすものであると認識されているのだろうか。TikTokを対象とする命令13942号では，次のような認識が示されている。

> 　　中国企業 ByteDance Ltd. が所有する動画共有モバイル・アプリケーションであるTikTokは，米国で1億7500万回以上，世界では10億回以上ダウンロードされていると報告されている。[23] TikTokは，位置情報や閲覧・検索履歴など，インターネットやその他のネットワーク活動情報を含む膨大な情報をユーザーから自動的に収集する。このデータ収集は，中国共産党が米国人の個人情報や保有情報（proprietary information）にアクセスすることを可能にする恐れ──それは潜在的に，中国が連邦政府職員や請負業者の所在地を追跡したり，脅迫のための個人情報の書類を作成したり，企業スパイ活動を行ったりすることを可能にする──がある。
> 　　またTikTokは，中国共産党が政治的にセンシティブとみなすコンテンツ，例えば，香港での抗議活動や，ウイグル人やその他のイスラム系少数民族に対する中国の処遇に関するコンテンツを検閲していると伝えられている。また，TikTok動画が2019年新型コロナウイルスの起源に関して，すでに否定された陰謀説を広めたように，このモバイル・アプリケーションは中国共産党に利益をもたらす偽情報キャンペーンに使用される可能性もある。
> 　　この脅威は現実的脅威である。……米国は，国家安全保障のために，TikTokの所有者に対して積極的な行動を取らなければならない。

　他方，WeChatを対象とする命令13943号の示した認識はこうである。

> 　　中国のTencent Holdings Ltd. が所有するメッセージング，ソーシャルメディア，電子決済アプリケーションのWeChatは，米国のユーザーを含め，世界で10億人以上のユーザーを抱えていると言われている。TikTokのように，WeChatはユーザーから膨大な情報を自動的に収集する。このデータ収集は，中国共産党が米国人の個人情報や保有情報にアクセスできるようにする恐れがある。さらに，この

---

(23) ByteDance社は2023年3月21日，アメリカにおける利用者が1億5000万を超えたと発表した〈https://newsroom.tiktok.com/en-us/150-m-us-users〉。

アプリケーションは米国を訪問する中国人の個人情報や専有情報を取得するため，中国共産党に対して，人生で初めて自由社会の恩恵を享受するであろう中国国民を監視するメカニズムを提供することになる。例えば，2019年3月，ある研究者が，中国だけでなく米国，台湾，韓国，オーストラリアのユーザーから送信されたWeChatのメッセージ数十億件を含む中国のデータベースを発見したと報じられた。また，WeChatはTikTokと同様に，中国共産党が政治的にセンシティブとみなすコンテンツを検閲しているとされ，中国共産党に利益をもたらす偽情報キャンペーンにも利用されている可能性がある。こうしたリスクから，オーストラリアやインドを含む他の国々は，WeChatの使用を制限又は禁止し始めている。米国は，国家安全保障のために，WeChatの所有者に対して積極的な行動を取らなければならない。

　具体的な規制としては，合衆国の管轄権が及ぶすべての者と，ByteDance社，Tencent Holdings社及びその子会社との間のすべての取引を禁止するとともに（1条(a)），商務長官に対して，45日以内に禁止される取引について具体的に定めるよう要求する(24)。これにより，TikTokとWeChatは，米国内での活動が直ちに禁止されることになるというわけではないものの，他の会社が両アプリに対していかなる関与——ホスティング，広告，アプリストアでの販売，セキュリティのアップデートその他——もできなくなるため，事実上，米国内での事業は不可能になる(25)。両命令がTikTokやWeChatを米国市場から「締め出す」ものであると報道されたのはそのためである(26)。後述するように，IEEPAはこれまでに何度となく用いられている法律であるが，両命令は，一般消費者向けの人気アプリに対してIEEPAを発動した初めての事例であるとされる(27)。

　さらにトランプ大統領は，退任直前の2021年1月5日に，同趣旨の規制を他

---

(24) これを受けて規定されたものが，U.S. Dep't of Commerce, Identification of Prohibited Transactions to Implement Executive Order 13942 and Address the Threat Posed by TikTok and the National Emergency with Respect to the Information and Communications Technology and Services Supply Chain, 85 Fed. Reg. 60061-01（Sept. 24, 2020）.
(25) Anupam, *supra* note 7, at pp. 1151-1152.
(26) Ana Swanson et al., "Trump Administration to Ban TikTok and WeChat from U.S. App Stores", *New York Times*（September 18, 2020）, available at https://www.nytimes.com/2020/09/18/business/trump-tik-tok-wechat-ban.html.
(27) Robert L. Rembert, "TikTok, WeChat, and National Security: Toward a U.S. Data Privacy Framework," *Oklahoma Law Review*, Vol. 74（2022）, pp. 465-466, p. 472（463）.

の中国企業開発のアプリ等——Alipay, CamScanner, QQ Wallet, SHAREit, Tencent QQ, VMate, WeChat Pay, WPS Office が名指しされている——にも拡大させる内容の「中国企業が開発又は管理するアプリケーション及びその他のソフトウェアがもたらす脅威への対応」と題された大統領命令13971号も成立させており[28]，中国のSNSプラットフォーム事業者に対する厳しい姿勢を見て取ることができる。

(3) 法廷闘争とその結末[29]

　TikTokに対する規制が発効する直前の2020年9月27日，コロンビア特別区連邦地方裁判所は，TikTok側の求めを認容し，命令13942号に対する暫定的差止命令を下した[30]。IEEPAは大統領に対して広範な規制権限を付与する一方で，例外についての規定も有しており——「本条〔合衆国法典第50篇1702条『大統領の権限』のこと〕により大統領に付与される権限には，直接的又は間接的に，以下を規制又は禁止する権限は含まれない」として，「郵便，電信，電話その他の個人的通信で，有価物の授受を伴わないもの[31]」と，「情報または情報資料の，商業的か否かを問わず，形式または伝達媒体を問わず，いかなる国からの輸入またはいかなる国への輸出[32]」などを挙げている——，命令13942号は，この例外規定に抵触するものであると判断された（原告側が本案勝訴の見込みを示した）ためである。10月にはTikTok社ではなくそのユーザーらが原告になった別の訴訟でも，同趣旨の判断が下された[34]。そして12月には，発効予

---

(28) Exec. Order No. 13971, Addressing the Threat Posed by Applications and Other Software Developed or Controlled by Chinese Companies, 86 Fed. Reg. 1249 (Jan. 5, 2021).
(29) 邦語文献による概観として，大久保涼＝長谷川紘「米国連邦政府によるTikTok・WeChat規制に対する訴訟の概要」ビジネス法務21巻4号（2021年）77頁以下などを参照。
(30) *TikTok Inc. v. Trump*, 490 F. Supp. 3d 73 (D.D.C. 2020).
(31) 50 U.S.C. 1702 (b).
(32) 50 U.S.C. 1702 (b)(1). この部分は，ハワード・バーマン下院議員（民主党・カリフォルニア州選出）により提案された修正であるため，バーマン修正とも呼ばれる。修正の契機は，「米国が禁輸国からの雑誌や書籍の輸入を数回にわたって差し押さえたことと，財務省がキューバから購入した情報資料（information materials）の支払方法に制限を科したことに対する対応」であったとされる。*Kalantari v. NITV, Inc.*, 352 F. 3d 1202, 1205 (9th Cir.2003).
(33) 50 U.S.C. 1702 (b)(3).
(34) *Marland v. Trump*, 498 F. Supp. 3d 624 (E.D. Pa. 2020).

定であった規制についてやはり同趣旨の理由によって差止めが認められた[35]。2021年になり，トランプからバイデンに大統領が交代し，バイデン大統領が後述する新たな大統領命令を発出したことにより，TikTokとWeChatを名指しした規制は効力を失うことになり，法廷闘争も終結を迎えることとなった[37]。

この一連のTikTokに関する訴訟において，TikTok側は，憲法上の主張も提起していたものの，専ら上述したIEEPA上の例外規定の解釈の問題として処理されたため，裁判所による憲法判断は示されなかった。他方，WeChatについての訴訟[38]では，表現の自由の争点が正面から取り上げられた。

原告側の修正1条〔表現の自由〕上の主張はこうである。①命令13943号及び商務省規則により，WeChatは閉鎖に追い込まれてしまう。WeChatは，米国の中国系米国人や中国語話者のコミュニティにとっての公共の場（public square）であり，事実上，彼（女）らにとって，当該コミュニティとの唯一のコミュニケーション手段である。これを規制することは，事前規制に該当する。そのため，厳格審査に服するべきであるが，この審査をパスしない[39]。②また，仮に政府側が主張するように，本件規制が差別的意図を伴わない時・場所・方法に関する内容中立規制であるとしても，米国におけるWeChatの実質的な使用禁止は，国家安全保障という政府の重大な利益に厳格に適合していないため（not narrowly tailored），中間審査をパスしない[40]。

この憲法上の主張に対して，カリフォルニア北地区連邦地方裁判所は，修正1条上の争点について重要な問題が存することの立証に成功しているとして，命令13943号及び商務省規則（の一部）について，暫定的差止命令を発出した。その理由は次のとおりである。①政府側は，他の代替のSNSアプリによるコミュニケーションが可能であると主張しているが，中国系米国人や中国語話者のコミュニティにとって代替可能なアプリは存在せず，WeChatが事実上，コ

---

(35) *TikTok Inc. v. Trump*, 507 F. Supp. 3d 92 (D.D.C. 2020). ただしこの事例では，50 U.S.C. 1702 (b)(1) の個人的通信の例外との抵触についてのみ判断したという違いはある。
(36) Exec. Order No. 14034, Protecting Americans' Sensitive Data From Foreign Adversaries, 86 Fed. Reg. 31,423 (June 9, 2021).
(37) *TikTok Inc. v. Biden*, 2021 U.S. App. LEXIS 22070, *Marland v. Trump*, 2021 U.S. App. LEXIS 34405.
(38) *US WeChat Users Alliance v. Trump*, 488 F. Supp. 3d 912 (N.D. Cal. 2020).
(39) *Ibid.*, at p. 926.

ミュニティの多くの人々にとって唯一のコミュニケーション手段である。それゆえ事前規制に該当する。⁽⁴¹⁾②中間審査により審査したとしてもこれをパスしない。すなわち、「確かに政府の包括的な国家安全保障上の利益は重要であるが、今回の記録によれば、政府は中国の活動が国家安全保障上の重大な懸念をもたらすことを立証しているものの、米国のWeChatユーザー全員に対する使用禁止が国家安全保障上の懸念に対処することを示す証拠はほとんど示していない。原告側が指摘するように、オーストラリアが行ったような手段、すなわち、WeChatを政府のデバイスから利用することを禁止したり、データセキュリティに対処するための他の手段を講じたりするなど、完全な禁止に代わる選択肢が明らかに存在している。……この限られた記録によれば、禁止される取引は、国家安全保障という政府の重大な利益に応えるために必要となる以上に、言論に対して実質的な負担を課すものである」(42)。

この決定は、中国企業の活動が国家安全保障上の脅威であり、その対策を講じるという目的ないし国家利益について、その重要性を裁判所が認めたという点で注目される。その一方で、「米中間の対立が絡む国家経済安全保障分野でも、合衆国第1修正上の言論の自由の保障が、デジタル環境における利用者のコミュニケーション経路の砦となり、大統領権限が司法の場で実効的に抑制された事例」(43)であることから、後述するように、この点についての評価は分かれ

---

(40) 原告側の主張で登場する「事前規制」、「内容中立規制」、「厳格審査」、「中間審査」などは、表現の自由が関係する訴訟を中心に用いられる専門用語である。簡単に説明しておくと、「事前規制」は「事後規制」と対比される規制類型であり、表現が世に流通する前に規制を加える点で、事後規制よりも弊害が大きいとされる。「内容中立規制」は「内容規制」と対比される規制類型であり、表現の内容ではなく時・場所・方法などに基づいて規制を加える点で、内容規制よりも弊害が少ないとされる。「中間審査」、「厳格審査」は、裁判所が問題となっている法令の合憲性をどのように審査するのかについての類型であり、主に憲法上の権利に対してもたらされる弊害の大小に応じて、立法府の判断を尊重する「合理性審査」、立法府の判断を厳しく問う「厳格審査」、その中間の「中間審査」に大別される。「厳格審査」の場合は違憲判断になりやすく、「合理性審査」の場合には合憲という結論に至りやすい。

(41) *Ibid.*, at pp. 926-927.

(42) *Id.* at pp. 927-928.

(43) 山口いつ子「情報権力分立——自由と共創のためのデジタル統治構造の透明化・民主化」情報学研究学環101号（2021年）50頁。同「権力統制主体としてのマスメディアの機能と課題——デジタル統治の権力監視機能の担保としての自由・公開性・透明性設計」公法研究83号（2022年）152頁も参照。

第 1 章　安全保障の構造変容と情報法

るであろう。

3．バイデン政権下の動向：トランプ政権からの断絶と継承

　トランプ政権のみならず，バイデン政権も，一定の外国企業によるSNSアプリが安全保障上の脅威であるという認識を示しているが，バイデン政権による対応には，トランプ政権下での政策と断絶するものと継承するものがある。また，連邦議会においても，同様の認識が共有されている。以下，それらについて概観する。

⑴　問題意識の継承とTikTok・WeChat規制の撤回：大統領命令14034号
　バイデン政権の基本的なスタンスは，2021年 6 月 9 日に出された，「外国の敵対勢力からの米国人の機密データの保護」と題された大統領命令14034号に(44)示されている。(45)
　その内容は，まず，トランプ大統領による命令13873号の問題意識を承認し，それを継承することを明言しつつも，TikTokとWeChatを名指しして規制対象とした命令13942号と13943号，さらにその他の中国企業を対象とした命令13971号を撤回し（1 条），それらに基づき講じられていた措置等についても廃止する（2 条(a)項）。そして，撤回される命令等が示していた脅威に関して，特定企業や特定アプリではなく，「接続ソフトウェア・アプリケーション(46)」を対象に，改めて厳格な証拠に基づいて評価（rigorous, evidence-based analysis）したうえでの対処を求めるというものである。そしてそのために，①行政管理予算局（OMB）の局長に対して，国防長官や法務長官らと協議のうえで，120日以内に，「個人特定情報，個人健康情報，遺伝情報を含む，合衆国国民の機密データの無制限な売却，移転，アクセスによる被害，及び外国の敵対勢力が所

---

(44)　Executive Order No. 14034, *supra* note 36参照。
(45)　その法的根拠は，命令13873号等と同じく，IEEPA，NEA及び合衆国法典第 3 編301条である。
(46)　命令14034号 3 条 (a) で，「接続ソフトウェア・アプリケーション」は，「エンドポイント・コンピューティング・デバイス上で使用されるように設計され，インターネットを介してデータを収集，処理又は送信する機能を不可欠な機能として含むソフトウェア，ソフトウェア・プログラム又はソフトウェア・プログラムのグループ」と定義されている。

有若しくは管理する，又はその管轄権若しくは指示に服する者による大規模なデータ・リポジトリへのアクセスによる被害から保護するための勧告を含む報告書」を作成させ，大統領補佐官と国家安全保障顧問に提出するように求めるとともに（2条(b)項），②国家情報長に対しては脅威性評価の作成，国土安全保障長に対しては脆弱性評価の作成を求め，60日以内にそれを商務長官に報告するように求める（2条(b)項）。③そして商務長官は，180日以内に，国防長官等との協議のうえで，「外国の敵対勢力が所有又は管理する，又はその管轄権及び指示に服する者が設計・開発・製造又は供給する接続ソフトウェア・アプリケーションに関連するリスクに対処するための追加的な行政措置及び立法措置を勧告する報告書」を作成し，大統領補佐官と国家安全保障顧問に提出するように要求するといったものである（2条(c)項）。

このように，トランプ大統領の出した命令のうち，命令13873号は依然として有効であって，その問題意識はバイデン政権にも明示的に引き継がれている。そしてバイデン政権では，この命令13873号を執行するためにトランプ大統領の退任直前の2021年1月19日に商務省が策定した規則[47]を改正した最終規則（Final Rule）[48]によって定められた審査プロセスを用いて，外国企業によるSNSアプリの問題に対処しようとしているように見受けられる[49]。

(2) **情報通信技術及びサービス審査（ICTS 審査）**

「情報通信技術及びサービスのサプライチェーンの安全確保」と題されたこの商務省規則（最終規則）は，商務長官が，「情報通信技術及びサービス（ICTS）」[50]の取引のうち，「外国の敵対勢力が所有・支配し，又はその管轄若しくは指示に服する者によって設計・開発・製造又は供給された情報通信技術・サービス（接続ソフトウェア・アプリケーションを含むがこれに限定されない）の取得，輸入・

---

(47) Securing the Information and Communications Technology and Services Supply Chain, 86 Fed. Reg. 4909, 15 C.F.R. Part 7 (Interim Final Rule). 以下，暫定最終規則ということがある。

(48) Securing the Information and Communications Technology and Services Supply Chain, 88 Fed. Reg. 39,353, 15 C.F.R. Part 7 (Final Rule). 以下，最終規則または単に規則と呼ぶことがある。なお，この最終規則は，暫定最終規則に若干の加除修正を加えたものである。

(49) Stephen P. Mulligan, *CRS Report, The Information and Communications Technology and Services (ICTS) Rule and Review Process*, Congressional Research Service, IF11760 (Updated June 22, 2023) 参照。

移転・設置・取引又は使用」について，命令13873号で言及された「不当及び容認できないリスク（undue and unacceptable risks）」をもたらすかどうかを判断するためのプロセスについて定めるものである（以下，ICTS審査）。

ICTS審査の対象となるものは，①取引の一方当事者が「外国の敵対勢力」[51]，もう一方の当事者が米国の司法管轄に服する者（合衆国の司法管轄に服する財産を含む）によるもので，②外国又はその国民が利害関係を有する財産に関わり，③2021年1月19日以降に開始・完了された取引で[52]，かつ，④重要インフラ，ネットワークインフラ及び衛星，センシティブ個人データプロセス，モニタリング・ホームネットワーク・ドローン，コミュニケーションソフトウェア，AIなどの新技術に関する取引である[53]。

ICTS審査のプロセスは，まず，商務長官が，①審査が必要であることを示す情報を受けた場合，②連邦機関の長の要請，③商務長官の裁量判断から始まる（付託〔referral〕）[54]。そこで得た情報や書類などに基づき，上記のICTS審査の対象になる取引であるかを評価して審査に進むか否かを決定する。審査開始が決定された場合，第1次審査（initial review）に進むが[55]，ここでは，当該取引が命令13787号にいう「不当及び容認できないリスク」をもたらすかどうかを判断する。当該リスクをもたらし得ると判断した場合，関連する連邦機関の長に通知し，省庁間協議の上でリスクの有無を判断する[56]。リスク有りと判断した場合，商務長官は，取引を許可，禁止又はリスク軽減措置を提案するかの決定

---

(50) ICTSは，「すべてのハードウェア，ソフトウェア（接続ソフトウェア・アプリケーションを含む）又はその他の製品若しくはサービス（クラウド・コンピューティング・サービスを含む）であって，送信，保存，表示を含む電子的手段（電磁的，磁気的，光子的なものを含む）による情報若しくはデータの処理，保存，検索又は通信の機能を満たす，又は可能にすることを主な目的とするものをいう」と定義されている（7条2項）。ここには，インターネット・システム，ワイヤレス・ネットワーク，携帯電話，コンピュータ，衛星システム，人工知能，量子コンピューティングなど，多様な技術又はサービスが含まれる。Mulligan, *supra* note 49, at p. 1.

(51) 暫定最終規則の段階から，外国の敵対勢力として，中国（香港を含む），キューバ，イラン，北朝鮮，ロシア，ベネズエラのニコラス・マドゥロ政権が挙げられている（7条4項）。

(52) §7.3(a)(1)-(3).

(53) §7.3(a)(4).

(54) §7.3(a)(4).

(55) §7.103(a), (b).

(56) §7.103(c)-(d). このリスクを評価するための基準が列挙されている。

(57) §7.104.

を行う[58]（initial determination）。許可が得られなかった取引当事者は，30日以内に不服を申し立てるか改善策を提案する書面を提出することができ，その場合，2回目の省庁間協議が行われる[59]。そして商務長官は，原則としてプロセス全体を通じて180日以内に，取引を許可するか，禁止するか，あるいはリスク軽減措置に関する合意を条件に許可するかの最終決定（final determination）を書面で交付する[60]。この最終決定には法的拘束力があり，違反には民事・刑事上の罰則が科される可能性がある[61]。

以上がICTS審査の概要である。このように審査の仕組みは整えられているものの，今のところ商務省によって，この規則を適用してICTS取引が禁止された例はない。

(3) 対米外国投資委員会（CFIUS）

ところで，トランプ政権ではTikTokに関して，上述したIEEPAに基づく規制のみならず，国防生産法の721条[62]と[63]，1975年のフォード大統領命令11858号[64]に法的根拠を持つ，「対米外国投資委員会（CFIUS）」による審査も行っていた。CFIUSとは，外国人による対米投資が国家安全保障に与える影響を監督する大統領をサポートするための省庁間委員会である[65]。CFIUSは，トランプ政権時に制定された「2018年外国投資リスク審査現代化法（FIRRMA）[66]」によって権限が強化されており，外国人が「国家安全保障を脅かすかたちで悪用される可能性のある，米国市民の機微個人データを保持又は収集[67]」する場合などに，そのリスク軽減措置を講ずるように命じる権限のほか，大統領に対し

---

(58) §7.105. 取引を全面的に許可しない場合，取引の当事者に決定書を発行しなければならない。
(59) §7.107-108. 取引当事者が書面を提出しない場合，商務長官は他の連邦機関の長と協議せずに最終決定を下す。§7.108(d)。
(60) §7.109.
(61) §7.200.
(62) 邦語文献では，石丸忠富「米国の国防生産法」ジュリ23号（1952年）6頁以下などを参照。
(63) 50 U.S.C. 4565 (a)(4)(B)(iii)(III).
(64) Ex. Order No. 11858, Foreign Investment in the United States, 40 Fed. Reg. 20,263 (May 7, 1975).
(65) CFIUSの詳細については，渡井・前掲注（22）第2-4章を参照。James K. Jackson, CRS Report, *The Committee on Foreign Investment in the United States (CFIUS)*, Congressional Research Service, RL33388 (Updated February 26, 2020) 参照。

第1章　安全保障の構造変容と情報法

て，取引の禁止や中止等を勧告する権限などが与えられている。大統領は，こ
れから行われようとしている取引の中止命令だけでなく，すでに完了した取引
に対しても売却を命じることができる。バイデン政権は，このトランプ政権下
でなされた CFIUS 改革を継承し，この枠組みを利用して TikTok に対応する
という方向性も示している。

　2020年8月14日，トランプ大統領は，2017年に行われた ByteDance 社によ
る Musical.ly 社というソーシャルメディア企業の買収に関する CFIUS の審査

---

(66)　Foreign Investment Risk Review Modernization Act of 2018, Pub. L. No. 115-232, 132 Stat. 1636, 2174 (2018). 詳細については，渡井・前掲注 (22) 第4章を参照。なお，同法の制定の契機は，「中国からの活発な投資であったことに疑いの余地はない」とされる（同109頁）。さらに，西村あさひ法律事務所国際通商・投資プラクティスグループ編『人権・環境・経済安全保障──国際通商規制の新潮流と企業戦略』（商事法務，2022年）156-160頁も参照。
(67)　50. U.S.C. 4565(a)(4)(B)(iii)(III).
(68)　その他，外国人による一定の不動産取引を審査する権限などが追加された。
(69)　Stephen P. Mulligan, *CRS Report, Restricting TikTok (Part I): Legal History and Background*, 2, Congressional Research Service, 2-3, LSB10940 (Updated June 22, 2023). なお，ICTS 審査と CFIUS による審査との違いであるが，両者はともに，アメリカに対する外国の投資が与える国家安全保障上の影響を監督するという大統領の職務を補助するものであるという点，国家安全保障上の懸念がある外国企業との特定の商取引を審査し，阻止するための省庁間プロセスを含むという点では共通点があるが，CFIUS は，伝統的に大企業の再編や買収を審査するのに対して，ICTS 審査では，商務省に個別の商取引を審査する権限を与えているという違いがある。例えば，CFIUS は外国企業による米国半導体企業の株式取得を阻止するのに対し，ICTS 審査では，米国企業が敵対する外国勢力の管轄下にある外国企業から個々の半導体を購入することを阻止できる，といった違いである。Mulligan, *supra* note 49, at p. 2参照。本文では触れる余裕がないが，国家安全保障上の懸念を有する取引等を審査する仕組みは，CFIUS や ICTS 審査に限られず，その他にも，連邦通信委員会（Federal Communication Commission）による審査など，複数用意されている。この点については，Stephen P. Mulligan and Chris D. Linebaugh, *CRS Report, National Security Review Bodies: Legal Context and Comparison*, Congressional Research Service, LSB10848 (Updated November 9, 2022) 参照．
(70)　Mulligan, *supra* note 69, at p. 3参照。バイデン大統領は，CFIUS による審査の際に考慮すべき安全保障に関するリスクを規定する大統領命令を発した。Exec. Order No. 14083, Ensuring Robust Consideration of Evolving National Security Risks by the Committee on Foreign Investment in the United States, 87 Fed. Reg. 57369 (September 15, 2022). これについて，「CFIUS の審査対象となる取引の範囲や審査手続等を変更するものではないが，CFIUS が重点的に審査する安全保障上の懸念を具体的に明らかにしたものとして注目に値する」と評するものとして，西村あさひ法律事務所国際通商・投資プラクティスグループ編・前掲注（66）160頁。大統領命令及びそれを受けた財務省公表のガイドラインの詳細については，渡井・前掲注（22）138-145頁及び篠崎歩「経済安全保障への対応の契機に──CFIUS 大統領令等の概要と日本企業への影響」税理情報1661号（2022年）41頁以下などを参照。

17

を受けて，FIRRMA に基づき売却命令（Divestment Order）を出した。その内容は，ByteDance 社による Musical.ly 社の全株取得による買収は，「私に米国の国家安全保障を損なう恐れのある行動を取る可能性があると思わせるに足りる信頼できる証拠がある」（1条）ため，ByteDance 社による米国における Musical.ly 社のいかなる持分の所有も禁止するとともに（同2条(a)項），90日以内に，CFIUS が課す書面条件に従い，ByteDance 社，その子会社，関連会社及び中国の株主に対して，すべての利益と権利を売却するように求め，それが完了したかを CFIUS が監査する等を定めるというものである。この大統領の命令については，法律により司法審査が排除されているため，ByteDance 社による提訴は行われていない。

TikTok 社が国家安全保障上のリスクを軽減するための一定の義務を受け入れれば，同アプリの米国での事業継続を認めるという合意に向けて CFIUS と交渉しているとされるが，CFIUS はこれらの交渉について正式にコメントしていない。現在も交渉中であるようで，政府は今のところ，法廷での事業売却命令の執行を求めるなどの行動には出ていない。

(4) 立法府の動向

立法府もまた，大統領と歩調を合わせるように，TikTok 等の規制に向けた動きを見せている。

バイデン政権下で立法化されたものとしては，例えば，「政府の使用するデバイスでの TikTok 禁止法」がある。同法は，行政機関向けに，TikTok 及び

---

(71) 2017年に10億ドルで買収。翌年，ByteDance 社は TikTok アプリを Musical.ly のアプリと統合し，単一の統合ソーシャルメディアアプリケーションを作成し，米国市場への参入を果たした。
(72) CFIUS の審査内容は非公開であり，作成文書は情報自由法の適用から除外されている（50. U.S.C. 4565(c)）。報道によると，2019年11月頃に審査が開始されたという。
(73) Presidential Order Regarding the Acquisition of Musical.ly by ByteDance Ltd., 85 Fed. Reg. 51,297 (Aug. 14, 2020).
(74) 50 U.S.C. 4565(d). その趣旨について，渡井・前掲注（22）18頁は，「大統領の安全保障の判断に対する敬譲とみることができるだろう」と指摘している。
(75) 渡井・前掲注（22）133頁。
(76) No TikTok on Government Devices Act, The Consolidated Appropriations Act, 2023, P.L. 117-328, Division R, Section 102.

開発元からの後継アプリケーションを，行政機関の情報技術（デバイスなど）から削除することを義務付ける基準を策定するよう，OMBに求めるとともに，この基準には，法執行活動，国家安全保障上の利益及びセキュリティ研究者に対する例外を含めなければならない旨を規定している。また，州レベルにおいても，これと同様の規制を設ける州が増加しているという[77]。

その他にも，第118回議会（2023年～2024年）だけでも，すでに何本もの法案が提出されているが[78]，それらに共通する特徴として指摘されているのが，IEEPAに基づく大統領の法的権限に対する例外規定の撤廃である[79]。これは，トランプ大統領の大統領令13942号と13943号をIEEPAの権限を逸脱したものであるとした連邦地方裁判所判決を覆そうという試みであるといってよい[80]。それにと

---

(77) Government Technology, "Updated: Where Is TikTok Banned? Tracking State by State," (December 14, 2022), available at https://www.govtech.com/biz/data/where-is-tiktok-banned-tracking-the-action-state-by-state. この記事によると，2023年4月6日段階で37州が規制を設けているという。なお，モンタナ州では，2023年5月，TikTokの同州での営業を禁止するとともに，アプリストアがモンタナ州のユーザーに同アプリをダウンロードさせることを禁止し，これに違反した場合に1万ドルの罰金を課す（違反が継続するごとにさらに1日当たり1万ドルの罰金）といった内容のTikTok禁止法案（An Act Banning TikTok in Montana, 68th Legislature, 2023, available at https://leg.mt.gov/bills/2023/billpdf/SB0419.pdf）に州知事が署名した（2024年1月1日施行予定）。これに対して，TikTok側は表現の自由を侵害するなどとして提訴している。法案の内容及び憲法上の問題の所在については，アメリカ自由人権協会（American Civil Liberties Union）のアミカス・ブリーフが詳しい。ACLU and EFF, "Amicus Brief in Alario & TikTok v. Knudson," August 11, 2023, available at https://www.aclu.org/documents/aclu-and-eff-amicus-brief-in-alario-tiktok-v-knudson.
(78) 例えば，次の法案が提出されている（以下，これらの法案はここで付した番号で引用する）。① No TikTok on United States Devices Act, H.R.503, 118th Cong.（2023）；② Protecting Personal Data from Foreign Adversaries Act, H.R.57, 118th Cong.（2023）；③ Deterring America's Technological Adversaries Act（DATA Act）, H.R.1153, 118th Cong.（2023）；④ Restricting the Emergence of Security Threats that Risk Information and Communications Technology Act（RESTRICT Act）, S.686, 118th Cong.（2023）；⑤ Averting the National Threat of Internet Surveillance, Oppressive Censorship and Influence, and Algorithmic Learning by the Chinese Communist Party Act（ANTI-SOCIAL CCP Act）, H.R.1081, 118th Cong.（2023）；⑥ Stopping Attempts by Foreign Entities to Target Youths on Social Media Act Act of 2023（SAFETY on Social Media Act of 2023）, S.872, 118th Cong.（2023）。第117回議会（2022-2023年）の動向については，Patricia Moloney Figliola, *CRS Report, TikTok: Technology Overview and Issues*, 12-14, Congressional Research Service, R46543（Updated June 30, 2023）参照。
(79) 前掲注（78）の法案①と⑤。Stephen P. Mulligan and Valerie C. Brannon, *CRS Report, Restricting TikTok (Part II): Legislative Proposals and Considerations for Congress*, 1, Congressional Research Service, LSB10942（March 28, 2023）参照。

どまらず，新たな権限を大統領に付与しようとする法案もある[81]。例えば，特定の外国の主体によるソーシャルメディア・アプリの悪用に対して，大統領がIEEPAを発動して，ビザ制限を課す権限を付与しようという法案や[82]，指定された企業に雇用される外国人に対するビザ制限と，指定された企業に雇用される米国人に対して外国代理人登録法（1938年制定）に基づく外国代理人登録を義務付けさせるというIEEPA上の権限を付与しようとする法案[83]，大統領がIEEPA権限を行使する際に，財務長官に対しても，中国の所有・支配・管轄・影響下にある企業であると知りつつ，米国の管轄下にある人物の機微個人情報を提供する取引を禁止する権限を付与しようとする法案[84]などである。

さらに，IEEPAとは連動しない独自の仕組みを設けようとする法案もある。例えば，連邦通信委員会に対し，大統領によって指定された企業のアプリについて，それをアプリストアで取り扱うことを禁止する規則や，インターネット・サービス・プロバイダに対して，当該主体にインターネット・サービスを提供しないように要求する規則を制定するように定める法案[85]，情報通信技術企業に対する外国の敵対勢力の保有（投資）を審査するために，前述したCFIUSのようなプロセスを新設しようとする法案[86]などである。

いずれも成立しなかった法案であり，また，今後も同種の法案が多く提出されることが予想されるが，ここでは，連邦議会においても問題意識が共有されているということ，そして多様な規制のアプローチがあり得るということを確認できたであろう。なお，後掲の〔追記1〕も参照。

(5) 小　括

以上，2.と3.で概観してきた米国の動向から判明することは，TikTokなどの中国企業に対する規制の試みは，トランプ大統領という特異なパーソナリ

---

(80) 前掲注（78）。
(81) Mulligan and Brannon, *supra* note 79, at pp. 1-2, 5-7.
(82) 前掲注（78）の法案②。
(83) 前掲注（78）の法案⑥。
(84) 前掲注（78）の法案③。
(85) 前掲注（78）の法案⑥。
(86) 前掲注（78）の法案④。

ティを有していた大統領による突出した逸脱行動として行われたわけではないということである。そして，政権交代後のバイデン大統領，さらには連邦議会においても，トランプ大統領と同様に中国企業による SNS プラットフォームに対して国家安全保障の懸念を抱いており，そして，トランプ大統領命令に関する訴訟の中で，下級審ではあるものの，裁判所もかかる安全保障上の懸念を重要なものであると認めているということも明らかになったであろう。

4．中国の安全保障

　中国企業が開発・提供する SNS プラットフォームに対して，米国が「緊急事態」を宣言するほど警戒的なのは，「データ流通量の増加やデータ利活用の進展に伴い，一部のプラットフォーマーへのデータの集中が生じて」おり，「プラットフォーマーは，様々なサービスの提供を通じて，名前やユーザー名，IP アドレス等の属性データや，購買活動やコミュニケーション等の様々なアクティビティデータを取得している」(87)という現状がある中，中国企業のSNS プラットフォーム事業者の場合，中国の法律によって，取得・蓄積したデータを中国政府に提供すると見られていることが大きい。本節では，中国の法制度を概観してこの点について明らかにしたい。

(1) 中国の法制度の概観

　現在，「中国では，国家安全法，サイバーセキュリティー法，データ安全法，個人情報保護法という4つの主要な法律に基づき，国家安全，サイバー安全，情報安全，データ安全という4つの点に重点を置いて規制している」(88)とされるが，これらの「情報関連の法制において『国家安全』がとりわけ重要な位置を占める」(89)。すなわち中国では，「情報の国家によるコントロールが（党国家としての体制維持を含む）国家安全保障の重要なファクターと位置付けられてい

---

(87) 総務省『令和5年度版　情報通信白書――新時代に求められる強靭・健全なデータ流通社会の実現に向けて』17頁。
(88) 松尾剛行「中国の個人情報保護法とデータ運用に関する法制度の論点」情報通信政策研究 5巻 2号（2022年）33頁。以下，混乱を避けるために，中国の法律には冒頭に「中国」と付することにする。

る点に大きな特徴がある[90]」[91]のである。

　この4つの法律のうち，中国データ安全法（データセキュリティ法と訳されることもある）は，2021年6月に制定され，同年9月に施行された法律であり[92]，中国個人情報保護法は，2021年8月に制定され，同年11月に施行された法律である[93]。したがって，トランプ大統領が命令13873号で「外国の敵対勢力」による情報通信技術・サービスの取得・利用等がもたらす国家安全保障上の脅威を示した際に中国で制定されていた法律は，前二者，すなわち，中国国家安全保障法と中国サイバーセキュリティ法である。そこで以下では，この2つの法律のみを取り上げることにする。

(2) **中国国家安全法と中国サイバーセキュリティ法**

　まず，2015年に制定・施行された中国国家安全法は，2014年4月の中央国家安全委員会第1回会議で習近平国家主席が打ち出した「総合的国家安全観」，すなわち，「国家の安全という概念を極めて幅広い分野に適用し，包括的・統

---

(89)　石本茂彦「国家安全と情報法」石本茂彦＝松尾剛行＝森脇章編『中国のデジタル戦略と法――中国情報法の現在地とデジタル社会の行方』（弘文堂，2022年）37頁。
(90)　石本・前掲注（89）37頁。
(91)　この点に関して，編者から，「発展の方向性，国際経済分野にかかわる政策決定と政策実施において，主動的な役割を担うことを含め，国際経済ガバナンスに影響をあたえる総合的な能力」と定義される「制度の埋め込まれたディスコースパワー」（渡邉真理子＝加茂具樹＝川島富士雄＝川瀬剛志「中国のCPTPP参加意思表明の背景に関する考察〔改訂版〕」RIETI Policy Discussion Paper Series 21-P-016（2021年）14頁〈https://www.rieti.go.jp/jp/publications/pdp/21p016.pdf〉）の強化という観点がキーとなるのではないかという貴重な示唆を頂戴した。この点については今後の課題としたい。
(92)　中国データ安全法の概要の紹介として，石本・前掲注（89）53-58頁のほか，日本貿易振興機構（ジェトロ）北京事務所・海外調査部『「データセキュリティ法」の概要――中国の安全保障貿易管理に関する制度情報専門家による政策解説』（2021年12月）〈https://www.jetro.go.jp/ext_images/_Reports/01/580a6448fa87f0bb/20210056_04.pdf〉などを参照。
(93)　中国個人情報保護法の仮訳として，松尾剛行＝胡悦「中国個人情報保護法の成立（別添：中華人民共和国個人情報保護法全文仮訳）」桃尾・松尾・難波法律事務所ニュースレター（2021年9月6日）〈https://www.mmn-law.gr.jp/assets/pdf/lawyers/client%2Bupdate_20210906.pd〉を参照。概要の紹介として，松尾剛行＝胡悦「個人情報の保護と国家のデータ利用」石本＝松尾＝森脇編・前掲注（89）75-82頁のほか，日本貿易振興機構（ジェトロ）北京事務所・海外調査部『「個人情報保護法」の概要――中国の安全保障貿易管理に関する制度情報専門家による政策解説』（2022年1月）〈https://www.jetro.go.jp/ext_images/_Reports/01/6d50807a44f904c1/20210070_02.pdf〉などを参照。

一的・効果的にその安全を実現し，維持していくことを目指」す，という考え方がそのまま反映された規定が多くみられる法律であり，原理・原則が中心の「国家安全法体系における基礎法」で，「具体的な法の適用は，各分野の個別の立法に委ねられる」とされる。

次に，2016年に制定・翌年施行の中国サイバーセキュリティ法（ネットワーク安全法と訳されることもある）は，第1条で「ネットワークの安全を保障し，ネットワーク空間の主権（cyberspace sovereignty）並びに国の安全及び社会の公共の利益を保ち，公民，法人その他の組織の適法な権益を保護し，なお且つ経済・社会の情報化の健全な発展を促進する」ことを目的に掲げる法律である。ここで登場する「サイバー空間の主権」という表現は，中国国家安全法25条にもみられるものであるが，自国の管轄が及ぶ領域においては，インターネットに対して中国政府の完全な主権が及ぶとする考え方のことをいう。「インターネット主権」ないし「サイバー主権」と言われることもある。同法は，サイバーセキュリティに関する「基本法の位置づけであり，具体的な規制内容，許認可の手続きなどは，別途定められる法令，実施細則，標準などで明確化されることになって」いるとされるが，「単なるサイバーセキュリティーの問題を超えて，サイバー空間及びそこに集まる情報を『国家安全保障』の一環

---

(94) 岡村志嘉子「中国の新たな国家安全法制――国家安全法と反テロリズム法を中心に」外国の立法267号（2016年）225頁。国家安全法の全訳として，同230頁以下も参照。以下での同法の引用はこの訳による。さらに，石本・前掲注（89）41-43頁も参照。
(95) 松尾・前掲注（88）32頁。
(96) 岡村・前掲注（94）226頁，229頁。
(97) 「ネットワーク安全法」（大地法律事務所仮訳）〈https://www.jetro.go.jp/ext_images/world/asia/cn/law/pdf/others_005.pdf〉。以下では，この仮訳を用いることにする。概要として，石本・前掲注（89）53-58頁，森脇章「ネットワーク安全法と対中ビジネス」石本＝松尾＝森脇編・前掲注（89）109頁以下，矢上浄子「米中経済摩擦に伴う規制強化への対応を――中国サイバーセキュリティ法の概要と運用動向」ビジネス法務20巻7号（2020年）107頁以下，吉野松樹「中国情報セキュリティ関連規制について――サイバーセキュリティ法，データセキュリティ法を中心として」CISTEC Journal 191号（2021年）49頁以下などを参照。さらに同法の英訳として，〈https://www.newamerica.org/cybersecurity-initiative/digichina/blog/translation-cybersecurity-law-peoples-republic-china/〉。
(98) Satoshi Yokodaido, "Asian human rights law, jurisprudence and practices toward the internet," in Mart Susi ed., *Human Rights, Digital Society and the Law* (Routledge, 2019), p. 354, pp. 360-361.
(99) 吉野・前掲注（97）51頁。

としてコントロールすることに対する強い志向がみられる」とも指摘されている。

(3) 米国の警戒の源泉

両法のなかで特に米国が警戒したとされるものが、中国国家安全法77条、中国政府によるデータへのアクセスを可能にする中国サイバーセキュリティ法9条・37条・39条である。

中国国家安全法の第6章は「国民及び組織の義務及び権利」について定めているが、そのうちの77条は、「国民及び組織は、次の各号に掲げる国家安全維持義務を履行しなければならない」として、「(1)憲法及び法律法規の国家安全関係規定を遵守すること。(2)国家の安全に危害を及ぼす活動の手掛かりを速やかに報告すること。(3)国家の安全に危害を及ぼす活動に関し知り得た証拠をありのままに提供すること。(4)国家安全業務のために有利な条件又はその他の協力を提供すること。(5)国家安全機関、公安機関及び関係軍事機関に対し、必要な支持及び協力を行うこと。(6)知り得た国家機密を守ること。(7)その他法律及び行政法規に定める義務」を掲げており、広範な義務を負うことが規定されている。

中国サイバーセキュリティ法9条は、「ネットワークプロバイダは、経営及びサービス活動を展開するにあたり、法律及び行政法規を遵守し、社会道徳を尊重し、商業倫理を遵守し、信義則を守り、ネットワークの安全保護の義務を履行し、政府及び社会の監督を受け、社会的な責任を負わなければならない」と規定し、法的義務を順守すべき一般的な義務・責任について規定する。同37条は、「重要情報インフラストラクチャーの運営者が中華人民共和国の国内での運営において収集、発生させた個人情報及び重要データは、国内で保存しな

---

(100) 松尾・前掲注(88)39頁。さらに、中国データ安全法(前掲注(92))は、データの流通・収集・利用等に対する国家的コントロール、すなわち、「データ主権」の確立を目指す法律であり、「うがった見方をすれば、国家としてビッグデータの集積を図るという国家資本主義的な側面があるともいえる」などと指摘される。石本・前掲注(89)50頁。

(101) Alex Schiller, "WeChat and TikTok: Paper Tigers or Threats to U.S. National Security?" *China Focus* (Sept. 28, 2020), available at https://chinafocus.ucsd.edu/2020/09/28/wechat-and-tiktok-paper-tigers-or-threats-to-u-s-national-security/.

ければならない。業務の必要性により，国外に対し確かに提供する必要のある場合には，国のネットワーク安全情報化機関が国務院の関係機関と共同して制定する弁法に従い安全評価を行わなければならない。法律及び行政法規に別段の定めのある場合には，当該定めに基づいて行う」というものであり，いわゆる「データローカライゼーション」を求める規定である[102]。同39条が，「国のネットワーク安全情報化機関は，関係機関を統括して重要情報インフラストラクチャーの安全保護について次に掲げる措置を講じさせなければならない」として，1項で「重要情報インフラストラクチャーの安全にかかるリスクについてサンプル検査・検査測定をし，改善措置を提出する。必要のある際には，ネットワークの安全サービス機関に委託しネットワークに存在する安全にかかるリスクについて検査測定評価をさせることができる。」などと定める。他方で，中国サイバーセキュリティ法のなかには，国家がアルゴリズムや個人を特定できる情報などのデータを入手することを禁止する規定はなく，「これら3つの条文を組み合わせると，政府は令状の有無にかかわらず，これらのサーバーにあるあらゆる情報にアクセスできることになる」[103]という。いわゆる，無制約なガバメントアクセスに対する懸念である。

　その他にも，「ネットワークプロバイダは，公安機関及び国の安全機関のため法により国の安全及び犯罪捜査の活動を維持・保護し，技術サポート及び協力を提供しなければならない」と定める中国サイバーセキュリティ法28条や，2017年制定・翌年施行の中国国家情報法[104]のうち，「いかなる組織及び国民も，法に基づき国家情報活動に対する支持，援助及び協力を行い，知り得た国家情報活動についての秘密を守らなければならない」と定める同7条，「国家情報活動機構は，法に従い情報活動を行うに当たり，関係する機関，組織及び国民に対し，必要な支持，援助及び協力の提供を求めることができる」と定める同

---

(102) 中国におけるデータローカライゼーション，すなわち，データの越境移転規制と国内保存義務については，小野寺良文「データローカライゼーション」石本＝松尾＝森脇編・前掲(89) 171頁以下などを参照。

(103) Schiller, *supra* note 101.

(104) 同法は，国家によるインテリジェンス情報の収集・取得について定めるものである。概要として，岡村志嘉子「中国の国家情報法」外国の立法274号（2017年）64頁以下を参照。中国国家情報法の全訳として，同71頁以下を参照。以下での同法の引用はこの訳による。さらに，石本・前掲注(89) 46-47頁も参照。

25

14条など，政府が民間企業の保有するデータに強制的にアクセスすることを認める規定が中国法のなかに数多く存在している。それ故に，データローカライゼーションと相まって，中国政府の強力な権限に対する懸念が広がっているのである。TikTok側は中国政府に対するデータ提供の事実を否定してはいるものの[105]，この懸念自体は妥当なものといえよう[106]。

5．若干の検討

以上，米国におけるTikTokをはじめとする中国SNSプラットフォーム事業者の提供するアプリ規制の動向（2．と3．）と，その規制が念頭に置く中国の法制度の概要を概観した（4．）。これらは「情報法」に関係するものであったが，以下では，それを踏まえつつ「安全保障」の見地から若干の検討を加えることで，日本への何らかの示唆を得ることを試みたい。

(1) 安全保障・対・安全保障

まず，何よりも本章にとって興味深いことは，4．で概観した中国の法制度が，「総合的安全保障観」に立脚するものであるということである。総合的安全保障には，具体的には，①政治，②国土，③軍事，④経済，⑤文化，⑥社会，⑦科学技術，⑧情報，⑨生態系，⑩資源，⑪核の安全が含まれるとされる[107]。極めて広範な問題が安全保障の問題と位置付けられているのであり，安全保障の一環として，サイバー空間の主権やデータローカライゼーション，個人や民間企業に対する情報提供義務や，保有情報へのアクセスといった情報法に

---

(105) 「TikTok CEO 米公聴会で初証言 懸念否定し主張の隔たり埋まらず」NHK（2023年3月24日）〈https://www3.nhk.or.jp/news/html/20230324/k10014017841000.html〉。TikTokのデータ収集については，Figliola, *supra* note 78, at pp. 3-5．なお，TikTokのプライバシーポリシーには，「当社は，本プラットフォームの提供，本プラットフォームの改善・最適化，違法な使用の防止及びユーザーのサポートを含む目的のため，当社の企業グループに属する他の企業，子会社，または関連会社とお客様の情報を共有することがあります。」と規定されており〈https://www.tiktok.com/legal/page/row/privacy-policy/en〉，規約上，様々なデータが中国に移転される可能性がある。
(106) Kristen E. Busch, *CRS Report, TikTok: Recent Date Privacy and National Security Concerns*, Congressional Research Service, IN12131 (March 29, 2023). 松尾・前掲注（88）36-37頁も参照。
(107) 岡村・前掲注（104）65頁。

関する仕組みが構築されているのである。松尾剛行が指摘しているように，中国サイバーセキュリティ法は，「単なるサイバーセキュリティーの問題を超えて，サイバー空間及びそこに集まる情報を『国家安全保障』の一環としてコントロールすることに対する強い志向が見られる」(108)のであり，「中国では，そもそも日本等において政府が関与していないような民間の個人情報の取り扱いに対して関与をしている。〔改行〕このような政府の関与は，中国政府の個人情報への強い関心，とりわけそれが国家安全に密接に関係しているという考えを反映している」(109)。それが，米国など他国にとっては安全保障上の脅威と認識され，対策が講じられているという構図である。

　いわば，（とりわけ安全保障という観点から見た）個人情報の位置づけ，その取扱いの相違により，規制の方向性が異なっており，それが安全保障上の問題として顕在化しているのである。米中対立の背景にある国家理念の違いと経済制度の違いとして，「米中の経済制度の違いが際立っているのが，データ利活用の分野であり，個人の自由を重視する米国では，個人が持つデータのプライバシーが最重要視されるのに対して，共産党のリーダーシップを重視する中国では，個人のデータを政府が吸い上げることは当然とされる」(110)という指摘もあるが，そうだとすると，この対立は，容易に解消されることは期待できず，今後も続いていくことが予想される。中国とのデカップリングによる対立の激化ではなく，デリスキングによる対応が重要であるということは，G7広島サミット首脳会議において確認されたとおりであるが(111)，EUの動向も視野に入れながら，日本の国益を守るためにどのように立ち回るべきかを考えていかなければならない。

(2) 安全保障の過剰

　第2に指摘すべきは，安全保障ないし緊急事態という状況認識が過剰に用いられているのではないかということである。

---

(108) 松尾・前掲注（88）39頁。
(109) 松尾・前掲注（88）42頁。
(110) 村山裕三「米中対立と経済安全保障」安全保障研究4巻1号（2022年）10頁。
(111) G7広島首脳コミュニケ（2023年5月20日）（外務省仮訳），para.51 〈https://www.mofa.go.jp/files/100507035.pdf〉。

2．で見たように米国のIEEPAは，NEAに基づいて大統領が緊急事態宣言を行うことを条件に，「米国の国家安全保障，外交政策及び経済に対する，その全部又は相当部分が米国外に源流を持つ，異常かつ桁外れの脅威に対処するため」の権限を付与する法律である(112)。この仕組みに起因して，「NEAに基づいて宣言された国家緊急事態の数は，過去40年間で急増した。IEEPAが制定されるまでの40年間で，1917年制定の敵対貿易法（TWEA）に基づいて大統領が宣言した国家緊急事態はわずか4件であった。これに対して，NEAに基づき発令された79の国家緊急事態宣言のうち，実に70で大統領はIEEPAを発動している。2023年9月1日段階で，現在進行中の国家緊急事態は42件あり，3件を除くすべてがIEEPAに関連している(113)」という(114)。

議会調査局の統計によると，「IEEPAとNEAが制定されて以来，現在進行中の国家緊急事態の数は，ほぼ継続的に増加している。1979年1月1日から2023年9月1日までの間に，毎年平均15件の国家緊急事態が発生し，そのうち14件はIEEPAが発動された(115)」。「1990年以来，毎年，大統領はIEEPAを引用しておよそ4.5件の大統領令を発令し，IEEPAを引用して1.5件の新たな国家緊急事態を宣言している(116)」，「IEEPAを発動する緊急事態は，9年以上続くのが平均である(117)」。そして，IEEPA上の権限を行使する大統領命令の数は，オバ

---

(112) 大統領が緊急事態を宣言できる旨を定めている法律はNEAだけでない。公衆衛生の場合（Public Health Service Act）や，自然災害の場合（Robert T. Stafford Disaster Relief and Emergency Assistance Act）などにも緊急事態を宣言することが可能である。

(113) Casey, et al., *supra* note 14, at pp. 16-17. *See also* Brennen Center for Justice, *Declared National Emergencies Under the National Emergencies Act: A running list of presidential emergency declarations under the National Emergencies Act of 1976* (published May 17, 2019, last updated September 11, 2023), available at https://www.brennancenter.org/our-work/research-reports/declared-national-emergencies-under-national-emergencies-act.

(114) 大統領が国家緊急事態を宣言した際に，大統領に対して特別の権限を付与する法律上の規定は，IEEPAを含めて135あり，議会が国家緊急事態を宣言した場合に大統領に特別の権限を付与する法律上の規定は13ある。*See* Brennen Center for Justice, *A Guide to Emergency Powers and Their Use: The 148 statutory powers that may become available to the president upon declaration of a national emergency* (published December 5, 2018, last updated February 8, 2023), available at https://www.brennancenter.org/our-work/research-reports/guide-emergency-powers-and-their-use.

(115) Casey, et al., *supra* note 14, at p. 17.

(116) *Ibid.*

マ政権下では44、トランプ政権下では31、バイデン政権下では2023年7月1日段階で18である。いわば米国は、常に国家緊急事態下にあり、その意味で、安全保障上の危機が常在しているともいうべき状況にある。

他方、上述した中国の「総合的安全保障観」に基づく法制度も、極めて広範な問題が安全保障の問題と位置付けられることにより、安全保障上の問題の常在をもたらすものである。

それでは、「安全保障の過剰」の何が問題なのだろうか。憲法学との関連でいえば、安全保障上の規制であるということが、自由の制約を容認しやすい方向に機能する危険性を指摘できるだろう。この点に関して小山剛は、「安全に対して憲法学の懸念が強いのは、『安全』という概念が不明確であること、現代の『安全』には『予防』が結びつくこと、そのことから、安全を理由とした国家の介入に統制をかけるすべを見出せないでいることに起因していよう」と指摘している。米国においても、表現の自由が問題になっている場合でさえ、テロ対策など国家安全保障上の問題が関係する場合には、採られた手段について政府側の説明に敬譲的に接することが多い。これがよく表れているのが、2010年の Holder v. Humanitarian Law Project 連邦最高裁判決である。曰く、

> 行政府による事実の評価は、議会の評価と同様に尊重されるべきものである。この訴訟は、国家安全保障と外交問題という敏感かつ重大な利害に関わるものである。……この文脈では、立法府による合理的な評価を、……我々自身による証拠の評価に置き換えないことが肝要である。……我々の古今の判例は、国家安全保障や

---

(117) Ibid. 最初のNEAに基づく緊急事態宣言は、1979年にカーター大統領がイラン人質事件に関して発出したものであるが（Executive Order No. 12, 170, Blocking Iranian Government Property〔November 14, 1979〕）、この緊急事態宣言は現在も有効（歴代大統領が更新してきた）であり、これに基づくIEEPA上の権限行使として、イラン及びイラン政府との特定の活動や取引を禁止を禁止する命令と、財務省の外国資産管理局が制定した規則により、米国産製品の輸出や輸出促進、イランへのサービス提供などが取り締まられている。

(118) 歴代大統領が発した、IEEPA上の権限を行使する大統領命令の一覧として、Casey, et al., *supra* note 14, at pp. 65-84参照。

(119) 小山剛「憲法学上の概念としての『安全』」慶應義塾大学法学部編『慶應の法律学――慶應義塾創立150年記念法学部論文集　公法1』（慶応義塾大学出版会、2008年）328頁。

(120) Holder v. Humanitarian Law Project, 561 U.S. 1 (2010). 同判決に関する詳細については、小谷順子「外国テロ組織（Foreign Terrorist Organization）に対する実質的支援を禁ずる連邦法の合憲性をめぐるアメリカ合衆国連邦最高裁判決」大沢秀介編『フラット化社会における自由と安全』（尚学社、2014年）204頁以下などを参照。

第Ⅰ部　情報取得，利活用，保持

外交関係への懸念というものが，司法の役割を放棄する理由にはならないことを明らかにしている。そのような利害が関係している場合であっても，我々は修正1条についての政府見解に従うことはない。このような問題における政府の権限と専門知識は，憲法が個人に与える保護を確保するという裁判所の責務に自動的に取って代わるものではない」とする〔後述の〕反対意見に同意する。しかし，この分野で証拠を収集し事実の推論を導くとなると，「裁判所側の能力の欠如は顕著である」ため，政府の結論を尊重することが適切である。[121]

　2．(3)で触れたWeChatの訴訟は，この点で注目されるものであった。先にも述べたように，連邦地裁決定は，中国企業の活動が国家安全保障上の脅威であり，その対策を講じるという目的ないし国家利益について，その重要性を政府側のいう通りに認めた一方で，敬譲アプローチを採用せず，憲法違反の判断を下したからである。上述したように，これを「米中間の対立が絡む国家経済安全保障分野でも，合衆国第1修正上の言論の自由の保障が，デジタル環境における利用者のコミュニケーション経路の砦となり，大統領権限が司法の場で実効的に抑制された事例」[122]と高く評価する見解もあるが，他方で，あくまでも連邦地裁レベルの判断であるということ，Holder連邦最高裁判決との整合性の見地などから，批判することも可能である。

　米中の状況は，単純化して本章の課題に引き付けて言えば，「安全保障の構造変容」により，「情報法」を含む各種領域で安全保障上の問題の発生と常在化をもたらしているというように表現できるが，安全保障という国家利益が各種人権制約の正当化を容易にする切り札のように機能することがないように，留意が必要である。[123]

(3)　**日本の場合**

　2000年に日本は，高度情報通信ネットワーク社会形成基本法を制定した。同

---

(121)　*Ibid.*, at pp. 33-34.
(122)　山口・前掲注（43）50頁。
(123)　伊藤一頼「国有企業・政府系ファンドに対する諸国の外資規制——開放性と安全保障の両立をいかにして図るか」RIETI Discussion Paper Series 15-J-059（2015年）21頁〈https://www.rieti.go.jp/jp/publications/dp/15j059.pdf〉，横大道・前掲注（6）16-17頁などを参照。他方で，安全保障という語と戦争・軍事を安易に結び付けて否定的に接する態度もまた戒めなければならない。

法2条で定義された「高度情報通信ネットワーク社会」とは,「インターネットその他の高度情報通信ネットワークを通じて自由かつ安全に多様な情報又は知識を世界的規模で入手し,共有し,又は発信すること」によって,「あらゆる分野における創造的かつ活力ある発展が可能となる社会」であった。

それから約20年後の2021年,デジタル社会形成基本法が制定された[124]。同法のいう「デジタル社会」は,「高度情報通信ネットワーク社会」とは微妙な違いがある。同法2条で定義された「デジタル社会」では,「あらゆる分野における創造的かつ活力ある発展が可能となる社会」は,高度情報通信ネットワーク社会形成基本法2条のような単純な理解ではなく,それとともに,「官民データ活用推進基本法(平成28年法律第103号)第2条第2項に規定する人工知能関連技術,同条第3項に規定するインターネット・オブ・シングス活用関連技術,同条第4項に規定するクラウド・コンピューティング・サービス関連技術その他の従来の処理量に比して大量の情報の処理を可能とする先端的な技術をはじめとする情報通信技術(以下「情報通信技術」という。)を用いて電磁的記録(電子的方式,磁気的方式その他人の知覚によっては認識することができない方式で作られる記録をいう。第30条において同じ。)として記録された<u>多様かつ大量の情報を適正かつ効果的に活用すること</u>(以下「情報通信技術を用いた情報の活用」という。)」(下線部は引用者)によって,もたらされる社会とされている。情報通信技術を用いた情報の適切かつ効果的な活用がなされて,初めて,あらゆる分野における創造的かつ活力ある発展が可能となるというように認識が改められているのである。

そして今日,「サプライチェーンの脆弱性,重要インフラへの脅威の増大,先端技術をめぐる主導権争い等,従来必ずしも安全保障の対象と認識されていなかった課題への対応も,安全保障上の主要な課題となってきている。その結果,安全保障の対象が経済分野にまで拡大し,安全保障の確保のために経済的手段が一層必要とされている」[125]。2022年に制定された,経済施策を一体的に講ずることによる安全保障の確保の推進に関する法律,いわゆる経済安全保障推[126]

---

[124] 令和3年法律第35号。
[125] 『国家安全保障戦略』(令和4年12月16日国家安全保障会議決定及び閣議決定)26頁。
[126] 令和4年法律第43号。

進法は，今のところ直接的には本章が取り上げてきた問題に対応するものではないが，「デジタル社会」にとっても重要となる法律である。[127]

本章が扱った米国による中国のSNSプラットフォーム事業者の提供するアプリ規制という問題は，このデジタル社会における「多様かつ大量の情報を適正かつ効果的に活用」に関連する「経済安全保障」上の問題であるといってよい。具体的には，「デジタル社会の形成に当たっては，高度情報通信ネットワークの利用及び情報通信技術を用いた情報の活用により<u>個人及び法人の権利利益，国の安全等が害されることのないようにされる</u>とともに，高度情報通信ネットワークの利用及び情報通信技術を用いた情報の活用による信頼性のある情報の自由かつ安全な流通の確保が図られなければならない。」と定めるデジタル社会形成基本法10条に関係する。

それでは，日本ではいかなる対策ないし取組みがなされているのであろうか。まず，SNSアプリ等に関しては，「政府職員の動画投稿アプリ『TikTok（ティックトック）』の利用の規制に関する質問主意書」[128]に対する答弁書[129]のなかで，次のように説明されている。「『政府機関等のサイバーセキュリティ対策のための統一基準（令和3年度版）』（令和3年7月7日サイバーセキュリティ戦略本部決定）等に基づき，原則として，要機密情報（同基準における『要機密情報』をいう。以下同じ。）を取り扱う場合には，御指摘の『TikTok』をはじめとするSNS等の民間事業者等が不特定多数の利用者に対して提供する，画一的な約款や規約等への同意のみで利用可能となる外部サービスを利用することはできないこととしており，また，広報等の要機密情報を取り扱わない場合であっても，各政府機関等においては，様々なリスクを十分に踏まえ，必要に応じ講ずべき措置についての助言を内閣官房に求め，情報システムセキュリティ責任者の承認を得た上で必要なもののみを利用することとしている」。そして政府

---

[127] 法律の概要については，川島富士雄「経済安全保障推進法の制定と一部施行」法学教室508号（2022年），泉恒有ほか「経済安全保障推進法の解説」NBL1224号（2022年）57頁以下などを参照。さらに，柿沼重志＝小林惇「経済安全保障推進法制定後の動きと今後の課題――経済的威圧に対抗するための体制構築に向けて」立法と調査461号（2023年）3頁以下も参照。
[128] 「政府職員の動画投稿アプリ『TikTok（ティックトック）』の利用の規制に関する質問主意書」質問第37号（令和5年3月24日）。
[129] 「衆議院議員大西健介君提出政府職員の動画投稿アプリ『TikTok（ティックトック）』の利用の規制に関する質問に対する答弁書」内閣衆質211第37号（令和5年4月4日）。

は，「こうした仕組みは，特定の国や企業の製品やサービスを排除するものではないが，リスクが高いと判断されたSNS等のアプリケーションが利用されることがないことを担保するものであり，……政府機関等のサイバーセキュリティ対策としては，不十分であるとは考えていない」と主張しているが，この対応をもって，サイバーセキュリティ対策として十分であるとは言い難いように思われる。

次に，令和4年4月1日に改訂された，個人情報の保護に関する法律の7条1項に基づき策定された「個人情報の保護に関する基本方針」では，経済安全保障の観点が盛り込まれている。そこでは，「新興国の経済成長とグローバルなバリューチェーンやサプライチェーンの深化，経済・技術分野への安全保障の裾野の拡大等に伴い，地政学的緊張を反映した，国家間における技術覇権争いや，国家によるデータ収集・管理・統制を強化する動きが顕在化して」おり，「このため，データローカライゼーションや無制限なガバメントアクセス等による個人情報等の越境移転における個人の権利利益を侵害するリスクが高まっており，それがDFFT〔Data Free Flow with Trust：信頼性のある自由なデータ流通のこと——引用者〕への脅威や経済安全保障上の課題にもなり得る」という現状認識が示される。そして，「経済安全保障の観点からの対応として，各主体が個人データを越境移転する場合について，個人の権利利益に生ずるリスクの有無等は，各主体の事務及び事業の実態等に応じて様々であるため，外国の個人情報保護に関する制度等に関する情報の本人への提供は各主体により対応する必要がある。個人情報保護委員会においても，各主体の参考となる一定の情報を提供する観点から，データローカライゼーションや無制限なガバメントアクセス等，本人の権利利益に重大な影響を及ぼすおそれがある制度等に関する情報提供を行うものとする」とされている。この問題意識は，米国のそれ

---

(130) 前掲注（129）。
(131) なお，サイバーセキュリティ基本法（平成26年法律第104号）の2条で定義されているサイバーセキュリティとは，「電子的方式，磁気的方式その他人の知覚によっては認識することができない方式……により記録され，又は発信され，伝送され，若しくは受信される情報の漏えい，滅失又は毀損の防止その他の当該情報の安全管理のために必要な措置並びに情報システム及び情報通信ネットワークの安全性及び信頼性の確保のために必要な措置……が講じられ，その状態が適切に維持管理されていることをいう」。
(132) 平成15年法律第57号。

と共通するものであるが，4.でみた中国の法制度を踏まえるのならば，情報提供による対応だけでは不十分であり，さらに踏み込んだ法規制の必要性についての検討が求められると思われる。

6．おわりに：安全保障の視点を踏まえた情報法へ

　以上，本章では，近時の米国が，安全保障上の懸念から中国企業のSNSプラットフォーム規制に乗り出していることを「安全保障の構造変容と情報法」の問題として取り上げたうえで，その概要を確認するとともに（2．，3．），中国の法制度の概観を通じて，そこにも「安全保障の構造変容と情報法」の問題が存することを見てきた（4．）。そこで確認できたことは，安全保障や個人情報の捉え方の違い，安全保障の場面の拡大などが相まって，安全保障上の問題となっていること，そして，今日では安全保障という視点を抜きにして，情報法を語ることはできないという事実である（5．）。

　中国とは地理的に隣接し，経済的にも切り離せない関係にある一方で，価値観を米国と共有する日本は，この問題をめぐる米中という大国の動向・対立に不可避的に巻き込まれざるを得ない。その状況で，いかにして日本の権益を守ればよいのかが問われ続けるという宿命にある。「国際情勢の複雑化，社会経済構造の変化等に伴い，安全保障を確保するためには，経済活動に関して行われる国家及び国民の安全を害する行為を未然に防止する重要性が増大している」[133]とされる今日，「これまでのように自由で開かれた経済を原則とし，民間活力による経済発展を引き続き指向しつつも，国際情勢の複雑化，社会経済構造の変化等に照らして想定される様々なリスクを踏まえ，経済面における安全保障上の一定の課題については，官民の関係の在り方として，市場や競争に過度に委ねず，政府が支援と規制の両面で一層の関与を行っていくことが必要である」[134]。

---

(133)　経済安全保障推進法1条。
(134)　閣議決定「経済施策を一体的に講ずることによる安全保障の確保の推進に関する基本的な方針」（令和4年9月30日）3-4頁〈https://www.cao.go.jp/keizai_anzen_hosho/doc/kihonhoushin.pdf〉。

第1章　安全保障の構造変容と情報法

情報法にかかる問題群においても，かような視点が不可欠である。換言すれば，今後は安全保障という視点を欠いたままでは情報法の分析は不十分にならざるを得ない。安全保障という視点を組み込んだ情報法のあり方の模索が必要となるが，そのためには，本書のように学問や分野の違いを超えた協働が有益であろう。

〔追記1〕　本稿脱稿後の2024年4月24日，アメリカにおいて「外国の敵対勢力が支配するアプリケーションからアメリカ人を保護するための法律（Protecting Americans from Foreign Adversary Controlled Applications Act, PAFACAA）」，通称「TikTok規制法」が制定された。同法は，「外国の敵対勢力が支配するアプリケーション」――定義規定のなかでTikTokとByteDance, Ltd.が運営するアプリケーションがこれに該当する旨が明示されている――について，その所有者が「適格な売却（Qualified Divestiture）」を実施しない限り，それを配布，維持，更新することを違法とするものである。同法制定の約2週間後，同法で名指しされたTikTokとByteDance社は，同法の執行の差止を求めて訴訟を提起した。詳細については他日を期すことにしたい。

〔追記2〕　本稿は，科研費・基盤研究（B）〔23K22190〕による研究成果の一部である。

第 2 章

デジタル技術の浸透と国家監視
―― いわゆる「ジオフェンス令状」の問題をきっかけにして ――

山田　哲史

1．はじめに：デジタル技術の発展・浸透とプライバシー

　デジタル技術の発展と様々な物や場面への応用は，そういった事物のインターネットを通じたネットワーク化につながっている。このような傾向は，COVID-19パンデミックによる，リモート技術の普及によって一層強くなったと言えよう。ネットワーク化された，デジタルデバイスの利用を通じて，個別のデバイスやその機能システム，さらには，それらをつなぐ通信ネットワークの提供者のもとに，その利用自体の情報や，やり取りの内容が蓄積されている。かつてのアナログな世界であれば，その場限りで利用自体の情報ややり取りの内容は消えてしまっており，仮に意図してそれを記録したとしても，その管理・転用には様々な物理的制限があったところ，デジタル技術の普及した現在では，自動的に情報は蓄積され，加えて，その保存，複製，解析などもまた容易にできてしまう。いわゆるモノのインターネット（IoT）化により，家具や家電製品等もネットワーク化・デジタル化され，スマートフォンに代表される，我々が常に携行する端末が普及・浸透したことも併せて考えると，我々が他者の目（が及ぶ可能性）を逃れて，自由に振る舞うことのできる場面は限定され，そして，ますます縮小していると言えよう。

　世界に目をやれば，一部の権威主義的体制の下では，国家が率先して，こういったデジタル技術を活用し，国民の管理，監視に用いている，あるいは用いようとしている現象がないわけではない。しかし，今日ならではの特徴は，国家による情報収集に問題があるというよりも，むしろ，プラットフォーム企業を中心とする私企業のもとに情報が収集，蓄積されている点にある。このプ

ラットフォーム企業は，自身のもとに集積された情報を利用して，顧客のニーズを先読みし，さらには，先回りして誘導することによって，当該企業自身のビジネス展開に利用するほか，他のビジネス主体に情報や，顧客の誘導の手法を販売することによって利益を得ることが目指されているとされる[(2)]。そして，国家も，安全保障や犯罪予防，犯罪捜査などの目的で，むしろ，トランスナショナルに事業を展開するプラットフォーム企業の顧客として，情報を積極的に購入する立場にある[(3)]。

　このプラットフォーム企業の定義自体，緩やかなものであり，デバイスやその機能システム，そして，通信ネットワークなどを通じて，各種サービスの展開基盤を提供する，典型的なものに限らず，Uberなどのいわゆるギグワーク[(4)]の運営・提供企業なども，プラットフォーム企業に加えることが可能である。

---

(1)　中国の電子決済システムであるアリペイと紐づけられた信用スコアの問題はつとに日本の法学者によっても紹介されてきた（例えば，山本龍彦『おそろしいビッグデータ』（朝日新聞出版，2017年）27頁，66-67頁）が，新型コロナウイルス禍において，中国政府が，感染拡大対策において，このアリペイのシステムと結びつける形で，国民の移動情報の把握を行ったことが知られている（例えばPaul Mozur, Raymond Zhong and Aaron Krolik, "In Coronavirus Fight, China Gives Citizens a Color Code, With Red Flags", New York Times, 1 March 2020 (updated August 7, 2020), available at https://www.nytimes.com/2020/03/01/business/china-coronavirus-surveillance.html)。もっとも，これでさえも——中国政府と同国の私企業の関係性自体不透明なところはあるが——，あくまで私企業であるアリババの構築したシステムとの連携をするものであり，純粋に国家のみによって行われるものではないことが重要である。
　また，イラン政府がダウンロードを推奨した新型コロナ対策アプリが，スパイ機能を含むものであった可能性や，その指摘により，Googleのアプリ販売サイトから排除されたことが報道された（"Iran's Coronavirus 'Detection' App Could Have Spied on Users: Researcher", The Week, March 10, 2020, available at https://www.theweek.in/news/world/2020/03/10/irans-coronavirus-detection-app-could-have-spied-on-users-researcher.html)。これについても，プラットフォーム企業との関係がうまくいかなければ，権威主義的体制下でも国家のみで情報を獲得することが困難であることを象徴しているといえよう。
(2)　この点を鋭く描写したのが，世界的なベストセラーとなった，Shoshana Zuboff, The Age of Surveillance Capitalism (Profile Books, 2019)（ショシャナ・ズボフ著（野中香方子訳）『監視資本主義』（東洋経済新報社，2021年））である。
(3)　例えば，アメリカの情報機関が，アメリカ市民の携帯電話の位置履歴情報等を私企業から購入していることについて，Dori H. Rahbar, "Laundering Data: How the Government's Purchase of Commercial Location Data Violates Carpenter and Evades the Fourth Amendment," Columbia Law Review, Vol. 122 (2022), pp. 716-717 (713) などを参照。また，このように，国家が従前の公的な規制アクターとは言い難い立場に置かれている状況は，国際組織，そして，公私を超えたアクターの協働も含めて，誰がどのように統制を行うべきなのかという問題も生じさせる。

ギグワークの運営・提供企業が本来のサービス提供にあたり，副次的に蓄積された個人情報，個人データを公権力に無償ないし有償で提供することがある。さらには，そのほか，情報の収集，分析などを専門とする企業も，インテリジェンス・プラットフォーム企業を自称しているとされ，これらが積極的に，個人情報を販売していること(5)はいうまでもない。

　このような状況は，少なからぬ人々，とりわけ，政治体制のありようとして，リベラル・デモクラシー体制を支持する人々にとって，感覚的なものに過ぎない可能性は否定できないにしても，違和感や嫌悪感を抱かせよう。

　我々にこの違和感を抱かせる要因のうち大きなものは，個人情報が丸裸にされてしまい，プライバシーが侵害される上，あまつさえ，それが商品化され，一部の企業に巨額の収益をもたらすというところにあるように思われる。(6)

　他方で，デジタル化，ネットワーク化によって，生活の利便性は格段に向上するほか(7)，犯罪検挙率の向上，犯罪の抑止(8)など，人々の安全が向上する(9)という即時的なメリットがもたらされることは今更指摘する必要もない。将来的な展望としても，多くの情報が集積され，また，分析等もデジタル技術によって，

---

(4)　ギグワークを通じた，監視，情報収集については，Elizabeth E. Joh, "A Gig Surveillance Economy, Hoover Working Group on National Security, Technology, and Law", *Aegis Series Paper No. 2108* (November 10, 2021), available at https://www.lawfareblog.com/gig-surveillance-economy を参照。なお，ここでは，副次的な監視，情報収集のみならず，監視や情報収集自体を目的としたギグワークも展開されていることが紹介されている。

(5)　Rahbar, *supra* note 3, at p. 715.

(6)　もっとも——以下に紹介するものとて，消費者の企業イメージの形成などを考慮に入れ，企業の利潤の最大化を目指した戦略的なものという側面はあろうが——法執行機関からの個人情報開示の求めにプライバシーを根拠に対抗したり（例えばFarhang Heydari, "Understanding Police Reliance on Private Data", *Hoover Working Group on National Security, Technology, and Law, Aegis Series Paper No. 2106* (October 7, 2021), p. 26, available at https://www.lawfareblog.com/understanding-police-reliance-private-data)，新型コロナ感染症対策のアプリ開発においては，プライバシー保護に配慮したシステムを構築し，日本の場合には，政府よりもその意識は高かったとも指摘されたりしているところ（これについては，山田哲史「感染拡大防止とプライバシー保護」大林啓吾編著『コロナの憲法学』〔弘文堂，2021年〕215頁を参照）であり，プラットフォーム企業を，プライバシーを食い物にする存在として，単純な「悪役」に仕立て上げることが妥当なのかは議論の余地があろう。

(7)　これについては，中国のデジタル監視社会の現状（ただし，出版は2019年）を描き出すとともに，中国国民がプライバシーに鈍感であるからではなく，個人情報の提供と引き換えに，利便性を得られることで，進んで情報提供を行っている側面があると分析する，梶谷懐＝高口康太『幸福な監視社会・中国』（NHK出版，2019年）を参照。

高速かつ適切に行われることになれば、これまでは解決が困難であった問題にも解決策が見出される可能性も大きい。[10]

　このプライバシー、とりわけ、それ（あるいはその一部）を法的保護に値する権利として構成するプライバシー権というのは、その内容に明確でないところが多く、対立する権利との関係で相対的に範囲が画定されるものだとされたり、[11] 他の権利・利益の侵害を予防するためのものなどと位置付けられたり、自身に関する個人情報やデータに対する自己決定自体に価値を見出すのでなければ、[12] 本来的な権利・利益の保護とは距離のある、保護の前倒しのための道具的な性格を有するものだとも指摘されている。[13] また、プラットフォーム企業などが、技術の維持、革新に努め、人々の福利に貢献していると言えるのであれ

（8） これに関連して、ドイツ連邦憲法裁判所の判例（Vorratsdatenspeicherung, BVerfG, Urteil vom 2. März 2010 – 1 BvR 256/08 –, BVerfGE 125, 260 [317, 321]）も、将来的な利用に備えた予備的な個人情報の収集は、厳格な禁止の対象となるとしつつ、犯罪の訴追や危険防止などの目的で将来的に用いるために、公権力が個人データを収集・保存すること、私企業たるサービスの提供者に収集・保存を義務付けることそれ自体は、通信の秘密を保障したドイツ連邦共和国基本法10条1項の下でも、――比例原則による厳格な正当化審査に伏するものであるとはいえ、――認められるとしている。この点について、Peter Marini, "Verfassungsrechtliche Anforderungen an Vorratspeicherungen", in Sigrid Emmenegger und Ariane Wiedmann (Hrsg.), *Linien der Rechtsprechung des Bundesverfassungsgerichts – erörtert von den wissenschaftlichen Mitarbeitern Bd.2* (De Gruyter, 2011) S.310f. も参照。

（9） 犯罪の防止、検挙も重要な要請であることを指摘した上で、顔認証技術を具体的題材として、いわゆる見当捜査のような従来の捜査等における手法よりも、費用の面でも、誤認の危険などの面でも、ビッグデータのAIによる分析の方が優位であると指摘するものとして、Jane Baumbauer, "Facial Recognition as a Less Bad Option", *Hoover Working Group on National Security, Technology, and Law, Aegis Series Paper No. 2107* (November 4, 2021), available at https://www.lawfareblog.com/facial-recognition-less-bad-option がある。

（10） 例えば、医療ビッグデータのAIを通じた処理、分析は、新薬開発などのスピードをアップする可能性があるほか、これまでは不可能であった、より個別化、精密化された、医療の実現を可能としうることについて、樋口範雄「AIと法――特に医療の側面について」Law & Technology 100号（2023年）17頁が指摘する。

（11） 例えば、潮見佳男『不法行為法Ⅰ〔第2版〕』（信山社、2011年）198頁、202頁、207頁参照。

（12） 関連して、日本では、厳密にいえばプライバシー権とは区別されるものの、これと基本的には同義とされる、自己情報コントロール権が要求する、自己決定、同意について、本質的な要素ではなく、「手段的な性格」を指摘するものとして、曽我部真裕「自己情報コントロールは基本権か？」憲法研究3号（2018年）72頁、75-76頁がある。また、ドイツにおいても、情報自己決定権が、憲法上の保護の必要性を前倒しする道具的なものとして理解する見解が支持を伸ばしている（*Philipp Lassahn, Datenschutz und Personenschutz*, Der Staat Bd.61, 2022, S.421参照）。

ば，その過程で得られた顧客のデータを利用して利潤を得ることを本来許されざるもののように想定することが果たして妥当なのかも難しい問題をはらんでいる。このように，何が，そしてなぜ問題なのかは，実は自明ではない。

　もっとも，本章に課せられたのは，デジタル技術の浸透に起因する問題一般を扱うことではなく，国家による監視にそれが用いられることに伴う問題に取り組むことである。その意味では，古典的な問題の思考枠組みを活用する余地も比較的大きいだろう。とはいえ，私企業であるプラットフォーム企業等による大規模な情報取得を背景に，国家による監視も大きく性格を変えていることを踏まえておかないことには，問題の本質を見誤り，その場しのぎの弥縫策に満足してしまう可能性もある。他方で，抽象的な一般論に終始しても，議論が拡散し，実りある議論は期待できない。そこで，根本的な問題意識は踏まえつつ，日本でも紹介がなされ，既に一部で注目を集めつつある「ジオフェンス (geofence) 令状」を具体的題材として，与えられた課題へとアプローチする。そして，これを通じて，古典的な思考枠組みの限界がどこにあるのかなど，少なくとも，法的規律の枠組みが直面している問題を明らかにしたい。

---

(13)　侵害の予防の対象となる利益の中でも，枢要かつ根源的なものと位置付けられるのが，個人の自律であろうが，これすら，脳科学の知見によれば，自由意志の存在には大きな疑義が呈されているところである。もちろん，この前提を否定してしまうと，あらゆる憲法的，法的な構想，構成が不可能になってしまう危険性を帯びていることには留意すべきである。この点に関して，山本龍彦は逆方向から，日本国憲法が基礎とする個人の尊重，自律を脅かす危険を理由に，AIによる処理と結びついた，ビッグデータ社会の問題性とその適切な統制の必要性を説いている（山本龍彦『プライバシーの権利を考える』（信山社，2017年）270頁）。

(14)　指宿信「スマホ位置情報の『一網打尽』捜査──『ジオフェンス令状』の正体」世界952号（2022年）53頁以下，同「『リバース・ロケーション令状』と令状主義」成城法学90号（2023年）31頁以下，若江雅子「国境を越えて伸ばされる手にどう対処するか──ジオフェンス令状とガバメントクラウドを題材に」指宿信＝板倉陽一郎編『越境するデータと法：サイバー捜査と個人情報保護を考える』（法律文化社，2023年）306頁，尾崎愛美「新たな位置情報取得捜査──偽装形態基地局・ジオフェンス令状」同『犯罪捜査における情報技術の利用とその規律』（慶應義塾大学出版会，2023年）144頁以下（141頁）。

(15)　ジオフェンス令状が何かについては後述するが，これは，すでに派生した犯罪に対する捜査手法であり，これを題材にすることによって，以下では，犯罪予防における国家監視の問題が主たる検討対象から抜け落ちることを予め断っておかなければならない。犯罪予防におけるデジタル技術の活用をめぐっては，山本龍彦「予測的ポリシングと憲法」同・前掲注 (13) 99頁以下（初出，2015年）を参照されたい。

2. ジオフェンス令状の仕組み

まずここでは，日本では未だ耳慣れない言葉である，ジオフェンス令状の概要について紹介しておこう。これは，2016年ごろから米国で用いられ，その後，急激にその利用を伸ばしているものであり，位置履歴逆探知令状（reverse location history search warrant）[17]とも呼ばれる[16]。主として，Google の位置履歴情報データベース Sensorvault に保存された，Google の提供するサービスの利用者のスマートフォン等の位置履歴情報の提供を求めるものである[18]。なお，令状（warrant）とは通称されるが，狭義の捜索令状（warrant）には限定されず，文書提出命令（subpoena），証拠保全命令などの形で発付されることもある[19]。のちに紹介する裁判例の対象となっている事案では，狭義の捜索令状が請求されている[20]。いずれにしても，場合によっては狭義の令状ではないこともありうるこ[21]

---

(16) Google 提出のアミカス・ブリーフ（*Brief of Amicus Curiae Google LLC in Support of Neither Party Concerning Defendant's Motion to Suppress Evidence from a "Geofence" General Warrant (ECF No. 29)* p. 3, *United States v. Chatrie*, No. 19-cr-00130（E.D. Va. Dec. 20, 2019），2019 WL 8227162, ECF No. 59-1 [Google Chatrie Amicus Brief]）によれば，2017年から2018年の間に15倍に増えたとされ，Google の公開資料（Google, *Geofence Warrants by Jurisdiction, 2018 through 2020 (Supplemental Data as CSV)*, available at https://services.google.com/fh/files/misc/supplemental_information_geofence_warrants_united_states.pdf）によれば，2018年から2019年の間は8.2倍弱，2019年から2020年の間は1.4倍となり，2020年には全米で1万1554件，割合にして，全米での令状請求全体の25％超を占める（Google, *Supplemental Information on Geofence Warrants in the United States*, available at https://services.google.com/fh/files/misc/supplemental_information_geofence_warrants_united_states.pdf）。
(17) A. Reed McLeod, "Geofence Warrants: Geolocating the Fourth Amendment", *William and Mary Bill of Rights Journal*, Vol. 30（2021），p. 534（531）．指宿「スマホ位置情報の『一網打尽』捜査」・前掲注（14）54-55頁は，「逆ロケーション捜索令状」という訳語を当てている。
(18) Google 以外にも，Apple（位置履歴情報を保存していないとされる。Donna Lee Elm, "Geofence Warrants: Challenging Digital Dragnets", *Criminal Justice*, Vol. 35（2020），p. 9（7）参照）や Uber などもジオフェンス令状の名宛人となったようである。もっとも，これに応えたプラットフォーム企業として知られているのは Google のみである。これは，①Android の OS シェア率，②Apple のデバイスからも Google のサービスやアプリケーションを利用した場合には，Google に位置履歴が残る仕組みであること，③検索エンジンとしての Google の圧倒的シェアといった点からいって，主に Google が名宛人となっているためであると推測される。Reed Sawyers, "For Geofences: An Originalist Approach to the Fourth Amendment", *George Mason Law Review* Vol. 29（2022），p. 793（787）参照。

とは踏まえつつ，以下では，通称に合わせて統一的に令状と呼ぶことにしたい。

この令状の名宛人は，犯罪被疑者ではなく，プラットフォーム企業であるGoogle であり，第1段階として，Google はこの令状に応じて，犯罪発生地周辺の一定の地理的な区域を指定し，その区域に，犯罪発生時など特定の時間内に位置履歴情報が残されたユーザー全員の位置情報履歴データを匿名化して開示する。続く第2段階においては，Google 側から提供されたデータを捜査機関側で分析し，場合によっては，特定ユーザーについての，当初指定された地理的・時間的範囲を超える位置履歴情報の提出を追加で求めるなど，容疑者の絞り込み作業を行う。そして，最後の第3段階では，絞り込まれた特定のユーザーについて，匿名処理を解き，その登録情報を開示するよう，捜査機関はGoogle に求めることになる。なお，注意しておくべきことに，少なくともジ

---

(19) Google が提供するオペレーティングシステムを利用する Android スマートフォンの利用者は当然ながら，Apple 社の iPhone などの利用者であっても，地図情報サービスやメールサービス，インターネット検索等の Google 提供のサービスを利用する場合には，Google に位置履歴情報等が蓄積されることになる。なお，位置履歴情報を収集しないような設定を行うことが可能とされるものの，実際にはそれがかなり困難であり，収集を行わない設定にしたつもりであっても，そうはなっていない場合が多いという (Haley Amster and Brett Diehl, "Note: Against Geofence", *Stanford Law Review* Vol. 74 (2022), pp. 396-397 (385); Esteban De La Torre, "Digital Dragnets", *Southern California Interdisciplinary Law Journal* Vol. 31 (2022), p. 331 (329))。

(20) Amster and Diehl, *supra* note 19, at p. 389参照。

(21) "Note: Geofence Warrants and the Fourth Amendment", *Harvard Law Review* Vol. 134 (2021), p. 2512 (2508) [HLR Note] 参照。

(22) 地理的・時間的範囲は，事案ごとにまちまちであるとされる (Google Chatrie Amicus Brief, *supra* note 16, at pp. 12-13)。例えば，ある銀行強盗の事件では，事件のあった金融機関の半径150メートルの範囲，事件発生の前後合計1時間で設定されたという (McLeod, *supra* note 17, at p. 534)。また，位置情報の正確性は，通信システムに依存し，WiFi を利用した接続の場合は50〜55メートルの範囲，GPS の位置情報を用いた場合には，3〜16メートルの範囲まで特定できるという (Amster and Diehl, *supra* note 19, at p. 401)。

(23) HLR Note, *supra* note 21, at pp. 2514-2515; Amster and Diehl, *supra* note 19, at p. 398; Google Chatrie Amicus Brief, *supra* note 16, at pp. 12-13。なお，Google は，令状による求めも含め，自社のプライバシー・ポリシーに則り，適切に範囲設定がされていない開示請求には応じないとされる (Declaration of Sarah Rodriguez ¶ 5, *United States v. Chatrie*, No. 19-cr-00130 (E.D. Va. Mar. 11, 2020), ECF No. 96-2)。

(24) HLR Note, *supra* note 21, at p. 2515; Amster and Diehl, *supra* note 19, at p. 404; Google Chatrie Amicus Brief, *supra* note 16, at pp. 13-14。

(25) HLR Note, *supra* note 21, at p. 2515; Amster and Diehl, *supra* note 19, at pp. 405-406; Google Chatrie Amicus Brief, *supra* note 16, at p. 14。

第 2 章　デジタル技術の浸透と国家監視

オフェンス令状が用いられ始めた当初は，──この最終段階まで，追加の情報開示を求める場合も，新たな令状請求が行われることはないわけではないが，──通常の場合，追加での令状請求は行われず，当初の令状の効力として，開示の請求が行われるという運用が行われていたようである。

　以上のように，ジオフェンス令状というものは，プラットフォーム企業が政府の手足さながらに，捜査に関与している場面であるが，逆に言えば，捜査の場面における，当局のプラットフォーム企業への依存を象徴しているともいえる。また，2020年1月から，Google は，ジオフェンス令状等の執行に際して，必要な費用の請求名目で金銭の支払いを求めることとなったと報道されている。ジオフェンス令状は，国家のプラットフォーム企業の顧客化，個人データを用いた，プラットフォーム企業の利潤獲得の一場面としても位置付けられる余地もある。

3．アメリカ合衆国憲法修正 4 条による規律の可能性

　ジオフェンス令状を用いた情報取得という問題を取り扱うのに当たり，米国においては合衆国憲法修正 4 条との関係が論じられる。この修正 4 条というのは，不合理な捜索，押収，抑留からの人民の保護を規定し，相当な理由に基づき，捜査対象の特定された令状によってのみ，捜索等が許容されるとするものである。修正 4 条との関係で具体的に問題とされているのは，まず，①ジオフェンス令状を用いた情報取得が修正 4 条にいう「捜索」に該当するかであ

---

(26)　HLR Note, *supra* note 21, at p. 2515.
(27)　*Ibid.*, at p. 2515; Amster and Diehl, *supra* note 19, at pp. 404-405.
(28)　Gabriel J.X. Dance and Jennifer Valentino-DeVries, "Have a Search Warrant for Data? Google Wants You to Pay," *New York Times*, 24 January 2020, available at https://www.nytimes.com/2020/01/24/technology/google-search-warrants-legal-fees.html（情報の抽出，匿名化，リストアップなどのコストに見合うものなのか，はたまた過大な請求なのかは不明であるが，この記事では文書提出命令については45ドル，捜索令状については245ドルなどの具体的金額も報じられている。また，記事によれば，こういった費用を請求すること自体は適法なものとして認められており，既に他企業で請求している例があるという）．
(29)　指宿「スマホ位置情報の『一網打尽』捜査」・前掲注（14）59-60頁参照（令状ビジネスと呼び批判的である）．

る。そして、その次に、捜索に該当することを前提として問題となるのが、②その捜索を認める令状は、相当な理由（probable cause）によって基礎付けられた、また、捜索対象を特定したものとなっているかという点である。この両方の点について、順に見ておくことにしよう。

(1) 捜索該当性：第三者法理の問題

　元来、修正4条は、「プロパティ」の保護を目的としたものであって、住居に代表される、条文に列挙された私的領域や私人の所持品を物理的に侵害するもの（trespass）を捜索と扱って規制するものである（物理的侵害法理）と理解されていた。もっとも、通信技術の発展に伴い、変化が現れる。つまり、1967年に合衆国最高裁判所は、Katz判決において、ここに現れた私的領域の保護という観点は、場所そのものよりも、そこで生活し、様々な活動を行う人間を保護したものであるという理屈で、私的情報、すなわち、情報プライバシーを修正4条の保護の対象になるとした。そして、この保護対象となる私的情報とは、プライバシーの合理的期待が及ぶと認められるもののことであるとされており、このプライバシーの合理的期待への該当性をめぐって判例が積み重ねられてきた。なお、ここで、プライバシーの合理的期待の有無の判断の重要な指標となったのが、住居に代表される私的領域内での行動に関するものか、公衆に開かれた領域でのそれかという観点であり、これを公私区分論などと呼ぶこ

---

(30) もちろん、財産（権）や所有権という訳語を与えることは可能であるが、日本語におけるそれらの語が汲み取れきれない意味を持つものとして、ここでは、後掲注（53）の松田岳士の諸論文などに倣って、プロパティとカタカナ表記にしている。

(31) 例えば、Wayne R. LaFave, *Search and Seizure Vol. 1*, §2.1(a) pp. 592-593 (6th ed., West, 2020) やジョシュア・ドレスラー＝アラン・C・ミカエル著（指宿信監訳）『アメリカ捜査法』（レクシス・ネクシス・ジャパン、2014年）97頁などを参照。Boyd v. U.S. 116 U.S. 616, 623 (1886) も参照。

(32) *Katz v. U.S.*, 389 U.S. 347, 350-354 (1967). Katz判決に関する文献は枚挙にいとまがないが、ここでは、さしあたり、本章筆者が簡単にまとめたものとして、山田哲史「プライバシー権と刑事手続」大沢秀介＝大林啓吾編『アメリカの憲法問題と司法審査』（成文堂、2016年）131-134頁だけを挙げておく。

(33) これは、正確にはKatz判決の法廷意見ではなく、Harlan判事の同意意見（*Katz, supra* note 32, at p. 360 [Harlan, J., concurring]）において示された定式であるが、むしろ、これが判例として定着した。

(34) 詳細については、例えば、LaFave, *supra* note 31, §2.1(c) and (d) pp. 600-611などを参照。

ともある。(36)

　合理的期待テストの一環として，権利主体が自ら第三者に委ねた情報等には，プライバシーの合理的期待は及ばないという判例法理（第三者法理）(37)が，1970年代後半の Miller 判決(38)と Smith 判決(39)を通じて確立しているとされる。(40)ジオフェンス令状を用いた情報収集は，被疑者自身からではなく，Google という第三者のもとにある情報の提供を求めるものであるから，修正4条の規律を及ぼそうと思えば，この第三者法理を超克することができるかも1つ大きな問題となるわけである。

　もっとも，この第三者法理は従前から学説上批判が少なくなかった。そして，デジタル化が進展し，プラットフォーム企業などが提供するシステムを利用して，私的情報も管理されることが不可避な状況にある現代には適合的ではないとして，批判が大きくなっている。

　判例に目を転じると，2012年には，被疑者の自動車への GPS 端末の装着の捜索該当性が争われた，Jones 判決(41)において，Sotomayor 判事がその結果同意意見で，第三者法理がデジタル時代には不適合なアプローチであると明言するに至った。(42)

　続いて，あくまで傍論的判断ということになるが，2014年の Riley 判決(43)では，法廷意見が，第三者である企業が提供しているクラウドに保存されたデータへの捜索範囲の拡大を問題視し，第三者法理への疑義を匂わせる判示を行っ

---

(35)　例えば，ドレスラー＝ミカエル・前掲注（31）114-116頁などを参照。
(36)　Jonathan Turley, "Anonymity, Obscurity, and Technology," *Boston University Law Review*, Vol. 100（2020）p. 2214（2179）参照。
(37)　第三者法理について，本章筆者が紹介したものとして，山田哲史「新技術と捜査活動規制」岡山大学法学会雑誌65巻1号（2015年）138頁以下がある。詳細については，こちらの拙稿とそこに引用の文献の参照を請う。
(38)　*U.S. v. Miller*, 425 U.S. 435, 442-443 (1976).
(39)　*Smith v. Maryland*, 442 U.S. 735, 744-745 (1979).
(40)　もっとも，第三者法理は，デジタル化が問題となる前から，学説上強い批判に晒されていた。これについては，修正4条論の泰斗 LaFave が Miller 判決を「dead wrong」と批判している点（LaFave, *supra* note 31, §2.7(c) at p. 1011）が象徴的である。
(41)　*U.S. v. Jones*, 565 U.S. 400 (2012).
(42)　*Ibid.*, at pp. 417-418 (Sotomayor, J., concurring).
(43)　*Riley v. California*, 573 U.S. 373 (2014).

ていることが注目された。⁽⁴⁴⁾

そして、携帯通信会社が収集・保存している携帯電話の位置情報（CSLI）を、捜索令状ではなく、通信記録保管法（Stored Communication Act）上の文書提出命令（subpoena）によって、携帯通信会社に提出させることの合憲性が争われた、2018年のCarpenter判決では第三者法理が正面から扱われた。⁽⁴⁵⁾

この判決の法廷意見は、第三者法理についての問題認識は十分認識し、単に第三者に情報を委ねたという一事を以てプライバシーの合理的期待が失われるとしたものではないと先例の射程を限定し、携帯電話が今日、日々の生活に広く浸透し、不可欠になっているがゆえに、携帯電話の使用により、通常の言葉の意味としての位置情報の携帯通信会社との共有を利用者が行っているとは言えないこと、位置情報を記録することについては、携帯電話利用者に積極的な行動がないことを理由に第三者法理の当該事件への適用を否定した。⁽⁴⁶⁾⁽⁴⁷⁾

ここでは、あくまで第三者法理は放棄されていないし、法廷意見自体、当該事案の特殊性による判断であるとして、射程が狭いものであることも強調している。⁽⁴⁸⁾このような法廷意見の判示については、この射程の操作により、かえって判例法理が揺らぎ、事後の事案における予見可能性が低下すると批判する反対意見も付されている。⁽⁴⁹⁾さらに、司法政治の側面から見れば、この判決の法廷意見は、Roberts首席判事がリベラル派の賛同を得て執筆した、「5対4」の僅差で多数派を形成した判断であり、リベラル派でCarpenter判決の法廷意見に賛同したGinsburg判事の死去に伴い、2020年に保守派判事が任命された現在においては、Carpenter判決の枠組みが今後維持されるかは極めて不透明⁽⁵⁰⁾

---

(44) この点について詳しくは、さしあたり、山田・前掲注（37）134頁参照。
(45) *Carpenter v. U.S.*, 138 S. Ct. 2206 (2018).
(46) ここでは、Riley判決（*Riley, supra* note 43, at p. 385）が引用されている。
(47) *Carpenter, supra* note 45, at pp. 2219-2220.
(48) *Ibid.*, at p. 2220.
(49) *Ibid.* at p. 2266 (Gorsuch, J., dissenting).
(50) Ginsburg判事の後任、Barrett判事は、物理的侵害法理を「復活」させるJones判決の法廷意見を執筆したScalia判事のロー・クラークも務めた人物であり、Scalia判事と同じく原意主義者を自認する人物である。The U.S. Senate Judiciary Committee, *Nomination of Amy Coney Barrett to the U.S. Supreme Court Questions for the Record Submitted October 16, 2020*, p. 16, available at https://www.judiciary.senate.gov/imo/media/doc/Barrett%20Responses%20to%20QFRs.pdf 参照。

な状況である。[51]

　第三者法理の趨勢にも若干関係するところであるが、ここまでに指摘した他にも、デジタル化のもたらす問題にも言及する近時の合衆国最高裁判例においては、最高裁全体というかはともかく、最高裁判事の見解に2つの傾向を見てとることができる。

　その1つが、修正4条の原意に立ち返って、修正4条の守備範囲を物理的侵害の禁止に限定していこうという傾向である[52]。敷衍すると、Jones判決では、原意主義者として知られるScalia判事が執筆した法廷意見は、Katz判決以降長らく死文化したと思われていた物理的侵害法理は、合理的期待テストと併存してきたのだとして、事実上これを復活させた[53]。そうすることを通じて、プライバシーの合理的期待を害するがゆえではなく、自動車へのGPS端末の装着という点が物理的侵害にあたるため、捜索に該当するとしたのである[54]。そして、Carpenter判決のThomas判事反対意見は、これを一歩進めるような形で、むしろ、合理的期待テストは憲法の文言に根拠がないものであり、現状では実務上使用に耐えないものになっていると指摘し、合理的期待テストこそを

---

(51) Barry Friedmann, "Lawless Surveillance", *New York University Law Review* Vol. 97 (2022), pp. 1164-1165 (1143) 参照。

(52) なお、制定当時の制定者が条文の文言の意義について持っていた理解、原意への立ち返りというレトリックを用いること自体は、修正4条の文脈に限定されない、近時の保守派最高裁判事の一般的傾向である。

(53) 日本で、修正4条が本来プロパティ保護にあったことをきちんと踏まえた議論をする必要性を強調するものとして、松田岳士「刑事法学における学問共同体の課題」山元一＝横山美夏＝高山佳奈子編『グローバル化と法の変容』（日本評論社、2018年）212-215頁［初出、2017年］も参照。なお、松田は、日本国憲法35条の解釈としても、プロパティ保護に核心があり、空間プライバシーの保護は副次的なものであるとする。これについては、松田岳士「判批」季刊刑事弁護91号（2017年）101頁参照。

　　また、伝統的な物理的侵害法理を採用したとしても、原意の現代的拡張により、ジオフェンス捜査を「書類（paper）」への侵害として、捜索に該当するものとして扱えると主張するものとして、De La Torre, *supra* note 19, at p. 340がある。これに対して、Sawyers, *supra* note 18, at pp. 796-805, pp. 810-816は、原意に立ち返った場合も、合理的期待論に従う場合にも捜索には該当しないとする。

(54) *Jones, supra* note 41, at pp. 406-407.

(55) *Ibid.*, at p. 404. もっとも、Alito判事の執筆した結果同意意見（3名のリベラル派判事が賛同）では、物理的侵害法理という18世紀の理論で、21世紀型の監視について処理したことが鋭く批判された（Jones, *supra* note 41, at p. 418 [Alito, J., concurring]）。

限定すべきだとしている。[56]

　もう1つの傾向が，法律による規律の有用性，必要性の強調である。Alito判事は，Jones判決の結果同意意見において，劇的な技術革新を経た状況下での包括的なプライバシー保護のあり様については，立法府がその決定を行うのに最も相応しいとしていたほか[57]，Riley判決の結果同意意見においても，裁判所が修正4条の解釈という形で行う，内容が曖昧なプライバシー保護ではなく，プライバシー保護は議会が法律を通じて，より明確な形で行うべきだとした[58]。さらには，Carpenter判決の反対意見でも，同様に立法府による規律が望ましい旨を述べている。それぞれの判決で，事件により賛同者は異なるが，これらのAlito個別意見には，リベラル・保守の枠を超えて他の判事からの賛同が得られているほか，Carpenter判決では，Gorsuch判事もその反対意見で[59]Alito判事の一連の意見と同様の主張を，同判決のAlito意見よりもむしろ詳しい形で展開している。[60]

　ジオフェンス令状と修正4条の関係について扱う合衆国最高裁の判断は未だ示されていないが，2020年の夏頃から，ジオフェンス令状をめぐって，連邦地裁レベルでいくつかの判断が下されるようになっている。もっとも，これらの判断の対象になった事案は，いずれも令状を請求した事案であり，令状自体の必要性を問うことになる捜索該当性，換言すれば，プライバシーの合理的期待の有無，その判断枠組みとしての第三者法理の趨勢については，判断する必要がないものとして，結論を下していない。[61]それでも，第三者法理が現代のデジタル・通信技術の現実に合わないものになっているという，Riley判決やCar-

---

(56) *Carpenter, supra* note 45, at p. 2236, p. 2246（Thomas, J., dissenting）
(57) *Jones, supra* note 41, at pp. 429-430（Alito, J., concurring）.
(58) *Riley, supra* note 43, at pp. 407-408（Alito, J., concurring）.
(59) *Carpenter, supra* note 45, at p. 2270（Gorsuch, J., dissenting）（ただし，立法でも犯せない領域の存在は強調しており，文書提出命令を利用した捜索令状の潜脱が見られる傾向には警鐘を鳴らしている［pp. 2270-2271］）.
(60) なお，同判決のAlito反対意見は，通信記録保管法という法律による要件設定の下，文書提出命令時に裁判官の審査に付され，提出対象も特定されていることで十分修正4条の要請は満たしているというべきだというものであり，修正4条をめぐる判例法理の帰趨に立ち入る必要のない（Carpenter, *supra* note 45, at p. 2261［Alito, J., dissenting］参照），まさに，立法による解決がうまくいっているケースであるとの評価をしているように思われる。

penter判決，さらには，Jones判決の個別意見の問題意識を援用しつつ，ジオフェンス捜査に第三者法理を適用することで捜索該当性を認めないことに否定的な立場を滲ませる傍論を提示するものが多く見受けられる。[62]

このような状況のもとで，おそらくは，上述したような合衆国最高裁の個別意見にも見られる立法による規律の適切性を指摘する議論も踏まえて，ジオフェンス令状を含む，プラットフォーム企業などが有する情報への捜査機関等による介入についても，裁判所が判例を通じて解決するのではなく，立法による規律が必要とされているという議論が有力になっている。[63]もっとも，この議論とて，立法の採用すべき内容はおろか，方向性も具体的に示しているわけではない。また，注意すべきは憲法規定の適用範囲を法律が限定してしまえばそれは端的に違憲な法律ということになるのであるから，憲法が許した枠内での具体化であるとか，修正4条の適用対象外であるということが必要になる。[64]したがって，修正4条の実体的な要求内容を詰める必要と余地はなおあろう。

---

(61) In the Matter of the Search of: Information Stored at Premises Controlled by Google, as Further Described in Attachment A, 2020 WL 5491763, 4 (N.D. Ill., 2020) [*hereinafter Pharma I*]; In the Matter of the Search of: Information Stored at Premises Controlled by Google, 481 F. Supp. 730, 737 (N.D.Ill. 2020) [*hereinafter Pharma II*]; In the Matter of the Search Warrant Application for Geofence Location Data Stored at Google Concerning an Arson Investigation, 497 F. Supp. 3d 345, 359 (N.D. Ill., 2020) [*hereinafter* Arson]; In the Matter of the Search of: Information Stored at Premises Controlled by Google, 579 F. Supp. 62, 74 (D.C., 2022) [*hereinafter DC*]; *U.S. v. Chatrie*, 590 F. Supp. 3d 901, 925 (E.D. Va., 2022); *U.S. v. Rhine*, 2023 WL 372044 at III.D.6.a. (D.C., 2023). そして，*In Re Google, LLC*, 542 F. Supp. 3d 1153 (D. Kan., 2021) [*hereinafter Kansas*] は，この問題に一切言及しない。
(62) Riley判決を引くものとして，*Pharma II, supra* note 61, at 756 [ただし，直接には，プライバシー保護の変容の問題とのみ接続しており，第三者法理には直接つなげていない] と，*Rhine, supra* note 61, at III.D.6.a. がある。他方，Carpenterを引くものとして，*Pharma II, supra* note 61, at p. 737; Arson, *supra* note 61, at p. 935; *Rhine, ibid.*, III.D.6.a. がある。さらに，*Chatrie, supra* note 23, at p. 935は，Jones判決のSotomayor判事の結果同意見が，第三者法理を疑問視する部分（*Jones, supra* note 41, at pp. 417-418 [Sotomayor, J., concurring]）も引用するなど，第三者法理の適用に対する強い疑義を明確に示している。
(63) 下級審裁判例でも，*Chatrie, supra* note 23, at p. 926は，第三者法理の帰趨の決定は，立法者に適した問題であるとする。
(64) 修正4条の適用対象外であることから，立法による規律の領域に含まれると明示ものとして，Sawyers, *supra* note 18, at p. 826がある。

(2) 相当な理由の存在と令状の特定性

　ジオフェンス捜査が，仮に修正4条にいう捜索であったとして，同条は，相当な理由に基づき，捜索の対象が特定された令状に基づく捜索であれば，これは許容する建て付けとなっている。この点に関して，ジオフェンス令状というのは，一定の時間的，地理的な範囲を設定し，その範囲に含まれる位置履歴情報の提供を求めるものであるから，基本的には，事件とは無関係な者の情報についても提供を求めることが織り込み済みのものである[65]。それは嫌疑の及ばない，すなわち相当な理由が認められない情報の捜索になるとも理解できれば，相当な理由の認められる情報を抽出できるように，捜索の対象・範囲が特定できていないということでもある。したがって，嫌疑対象となる犯罪や地理的な場所はともかく，捜索対象が特定性に欠けるという評価もされうる。さらには，特定自体はされていると言える余地があっても，無関係な人（のデータ）まで（大量に）巻き込むという意味において，広範にすぎるため，令状の特定性を要求した修正4条の趣旨に反し，認められないとする見解もある[66]。このような事情から，嫌疑がないことはおろか，目撃者となる余地もないという意味においても，事件と無関係な個人の位置履歴情報の獲得という1つの現象が，あるいは相当な理由の欠如として，あるいは特定性の欠如として，さらには，範囲が広範すぎるという意味において捜索の違憲性を基礎付ける要素として，論者によって様々な形で問題とされている。もっとも，問題の現れ方，あるいは捉え方はこのようにまちまちであっても，いずれの論点も修正4条が定められた趣旨である，一般令状の禁止から派生するものである[67]とともに[68]，結局は，

---

[65] それゆえ，巻き込みの発生も容易に想像できるところであるが，実際に，ジオフェンス令状による，いくつかの「冤罪」も報じられているところである。邦語でも紹介されている有名なものとして，①スマートフォンを真犯人と目される他人に貸していたことで，殺人容疑で逮捕され，のちに無実が判明したものの，逮捕の事実と報道により，職を失ったほか，再就職もできなくなったというもの（指宿「スマホ位置情報の『一網打尽』捜査」・前掲注 (14) 52-53頁。あわせて，HLR Note, *supra* note 21, at p. 2508; Amster and Diehl, *supra* note 19, at p. 397なども参照）や，②たまたま強盗事件の現場近くを自転車で何度か走行した者が，自身の位置情報請求が警察から寄せられていることについてGoogleから警告を受けたというようなケース（指宿・同上53-54頁。あわせて，HLR Note, *ibid*.; Amster and Diehl, *ibid*., at pp. 397-398なども参照）がある。

[66] Elm, *supra* note 18, at p. 12参照。

[67] かつてのイングランドや植民地期の英領アメリカで多用された，捜索や差押え，身柄拘束の対象を特定しない令状であり，政治的反対派の抑圧に濫用されたとされる。

同一の事象について論じるものであるため，実際のところ，議論の具体的内容は実質的には絞られている。[69]

その議論の内容というのは，令状の対象に入る位置履歴情報の帰属主体であるGoogleユーザー全員に容疑者，あるいは目撃者等として，捜索対象となるだけの相当の理由が要求されるのかという点である。位置履歴情報が捜査機関への提供対象となる全ての者に相当の理由が要求されるとなれば，無関係な人のデータを含む危険が不可避的に生じるジオフェンス令状の性質上，およそジオフェンス令状は違憲となる可能性も出てくるのである。[70]

ここで，よく引用されるのが，1979年の合衆国最高裁のYbarra判決である。[71] この判決の対象となった事件では，情報提供者からのタレコミで，あるバーのバーテンダーがコカインと思しき違法薬物を売り捌いているとの情報を得た捜査機関が，当該バーとバーテンダーGregを捜索・差押えの対象とした

---

(68) 特定性が，捜索等の対象を明示せず，恣意的な捜索，差押えを可能にした一般令状の禁止と結びつくのは当然ながら（例えば，ドレスラー＝ミカエル・前掲注（31）240頁参照），そのような令状の発付を可能にしたのが，相当の理由を示すことが要求されなかったからであるとして，相当な理由の要求の根拠も，一般令状の禁止に求められている。Wayne T. LaFave, *Search and Seizure*, Vol. 2 (6th ed., West, 2020), §3.1(a) pp. 2-3参照。捜索対象の過度な広範性についても，その定義は論者によりまちまちではあるが，相当性か，あるいは，特定性との密接な関係性が指摘されているところである。例えば，Brian L. Owsley, "The Best Offense is a Good Defense: Fourth Amendment Implications of Geofence Warrant", *Hofstra Law Review* Vol. 50 (2022), p. 886 (829) は，相当な理由を欠くものがこれに当たるとする一方，Elm, *supra* note 18, at p. 12は，特定性との特に強い結びつきを指摘する。また，Owsley, *ibid.*, at pp. 889-890は，令状の捜索範囲が特定性に欠くこと，過度に広範であること，位置履歴情報の帰属主体全員に相当な理由を見出せないことを確認した上で，最終的に一般令状の古典的な典型であるとしている。

(69) もちろん，下記で詳述する論点以外にも，例えば，携帯電話などのGoogleに紐づけられた端末を持たずに犯行に及んでいる可能性もあり，証拠存在の相当な理由に欠けるという指摘をするもの（Elm, *supra* note 18, at pp. 10-11）もあるが，これに対しては，携帯電話の現代における重要性，汎用性からプライバシー保護の重要性を説く前提と矛盾するといった批判がなされている（HLR Note, *supra* note 21, at p. 2524）ほか，携帯電話やGoogle利用者率の高さといった一般的事情の存在を以て相当性を認める，Sawyers, *supra* note 18, at pp. 807-809がある。

(70) このように論じるものとして，Owsley, *supra* note 68, at pp. 888-889がある。De La Torre, *supra* note 19, at pp. 345-346は，断定まではしないものの，ジオフェンス令状が個別化と鋭く対立するものであり，相当な理由の認定はかなり疑わしいとする。また，Elm, *supra* note 18, at pp. 11-13も，Ybarra判決も引用しつつ，相当な理由や特定性の欠如を指摘し，特に重大な事件類型において，しかも，お蔵入りしているような例外的な場合にのみ，最後の手段として，ジオフェンス令状は利用されるべきだとする。

(71) *Ybarra v. Illinois*, 444 U.S. 85 (1979)

令状を取得の上，捜索を行った。この捜索時，捜査機関は，バーに居合わせた客（Ybarra）自体に薬物所持を疑わせる相当な理由がない段階で，捜索時の危険防止のためにボディーチェック（pat-down）を行った。その際に，コカインと後で発覚する白い粉末を発見し，最終的に Ybarra を検挙した。[72]

この事件で，合衆国最高裁は，捜索現場に居合わせただけの者に，その者の捜索を基礎付ける相当な理由はないとし，個別の相当な理由の必要性を説いたのであった。[73] これを踏まえて，捜索対象となる者には全員，捜索について個別の相当な理由が要求されるという一般命題が導かれるのである。[74] もっとも，この Ybarra 判決の判例法理をジオフェンス令状の場合に適用する，ジオフェンス否定論者の主張に対しては，Ybarra 判決は事案を異にし，射程が及ばないという反論も有力になされている。曰く，ジオフェンス令状の場合，捜索対象は，身体ではなく，位置履歴情報なのであるから，Ybarra 判決における身体捜索のように，バーという物理的な捜索場所から切り離された，個人ごとの相当な理由は不要である。[75] もちろん，これに対しては，捜索場所に，捜索場所を所有・占有する者とは別の第三者の所持物が置かれており，それにも捜索が及んでしまう場合とは異なり[76]，精確な位置履歴情報であるから，むしろ場所とは切り離された個別の要保護性の認められる身体との類似性が強く[77]，関係者ごと

---

(72) 以上の事案については，*Ybarra, ibid.*, at pp. 87-89を参照。
(73) *Ibid.*, at p. 91.
(74) Amster and Diehl, *supra* note 19, at p. 424（この論文は，ここに続く部分（pp. 424-429）において，検問や一定地域を対象とした令状の許容性に関する判例も引きながら，ジオフェンス令状について基本的に，位置履歴情報が提供されるユーザーについて個別の相当性が必要であるとする）；De La Torre, *supra* note 19, at p. 345（Ybarra 判決を引用し，個別の相当性の必要性を説き，ジオフェンス令状はそれと鋭く対立するものであることを指摘する）。
(75) Orin Kerr, "The Fourth Amendment and Geofence Warrants", *Lawfare*, posted on Mar. 22 2022, available at https://www.lawfaremedia.org/article/fourth-amendment-and-geofence-warrants-critical-look-united-states-v-chatrie ［また，証拠が位置履歴情報から導かれる相当な理由が求められるのであり，位置履歴情報が提供されるユーザーの犯人性に相当な理由が求められるのでもないことに注意を喚起している］。また，直接 Ybarra 判決との区別を論じたわけではないが，これを引用して，個人ごとの相当な理由を要求した *Chatrie, supra* note 23, at p. 928, p. 933を誤りと批判し，捜索令状には捜索範囲に証拠存在の正当な蓋然性があれば足りるものであるとする，Sawyers, *supra* note 18, at p. 809もある。
(76) 他人のファイルが捜索場所の部屋や本棚に入り込んでいる場合，当然そのファイルも捜索対象となることを指摘する下級審裁判例につき，後掲注（86）と対応する本文参照。

に個別の令状が必要であるという反論も可能であろう。地理的・時間的範囲が限定的であれば，——当然ながら，モザイク理論を考慮する余地はあるものの——情報量が少ないという点から，身体よりもファイルに引き付けて考えることができよう。そうすると，ここでも結局は，事件の重大性やプライバシー侵害の程度なども加味しつつ，範囲が適切に限定できているかが問われることに行き着くように思われる。そして，もし，このような整理が許されるのであれば，類型的にジオフェンス令状が違憲とされるよりは，具体的なジオフェンス令状の許容性が事案ごとに判断されるということになろう。

---

(77) 位置履歴情報との関係でいえば，捜索「場所」は，時間的・地理的に特定された，情報開示要求の範囲ということになる。なお，ここでは，犯人や目撃者以外の位置履歴情報は，物理的な捜索の場合の捜索対象に含まれる，当該捜索場所にある物と同様に考えるべきか，捜索場所に居合わせたとしても，場所とは切り離された要保護性が認められ，格別の捜索令状が必要になる，（人間の）身体に類似するものとして扱われるべきかが争点となっている。

(78) この点に関連して，携帯電話の持つ情報量の多さから，携帯電話の捜索には格別の令状が必要だとした Riley 判決を引用し，携帯電話と同様，その位置履歴情報も格別の令状を必要とするというものとして，Amster and Diehl, *supra* note 19, at p. 425がある。

(79) モザイク理論とは，個々の情報自体は合理的プライバシーの期待に裏打ちされない程度の軽微なものであるが，それが集積，結合することによって，合理的プライバシーの期待が認められる情報になることを理由に，個々の取得行為を捜索として理解するものである。Jones 判決では，公道上の移動の記録であったとしても，それが集積されれば，センシティブな情報を含む，私人の包括的な把握が可能になることを問題視した，Sotomayor 判事の結果同意見（Jones, *supra* note 41, at pp. 415-416 [Sotomayor, J., concurring]）は，この理論の採用を示唆するものではないかとも言われている。以上の点を含むモザイク理論について，本章筆者が論じたものとして，山田・前掲注（32）144-148頁があるので，詳しい分析や文献はこちらの参照を請う。

(80) ジオフェンス令状によって明らかになる情報は非常に小さく断片化されたものであり，モザイク理論の適用も難しいことを示唆するものとして，Jordan Wallace-Wolf, "Fourth Amendment Privacy in Public: A Fundamental Theory With Application to Location Tracking", *UMKC Law Review* Vol. 91（2022）, pp. 300-301（291）を参照。

(81) 特定化の文脈ではあるが，HLR Note, *supra* note 21, at p. 2526は，プライバシーの利益の大きさと要求される特定性の度合いが比例するという。

(82) 一般的にも，相当な理由にいう，「相当性」というものが，固定的な概念ではなく，問題となる制約利益や犯罪の重大性も要素としつつ，文脈に依存して判断される性質のものであるとされる（例えば，LaFave, *supra* note 68, at §3.2(a) p. 33 and p. 38）。

(83) McLeod, *supra* note 17, at p. 564は，他の捜査手法との併用により，無関係な人間の巻き込みを減らす努力もしつつ，従来の相当性や特定性に関する判例法理に従って，事案ごとに判断していくことになるとする。裁判例でも，Ybarra 判決を肯定的に引用し，当該事件で問題となった令状について，違法・違憲の判断を行った，*Pharma II*, *supra* note 61, at p. 756も，類型的にジオフェンス令状が違憲であるとするものではないと最後に述べる。

第Ⅰ部　情報取得，利活用，保持

　裁判例においては，前述のように⁽⁸⁴⁾，捜索該当性は傍論で言及されるにとどまっているほか，犯罪自体の存在の蓋然性については争いがないこともあり，証拠存在の蓋然性や，捜索対象の特定性が，むしろ主たる争点となっている。そして，ここでも，一部の学説とは異なり，類型的に一般令状を禁じる修正4条の趣旨に反するという議論が展開されているものは見当たらず，事案ごとの先例を踏まえた事例判断が行われている。そこでは，相当性，特定性が，各々何について，どの程度要求されるかを整理して丁寧に論じるものが多い⁽⁸⁵⁾。

　具体的な令状の合憲性を認めた判断においては，捜索場所の棚などに，被疑者以外の所有にかかるものであるファイルが入っており，捜索の対象となるのと同じ現象であるなどとし，Ybarra 判決の射程がジオフェンス令状には及ばないことを示唆したものがある⁽⁸⁶⁾。その一方，具体的な令状の合憲性を否定した判断では，Ybarra 判決が求めるように，ジオフェンス令状の対象となる位置履歴情報の帰属先である人間全員に相当な理由が認められることを要求する場合が多いなど，ある程度，一般性・抽象性が高いレベルでの対立がないわけではない⁽⁸⁷⁾。それでも，先にも述べたように⁽⁸⁸⁾，相当な理由にいう，「相当性」というものが，固定的な概念ではなく，問題となる制約利益や犯罪の重大性も要素としつつ，文脈に依存して判断される性質のものであるということも手伝ってか，結局のところは，どれだけ巻き込みを限定すべく，地理的，時間的な範囲が限定できているかという点で，他の裁判例との区別と類推が展開されている⁽⁸⁹⁾。このように，主たる対立点・論点は，具体的な事実の評価というレベルに落ち着いてきているように見受けられる。こうして，裁判例が区別と類推を行いながら，一定数積み上げられていくことで，住居を中心に人口が集中する地

---

(84)　前掲注（61）と対応する本文参照。
(85)　前掲注（83）参照。
(86)　*DC, supra* note 61, at p. 84. 一方，*Arson, supra* note 61, at p. 362 fn.6は，Ybarra 判決に言及しつつ，対象となる場所の性質などに着目して，地理的・時間的範囲の限定が十分になされていることで，Ybarra 判決の要求にもとるところはないとしている。このような評価について批判するものとして，Owsley, *supra* note 68, at p. 889も参照。
(87)　*Pharma II, supra* note 61, at pp. 751-753（関係性のある，重要な先例として，相当な理由の判断においても，特定性の判断においても援用する）; Chatrie, *supra* note 23, at p. 928, p. 933.
(88)　前掲注（82）参照。
(89)　この傾向を強く示すものとして，Kansas, *supra* note 61, at p. 1155を挙げておく。

域を対象から排除していく工夫や(90)，──既に見たように(91)，元々は最初の令状の効力で全ての段階の処理が行われていたところ，──第３段階で匿名化を解き，個人情報を開示する際には，再度裁判所の審査を要求するという仕組み(92)が定着しつつあるようである(93)。

以上のような裁判例の状況を前提とすると，もちろん，匿名化の確実な実施が前提にはなるが(94)，Rhine 判決の言うように，第１段階を中心に匿名情報が扱われている段階では，修正４条の問題とせず(95)，第３段階で，無関係な人間が巻き込まれる可能性や巻き込まれるにしてもその程度が，対立利益との関係で最

---

(90) *Rhine, supra* note 61, at III.D.6.b. は，捜査対象事件（2021年１月６日の合衆国議会議事堂襲撃事件）の舞台となった合衆国議会議事堂の立地が独特であり，商用地や住宅地が付近にないことを指摘し，対象地域が商業地に位置し，オフィスや住居も多く含まれたことが指摘，あるいは，問題視された，*Pharma I, supra* note 61, at pp. 3 and 5 や *Pharma II, supra* note 61, at p. 743（この２つの対象事案は同じ）などとの区別を図っている。さらに，利用の少ない商業駐車場とそれにつながる公道に対象を限定したことを以て，位置的な限定を認めた，*Arson, supra* note 61, at pp. 357-358 を，Pharma I と Pharma II における事情と対比して区別を論じた，*Kansas, supra* note 61, at p. 1155 と合わせて参照。なお，McLeod, *supra* note 17, at p. 560 も，裁判例において，他の捜査手段などを通じて無関係なユーザーの巻き込みの可能性が限定されている場合には，相当性が認められる傾向を指摘する。

(91) 前掲注（27）及び対応する本文参照。

(92) *DC, supra* note 61, at p. 88 は，匿名化を解く必要性について裁判所で再度審査することを重視し，特定性（のうち，とりわけ対象となる範囲の広さの問題）について，修正４条の要件の充足を基礎づけている。さらに，Rhine, *supra* note 61, at III.D.6.c. では，初期の否定例（*Pharma I, supra* note 61, at *1 ; Pharma II, supra* note 61, at p. 730）との区別を図る上で，再度の審査を挟んでいることを指摘し，*DC, supra* note 61, at p. 62 や *Chatrie, supra* note 61, at p. 933（蓋然性・特定性をともに否定した事案）といった先例も，当初の令状では，匿名化を解くことができないという点を重視していることにも言及している。

(93) もっとも，Owsley, *supra* note 68, at p. 856 も指摘するように，公表されている裁判例はごく一部であり，多くの令状審査では，まともな審査も行われないまま令状が発付されているともされることには留意すべきであろう。

(94) ジオフェンス等の匿名化・仮名化，あるいは集合データ化も，容易に顕名化が可能であるという指摘がある（Rahbar, *supra* note 3, at p. 714 and p. 745）ことには留意が必要である。もっとも，ここでは，民間データブローカーがそのプライバシー・ポリシーや運用に関する白書において，匿名化を解いて個別 ID ごとのポートレイトを作成する権利を留保するとともに，実際に行っていることを公表していることが根拠とされており，元々のデータブローカーが匿名化を解く可能性を留保していることが，捜査機関や第三者による顕名化が容易であることとは同値ではない。

(95) Rhine, *supra* note 61, at III.D.6.c. あわせて，後掲注（101）の説明も参照。もっとも，HLR Note, *supra* note 21, at p. 2516 は，Google 内での作業は匿名化処理がなされる前段階で行われ，Google はいわば，政府の機関としてこの作業に従事していると言えるのであるから，第１段階から捜索に該当すると指摘する。

小限にできているかを見極める枠組みが採られれば問題ないという考えも成り立ちうると思われる。[96]

これに関連して、個人との関連性があるデータの国家による収集、保存、利用は、すべて情報自己決定権[97]という憲法上保護された権利（基本権）への制約であるという構成が取られるドイツにおいても、個人との関連性という要件に照らして、匿名化や仮名化が施されている場合においては、情報自己決定権の制約は認められない建て付けになっていること[99]には留意すべきである。[98]

例えば、いわゆるドイツ版のNシステムの合憲性が争われた事件では、連邦憲法裁判所は、個人に関連する第三者のデータが、データ処理の過程において、偶然かつ周縁的な形で把握されたとしても、そのデータが、匿名の形において、痕跡を残すこともなく、当局者が当該データを認識することについて関心をもつこともなく、消去されたというのであれば、そこに基本権への制約はそもそも認められないとした。そして、基本権の制約が認められるためには、当局の当該データへの関心がそれに特化した形で高められなければならないと判示している[100]。これに照らすと、匿名のまま情報が提供され、特定のデータへ

(96) なお、第2段階で、匿名性は維持されつつも、当初の令状からは、時間的・地理的範囲が拡大されるのも、匿名性の確保によって修正4条による要保護性がないという余地があるものの、第1段階で令状を求めるのであれば、第2段階での拡張についてもその相当性を説明し、令状の発布を新たに受けるべきであろう。
(97) 連邦憲法裁判所は、自身の個人データの価値設定や利用について原則として自分自身で決定する個人の権限と定義している。例えば、Volkszählung, BVerfG, Urteil vom 15. Dezember 1983 – 1 BvR 209/83 –, BVerfGE 65, 1 (43) を参照。
(98) *Dirk Heckmann / Anne Paschke*, §103 Datenschutz, in Klaus Stern / Helge Sodan / Markus Möstl, Das Staatsrecht der Bundesrepublik Deutschland im europäischen Staatenverbund Bd.IV, (C.H. Beck, 2022) S.136 Rn.40 und S.142 Rn.61参照。
(99) 例えば *ibid.*, S.128 Rn.13.
(100) Kfz-Kennzeichenkontrollen 2, BVerfG, Beschluss vom 18. Dezember 2018 – 1 BvR 142/15 –, BVerfGE 150, 244 (267, Rn.48). これに対して、基本権制約の理解に関する従来の連邦憲法裁判所の判例との整合性などの観点から批判的な見解を示すものとして、*Svenja Behrendt*, Entzauberung des Rechts auf informationelle Selbstbestimmung (Mohr Siebeck, 2023) S.227がある。もっとも、部会決定レベルでは、この判決以前にも、一定の金額の送金を特定の海外銀行口座に行ったクレジットカード顧客の割り出しを銀行が要求された場合に、銀行の機械を通じた確認対象となったが当該条件に該当しないため、リストアップされなかった顧客については、情報自己決定権に対する制約そのものがなかったという判断を連邦憲法裁判所が下したことがあった（BVerfG (2. Kammer des Zweiten Senats), Beschluss von 17. 2. 2009 – 2 BvR 1372, 1745/07, NJW 2009, S.1405 (S.1406, Rn.17ff.)）。

と関心が絞られることなく分析がなされるジオフェンス令状の第1段階では，ドイツの文脈においても，そもそも情報自己決定権の制約すら認められない状況と解される可能性が高いと言えよう。なお，この場合も，Google との関係で，自社の保有するデータの開示を求め，データの抽出作業など一定の負担を強いることになるほか，ユーザーとの間で，情報の無断開示等の責任を追求される危険を負わせる可能性もあることを考えると，令状や法的根拠の要否は別途論じうるところであろう。

　もちろん，ジオフェンス令状の取得，実施について，立法により，その要件や過程が明確化されるのであれば，政策的な観点からはそれに越したことはない。しかし，憲法規定と判例による規律よりは法律による規律の方が妥当だとしても，法律でどこまで実効的な規律を設計できるかはここでも問題になりうる。また，法律で要件等が明確化されない場合は言うまでもなく，仮に法律で規律できたところで，匿名性は基本的には維持されるとしても，場合によっては，顕名化の可能性も排除されない形で，生活の隅々まで監視の対象となっていることが市民の行動に与える影響，いわゆる萎縮効果をどう捉えるかという問題も残されている。これらの問題については，4．で改めて論じたい。

---

(101)　ジオフェンス令状についても，第1段階では匿名情報がやり取りされるので，プライバシーの問題が生じない，少なくとも修正4条の問題は生じないとするものとして，*Rhine, supra* note 61, at III.D.6.c. がある。また，そこで引用される，匿名位置情報の追跡が修正4条の問題を構成しないとした，*Brennen v. Dickson*, 45 F.4th 48 (D.C. Cir. 2022) も参照。

(102)　Carpenter 判決の事案で問題になっていたのは，まさにこちらの問題であり，これについては，通信記録保管法上の文書提出命令で十分な手続保障までなされているとするのが，同判決の Kennedy 判事の反対意見（*Carpenter, supra* note 45, at p. 2224 and p. 2230 [Kennedy, J., dissenting]）である。

(103)　なお，ジオフェンス令状の要件等を法律で明確化するというのではなく，ニューヨーク州では，ジオフェンス捜査を一切禁止する法案（Senate Bill S8183, sponsored by Z. Myrie, 2019-2020 Leg. Sess. (N.Y. 2020), available at https://www.nysenate.gov/legislation/bills/2019/S8183）も提出された（が，法律は成立していない）。

(104)　Kerr, *supra* note 75．また，基本的には，ジオフェンス令状を基本的には類型的に排除すべきという見解を採る Owsley, *supra* note 68, at p. 892 も，いわば次善の策としていうことになろうが，立法を通じた規律，分けてもそれを通じた透明性の向上が有意義であるとする。

57

第Ⅰ部 情報取得，利活用，保持

4．問題の再確認と展望：ジオフェンス令状をめぐる議論を踏まえて

(1) 問題の再確認

　3．では，ジオフェンス令状をめぐる米国の議論を概観した。既に本章の冒頭でも述べたように，ジオフェンス令状というのは，私企業の収集した情報への公権力の依存という意味において，そもそも，公法学にいう意味での公私区分を曖昧にする性格を有するものである。それに加えて，3．(1)でみた，第三者法理の揺らぎの問題は，デジタル技術が浸透するなかで，人々の日常生活がそれに依存せざるを得ず，これは，プラットフォーム企業等の提供するサービスの利用を避けて通れなくなっており，従来のような，住居という私的領域と他者に開かれた公的領域という区別（捜査法の文脈における公私区分論）が成り立たなくなっていることを象徴している。裁判所は，とりわけ個別意見のレベルでは，第三者法理の問題性には言及しつつ，その放棄には踏み込めないでいる。これは，18世紀末に成立した，規律の密度の面でも，抽象度の高い憲法典を用いて，裁判所が対応することに限界があることを象徴している。裁判所もこれには自覚的であり，個別意見を中心に，立法による処理への期待を表明するものが増えているし，学説上も，立法による処理の重要性・適切性を説くものが多くなっている。その一方で，立法の対応は決して活発ではなく，学説も，立法が対応するのが適切であるとはしつつ，それを超えて，立法による規律のありようについて論じるものは多くない。この背景には，デジタル技術の浸透で，他者の目から逃れうる場所が失われたことにより，プライバシー概念が捉え直しを余儀なくされているところ，そのグランドデザインが描けていない，あるいはその途上にあるということも関係していよう。以下では，プラ

---

(105) 関連して，Jones 判決における Sotomayor 判事の結果同意意見（Jones, *supra* note 41, at pp. 416-418 [Sotomayor, J., concurring]）も，GPS 装置の装着による位置把握の捜索該当性を論じる上で，「政府が監視しているかもしれないということは，結社の自由や表現の自由を萎縮させる」などと，萎縮効果論を主題にした。また，ジオフェンス令状の文脈でも，実際にいわゆる BLM 運動などの抗議活動において一部が暴徒化した事案の捜査に，ジオフェンス令状が用いられていることを指摘し，これにより，合衆国憲法修正１条が保障する正当な表現行為をも萎縮させてしまう効果を有しているとの批判（HLR Note, *supra* note 21, at p. 2516）もある。

イバシー論の再構成に関わる議論（本節(2)）と，デジタル技術を利用した監視に対する統制のありようをめぐる展望（本節(3)）について，簡単に触れておきたい。

(2) プライバシー論の再構成を主張する見解

デジタル技術の浸透に伴い，あらゆる生活領域において，少なくとも潜在的には，監視の可能性があることを踏まえて，私的領域の保護というプライバシー理解を見直し，実際上は他者に開かれた領域しか残されていないという状況にあってもなお，個人の匿名性が担保される空間を確保し，それを通じて，民主的な社会の基盤を確保することを考える見解が有力化している(106)。これらの見解は，社会基盤，とりわけ，民主政におけるそれの維持・確保という点からプライバシーの保障根拠を導き出そうとするものと評価できる(107)。そして，この背景には，常に監視の（少なくとも，その危険，可能性の）下に置かれている現状で，市民の行動が萎縮することによって，民主政の下での社会の基盤が崩されてしまうという議論がある(108)。これは，3. の末尾でも残された問題として指摘した，萎縮効果論である。

これに関連して，上記のような方向性でプライバシーの再構成を試みる論者の1人である Wallace-Wolf も，萎縮効果論の再整理を目論む議論に注目している(109)。この萎縮効果再考論は，従来の萎縮効果論についても問い直し，これを広く捉え直すべきことを主張する。すなわち，従来の萎縮効果論が，表現の自由を中心とする修止1条(110)に保障された精神的自由権の行使についての，しかも

---

(106) 例えば，Turley, *supra* note 36, at p. 2197（匿名性が民主的政治過程における重要性については，2232頁以下も参照。また，厳密には匿名性よりも，実際には顕名にある状況にあっても，それを曖昧にできる状況の保障が重要であるとする）; Wallace-Wolf, *supra* note 80, at pp. 293-294.

(107) 民主主義との関係でプライバシーの意義を基礎づける見解自体は，従来から有力である（このような議論の展開については，例えば，音無知展『プライバシー権の再構成』（有斐閣，2020年）111頁以下などを参照）のは確かである。本文は，それを否定する趣旨ではなく，他者の目から逃れられる，匿名でいられる空間が現実的に失われつつある現在の状況を踏まえ，これにより対応した形で論じられる見解の登場を指摘するものである。

(108) Turley, *supra* note 36, at p. 2219; Wallace-Wolf, *supra* note 80, at pp. 308-312（心理的萎縮を取り除くべく，匿名の形で，自身とは一旦切り離されて，言動を展開し，試行錯誤する場，機会を確保し，他者とのやりとりを促進し，（民主的な）社会の基盤を確保しようとする）参照。

(109) *Ibid.*, at pp. 296-298.

法的な制裁を背景とした萎縮に焦点を当てたものであったのに対して，これでは，萎縮効果の理解は狭きに失するとして，社会心理学の知見に基づきながら，法的な規範が曖昧なところにこそ萎縮効果が生じるという[111]。この見解によれば，法的規範がはっきりとしないところでは，違法・適法という法的観点よりも，社会的にどう評価されるかに関わる，社会的規範のありようが大きな影響力をもつ[112]。つまり，自身では正しいと考えていることであっても，社会的に受け入れられにくいものについては，それを控える行動を選択するのだという[113]。そのような理解を前提にした場合，現代的な監視というのは，実際に全体を監視し把握する者を想定することは現実的ではないのであるが，把握しようとすれば把握できる状況にあるという，曖昧さがまさに肝となり，このような曖昧な監視によって，社会から受け入れられ難い行動を取ることがあらゆる場面で控えられてしまうことが問題となる[114]。ところで，なぜ社会的規範を忖度して，行動を控えることが問題なのかといえば，個々人の立場や見解が異なる中でそれをぶつけ合うことによって初めて，集団的な自己決定が可能になる上，この前提ともなる個々人のアイデンティティ形成のためにも，異なる見解のやりとりが必須になると説明されている[115]。Wallace-Wolfは，以上のような議論を，知的プライバシー論に接続させることを通じて[116]，前述のように，社会参加

(110) 合衆国憲法修正１条は，合衆国憲法成立直後の1791年に成立した権利章典に含まれる修正条項であり，国教樹立禁止原則の他，信教の自由，表現の自由，集会の自由，請願権の保障を規定している。
(111) Jon W. Penney, "Understanding Chilling Effects," *Minnesota Law Review*, Vol. 106 (2022), pp. 1454-1458 (1451).
(112) *Ibid.*, at p. 1498.
(113) *Ibid.*, at pp. 1503-1504.
(114) *Ibid.*, at pp. 1507-1509.
(115) *Ibid.* at pp. 1517-1519.
(116) Wallace-Wolf, *supra* note 80, at p. 308 [ここでは，知的プライバシーとは，他者とともに思考することができるように，自身の未熟な考えを自身と一旦切り離すことを確保する権利であると整理している。なお，社会参加への基盤という面を強調し過ぎている印象を受ける（その意味で，とりわけ，後掲の音無の紹介との温度差が感じられる）が，Wallance-Wolfも，知的プライバシー論を民主主義との関係でのみプライバシーを整理するものとして理解している訳ではなく，民主社会の基盤を構築する上でも，匿名で思考する領域を確保すべきだという，知的プライバシー論への接続を試みていると善解することはできよう］。知的プライバシー論については，Neil M. Richards, *Intellectual Privacy* (Oxford University Press, 2015)や，音無知展「知的プライバシー論から考えるプライバシー権の保障根拠と保障の程度の具体的考察」法学論叢192巻１-６号（2023年）656頁以下を参照。

の基盤を提供するためのものとして，匿名性ないし曖昧さに重心を置く，プライバシーを理解する議論を展開したのである。[117]

　もっとも，これらの議論も，デジタル監視社会におけるプライバシーの基盤であるとか，保障の根拠について語るものではあっても，個別具体的な場面での保護のありようや限界について明瞭な答えが得られるわけではない。新たに構成された萎縮効果論に根拠付けられた（民主的）社会の基盤としてのプライバシーの保護の必要性が，いかに基礎付けられたとしても，プライバシー，あるいは匿名性が絶対的に保障されるということにはならないのは当然である。[118] とりわけ，萎縮効果論を広く捉える議論を前提とする新たなプライバシー論を踏まえて論じるのであれば，萎縮効果論を踏まえると，どのような場合に，匿名性を解くことができるのかについて，予め法律において明確に規定されることは，単に政策上妥当であるというばかりではなく，要求されるのだということになろう。[119]

　関連して，先に見たように，個人との関連性があるデータの国家による収集，保存，利用を情報自己決定権に対する制約と広く認めるドイツにおいては，情報自己決定権の制約の正当化の一環として，根拠づけが法律によってなされることが要求されることになっており，[120] 法律による規律の必要性自体の導出は，米国よりも，容易に，かつ，広く行われている。また，1983年の国勢調査判決の段階で，連邦憲法裁判所は，自己の情報の扱いが曖昧なものとなることで，集会への参加が控えられるなど，自由で民主的な社会構成の基盤をも害

---

(117) Wallace-Wolf, *ibid.*, at p. 296, fn.28は，萎縮効果に着目する議論として，Turley, *supra* note 36 も参照しており，内容面では，両者の基本的な方向性は同じように見受けられる。なお，Wallace-Wolf は，ここで，Turley が Penney とは異なり，萎縮効果論を修正1条に結びつけて理解していると整理している。

(118) Turley, *supra* note 36, at pp. 2230-2231 も，匿名性が持つ問題性にも言及している上，日本でも，インターネット等における匿名表現の持つ問題性が大きな課題となっているところである。Wallace-Wolf, *supra* note 80, at pp. 338-339は，犯罪捜査において，ある人物が物理的にどこにいたかということは疑いもなく重要な事項であるとして，ジオフェンス令状を一律に排除することを否定するほか，公共の場での位置プライバシーは完全な形での享有はできないものだとも指摘する。

(119) 前掲注（104）と対応する本文参照。

(120) ドイツにおいて，基本権（憲法上保護される権利）の制約が認められる場合は，その正当化が要求され，その一環として，形式的正当化，すなわち，法律の根拠が存在することが要求される。BVerfGE 65, 1 (44) 参照。

しかねないという形で，萎縮効果論（そのなかでも，上述した近時の米国の議論）にも通じる論理構成で情報自己決定権の要保護性を基礎付けていたことも[121]，本章との関係では注目される。この点では，米国よりも一日の長があると言えるのかもしれない。

さらに，デジタル化の進展と人々の生活のそこへの依存がもたらす問題との関係については，それに特化する様な形で，IT 基本権などとも呼ばれる，情報技術システムの秘匿性と完全性に関する基本権なるものが憲法上の権利として，連邦憲法裁判所によって承認された[122]。情報自己決定権との関係性など批判的な議論も少なくないところではあるが[123]，デジタル化のもたらす問題を，2008 年という現在から見ればなお牧歌的な状況の中で正面から受け止めた結果であると評価できよう。

もっとも，情報自己決定権にせよ，IT 基本権にせよ，具体的に法律による規律としてどの様なものが要求されるのかと言えば，対象となるデータの性質や収集，保存，利用といった国家の活動の態様次第で変わりうる。場合によっては，情報自己決定権の比較的軽微な制約に対しては，刑事訴訟法などの一般な権限規定で足りるとされる場合もある。実際，連邦憲法裁判所は，一定の金額の送金を特定の海外銀行口座に行ったクレジットカード顧客の割り出しを検察当局が銀行に要求した事例で，リストアップされ，口座情報が検察当局に提供された者との関係においても，刑事訴訟法161条１項という，日本の刑事訴訟法197条１項本文に相当する一般的権限規定で，根拠規定として足りるとしている[124]。その一方で，法律による規律の内容として，手続的，組織的な手当も

---

(121) BVerfGE 65, 1 (43).
(122) BVerfGE 120, 274 (303ff.). 連邦憲法裁判所の学術助手経験者が執筆した，Matthias Bäcker, „Die Vertraulichkeit der Internetkommunikation," in Hartmut Rensen und Stefan Brink (Hrsg.), Linien der Rechtsprechung des Bundesverfassungsgerichts Bd.1, S.123ff. (De Gruyter, 2009) によれば，このIT 基本権とは，憲法による住居の不可侵の保障が住居という物理的領域を私的領域として特別な保護の下に置くのとパラレルに，クラウドを含む，現代的な情報流通の基盤をなすシステムを保護することを目的に，一定の，物理的にではなく，テクニカルに範囲確定される領域への信頼の利益を個人の基本権として保障したものであると整理される。
(123) この点について詳しくは，山田哲史「『権利ドグマーティク』の可能性」岡山大学法学会雑誌 68巻 3・4 号（2019年）708頁以下で紹介している。
(124) BVerfG (2. Kammer des Zweiten Senats), Beschluss von 17. 2. 2009 – 2 BvR 1372, 1745/07, NJW 2009, S.1405 (S.1407, Rn.26ff.).

要求される場合もあり[125]，連邦憲法裁判所の積極的な姿勢も相まって，最終的に連邦憲法裁判所が何というかを待たなくては，どの様な立法がなされれば十分なのかはわからないというのが現状となっている[126]。その意味では，問題状況は結局，米独で大きくは違わないということにはなろう。

こうなると，法律による規律がどこまで可能なのか，法律の規定によらずしても，不必要な匿名性の解除ができないようにする仕組みの構想はありうるのかは問題になりうるところであり，これが続く(3)で扱うテーマとなる。

(3) 統制手法論

既に指摘したように，デジタル技術の浸透によって，私的領域と公的領域の区分（捜査法にいう公私区分）が失われた現代における監視を，裁判所が憲法規定を通じて統制することの困難性と，立法による統制の必要性を説く見解が有力になっている[127]。一方で，その立法の具体的内容を十分に検討する研究は限定されるということも既述のとおりである。

そのあり様について少し検討してみるにあたり，デジタル技術の浸透も一助となっている，捜査活動における公私の協働ないし，融合（公法にいう公私区分の融解）を視野に入れるべきである。というのも，従来の捜査法における規制の対象となるアクターが原則的には公権力であったのに対して，ここに私企業が大きく関わるに至って，規制のあり様も変化を余儀なくされるのは当然というべきだからである。そして，修正4条を通じた規律の行き詰まりも，修正4条が基本的には公権力と私人の関係を規律したものであり，私企業によって収

---

[125] 連邦憲法裁判所は，情報自己決定権のリーディングケースである国勢調査判決の段階から，手続的・組織的な手当ても，場合によっては必要とされる旨述べていた（BVerfGE 65, 1 [44]）。
[126] 現在連邦憲法裁判所判事を務めるWolffが判事就任前に，連邦憲法裁判所がデータ保護について一部では細かすぎるほどの判示を行っており，代替的立法者になってしまっていることや，判断のありよう，結果に一貫性がないこと，立法者に課される制約が不明瞭になってしまっていることなどを批判していたのは示唆的である。Heinrich A. Wolff, Vorratsdatenspeicherung, NVwZ 2010, SS.751-752; Wolff., "Das Urteil des Bundesverfassungsgerichts zum BKA-Gesetz", ZG 2016, S.387-388参照。
[127] (2)で見た，匿名性のプライバシー論を展開する，Turley, supra note 36, p. 2254も，監視技術の急速な拡大は，憲法上の規制ツールの実効性を失わせており，立法による規律が重要になってくると指摘していることを，追加的に紹介しておく。

集，保存，加工等されたデータを捜査活動に利用することは，公権力への統制を回避するための方策ともなりうるところにその一端が求められる。[128] 関連して，Heydariは，私的アクターの捜査活動等への関与の拡大については，民主的アカウンタビリティの欠如，透明性の欠如，法的なアカウンタビリティの欠如，利潤追求による歪みの発生といった批判があること，そして，それぞれの批判にはもっともなところがあることを認めつつも，公的機関についても，上記の難点を免れているわけではなく，私的アクターの関与を通じてむしろ改善される場面もあることを指摘している。[129] 主要なものを挙げると，警察組織自前のデータベースを構築するのではなく，私企業のそれを活用することで，公権力がそれを利用する際に，私企業とのやりとりが生まれ，そこに，抑制と均衡が生じる可能性があること，[130] 顧客やステークホルダーへの情報公開を要求される結果，[131] 国家機密化されて，その収集や保存の実態が隠されてしまう場合よりも透明性を持ちうること，[132] データの収集がより一般性のある偏りのないものとなる場合がありうること[133]などが指摘されている。また，デジタル監視という文脈では，むしろ，デジタル機器の利用により，捜査側の利用実態等も保存されることとなり，却って透明性が確保できることなども指摘されている。[134] もっとも，以上の点は，いずれも両刃の剣となりうる性質を有するので，Heydariが言うように，特に捜査機関等との繋がりが強い企業については，その事実それ自体や，どのようなデータをそのように扱っているのかを明確にさせることが

---

(128) Farhang Heydari, "The Private Role in Public Safety", *George Washington Law Review* Vol. 90（2022），pp. 736-737（696）参照。

(129) Heydari, *ibid.*, at pp. 727-745. 簡略版として，Heydari, *supra* note 6, at pp. 3-7.

(130) Heydari, *supra* note 6, at p. 6. Heydari, *supra* note 128, at p. 731も参照。ここでは，Appleなどが捜査機関等への情報提供の拒否などが挙げられているが，Amster and Diehl, *supra* note 19, at p. 442は，逆に，これは私企業による自主規制への依存を象徴するものであると批判的である。併せて，前掲注（6）も参照。

(131) Heydari, *supra* note 6, at p. 4参照。

(132) Heydari, *ibid.*, at p. 6; Heydari, *supra* note 128, at p. 735.

(133) Heydari, *supra* note 6, at p. 7.

(134) Heydari, *ibid.*, at p. 4; Heydari, *supra* note 128, at pp. 735-736（これら2つの文献では，具体例として，私企業の協力を得て普及した，警察官のボディ・カメラによる録画が，不正行為を含む警察活動の記録，証拠収集・保全に役立っていることが指摘されている）。

(135) Heydari, *supra* note 6, at p. 8は，多数のアクターが関わることによって，抑制と均衡が生じる契機がここでは認められないので，規制の焦点を当てるべきであるとする。

重要だろう。⁽¹³⁶⁾

　以上のような議論は，私的アクターの収集・保存等にかかるデータやサービスの捜査機関等の利用を否定することがもはや現実的ではない現状にあって，しかも，立法府を含む公権力に十分な規律能力が備わっているか疑わしい中で，透明性やアカウンタビリティの向上により，統制を確保しようとするものと言える⁽¹³⁷⁾。このような基本的な構想は妥当といえよう。もっとも，これも結局，実体から手続への逃避であると言えばそれまでであるし，各企業内における技術的なロジックや，企業統治といったものに依存することになり，そこがブラック・ボックス化する危険は否めない。それでも，企業統治についての知見も踏まえながら，法律レベルでは，企業の活動の透明性やアカウンタビリティが確保できるような，人的・組織的な仕組みの構築を要求することは可能であろうし，また，そのようにすべきだということにはなろう。他方で，それ以上の実体的な規律を法律のレベルで具体的に要求するのは難しいだろう⁽¹³⁸⁾。すなわち，新たなデジタル技術を，公権力を含む監視主体の統制にも用いることも含めて，私企業を含めた諸々の社会的アクターにも，実質的な統制の役割を割り振りつつ，国家は，手続など形式的な面を中心として，法律で大枠の規律を行うというのが，ここでは基本構想となっている⁽¹³⁹⁾。

---

(136)　Heydari, *ibid.*, at pp. 10-11［データベース等を運用する企業に登録義務を課すべきだとする］。また，Heydari, *supra* note 128, at pp. 759-760は，あるデータ取扱企業で一定の規律が実践できていない場合には，その企業からデータを捜査機関等が取得するためには，令状や裁判所の命令を要求する立法が州法レベルでなされていることを指摘する。

(137)　Heydari, *supra* note 128, at p. 760参照。

(138)　ジオフェンス令状という具体的な問題については，裁判例の蓄積の中で，一定の線引きができつつあることを示したところであり，そういった比較的具体的な要求を修正4条のような抽象度の低い憲法規定から導出することは不可能ではないということになろう。しかし，その基準の構築までの道筋は不透明である上，法律でそのような具体的なルールを，個別の新たな捜査手法の運用に先んじて定めておくことは不可能だろう。さらに，付随的に，しかしながら，不可避に生じる，無関係な第三者の情報への介入は，必要最小限でなければならないといった，ある意味当然の抽象的要請を法律に書き込むことに大きな意味があるとは思われない。

(139)　前述のように，デジタル化の進展により，デジタル機器が人々の生活基盤を形成することになったことを理由に，ドイツの連邦憲法裁判所が導入したIT基本権も，公共の福祉を実現するための第1次的な責任は社会の諸アクターに委ね，そこに後見的に関わる国家像を提示する，いわゆる保障国家論（これについては，山田哲史「本質性理論再論」行政法研究26号（2018年）140頁注160で簡単に紹介しているほか，そこに引用の文献を参照）と強い繋がりがあることが指摘されていること（山田・前掲注（123）705頁以下とそこに引用の文献を参照）も偶然ではないだろう。

もっとも，この構想では，統制までも，プラットフォーム企業を中心とする，私企業に依存することを意味する。私企業内の統制の妥当性等をはじめ，誰が適切にそれを監督することができるのか，私企業にそもそもそのような行動を求められるのかという点や，その法的根拠についても，現実的可能性についても問われることとなろう。

　関連して，米国においては多くのプラットフォーム企業は一応自国企業と言える場合が多いとしても，多くの国にとっては他国企業ということになり，その企業が，プライバシー等の価値を共有しない場合は，私企業への責任の賦課は大きな障害を抱えることになるし，本巻の全体テーマである安全保障の観点からも大きな問題となりうる。最後の点については，本書の第1章で既に扱われたほか，第Ⅱ部で扱われる予定の内容であり，また，本章筆者の能力の観点からも，問題点を指摘するだけにとどめざるを得ない。

5．おわりに：ポストデジタル時代の公・私の行方

　最後に，本章を閉じるにあたり，ここまでの検討内容とその結果を振り返っておくこととしよう。本章では，まず，米国におけるジオフェンス令状をめぐる議論を概観することを通じて，——とりわけ，18世紀末の憲法規定が基礎となる——彼の国では，裁判所の憲法解釈を通じた規律では，デジタル技術が浸透した現代におけるプライバシーの保護を十全には行えなくなっていることが明らかになった。デジタル技術の浸透により，従来の判例が憲法解釈として導いた，国家権力の侵入が許されない私的領域と，国家権力を含め広く一般に開かれた公的領域という区別（捜査法の文脈における公私二分論）が失われたとともに，データ，情報の収集，保存，利活用を行う主体，仕組みの観点でも，公私の区分（公法の文脈における公私二分論）が融解しており，これら2つの公私

---

(140) ここでは，国境を越えたデータの扱いに焦点が当てられるが，ジオフェンス令状も，日本国民の位置履歴情報であってもその対象となりえ，無関係ではない。この点に焦点を当てたものとして，若江・前掲注（14）がある。

(141) もちろん，従来の「公私二分論」も，純粋に事実的なものではなく，他者（ここでは分けても公権力）の介入が妥当かどうかという規範的評価の結果であり，その評価の線引きが技術の発展により変化したに過ぎないという整理は不可能ではないだろう。

区分を前提とした枠組みは妥当性を失いつつあるのである。

　次に，上記のようなデジタル技術の浸透とそれに伴う，2つの公私の融解という時代状況下におけるプライバシー理解の基本構想を提案する見解を紹介した。これをプライバシーと呼ぶかは，語義の観点から難しいところはあり，本章筆者も，プライバシーの構想がここに収斂されるべきとまでいうつもりはない。それでも，公権力か私企業を問わず，他者の監視の可能性を完全に免れて生活することが困難な状況にあるからこそ，敢えて，法的な規範として，人々が匿名になれる状況を確保してやり，個々人の相互のやり取りによって，社会を構築し，民主政を成り立たせる基盤を保障することが求められるという考え方には頷かされるところが多い。

　もっとも，この様な基本構想を背景としても，それに則った具体的な規律の設計を誰がどのように行うのかについて答えを出すのには，困難が伴う。というのも，上記の基本構想というものが，技術的な意味では，もはや監視の可能性から逃れられる場はなく，敢えて，監視から解放される場を創出・確保しようとする構想であるがゆえに，その具体的な範囲を適切に切り出すのは，誰にとっても難しいからである。本章では，この問題についての概括的・暫定的な解答として，法律による大枠の設定と，デジタル技術を公権力側の活動の規律に対しても用いつつ，私的アクターの自主的な規律とその国家による後見的監督というイメージの提示を行った。それでも，デジタル技術とも関係性の深い，グローバルな視野を持つと，グローバルに展開するプラットフォーム企業，あるいは，基本的な価値観を必ずしも共有しない国家の統制下にある企業も取り込んだ規律がいかにすれば可能であり，それをいかに構想すべきかについては，なお見通しがつかないという難点は認めざるを得ない状況にある。

　以上のように，なお検討すべき問題は多く残されているし，その残された問題状況というのも，実は既に1.で指摘していたところも多いことは率直に認めなくてはならない。それでも，米国における最新の具体的なトピックを題材に，ある程度詳細に議論状況を確認し，より深層に存在する問題についても整理し直せたという意味では，本章での検討にも一定の成果が見出せよう。

第3章

安全保障のための情報の収集・共有とその制約
――組織犯罪等を減らすために――

中崎　隆

1．はじめに：国家安全保障のための情報の収集・共有の必要性

(1) 安全保障と犯罪対策

　国家や市民の安全への脅威の最たるものは戦争であるが，テロを含む犯罪，災害，感染症など，他の脅威もある[1]。そこで，安全保障といった場合には，他国による戦争・侵略からだけでなく，そういった脅威などからも国家や市民を守る必要がある。

　その中でも犯罪対策は，安全保障としても，経済対策としても，重要な課題である。犯罪が横行しては，国民が安心して生活を送ることができない。詐欺等の犯罪を通じて，犯罪組織に何億円，何兆円もの資金が流れることで，国や市民の財産（国富）が他国に流出するおそれがある。また，サイバーアタックにより，政府や企業の重要な技術情報等が盗まれて，他国に渡れば，核兵器等の開発に使われたりして軍事上の脅威となる可能性や，他国企業に特許を取られて日本企業の競争力低下につながる可能性がある。

　そして，犯罪組織が，詐欺，麻薬取引，暗号資産のハッキング，闇金等の犯罪により多額の利益を得て力をつけるようになると，政治家や公務員等を買収や脅迫して，政治に対して強い影響力を持つことも考えられる。メキシコで

---

[1]　日本の国家安全保障会議は，戦争・武力紛争への対応を取り組むべき対象と規定しているようであるが（国家安全保障会議設置法2条1項参照），犯罪対策を明示していない。一方，米国の The White House, "National Security Strategy" (October, 2022), p. 30, available at https://www.whitehouse.gov/wp-content/uploads/2022/10/Biden-Harris-Administrations-National-Security-Strategy-10.2022.pdf では，国家安全保障上の脅威として組織犯罪も重要な課題としてあげている。日本でも組織犯罪対策を明示してはどうか。

は，元大統領や元公安大臣（警察庁のトップに相当。2023年に収賄で有罪判決）が賄賂を受けたことや，逮捕された同犯罪組織のトップの息子が警察により解放されたこと等が報道されている。犯罪組織と国が緊密な関係になると，法治国家でなくなり，国家の存立基盤が崩れる。

(2) 国家安全保障を確保するための体制

安全保障といっても，戦争，犯罪，テロ，エネルギー問題など，広範な分野に及んでいるため，各国とも，様々な省庁等で横断して対応を行っている。

日本の国家安全保障体制について言及する前提として，日本が参考としていると思われる米国の国家安全保障体制について紹介したい（表1参照）。

第1に，国防総省が軍事面の対応をしている。本章のテーマでもある個人情報との関係では，国防総省の国家安全保障局（NSA）がその諜報活動で有名である。特に，2013年のスノーデン事件では，NSAが世界中で広範に個人情報を収集している実態が明らかになり，世界中を震撼させた。IT大手の企業も，PRISMというプロジェクトを通じ，NSAに対し，個人データを大量かつ秘密裏に提供していた事実が発覚している。

第2に，中央情報局（CIA）がある。CIAは，1947年に設置された，軍事，外交等の方針を決めるための情報機関（インテリジェンス機関）である。NSAがネット等を通じた技術的手法による諜報（シギント）をメインとしているのに対し，CIAは，潜入捜査員等の者が直接情報を収集する手法による諜報（ヒューミント）をメインとしているといわれる。

第3に，連邦犯罪については，主に司法省，特に，連邦捜査局（FBI）が犯罪捜査等の業務を行っている。

第4に，米国は，経済制裁等を通じた安全保障のための活動も積極的に行っているが，貿易関係については，商務省の産業安全保障局（BIS）が所轄し，金融関係については，財務省のOFACが所轄している。

（2） 日本経済新聞「メキシコ元公安相，米裁判で有罪評決　麻薬組織から収賄」（2023年2月22日公開）「日経速報ニュースアーカイブ」〈https://www.nikkei.com/article/DGKKZO68677770S3A220C2EAF000/〉。

表 1　米国の安全保障関連の主要な政府機関

司法省（Department of Justice）	法の支配を堅持し，米国の安全や市民の権利を守るための省である。FBI も司法省の一部局であり，米国の司法省は，日本の法務省とは機能が異なる。
連邦警察（FBI）	米国に対する連邦犯罪の捜査等の活動を行っている。約3万7000人の職員とされる。(3)
州の警察	各州の犯罪については，各州の警察が捜査等を行っている。
国家安全保障会議	国家安全保障を審議するための閣僚級の会議である。
中央情報局（Central Intelligence Agency / CIA）	大統領及び国家安全保障局を補助する役割の対外情報機関。各省からは独立している。職員数は，2013年の報道では，約2万2000人の役職員とされる。(4)
国防総省	陸軍，海軍，空軍等の活動を統括し，国防に従事する組織。
国家安全保障局（National Security Agency / NSA）	1948年創設の国防総省の一機関。2013年の報告書では3万名以上の職員とされる。(5) CIA と比較すると，人による諜報（ヒューミント）でなく，通信的手法による諜報（シギント）を主としているようである。
財務省（Department of the Treasury）	米国の歳入，歳出等について所管する省である。金融機関との関係では，連邦銀行の監督の使命を負っている(6) OCC（Office of the Comptroller of the Currency）と，金融機関が犯罪（特にマネーロンダリング）に悪用されないよう確保する使命を負っている FinCEN（Financial Crime Enforcement Network）と，米国による金融制裁を実施する使命を負っている(7) OFAC（Office of Foreign Assets Control）が，特に重要である。

（3）　FBIJOBS, "Home for FBI Careers", available at https://fbijobs.gov/.
（4）　CIA は職員の数を公表していない。もっとも，右記の，2013年のワシントンポストの記事には記載がある。Barton Gellman and Greg Miller, "U.S. spy network's successes, failures and objectives detailed in 'black budget' summary", *The Washington Post*（August 29, 2013）.
（5）　National Security Agency, "National Security Agency; 60 Years of Defending Our Nation"（2012）, available at https://web.archive.org/web/20130614022314/http://www.nsa.gov/about/cryptologic_heritage/60th/book/NSA_60th_Anniversary.pdf.
（6）　州立銀行については，各州の金融監督当局が監督を行う。
（7）　尾崎寛「米国による制裁とその効果について」CISTEC ジャーナル205号（2023年5月）263頁〈https://assets.kpmg.com/content/dam/kpmg/jp/pdf/2023/jp-cistec-aml-japan-2023.pdf〉。

商 務 省（Department of Commerce）	日本の経済産業省に相当する省である。輸出入等の業務を所管している。ただし，輸出入に係る経済制裁の関係については，商務省の産業安全保障局（Bureau of Industry and Security ／BIS）が所管している。
国土安全保障省（Department of Homeland Security）	2001年9月11日のテロをきっかけに作られた省であり，入出国管理・国境警備，テロ・サイバー攻撃対策等の任にあたっている。税関・国境取締局（Customs and Border Protection Office）や，国境警備隊・沿岸警備隊（Coast Guard）も，国土安全保障省にある。日本でいえば，出入国在留管理庁（法務省）と，海上保安庁等を一緒にしたような組織である。犯罪対策との関係では，密入国，関税法違反等についての捜査・調査を行う。 CIAやNSAと比較した場合，「Homeland」とあるように，本国での脅威という所に重点があるようである。

　日本の場合は，まず，防衛省の下に自衛隊があり，特に他国による軍事的な侵攻等から国を守る機能（国防機能）を果たしている。また，国土交通省の外局として海上保安庁があり，海上の安全等を確保している。

　次に，警察庁や都道府県警が，捜査等を通じ，犯罪対策を行っている。[(8)]

　インテリジェンス機能については，公安調査庁（法務省の外局），防衛省情報本部，外務省国際情報統括官組織，警察庁警備局等が担当しているが，米国と比べると圧倒的に人数が少なく，また，インテリジェンス機能を果たすための強制処分の権限が基本的にないなど，権限が著しく限られている（表2参照）。

　犯罪対策という観点で日本の警察庁と米国のFBIを比べると，日本の警察は，基本的に犯罪捜査の権限がなく，都道府県警にのみ捜査権がある。しかし，警察庁に捜査権がないということでは，国や都道府県を横断する事件の捜査に支障があるということで，2022年に法律改正が行われ，警察庁内にサイバー警察局が設けられて，サイバー犯罪に限って警察庁も捜査ができることとなった。ただし，サイバー警察局の職員数は発足時で240名程にすぎない。[(9)]

（8）　この他，法務省の外局である出入国在留管理庁（入管）や，法務大臣の下にある検察庁，財務省の税関等も安全保障の観点から，重要な役割を果たしている。
（9）　「警察庁，サイバー捜査強化，警察局と特別捜査隊発足，長官『各国と協力して対策』」（日本経済新聞朝刊，2022年4月2日，39頁）。

第Ⅰ部　情報取得，利活用，保持

表2　日本の安全保障関連の主要な政府機関

警察庁	犯罪対策等に従事する。もっとも，捜査権については，サイバー犯罪対策に限られると解されている。職員数は約8000人とされる。[10]
都道府県警	各都道府県において発生した犯罪についての捜査等を行う。
国家安全保障会議	日本の安全保障に関する重要事項を審議するための閣僚級会議である。
内閣官房　内閣情報調査室	内閣のインテリジェンス体制を支えるために，内閣の重要政策に関する情報の収集・集約・分析を行う機関であり，各省庁の情報を集約している。諜報に従事している人数は，平成27年段階で約220名であった。[11]
法務省　公安調査庁	破防法[12]（内乱・外患誘致罪，テロの抑止），及び団体規制法[13]（指定団体〔オウム真理教関係〕による犯罪抑止）に基づく措置を実施している。人数は，約1600名である。[14]目的が破防法，団体規制法に限定されており，調査権限はかなり限定されている。捜索・差押え等の権限もない。
防衛省　情報本部	米国の国防総省に，インテリジェンス機能があるように，防衛省においても，情報本部が国防に必要な情報の収集・分析等を行っている。
外務省　国際情報統括官組織	国際情勢に関する情報の収集・分析等のインテリジェンス機能を果たしている。
内閣情報会議　合同情報会議	インテリジェンス関係部署の責任者間会議。公安調査庁，防衛省情報本部，外務省国際情報統括官組織，警察庁警備局から構成される。

　FBIと警察庁の予算を比べると，FBIは2023年度で113億ドル（約1.6超円），警察庁は約3200億円で，約5倍の差がある。職員数で比べると，FBIが，約3万7000人で，[15]警察庁が約8000人である。

---

(10)　「警察庁の定員に関する規則」においても定員は約8000人とされている。
(11)　第189回国会参議院予算委員会第4号会議録（平成27年2月5日）38頁〔松沢成文〕。
(12)　破壊活動防止法（昭和27年法律第240号）。
(13)　無差別大量殺人行為を行った団体の規制に関する法律（平成11年法律第147号）。
(14)　法務省定員規則では，定員は，1768人となっている。法務省定員規則（平成13年法務省令第16号）1条。
(15)　FBIJOBS, "Home for FBI Careers", available at https://fbijobs.gov/.

(3) 国家安全保障と情報の収集・共有と人権の調整

　国家安全保障のためには，諜報活動や犯罪対策のために，国家が情報を収集することが重要となる。また，自国の各省庁等との間での情報共有や，他国との情報共有（government to government），民間との情報共有（government to private）等が重要となる。一方，これらの情報収集・共有によって人権が不当に侵害されないよう，その調和を図る必要がある。

(4) 小括：本章の狙いと構成

　以上のように，犯罪対策は国家安全保障において重要な位置を占めているが，我が国では現時点で，十分な体制がとられているとは言えない。そして，効果的な犯罪対策体制のためには，人権保護とのバランスを図りながらも，的確な情報収集・共有を行える体制を構築することが鍵となる。

　そこで本章では，安全保障のための情報の収集・共有と人権保護について，様々な観点から現状を考察し，問題点を洗い出し，考察を行う。2.では，「国際的な安全保障の枠組み」を俯瞰した上で，3.で「日本による対応」とその不十分な点，改善の余地のある点を説明し，4.で「まとめ」を行っている。

2．国際的な安全保障の枠組み

(1) 国連等の国際組織の活動

　国家安全保障の問題のうち，戦争・武力紛争等の脅威との関係では，第2次世界大戦後に国連が創設され，安全保障理事会（安保理）等を通じ，国際平和の維持に寄与してきた。特に，アルカイダ・タリバン等によるテロの脅威との関係では，安保理決議1452号，1455号，1526号など，多数の制裁決議が採択され，これらに基づき各国が制裁措置を講じている。また，核兵器等の拡散による核戦争等の脅威との関係では，北朝鮮とイランに係る安保理決議1695号，1718号，1874号など，多数の制裁決議がなされ，これらに基づき各国が制裁措置を講じている。

　これに加え，国連は，犯罪組織の脅威との関係で，国際組織犯罪防止条約[16]の締結を主導する等，様々な条約枠組みを用意している。

第Ⅰ部　情報取得，利活用，保持

　こういった国連による活動以外にも，G7^(17)，G20^(18)，経済協力開発機構（OECD），金融作業活動部会（FATF）その他の様々な国際組織において，安全保障分野における国際協力が行われている。また，これに加えて，欧州連合（EU）のような地域的共同体や，北大西洋条約機構（NATO）のような軍事同盟組織の活動も，国際安全保障上，重要な役割を果たしている。

(2)　多国間条約

　国連その他の団体による様々な活動に伴い，国家安全保障と関連する様々な分野で多国間条約が締結されている（表3参照）。

　これに加え，日米安全保障条約その他の多数の二国間条約も，国家安全保障の担保に貢献している。

(3)　FATF勧告

(ⅰ)　FATF勧告の重要性

　1989年のG7（アルシュ・サミット）における宣言を受け，FATFが設立された。翌1990年と2012年にFATF勧告が発出されており，随時改訂されている。犯罪対策（特に，マネーロンダリング／テロ・拡散金融対策）の世界では，このFATF勧告が，グローバル・スタンダードとして幅広い影響力を有している。

(ⅱ)　FATF勧告の目的

　FATF勧告の直接の目的は，①マネーロンダリング（money laundering），②テロ資金等供与（terrorist financing），③大量破壊兵器の拡散のための資金供与（「拡散金融」，proliferation financing）に対抗することであり，究極的には，これらを通じて<u>犯罪や核戦争</u>を防止することである。

---

(16)　United Nations Convention against Transnational Organized Crime, signed on November 15, 2000, came into force on September 29, 2003, available at https://www.unodc.org/documents/middleeastandnorthafrica/organised-crime/UNITED_NATIONS_CONVENTION_AGAINST_TRANSNATIONAL_ORGANIZED_CRIME_AND_THE_PROTOCOLS_THERETO.pdf.

(17)　G7とは，「Group of Seven」の略で，米，英，加，仏，独，伊，日の7か国の政府（及びEUの代表）による会合を意味する。

(18)　G20とは，「Group of Twenty」の略で，G7に加え，中国，ロシアを含む13か国を足した20か国の政府（及びEUの代表）による会合を意味する。

第3章　安全保障のための情報の収集・共有とその制約

表3　国家安全保障に関わる犯罪対策関連分野の主要な条約

分野	条約名	日本の主な対応法令
麻薬犯罪	麻薬に関する単一条約[19]（1961年），向精神薬に関する条約[20]（1971年），麻薬及び向精神薬の不正取引の防止に関する国際連合条約（麻薬新条約）[21]（1988年）	大麻取締法，覚醒剤取締法，麻薬特例法[22]
組織犯罪	国際組織犯罪防止条約（2000年）	組織犯罪処罰法[23]
贈収賄犯罪	腐敗の防止に関する国際連合条約[24]（2003年），国際商取引における外国公務員に対する贈賄の防止に関する条約[25]（1997年）	刑法（贈収賄罪）不正競争防止法（外国公務員贈賄罪）
テロ犯罪	航空機内の犯罪防止条約[26]（1963年），航空機不法奪取防止条約[27]（1970年），民間航空不法行為防止条約[28]（1971年），国家代表等犯罪防止条約[29]（1973年），人質行為禁止条約[30]（1979年），核物質防護条約[31]（1980年）など	刑法（ハイジャック罪等），原子炉等規制法，テロ資金等提供処罰法[32]，テロ資金等凍結法[34]等
マネロン罪	①麻薬新条約，②国際組織犯罪防止条約，③腐敗の防止に関する国際連合条約など	組織犯罪処罰法，犯罪収益の移転の防止に関する法律（犯収法）
密輸	武器関連：核兵器不拡散防止条約[35]，生物兵器禁止条約[36]，化学兵器禁止条約[37]，組織犯罪防止条約銃器議定書[38] 動物関連：絶滅のおそれのある野生動植物の種の国際取引に関する条約[39] 有害廃棄物：有害廃棄物の国境を越える移動及びその処分の規制に関するバーゼル条約[40]	外国為替及び外国貿易法（外為法）[41]
犯罪人引渡	ヨーロッパ犯罪人引渡条約[42]，日米・日韓の犯罪人引渡条約[43]	逃亡犯罪人引渡法

---

(19)　Single Convention on Narcotic Drugs, signed on March 30, 1961, came into force on December 13, 1964, available at https://www.unodc.org/pdf/convention_1961_en.pdf.
(20)　Convention on Psychotropic Substances, signed on February 21, 1971, came into force on August 16, 1976, available at https://www.unodc.org/pdf/convention_1971_en.pdf.
(21)　United Nations Convention Against Illicit Traffic in Narcotic Drugs and Psychotropic Substances, signed on December 20, 1988, came into force on November 11, 1990, available at https://www.unodc.org/pdf/convention_1988_en.pdf.
(22)　国際的な協力の下に規制薬物に係る不正行為を助長する行為等の防止を図るための麻薬及び向精神薬取締法等の特例等に関する法律（平成3年法律第94号）．

(23) 組織的な犯罪の処罰及び犯罪収益の規制等に関する法律（平成11年法律第136号）。
(24) United Nations Convention Against Corruption, signed on December 9, 2003, came into force on December 14, 2005, available at https://www.unodc.org/documents/treaties/UNCAC/Publications/Convention/08-50026_E.pdf.
(25) Convention on Combating Bribery of Foreign Public Officials in International Business Transactions, signed on December 17, 1997, came into force on February 15, 1999, available at https://www.oecd.org/daf/anti-bribery/oecd-anti-bribery-convention-booklet.pdf.
(26) Convention on Offences and Certain Other Acts Committed on Board Aircraft, signed on September 14, 1963, came into force on December 4, 1969, available at https://treaties.un.org/doc/db/Terrorism/Conv1-english.pdf.
(27) Convention for the Suppression of Unlawful Seizure of Aircraft, signed on December 16, 1970, came into force on October 14, 1971, available at https://treaties.un.org/doc/db/terrorism/conv2-english.pdf.
(28) Convention for the Suppression of Unlawful Acts against the Safety of Civil Aviation, signed on September 23, 1971, came into force on January 26, 1973, available at https://treaties.un.org/doc/Publication/UNTS/Volume%20974/volume-974-I-14118-english.pdf.
(29) Convention on the Prevention and Punishment of Crimes against Internationally Protected Persons, including Diplomatic Agents, signed on December 28, 1973, came into force on February 20, 1977, available at https://legal.un.org/ilc/texts/instruments/english/conventions/9_4_1973.pdf.
(30) International Convention Against the Taking of Hostages, signed on December 17, 1979, came into force on June 3, 1983, available at https://treaties.un.org/doc/db/terrorism/english-18-5.pdf.
(31) Convention on the Physical Protection of Nuclear Material, signed on October 26, 1979, came into force on February 8, 1987, available at https://www-pub.iaea.org/MTCD/Publications/PDF/Pub615web.pdf.
(32) 核原料物質，核燃料物質及び原子炉の規制に関する法律（昭和32年法律第166号）。
(33) 公衆等脅迫目的の犯罪行為等のための資金等の提供等の処罰に関する法律（平成14年法律第67号）。
(34) 国際連合安全保障理事会決議第千二百六十七号等を踏まえ我が国が実施する国際テロリストの財産の凍結等に関する特別措置法（平成26年法律第124号）。
(35) Treaty on the Non-Proliferation of Nuclear Weapons, signed on July 1, 1968, came into force on March 5, 1970, available at https://www-pub.iaea.org/MTCD/Publications/PDF/Pub615web.pdf.
(36) Biological Weapons Convention, signed on April 10, 1972, came into force on March 26, 1975, available at https://front.un-arm.org/wp-content/uploads/2020/12/BWC-text-English-1.pdf.
(37) Chemical Weapons Convention, signed on January 13, 1993, came into force on April 29, 1997, available at https://www.opcw.org/sites/default/files/documents/CWC/CWC_en.pdf.
(38) Protocol Against the Illicit Manufacturing of and Trafficking in Firearms, Their Parts and Components and Ammunition, Supplementing the United Nations Convention Against Transnational Organized Crime, signed on July 11, 2001, came into force on July 3, 2005, available at https://treaties.un.org/doc/source/recenttexts/18-12_c_e.pdf.
(39) Convention on International Trade in Endangered Species of Wild Fauna and Flora, signed on March 3, 1973, came into force on July 1, 1975, available at https://cites.org/eng/disc/text.php.

第3章　安全保障のための情報の収集・共有とその制約

　「マネーロンダリング」とは，犯罪者が得た収益（犯罪収益）を，政府が剥奪したり（被害者が差押えしたり）することを困難にするような行為を指す。例えば，犯罪収益を隠匿する行為，犯罪収益の帰属や性質を偽る行為，犯罪収益を収受する行為などがこれにあたる。

　日本では，マネーロンダリングといった場合，犯収法があることもあって，「犯罪収益の移転」がないとマネーロンダリングにあたらないという誤解がある。しかし，そうではない。例えば，犯罪組織が預金口座を買って，その他人名義の口座へ被害者に振込をさせれば，その段階で，マネーロンダリング罪（犯罪収益等偽装罪）は既遂である(44)。「詐欺（fraud）」や「脱税（tax fraud）」といった，人を騙すような行為を行う犯罪類型では，「マネーロンダリング」にも該当する場合がほとんどである。

　「テロ資金等供与」とは，テロを資金面から支援するような行為を指す。なお，金銭的な支援に限っておらず，それ以外の資産供与も含まれる。

　「拡散金融」とは，核兵器等の大量破壊兵器の開発・拡散等を資金面から支援するような行為を指す。

(iii)　FATF勧告の内容

　FATF勧告が各国に求めていることを概略すると，①犯罪組織から犯罪収益等を剥奪（没収・追徴）すること（勧告4），②捜査機関等に，必要かつ十分

---

(40)　Basel Convention on the Control of Transboundary Movements of Hazardous Wastes and their Disposal, signed on March 22, 1989, came into force on May 2, 1992, available at https://www.basel.int/Portals/4/Basel%20Convention/docs/text/BaselConventionText-e.pdf.
(41)　武器等関連では，原子力供給国グループ（NSG），オーストラリアグループ（AG），ミサイル技術管理グループ（MTCR），ワッセナー・アレンジメント（WA）の枠組みに従って輸出入の規制（安全貿易管理）が行われている。
(42)　European Convention on Extradition, signed on December 13, 1957, came into force on April 18, 1960, available at https://rm.coe.int/1680064587. 締結当時の欧州評議会加盟国47か国に加え，イスラエル，韓国，南アフリカが締結国である。
(43)　日本国とアメリカ合衆国との間の犯罪人引渡しに関する条約（1978年3月3日署名，1980年3月26日発効）〈https://www.mofa.go.jp/mofaj/gaiko/treaty/pdfs/A-S55-1543.pdf〉。犯罪人引渡しに関する日本国と大韓民国との間の条約（2002年4月8日署名，2002年6月21日）〈https://www.mofa.go.jp/mofaj/gaiko/treaty/treaty_020419.html〉。
(44)　例えば，神戸地判平成24年3月7日（LEX/DB25481178）や名古屋地判平成28年5月16日（LEX/DB25543212）では，詐欺組織が第三者名義の口座に振り込ませた時点で，組織犯罪法10条について，既遂（有罪）とされている。

な捜査権限を付与すべきこと（勧告31），③政府が必要な情報収集・分析を行った上で，これを捜査や剥奪に活用すべきこと（勧告29・33），④マネーロンダリングを犯罪化すること（勧告3），⑤金融機関に犯罪やマネーロンダリングにつながる疑いのある取引について疑わしい取引の届出を義務付けること（勧告20・23），民間からも捜査に有用な情報を収集すること，⑥金融機関等に顧客調査義務（Customer Due Diligence）と記録保存義務を課し（勧告10・11），必要な場合に捜査当局等がその記録を入手できるようにすること，⑦他国との情報交換を含む国際協力を推進すること（勧告37〜40），⑧ペーパーカンパニー等の濫用対策をすること等（勧告24・25）である。

特に重要なのは①である。犯罪組織から犯罪収益等をきちんと剥奪して，犯罪が割に合わないものであること（"Crime does not pay"）を犯罪組織に知らしめて，被害者を救済する必要があるとされる。

米国においては2022年の報告書によれば，銀行秘密法（Bank Secrecy Act）[45]の疑わしい取引の届出に基づく資産差押え・凍結の額は1兆円を超え[46]，中国はFTXという世界2位であった暗号資産交換業者の資産をマネーロンダリング罪等の疑いで1500億円凍結したと報道されているほか[47]，シンガポールは，2023年に，1つの犯罪組織から3000億円を差し押さえたと報道されている[48]。一方，日本の剥奪額は犯罪白書によれば，1年で十数億円である。日本の国民・企業から犯罪組織に移ってしまった資金は，海外政府に吸い取られ，海外の被害者

---

(45) Bank Secrecy Act of 1970, 2 U.S.C. 1829b, 12 U.S.C. 1951-1960, 31 U.S.C. 5311-5314, 5316-5336.

(46) FinCEN, "Financial Crimes Enforcement Network (FinCEN) Year in Review for FY 2022" (2023), available at https://www.fincen.gov/sites/default/files/shared/FinCEN_Infographic_Public_2023_April_21_FINAL.pdf?fbclid=IwAR030vEbeFTX_kFvHl3riQAShiRtAX4NqKs0GBqHJCd0_f49GHG-vzwPUIM.

(47) Savannah Fortis, "Caroline Ellison testimony: SBF bribed Chinese officials for $150M to unfreeze funds", *Cointelegraph* (October 13, 2023), available at https://cointelegraph.com/news/caroline-ellison-sam-bankman-fried-sbf-bribed-chinese-officials-thai-sex-workers?fbclid=IwAR1zgH4S2yStUAJIRk6XTcnE-tcpOSO-3RmvFw-UiBQheEvhYNFmow5mwxk.

(48) Philip J. Meijmans and Chanyaporn Chanjaroen, "Singapore Seizes More Than $2 Billion as Massive Money Laundering Probe Widens", *TIME* (October 3, 2023), available at https://time.com/6319939/singapore-money-laundering-probe-two-billion-dollars/?fbclid=IwAR16mMrSIHyYZUydXtyhRzIfCnIb93eFIF5dfh48Fd57dfsJ8uXW79Yhpso.

の救済に使われ，日本の被害者の救済には使われないのである。FATFからも没収・剥奪が十分にできていないと指摘されているが，改善の余地は大きい。

(iv) 犯罪組織の手口の変化への対応

上記の犯罪対策を推進していくにあたっては，情報共有等を推進し，犯罪組織による手口の変化に対応していく必要がある。

数十年前から大きく変わった点として，①犯罪が国境を越えること（海外法人，海外ドメイン，海外から電話，海外に資産隠匿，海外に逃亡），②通信手段が発達し，インターネット等を介した非対面の犯罪や海外からの犯罪が増えていること，③AIが発達し，自動翻訳ツールや犯罪ツール等を利用することで，日本語が出来ない者や犯罪の経験の少ない者にも高度で複雑な手口の犯罪が可能となっていること，④免許証等の本人確認書類の偽造が容易になっていること，⑤通信傍受が困難なアプリ（テレグラム等）を通じた犯罪組織間の通信が増えていること，⑥暴力団のような強固な犯罪を有する犯罪組織による犯罪が減り，代わりに，インターネットを通じて偽名等でアルバイトを募集して犯罪を実行するというような形態の匿名型・流動型の犯罪組織による犯罪が目立つようになっている。つまり，犯罪者の特定，没収財産の特定，犯罪の証拠の収集が，各段に難しくなっている。

このため，犯罪組織との戦い方も，変えていく必要が生じている。

第1に，捜査手段を大幅に拡充していく必要がある。通信傍受や，覆面捜査等も増やしていく必要がある（FATF勧告31参照）。

第2に，インターネットを介した犯罪と戦うため，民間からの情報取得（疑わしい取引の届出を含む。）を推進する必要がある。EUでは，インターネットを安全な場所にするため，デジタルサービス法（Digital Services Act）において，電気通信事業者に犯罪対策を義務付け，犯罪対策の網に組み込むなどしてお

---

(49) FATF, "Anti-money laundering and counter-terrorist financing measures; Japan; Mutual Evaluation Report"（August 2021）, pp. 270-272, available at https://www.fatf-gafi.org/content/dam/fatf-gafi/mer/Mutual-Evaluation-Report-Japan-2021.pdf.coredownload.inline.pdf.

(50) Regulation (EU) 2022/2065 of the European Parliament and of the Council of 19 October 2022 on a Single Market For Digital Services and amending Directive 2000/31/EC (Digital Services Act), available at https://eur-lex.europa.eu/legal-content/EN/TXT/?uri=celex%3A32022R2065.

り,参考になる。[51]

　第3に,犯罪組織の者を特定するために,ID（身分証）による本人確認,名寄せ,確実な本人確認・本人認証の仕組みを確立する必要がある。FATFも,「デジタルIDに係るガイダンス」を発して,その重要性を説いている。[52]

　第4に,犯罪人を逮捕できなくても,犯罪収益を没収・剥奪できるようにする必要がある。特に,犯罪人が外国に逃亡して訴追できなくても犯罪収益を没収することを可能にする行政没収の制度が重要であるとFATFは強調する。[53]日本にはこの制度がなく,対日審査報告書で対応を求められている。[54]

　第5に,捜査機関側でデータを大量に収集し,AIを用いてこれを分析し,犯罪者を特定したり,お金の流れを追跡したりする必要がある。FATFも,「法執行機関のデジタル戦略」と題する文書を公表する等,各国にデジタルトランスフォーメーション（DX）の推進を求めている。[55]デジタル化を推進せず,紙でプライバシーを守る等という発想をしていては,DXがいつまでも進まず,犯罪組織に国を蹂躙されるであろう。

　第6に,犯罪組織と効果的に戦うため,「官民の連携」と「情報共有」が重要となっている。すなわち,官官（政府内組織間・政府間）,官民,民民のいずれにおいても情報共有を推進する必要があるとされる。[56]

---

[51] European Commission, "Europe fit for the Digital Age: new online rules for platforms", available at https://commission.europa.eu/strategy-and-policy/priorities-2019-2024/europe-fit-digital-age/digital-services-act/europe-fit-digital-age-new-online-rules-platforms_en.

[52] FATF, "Guidance on Digital Identity" (March 2020), available at https://www.fatf-gafi.org/content/dam/fatf-gafi/guidance/Guidance-on-Digital-Identity.pdf.coredownload.pdf.

[53] FATF, "The FATF Recommendations" (November 2023), p. 41, available at https://www.fatf-gafi.org/content/dam/fatf-gafi/recommendations/FATF%20Recommendations%202012.pdf.coredownload.inline.pdf.

[54] FATF, "Anti-money laundering and counter-terrorist financing measures; Japan; Mutual Evaluation Report" (August 2021), p. 55, available at https://www.fatf-gafi.org/content/dam/fatf-gafi/mer/Mutual-Evaluation-Report-Japan-2021.pdf.coredownload.inline.pdf.

[55] FATF, "AML/CFT Digital Strategy for Law Enforcement Authorities" (May 2022), available at https://www.fatf-gafi.org/content/dam/fatf-gafi/guidance/Digital-Transformation-law-enforcement.pdf.coredownload.pdf.

[56] FATF, "Partnering in the Fight Against Financial Crime: Data Protection, Technology and Private Sector Information Sharing" (July 2022), available at https://www.fatf-gafi.org/content/dam/fatf-gafi/guidance/Partnering-int-the-fight-against-financial-crime.pdf.coredownload.pdf.

要は，大量に情報／データを収集し，かつ，情報共有を推進し，これを AI 等を活用して分析し，犯罪組織に対する刑事罰・行政処分や，犯罪収益等の迅速な凍結，没収・差押えにつなげ，犯罪の抑止や，被害者による民事訴訟等を通じた被害者の救済につなげないといけないのである。そのうえ犯罪組織は犯罪から24時間以内に資金を移してしまうことが多く，時間との戦いでもある。

政府が大量のデータを集めて捜査等を推進するとなれば，当然，プライバシー侵害の懸念が高まることとなる。犯罪の摘発や被害者の救済等のニーズも，犯罪者等の捜査対象者のプライバシーも両方とも重要なので，その調整が難しいのであるが，世界的な潮流としては，政府による大量のデータの収集・分析は一定程度認めた上で，法令に，プライバシー等の人権の保護との調和を図るための措置を組み込むことで，両者の調和を図る方向に向かいつつあるのではないかとの印象を抱く。例えば，通信傍受にしても，日本は，令状発布の要件が厳しく，年に数十程度（2022年は24の事件で計53の令状発布）であるが[57]，他国では，何千，何万件と行っている国が少なくないようである[58]。

また，国による情報取得においては，捜索・差押え，通信傍受のような強制手段による情報取得よりも，捜査照会，金融機関等からの疑わしい取引の届出，海外当局からの情報提供，被害者等からの任意の情報提供などの他の手段による情報取得の割合の方が大きいと思われるため，令状主義による情報取得時のプライバシー保護だけを行っていても，不十分である。しかも，令状においては包括的な記載が認められていることや，サーバ等の包括的な差押えが実務上認められていることから，令状による牽制がどこまで効果的なのか疑問がある。

そこで，例えば，①不必要に差し押さえられた証拠物等の還付の拡充，②差し押さえられるHDD等の写しを請求する権利の法定化，③警察官による証拠の捏造・変造を防止するための仕組み，④アクセスログの保存義務，⑤差し押

---

(57) 法務省「令和4年中の通信傍受の実施状況等に関する公表」（2023年2月17日公開）「法務省ウェブサイト」〈https://www.moj.go.jp/keiji1/keiji11_00017.html〉．

(58) 法務省「諸外国における通信傍受制度」（2012年5月24日公開）「法務省ウェブサイト」〈https://www.moj.go.jp/content/000098454.pdf〉，警察庁「平成26年警察白書　第4節諸外国の捜査手法等」（2014年公開）「警察庁ウェブサイト」〈https://www.npa.go.jp/hakusyo/h26/honbun/html/qf410000.html〉．

さえた情報の目的外利用の禁止や第三者提供の制限の規定の明文化，⑥情報の差押え・領置等の規定の新設，⑦令状の交付請求権など，他国を参考に講ずることが考えられる施策は色々とあるように思われる。時代の変化を踏まえ，法制のアップデートが必要である。

3．日本による対応

(1) 行政機関による情報の収集（特に捜査）について

　FATFは，国に対して，犯罪を摘発するために必要かつ十分な捜査・調査権限を，捜査当局等に付与することを求めている（勧告31）。当該勧告では，覆面捜査（undercover operations），通信の傍受，コンピューターシステムへのアクセス，コントロールド・デリバリーを含めるべきとされる。また，当局が，資産保有者への事前通知なしに資産を特定できるメカニズムを準備すべきとする。日本に対しては，海外から「自白に依存する人質司法であって重大な人権侵害を行っている」との批判があり，国連のワーキンググループも，身柄拘束制度について不公平（unfair）と批判する報告書を2020年11月20日付で出している。⁽⁵⁹⁾

　英国の裁判所も日本当局による不当な身柄拘束等を通じた人権侵害を理由に，日本政府に対する犯罪人引渡を拒否する判決を出している⁽⁶⁰⁾。犯罪人の引渡しを拒否されれば，当然，事案の解明，起訴，没収もできない。

　このような状況を脱するためにも，人質司法から脱却する必要があり，①代わりに，捜査機関による捜査手段を拡充すると共に，②人権侵害を牽制するた

---

(59) United Nation General Assembly, "Opinions adopted by the Working Group on Arbitrary Detention at its eighty-eighth session, 24-28 August 2020; Opinion No. 59/2020 concerning Carlos Ghosn (Japan)" (November 20, 2020), available at https://www.ohchr.org/sites/default/files/Documents/Issues/Detention/Opinions/Session88/A_HRC_WGAD_2020_59_Advance_Edited_Version.pdf.

(60) 読売新聞「表参道の宝石店強盗，英国が容疑者の引き渡し認めず…日本の手続きは『人権上問題』」（2023年8月12日）「読売新聞オンライン」〈https://www.yomiuri.co.jp/national/20230812-OYT1T50134/〉。英国裁判所の判決の日本語訳については，高野隆「日本対チャペル」（2023年8月17日）「刑事裁判を考える：高野隆＠ブログ」〈http://blog.livedoor.jp/plltakano/archives/65996636.html?fbclid=IwAR1aGyugvUJYNzshCN7f2i1-7-NtZM-0TaFxONHOaGFaPea4bNBNKsoxYds〉。

めの仕組みを強化する必要があるのではないかと思われる。

　近時も，2011年に検事による証拠偽造の有罪判決があった。2020年には，大川原化工機の関係者が外為法違反で起訴されたが（後に冤罪と発覚），その背後に，警視庁の警察官らによる多数の違法行為があった。2022年には，愛知県警の警察官による，カーナビの音声の削除による証拠変造の事件が起きている。

　筆者は，捜査当局が採用可能な捜査手法を拡張した方が良いと考えているが，同時に，<u>事前抑止体制</u>（捜査官による違法行為を検知し，抑止するための体制・システム）を整備し，かつ，違法行為が生じてしまった場合の<u>再発防止策</u>（違法行為を行った捜査官を起訴または懲戒処分の対象とし，かつ，その処分や再発防止策を公表すること）を徹底する必要があると思う。

　また，警察等の不祥事がないかをチェックする監察官について，米国では，監察官（Inspector General）による報告書，勧告内容，勧告への対応の進捗が公表されているようであり，日本にも参考となる部分があるように思う。監察官とは別に，日本では外部から監督する機関として国家公安委員会が設置されているが，警察の不祥事は後を経たず，十分に機能しているとは言いがたい。過去には，警察法平成12年改正案において，警察に違法行為を公安委員会に報告する義務を課す規定や，国家公安委員会が監察に対して具体的な指示をできるような規定を新設することが検討されていたが，政治的な混乱で廃案となったようである。法改正が再度検討されてしかるべきように思う。

　そして，検察官，国税庁の査察官・調査官との関係も含め，監察の実効性確保のための施策を含めた，違法行為抑止のための体制整備のための仕組みが法令改正によりさらに充実される必要がある。抑止策の充実とセットでない限り，警察・検察，国税等の権限強化も進まないであろう。

---

(61)　「起訴取り消し　事件は『捏造』　警部補，訴訟で証言」（日本経済新聞朝刊，2023年7月1日）。NHK（2023年9月24日放送）「冤罪の真相」『NHKスペシャル』。
(62)　名古屋地判令和4年10月5日（LEX/DB25572459）。
(63)　U.S. Department of Justice Office of the Inspector General, "Reports - Federal Bureau of Investigation", available at https://oig.justice.gov/reports/component/fbi.
(64)　北村滋『情報と国家』（中央公論新社，2021年）348-354頁。著者は，元国家安全保障局長であり，同書（特に第1章）は，日本の諜報機能の研究のためには必読と思われる。

第Ⅰ部　情報取得，利活用，保持

(ⅰ)　覆面捜査

「覆面捜査・調査」(undercover operation) は，国連犯罪薬物事務所（UNODC）のウェブサイトによれば，捜査・調査を行う者が，犯罪組織に潜入し，または，犯罪組織に犯罪者側であるふりをするケースであるとされる[65]。また，米国司法長官による「FBI 覆面捜査・調査ガイドライン」では，捜査官が，別名を使い，または自己の身元の一部を隠す捜査手法とされる[66]。

覆面捜査・調査については，人を欺く側面があり，個人情報保護法に違反しないかが問題となりうる[67]。すなわち，個人情報保護法では，「行政機関の長等は，偽りその他不正の手段により個人情報を取得してはならない」（法64条）とされており，警察官等が，身分を偽って一般人のふりをする等して，覆面捜査により個人情報を集めることが，「不正の手段」による個人情報の取得として法令違反とならないかという問題が生じうるように思う[68]（犯罪者に対しては，一定の偽計，覆面捜査は，違法性阻却されるとの理論もありえそうであるが，議論が十分でなく，不透明であると思われる）。

また，覆面捜査では，場合によって一定の人間関係（例えば恋人関係，友人関係）を作って相手を信頼させて情報を引き出すことになるため，人の感情を傷つけて人間不信に陥らせるケースや，捜査と関係のない情報を色々と不必要に取得することにより，プライバシーを侵害するケースもありうる。このため，人権を侵害したとして国が訴訟を提起される可能性ある[69]。

---

(65) United Nations Office on Drugs and Crime, "Undercover operations" (May 2018), available at https://www.unodc.org/e4j/zh/organized-crime/module-8/key-issues/special-investigative-techniques/undercover-operations.html.
(66) FBI vault, "Federal Bureau of Investigation Freedom of Information/Privacy Acts Section Cover Sheet; Subject: Undercover Operations Guidelines", available at https://vault.fbi.gov/FBI%20Undercover%20Operations%20/FBI%20Undercover%20Operations%20Part%201%20of%201.
(67) 個人情報の保護に関する法律（平成15年法律第57号）。
(68) 覆面捜査の違法性については，これまで，主に刑事捜査における任意処分として適法かという刑事訴訟法の観点から論じられてきた。しかし，個人情報保護法64条には，同法74条2項や124条のような，捜査手続きの適用除外の規定がない。個人情報保護委員会に照会を行ったところ，このような適用除外の規定がない場合の解釈については，個人情報保護法は一般法であり刑事訴訟法は特別法であるという立場から，抵触する規定については，後者が優越するという理解のようである。もっとも，刑事訴訟法にも個人情報保護法64条に抵触する規定は見当たらない。そのため結論としては，同条項の適用も検討されるべきではないかと思われる。

そして，捜査官や調査官が犯罪組織に潜入するケースでは，彼らの生命に危険が及ぶことがある。したがって，米国でも，覆面捜査・調査は，適切な能力や資質を有する者により実行される必要があり，かつ，事前にしかるべき者の許諾を得た上で，適切に監視される必要があるとされる[70]。英国でも，2000年捜査権限規制法において，要件等が規定されている[71]。日本では，そのような立法がなく，対日審査報告書においては，具体的な規定を設けるよう促されているため[72]，英国法等を参考に規定の新設が検討されてよいのかもしれない。

(ⅱ) 通信の傍受

通信の傍受とは，電話，電子メール，FAX等の電気通信について，傍受すること（現に行われている他人間の通信について，その内容を知るため，当該通信の当事者のいずれの同意も得ないで，これを受けること）を指す。日本の場合は，通信傍受法[73]により，①麻薬犯罪，詐欺等の所定の犯罪（同法別表に記載の犯罪）についての謀議等が行われると疑われる状況がある場合において，②他の捜査方法では捜査が困難なときに，③事前の令状を得て，通信傍受を行うことが可能である。

海外では，何千，何万件もの通信傍受が行われることもめずらしくないが，日本では令状が年数十件発布されるのにとどまる。そのため，法改正により要件を緩和したり，法制審で検討されている電子令状手続を設けたりする等して行いやすくし，件数を増やし，犯罪組織をより多く訴追していく必要がある。

現在，法制審で，詐欺利得罪（刑法246条2項）等を通信傍受法の対象とすることが検討されているが，マネーロンダリング罪等の犯罪についても，通信傍

---

(69) 米国司法省によれば，1982年末で，16の訴訟，4億5000万円相当の米国政府に対する訴訟が提起されていたという。U.S. Department of Justice, "Costs of FBI Undercover Operations"（1983），available at https://www.ojp.gov/ncjrs/virtual-library/abstracts/costs-fbi-undercover-operations.

(70) FATF, "Operational Issues - Financial Investigations Guidance"（June 2012), pp. 83-84, available at https://www.fatf-gafi.org/content/dam/fatf-gafi/reports/Operational%20Issues_Financial%20investigations%20Guidance.pdf.coredownload.pdf.

(71) Regulation of Investigatory Powers Act 2000, c. 23.

(72) FATF, "Anti-money laundering and counter-terrorist financing measures: Japan: Mutual Evaluation Report"（August 2021), p. 54, pp. 260-261, available at https://www.fatf-gafi.org/content/dam/fatf-gafi/mer/Mutual-Evaluation-Report-Japan-2021.pdf.

(73) 犯罪捜査のための通信傍受に関する法律（平成11年法律第137号）。

受法の対象に追加してはどうか。マネーロンダリング罪は捜査が困難で、日本では、前提犯罪の主犯以外をあまり訴追できていないが、お金の流れを追跡し、裏の首謀者を見つけ出して訴追することは重要であり、また、犯罪収益等を見つけ出して、これを剥奪し被害者に返還し（または、被害者が犯罪収益等を差し押さえれば）、被害者救済につながる。FATFからも、マネーロンダリング罪の訴追を増やすよう求められている。(76)

(ⅲ) コンピューターシステムへのアクセス

１）端末差押えに伴うリモートアクセスによる写しの差押え　近時は、犯罪組織が、外国に所在するサーバにデータを保存することが少なくない。例えば、被疑者がGmailやGoogle Driveを使っていた場合、サーバは海外にある（本書の執筆時現在では、日本ユーザー向けの場合、米国にサーバがあるようである）。

このような事例では、捜査官が、差押対象となるノートPC・携帯電話等の端末を使って作成・変更したファイル、または、変更・削除権限を有しているファイルにリモートアクセスして、そのファイルを当該端末または別の記録媒体（例えばUSBキー）にダウンロードして、そのダウンロードしたコピーを差し押さえることができる（刑訴218条2項）。(77)もっとも、このリモートアクセスによる写しの差押えについては、いくつかの関連論点がある。指宿信＝板倉陽一郎編『越境するデータと法』（法律文化社、2023年）が詳しく、大変お勧めであるが、個人的に関心がある論点は以下の6点である。

---

(74) 通信傍受法3条1項3号によるマネロン罪捜査のための通信傍受が可能な場合はありうる。
(75) 犯罪被害者は、加害者に対して、民事裁判を提起することができるだけでなく、刑事裁判において損害賠償命令の申立を行うことも認められており（犯罪被害者等の権利利益の保護を図るための刑事手続に付随する措置に関する法律23条）、裁判所により損害賠償請求が認められれば、これを執行することができる。
(76) 論点は変わるが、英国の2000年捜査権限規制法では、通信内容の照会と、通信ログ・通信社の属性等の通信内容にかかわらない部分の照会とに分けて、規律を変えている。日本で通信の秘密といった場合には、通信の内容だけでなく、通信の日時・ログ・通信者に係る情報等も含むと解されているが、両者における要保護性の程度は異なるように思われるから、海外法をも参考に、両者を区別した立法が検討されてよいのかもしれない。
(77) 例えば、PCを電子メールの送受信用に使っていたのであれば、新たに電子メールの受信をして、その写しを差し押さえることができる。また、そのPCを使って、オンラインストレージサービス（例：Dropbox, Google Drive）を使っていたのであれば、そのサービスにアクセスしてファイルの写しを差し押さえることができる。

第1に、他国の管轄権を侵害しないかという点が問題となる。この点については、立案担当者や立法時の国会答弁では、他国の管轄権を侵害する場合があるため、控えるべきとする考え方をとっていた(78)。その後、令和3年2月1日の最高裁決定の事案を受け(79)、①他国の管轄権を侵害するため違法とする説、②他国の管轄権を侵害すると判断するかは当該他国が判断すべきことであり、当該他国が異議を述べないのであれば問題視する必要はなく、可能とする説、③一定の場合には他国の管轄権を侵害しないと解する説などがある(80)。

　筆者は、この分類でいくと、③説が相当ではないかと思う。被差押者が日本に所在する場合に、その被差押者が利用していたGoogle Driveのデータにリモートアクセスするときは、①当該データにGoogle社の機密情報が含まれる訳ではないと思われること、②そのサーバの存置国も、当該データの内容に対して強い利害関係を有するとは一般的に思われないこと、③仮に主権侵害と整理するとインターネットを介した犯罪に各国が迅速に対処できず、犯罪組織をはびこらせてしまうこと等を踏まえれば、主権侵害に至らないと整理するのがよいのではないかと思う。

　そういう考え方が、サイバー犯罪条約に明記されるよう、日本政府としても他国に働きかけてみることは考えられるのかもしれない。ただし、サイバー犯罪条約の第2追加議定書(81)のアジェンダや新サイバー条約(82)の草案から外れてしまっている経緯もあり、多数国間で合意に至るまでにはかなり時間がかかるのであろうから、ひとまず、米国等と、「他方政府が、自国の承諾なく自国に所在するサーバに対して、令状に基づくリモートアクセスを行うことを相互に認

---

(78) 杉山徳明＝吉田雅之「『情報処理の高度化等に対処するための刑法等の一部を改正する法律』について（下）」法時64巻5号（2012年）101頁。「第177回国会衆議院法務委員会議録」（平成23年5月27日）10頁〔江田五月〕。
(79) 最決令和3年2月1日刑集75巻2号123頁。
(80) 方景曦「サイバー犯罪と越境リモートアクセス」情報法制研究12号（2022年11月）120頁。
(81) サイバー犯罪に関する条約。Convention on Cybercrime, signed on November 23, 2001, came into force on July 1, 2004, available at https://rm.coe.int/1680081561.
(82) 協力及び電子的証拠の開示の強化に関するサイバー犯罪に関する条約の第二追加議定書。Second Additional Protocol to the Convention on Cybercrime on enhanced co-operation and disclosure of electric evidence, signed on May 12, 2022, available at https://www.mofa.go.jp/mofaj/files/100476212.pdf.

第 I 部 情報取得，利活用，保持

める」（すなわち，管轄権侵害を主張しない）等との協定を締結してはどうか。もっとも，米国には包括的な個人情報保護法制が本書執筆段階ではないので，そのような立法を促すべきと思われる。

　第 2 に，強制処分と同時に行うことで強制処分の一部と被差押者に錯覚させつつ，裏側では任意処分と位置付け，本人の同意に基づいて行っていると説明してリモートアクセスを行うことについては，令和 3 年最高裁判決では，同意は無効であり，違法と判断された。同意を有効にしたいのであれば，任意に拒絶できることの説明は，少なくとも必要となろう。

　もっとも，このような方法をとると「任意手続には同意しない」という者が多く生じてくるであろう。かといって捜査共助では，時間と手間がかかりすぎる。補足意見でも記載のとおり，管轄権の論点は依然として残っていると解するのであれば，管轄権の問題を早急にクリアすべく，国際的な議論を加速していく必要があると思う。

　第 3 に，接続先サービス（Google Drive 等）での ID はブラウザに保管されているものの，パスワードがあっていないケースなどで，パスワードを答えるように被差押人に求めたり，あるいは，当局がパスワードを再発行したりできるのかという問題がある（二要素認証で携帯電話に送られてくる SMS メッセージ記載のワンタイムパスワードを入力することができるのかも問題となりうる）。条文上は「当該電子計算機に電気通信回線で接続している記録媒体」となっているところ，パスワード等の入力が求められるということは，サーバへの接続が確立しておらず「接続している」との要件を満たさないのではないかとの疑念が生じる。この点については，ID が PC に保存されていれば，要件を満たすと記載する文献がある[83]。文言上はかなり不自然な解釈であると思うが，仮に，そのような解釈が実務上取られているのであるとすれば，パスワードを聞いたりする行為やパスワードの再発行手続も，必要な処分として行うことができるとの解釈もありえよう（刑訴111条 1 項）。なお，どのような解釈を取るにせよ，捜査官が「偽計」を用いて聞き出せば違法となりうるのかとの論点が考えられる（個情法64条）[84]。

---

(83)　安冨潔『刑事訴訟法』（三省堂，2013年）180頁。
(84)　3.(1)(i)の覆面捜査の注参照。

第4に，査察調査当局を含む捜査当局は，リモートアクセスをしてデータを保存しきるのに時間がかかることから，IDやパスワードその他の設定を変更しないことを宣誓させる書式を被差押人に提出させる事例が過去にあったものと認識している。しかし，不審なアクセスがあってもパスワードを変えないということでは，犯罪組織による不正アクセス等に対して無防備となる。セキュリティ上，そのような取扱いを国が事実上被差押者に強いることが適切なのかとの論点はありうる。

　第5に，捜査当局は，リモートアクセスによって，何テラものデータを，犯罪との関連性があるかも事前に確認せずに包括的に差し押さえることが可能であるから，当該データが被疑事実の犯罪捜査以外の目的に不法に利用されていないか，及び適切な方法で管理されているか，さらには，データが変造されていないか等が問題となる。この観点から，英国法等も参考にしながら，違法捜査・不適切な捜査を抑止するための一定の規律を法律に設けることが検討されてしかるべきように思う。

　第6に，この条文では，作成・変更をしたファイル，または変更・削除権限があるファイルという点が要件の1つとされているため，単に閲覧権限があるだけのファイルの場合には，要件を満たさず，リモートアクセスができないと解される。

　最高裁は，個別のファイルごとの要件の確認は不要とし，包括的なチェックで足りると解しているようであるから(85)，差押えの現場で争われることはないのかもしれないが，1つの注目すべき論点ではないかと思われる。この点，英国の2000年捜査権限規制法ではそのような要件は見当たらない(86)。他国にならって要件緩和（及び濫用牽制措置の強化）のための改正が検討されてよいだろう。

　2）PCの差押えに代えてデータを他の媒体にコピーして差し押さえる方法
　捜査当局は，PC等の端末についての差押えに代えて，自らそのデータを記録媒体にコピーし，または被差押人にコピーさせ，当該記録媒体を差し押さえることができる（刑訴110条の2）。もっとも，この場合は，強制処分としてのリモートアクセスはできないと思われる。

---

(85)　最判令和3年2月1日刑集75巻2号123頁。
(86)　Regulation of Investigatory Powers Act 2000, c. 23.

3）記録命令付き差押え令状　捜査当局が差し押さえようとする情報が，国内の電気通信事業者等のサーバに記録されているのであれば，当該者に対する記録命令付き差押え令状により，その写しのデータを保存した記録媒体を差し押さえることができる（刑訴99条の2，218条1項）。

この場合も，当該電気通信事業者のサーバが他国にのみある場合は，当該他国の管轄権を侵害し，差押えが不適法となるのではないかという点が問題となる。

一方，EU等は，電気通信事業者が，EUの居住者に対して利用をする場合は，EUでの許認可の取得を義務付け，さらに，EU内に連絡先を設けるよう義務付けている。そうした上で，デジタルサービス法において，政府による捜査・調査に協力するよう義務付けている。

日本も，同様な立法措置を講ずることを積極的に検討すべきように思う。[87]

(iv)　**GPS捜査について**

GPSを使った捜査については，最高裁で，令状がなければできない捜査手段であるとされた。[88] また，ビーパーやその他の追跡手段についても，同様にどの範囲までが強制手段にあたるかを整理し，必要な立法を行うことが望ましいと思われる。[89]

(v)　**オンライン捜索**

オンライン捜索とは，特定の電子計算機などに蔵置されたデータを差し押さえる場合に，当該電子計算機が設置されている場所に赴いてデータにアクセスするのではなく，ネットワークを介して当該電子計算機に警察署などの他の場所からアクセスしてデータを探索し，差し押さえる方法である。刑事訴訟法では，端末を差し押さえた場合に，当該端末と接続されているサーバへのリモートアクセスの方法による写しの差押えについては規定があるものの（刑訴218条2項），オンライン捜索についての規定まではない。このため，強制処分とし

---

(87)　電磁的記録提出命令については，法制審で検討がなされている。法務省法制審議会刑事法（情報通信技術関係）部会「第10回会議」〔令和5年5月26日開催〕〈https://www.moj.go.jp/shingi1/shingi06100001_00091.html〉。

(88)　最判平成29年3月15日刑集71巻3号13頁。

(89)　尾崎愛美＝亀井源太郎「基地局位置情報取得捜査と令状の要否――Carpenter v. United States 判決を契機として」情報法制研究4号（2018年11月）15頁。

てのオンライン捜索を行うことは許容されていないと解される。

　では，任意処分として行うことはできるのか。この点，最高裁の事案では，任意処分としての説明がなかったので，同意が無効ということで，違法と判断された[90]。

　では，任意処分と説明して，拒否できることを説明して同意を得られていた場合はどうか。この点，気になるのは，最高裁が，「捜索に至らない程度の行為は，強制にわたらない限り（中略）許容される場合がある」との表現をよく使うことである[91]。任意の同意があって，強制にあたらなかったとしても，包括的・網羅的に探索行為を警察が行うことは，強制処分にあたってしまうのではないかと思われる。そうすると，令状がない限りできないのではないかとも思われる。

　筆者としては，通信傍受が認められるのであれば，令状によるオンライン捜索も，一定の範囲で認められてよいように思う。ただ，オンライン捜索の場合，例えば，電子メールをダウンロードしてしまうと，ファイルが自動的に削除される設定となっていれば，本人が電子メールをダウンロードできなくなってしまうという重大な不利益が生じるし，プライバシー侵害の程度も大きくなりがちである。そのような不都合を低減させるような手当て（例：被差押者が写しの提供を求めた場合に，黒塗りやデータの加工などをせず，完全なコピーを手渡すこと等）も検討されてよいように思う。その意味でも，データの写しの請求権の条文の新設は検討されてよい。

(vi) **資産を特定できるメカニズム**

　FATFは，犯罪組織等の財産を特定できるシステムが必要であるとする。例えば，EU金融情報等指令[92]では，銀行のDBに，捜査当局の一定の役職以上の者がアクセスできるものとされ，犯罪組織等の資産を追跡しやすいようにしている。一方，捜査当局による権限濫用を防ぐため，捜査当局による目的外利

---

(90) 最決令和3年2月1日刑集75巻2号123頁。
(91) 例えば，最判昭和53年6月20日刑集32巻4号670頁。
(92) Directive (EU) 2019/1153 of the European Parliament and of the Council of 20 June 2019 laying down rules facilitating the use of financial and other information for the prevention, detection, investigation or prosecution of certain criminal offences, and repealing Council Decision, available at https://eur-lex.europa.eu/eli/dir/2019/1153/oj.

用を禁止すると共に，所定の手続きを定め，かつ，アクセスログの保存義務等も課し，違法捜査を牽制するメカニズムも組み込んでいる。

(vii) 法人等の情報や法人等の実質的支配者を特定できるメカニズム

FATFは，犯罪組織が，ペーパーカンパニーや信託等を使って，資産の保有者や，真の取引主体を隠そうとするケースが多いことに鑑み，法人や信託等の基本的な情報（代表者の氏名等）や，実質的支配者について，捜査当局等が確認できるような仕組みを各国が構築することを求めている（勧告24・25）。

法人や信託の基本的な情報については，各国の法人・信託の登記・登録制度がこれに対応しており，また，実質的支配者の情報についてもEU各国などで，実質的支配者の情報にも対応できるよう法整備が進んでいる。

この他，英国では，不動産の登記に，所有者だけでなく，実質的支配者の情報も掲載しているようであり，これにより透明性を確保しているようである。

日本は，法人の実質的支配者の情報の登記／登録簿の制度を有しないし，信託の情報の登録簿の制度もないため，法改正が必要となろう（信託に法人番号のような一意の付番を行うとの要請も満たしていない）。

なお，法人登記の情報がネット上で一切検索できない国もあり，そういった国の法人は詐欺等に使われやすい印象もある。そういった国には，法人登記情報の重要部分のネットでの公表を求めることも有用ではないかと思う。

(viii) 報奨金制度を通じた通報（情報提供）の促進

近時は，テレグラムやシグナルなどのように，秘密性が高いアプリが増えている。このため，各国政府が証拠の提出を求めても，電気通信事業者の元にデータが残っていないとして，捜査が空振りに終わる事例が増えている。このような匿名性が高いアプリの場合，犯罪組織の中の者がスクリーンショットを撮る等して密告したりしないと証拠収集が困難である。

米国では，犯罪等で剥奪できた資金の15％から30％を，密告者・内報者に支給する制度がある。報道によれば，報奨金だけで420億円となったケースもある。日本でも参考にしてはどうかと思われる。

---

(93) IRS, "Whistleblower Office", available at https://www.irs.gov/compliance/whistleblower-office.

第3章　安全保障のための情報の収集・共有とその制約

(ix)　税務当局査察部門による証拠収集等のための差押え権限

　税務当局については，査察調査との関係では，刑事訴訟法の規定を書き写したかのような条文が国税通則法に含まれており，同様な強制処分が可能である。もっとも，国税通則法では，差押物についての還付請求権が規定されていないこと等，刑事訴訟法より人権保護が薄い部分も多い。また，米国法や中国法[95]と比べても，差押物の物件目録について，持出時に被差押人に確認させる規定[96]がない。例えば，不動産の権利証のような重要物件が差押目録に記載されておらず，不動産の権利証について差し押さえていないとの誤った回答が国から書面でされた事例に接したことがある。

　国税庁の職員が，差押中に，被差押人・立会人の目の届かない所で，被差押人の所有に属さない者のPC等を持ち出す事例などもあり，差押物件目録記載の物件の確認を必要とするような，明文規定を設けた方がよいのではないかと思われる。

　令状の範囲内か等の適法性を確認させるため，及び還付請求権の行使を実効化あらしめるためには，被疑罪名と，差押物の範囲を明示した令状の写しを被差押人に交付する必要もあるのではないかと思われる[97]。

---

(94)　U.S. Securities and Exchange Commission, "SEC Issues Largest-Ever Whistleblower Award" (May 2023), available at https://www.sec.gov/news/press-release/2023-89.

(95)　Federal Rules of Criminal Procedure, Rule 41（f）"Executing and Returning the Warrant"(2022), available at https://www.law.cornell.edu/rules/frcrmp/rule_41.

(96)　反洗銭法改正案43条は，「捜査官・調査官が書類，資料を差し押さえる場合，金融機関又は特定非金融機関の従業員と共同して点検し，差押物件目録を2部作り，調査員及び金融機関又は特定非金融機関の職員は，リストに署名又は捺印し，1部は金融機関又は特定非金融機関に渡し，1部は閲覧用に添付すべきである。」と規定する。反洗銭法25条も同趣旨。中華人民共和国反洗銭法（中華人民共和国主席令第五十六号，2006年）〈https://www.gov.cn/gongbao/content/2006/content_464327.htm〉。

(97)　なお，通常の税務調査では，税務当局による質問調査等に対し，被調査人に答弁義務があり，拒否をすれば，刑事罰の対象となる（国税通則法128条2号）。このため，質問調査等で得られた供述等をその者に不利に刑事手続きで用いることは，黙秘権（憲法38条）の侵害ではないかという問題が生じる。このような事情もあり，査察部門・警察・検察と，税務調査部門との間では，情報のやり取りがかなり慎重に行われているものと認識している。FATFも，税務当局と捜査部門間の情報連携の不十分さを指摘しており（FATF, "Anti-money laundering and counter-terrorist financing measures; Japan; Mutual Evaluation Report"（August 2021）, p. 74 and p. 194, available at https://www.fatf-gafi.org/content/dam/fatf-gafi/mer/Mutual-Evaluation-Report-Japan-2021.pdf.coredownload.inline.pdf），政府各部門間の情報共有を検討する際には，重要な論点となる。

第Ⅰ部 情報取得，利活用，保持

(x) 諜報部門による諜報活動を通じた情報の取得

　海外では，将来犯罪を未然に防止するために，諜報機関が設けられ，当該諜報機関にも，強制処分を行う権限が付与されていたりする。

　例えば，米国では，CIA（中央情報局），NSA（国防総省・国家安全保障局）が，犯罪を未然に防止するために，広範に諜報活動を行い，かつ，通信傍受等の強制処分を行う権限が付与されている。また，英国においても，秘密情報部（MI6），内務省保安局（MI5）等の諜報機関が設けられ，通信傍受等の強制処分を行う権限が認められている。しかも，法律で認められる通信傍受等の範囲は，捜査機関よりも広範なものとされている。

　日本においては，法務省に公安調査庁等が存在するものの，強制処分もできない等，その権限も人員も限定されており，海外のような諜報活動を行うことができているとは思われない。外国には，日本の企業等の機微な技術情報等を不法に窃取する機関もあるようであるが，日本政府として適切な対応を講じなければ国富が海外に流出し続ける結果となり，日本はどんどん貧しくなる。

　また，特定秘密保護法に基づく特定秘密の指定件数も米国等と比べると圧倒的に少なく，機密情報の保護体制についての懸念を外国から示されている。[98]

　他にも，①外為法所管の経済産業省が諜報ネットワークから外れていること等から，経済官庁との連携強化の必要や，②人権保障・権限濫用の防止のために，一定の牽制・監視・民主的コントロールの仕組みの法制化の必要なども主張されている。[99]

(2) 行政機関による情報共有

　(ⅰ) 個人情報保護法62条・69条との関係

　個人情報保護法は，政府機関にも適用される。特に問題となるのが，個人情報保護法62条及び69条である。

　個人情報保護法62条1項では，「行政機関等は，本人から直接書面（電磁的記録を含む。）に記録された当該本人の個人情報を取得するときは，」同条各号で定める場合を除き，「あらかじめ，本人に対し，その利用目的を明示しなけれ

---

(98) 特定秘密の保護に関する法律（平成25年法律第108号）。
(99) 北村滋〔元国家安全保障局長〕『情報と国家』（中央公論新社，2021年）29-61頁は必読。

ばならない。」と規定する。このため，例えば，警視庁（東京都の警察）が，個人について，捜査を行って，本人から電子メールその他の方法により文書を収集する場合には，その利用目的を事前に公表し，または本人に通知をしなければならないはずである。

ところが，本章執筆時点（2023年12月1日）において，東京都のウェブサイトには，サイト利用者向けの個人情報保護方針しか記載されておらず，それ以外の場面をも想定した一般的な個人情報保護方針は記載されていない。

東京都のHPには，「保有個人情報届出事項」の公表はされているが，例えば，警視庁の捜査情報については含まれていないようである。すなわち，捜査情報について，利用目的やありうる第三者提供先の公表はされていないものと認識している。要は，東京都は，個人情報保護法62条1項に違反しているのではないかと疑われる。東京都の個人情報担当部門に確認したところ，「個人情報と保有個人情報の範囲はほとんど同じと認識しているので公表していない。」「もっとも，個人情報と保有個人情報の概念の間にずれがあることは認識しており，問題意識については，共感する。」とのことであった。いずれ是正いただけるのかもしれない。東京都以外の都道府県のウェブサイトでも同じような状況が散見されるし，個人情報保護委員会も同様ではないかと疑われる。

また，個人情報保護法69条1項は，「行政機関の長等は，法令に基づく場合を除き，利用目的以外の目的のために保有個人情報を自ら利用し，または提供してはならない。」と規定する。

警視庁が捜査をする場合，近時は，犯罪組織が国境・都道府県を越えて犯罪を行うため，他国，警察庁，他の都道府県警等と情報共有を行うケースもあるであろう。また，振込詐欺救済法に基づく凍結や捜査照会のために，警視庁が

---

(100) 個人情報保護法62条1項各号のいずれかにあたらないかも検討したが，どのような場合に，警察庁や，他国を含めた第三者に提供されるか等は，一般市民には予期できず，各号のいずれにもあたらないのではないかと思われる。
(101) 「保有個人情報」とは，「行政機関等の職員（中略）が職務上作成し，又は取得した個人情報であって，当該行政機関等の職員が組織的に利用するものとして，当該行政機関等が保有しているものをいう」と定義されている。警視庁は，捜査情報のほとんど全てについて，保有個人情報にあたらないとしているようである。もちろん，捜査情報の多くは，被疑者の個人情報に該当する。
(102) 犯罪利用預金口座等に係る資金による被害回復分配金の支払等に関する法律（平成19年法律第133号）。

銀行等に捜査情報を提供する場合もあるであろう。警視庁が差し押さえた物件を，他の都道府県警や税務署（査察部）が二重に差し押さえれば，警視庁が二重差押えを行った行政機関に，情報を第三者提供するケースも生じるであろう。

このように，第三者提供は，様々なケースで生じうるはずであるが，どのような場合に第三者提供を行う可能性があるのかについて，個人情報保護方針で公表していない状態では，個人情報保護法62条１項に違反するのではないかと思われる。また，振込詐欺救済法に基づく凍結や捜査照会のために，警視庁が銀行等に捜査情報を提供する場合が69条違反とならないかも，問題となろう。

他方で，英国警察のウェブサイト等を見る限り，適切な表示がなされているようである。[103]日本政府も改善の余地があるように思われる。

(ii) 個人情報保護法70条の関係

個人情報保護法では，行政機関が，第三者に保有個人情報を提供する場合において，必要があると認めるときは，保有個人情報の提供を受ける者に対し，提供に係る個人情報について，その利用の目的若しくは方法の制限その他必要な制限を付し，またはその漏えいの防止その他の個人情報の適切な管理のために必要な措置を講ずることを求めるものとされる（個情法70条）。

このため，行政機関相互であっても，行政協定等を締結し，提供先による利用目的等を制限する必要があるかが検討されてよい。[104]外国政府に保有個人情報を提供する場合も同様である。

なお，個人情報保護法70条では，保有個人情報に対象が限定されているが，保有個人情報に該当しないものの，個人情報・データを第三者提供する場合には，提供先に利用目的制限等の義務を課さなくてよいのか，慎重な検討がされてよいように思われる。

(iii) 個人情報保護法71条との関係

個人情報保護法では，外国に対する保有個人情報の提供についての制約が規定されている。すなわち，EU等の相当措置がある国への提供を除き，利用目

---

(103) National Crime Agency, "Privacy and Cookie Policy", available at https://www.nationalcrimeagency.gov.uk/privacy-and-cookie-policy.
(104) 経済産業省と警察庁は，両者間で，クレジットカード犯罪に係る情報共有を行うための覚書を2023年６月30日付で締結したことを公表している。

的以外の目的のための外国への提供の場合は，本人の同意を必要としている（個情法71条2項）。

なお，警視庁の捜査情報のようなものは，保有個人情報にあたらないと整理されているようである。理屈としては，「行政機関等の職員が組織的に利用するものとして，当該行政機関等が保有しているもの」にあたらないと警視庁等により整理されているようである。このため，警視庁等の捜査情報は，個人情報にあたったとしても，第三者提供の制限の規定（個情法71条）が適用されないと考えられているようである。もっとも，捜査情報は他国等に提供する可能性もあり，この場合は組織的な利用という側面があると考えるため，上記の整理に基づく保有個人情報の範囲が本当に適正なのか，疑問を感じる。

(iv) 捜査共助等のための情報の提供

個人情報保護委員会が，外国の執行当局への情報の提供を行う際には，当該情報が当該外国執行当局の職務の遂行以外に使用されず，かつ，委員会の同意がなければ，外国の刑事事件の捜査または審判に使用されないよう適切な措置がとられなければならないとされ（個情法172条2項），提供した情報の利用目的が限定されている。

一方，捜査共助等に関する法律には，個人情報保護法172条のような規定はみあたらない。他国に渡した情報が，目的外利用または目的外第三者提供されないことを確保しようと思えば，国際捜査共助法14条5項に基づき条件を付すことができるようであるが，そのような措置を講ずることが政府に義務付けられている訳ではない。日米刑事共助条約においても，提供する情報の利用目的を制限できる旨の規定があるが（同条約7条），制限が義務付けられている訳ではない。そこで，個人情報保護法のように，利用目的や第三者提供の制限を付すことを毎回積極的に考慮すべきようにも思われる。

なお，インターポール（国際刑事警察機構）を通じた各国の警察当局間の国際指名手配犯等に係る情報交換については，インターポールの規則により，秘密

---

(105) 刑事に関する共助に関する日本国とアメリカ合衆国との間の条約（2003年8月5日署名，2006年7月21日発効）〈https://www.mofa.go.jp/mofaj/gaiko/treaty/pdfs/treaty159_3a.pdf〉。

(106) Interpol, "Rules on Processing of Data", available at https://www.interpol.int/content/download/5694/file/24%20E%20RPD%20UPDATE%207%2011%2019_ok.pdf.

保持や目的外利用の制限が定められている(107)。

　(v)　FIU（金融情報機関）間の情報交換

　金融犯罪対策（マネーロンダリング等対策）との関係では、警察ではなく、別の当局が統括している場合があり、その当局のことをFIU（Financial Intelligence Unit）という。米国も、FBIではなく、財務省のFinCENが、この役割を果たしている。日本は、警察庁の犯罪収益移転防止対策室（JAFIC）が、FIUの役割を果たしている。

　FIU間の情報交換については、エグモントグループの当局間の情報交換が著名である。"Principles for Information Exchange Between Financial Intelligence Units"との文書で、秘密保持義務や、一定の利用目的制限を課しうること等について規定している(108)。

　(vi)　Asset Recovery Interagency Network（ARIN）

　各国は、刑事罰等の執行のために差押可能資産等についての情報交換を行うための政府当局間の情報交換ネットワークを各地域で構築している。EUをベースとしたものはCARINといい、アジア地域のものはARIN-AP（ARIN-Asia Pacific）という。日本は、このARIN-APに加入をしている。

　CARINのルールについてはCARINのウェブサイトに公表されているが(109)、ARIN-APのルールについては公表されておらず、秘密保持義務があるのか、目的外利用が制限されるのか等は明らかではない。日本政府としては、個人情報の提供をするのであれば、提供先国が秘密保持義務や、目的外利用をしないよう、義務付けなくてよいか慎重に検討すべきように思われる。

　なお、資産回復については、資産回復庁のようなその目的を果たすための部局を置く国が多い。日本の場合は、そのような部局は存在しないのではないか。組織犯罪法に基づき財産を回収し、これを被害者に配布するのは、検察官

---

(107)　インターポールを通じて他国から刑事共助の要請があった場合の手続きについては、刑事共助法18条を参照。

(108)　Egmont Group, "Principles for Information Exchange Between Financial Intelligence Units" (published October 28, 2013, updated April 15, 2023), available at https://egmontgroup.org/wp-content/uploads/2022/07/2.-Principles-Information-Exchange-With-Glossary_April2023.pdf.

(109)　Camden Asset Recovery Inter-agency Network, "The CARIN Manual", available at https://www.carin.network/_files/ugd/d54f05_4ccdfc507cb44d3588354132a68af289.pdf.

(110)　組織的な犯罪の処罰及び犯罪収益の規制等に関する法律（平成11年法律第136号）。

の役割である。しかし，検察官は司法試験に受かった少数精鋭であり，多忙を極めているものと認識している。警察庁に，資産回復庁を創設し，任にあたっていただいてはどうかとも思う。米国のように，2倍罰金規定などを導入し，没収・剥奪した資金を，被害者の救済だけではなく，警察庁（資産回復庁等）の予算にあてて，犯罪対策体制を充実させてはどうか。警察庁の令和6年度予算は，約3100億円と認識しているが[111]，多額の凍結等が実現できれば予算の足しにもなる。FATF勧告4の注釈ノートでも，資産回復資金（Asset Recovery Fund）の目的の1つとして，法執行機関の費用にあてることもあげられている。

(vii) **租税条約に基づく情報の交換**

日本は，70以上の国と租税条約を締結し，また，11か国と情報交換協定を締結している。例えば，日米租税条約では[112]，26条において，情報交換についての規定があり，各国が，他報告から受領した情報について，秘密保持義務を負うこと，及び課税等の一定の目的以外に利用すべきでないこと等が規定されている。

そして，これらの条約・協定に基づいて，日本は，他国と脱税の摘発や執行に必要な情報の交換を行っている。情報交換においては，自動的に情報交換される情報，自発的に提供される情報，相手国からの要請に基づき提供される情報がある。特に，OECDが定めた共通報告基準（CRS）に基づく自動的情報交換が著名である[113]。各国は，自国の法令（日本の場合は，実特法[114]）に従い，自国に居住しない者（非居住者）が銀行・証券会社等に開設した金融口座情報を金融機関に収集させ，これを当該非居住者の居住国に情報提供している。

(viii) **他国から提供を受けた個人情報の行政機関による提供**

他国から提供を受ける情報については，当該他国から付される条件に従って

---

[111] 警察庁「令和6年度予算の概要」（2023年12月22日公開）〈https://www.npa.go.jp/policies/budget/r6/r6tousyoyosan.pdf〉。

[112] 所得に対する租税に関する二重課税の回避及び脱税の防止のための日本国政府とアメリカ合衆国政府との間の条約（2003年11月6日署名，2004年3月30日発効）〈https://www.mofa.go.jp/mofaj/gaiko/treaty/pdfs/treaty159_1a.pdf〉。

[113] OECD, "Automatic Exchange", available at https://www.oecd.org/tax/automatic-exchange/.

[114] 租税条約等の実施に伴う所得税法，法人税法及び地方税法の特例等に関する法律（昭和44年法律第46号）。

取り扱う必要が生じる。刑事共助条約がある場合には，当該条約において，相手方から付された条件を日本政府として受諾するための手続きについて定めがあるが，そうでない場合の手続きについては，規定が欠如しているように思われる。捜査共助等に関する法律の改正が考えられる。

(ix) 警察から全国銀行協会等への暴力団員DBの提供

警察庁は，暴力団情報データベースを，反社対策のため，全国銀行協会や，日本証券業協会に提供をしている。全国銀行協会は，2018年1月以降，警察庁DBへのオンライン接続を開始している。また，全国暴力追放運動推進センターや公益社団法人警視庁管内特殊暴力防止対策連合会（特暴連）も，会員に対して反社会的勢力の名簿を定期的に提供している。一方，日本貸金業協会，日本クレジット協会等には提供をしていないものと認識している。

(x) PIO-NETを通じた苦情情報の提供

独立行政法人である国民生活センター，及び市町村の機関である各地方公共団体の消費生活センターでは，消費者から受けた苦情相談の過程が記録され，PIO-NET（全国消費生活情報ネットワークシステム）に情報が集積される。これらの情報は，政府による違法業者への行政処分等のために活用されると共に，日本クレジット協会に提供され，カード会社が加盟店調査の局面で，詐欺的な加盟店の排除などの金融犯罪対策に役立てている。

(3) 民間による政府への情報共有

（i）疑わしい取引の届出

犯収法により，金融機関等の法定の事業者（犯収法2条2項の「特定事業者」）

---

(115) 例えば，日米刑事共助条約7条1項・2項や，日中刑事共助条約7条1項・2項。
(116) 日本が他国からの要請を受けて，捜査共助を行う場合に共助を求めている他国に対して付す条件については，同法14条5項・6項，16条に規定があるのとは，対照的である。
(117) 一般社団法人全国銀行協会「反社会的勢力との関係遮断に向けた対応について」（2018年1月4日）「一般社団法人全国銀行協会ウェブサイト」〈https://www.zenginkyo.or.jp/news/2018/n8951〉。
(118) 経済産業省産業構造審議会商務流通情報分科会割賦販売小委員会「報告書 クレジットカード取引システムの健全な発展を通じた消費者利益の向上に向けて」（2015年7月3日）19頁〈https://www.meti.go.jp/shingikai/sankoshin/shomu_ryutsu/kappu_hambai/pdf/report_03_01.pdf〉。
(119) 同上。

は，原則，疑わしい取引の届出義務を負う。すなわち，特定事業者の行う，金融犯罪等のリスクが類型的に特にあるとされる業務（犯収法別表の「特定業務」）に係る取引について，収受した財産が犯罪による収益である疑いがあるかどうか，または顧客等が当該取引に関し，組織犯罪処罰法10条若しくは麻薬特例法6条の「犯罪収益の隠匿等の罪」（マネーロンダリング等の罪）にあたる行為を行っている疑いがあるかどうかを判断し，これらの疑いがあると認められる場合において，速やかに，行政庁に疑わしい取引の届出を行う義務を負う（犯収法8条）。要は，取引の背後に犯罪の存在が疑われる場合には，疑わしい取引の届出を行うことを検討する必要が生じるということである。この制度は，疑わしい取引に関する情報を集約し，マネーロンダリング犯罪及びその前提犯罪の捜査・訴追や，金融庁等の行政機関による金融犯罪対策の推進に役立てることを主目的としている。

　疑わしい取引の届出は，金融機関であれば，金融庁に提出され，金融庁がこれを警察庁と共有し，その後，警察庁が必要に応じて都道府県警と共有して事件の摘発につなげたり，あるいは，振込詐欺救済法に基づく預金口座の凍結等を銀行に求めるのに使われる。

　なお，疑わしい取引の届出は，捜査のための情報であって，業所管官庁（金融庁等）は見てはならないという考え方もあるが，米国でも，疑わしい取引の届出のデータをFinCEN（財務省）が集約・分析しているものと認識しているし，日本でも犯収法で，疑わしい取引の届出先は，警察庁ではなく，金融機関等の業所管の監督官庁と明記されているのであるから，捜査にしか使えないなどという狭い解釈はとるべきでないように思う。筆者も，経済産業省で勤務していた際は，疑わしい取引の届出の内容もチェックし，犯罪対策のための知見として業務の参考としていた。

(ⅱ) 捜査照会への回答

　捜査関係事項照会（「捜査照会」）とは，捜査機関が，捜査に必要な事項の報告を，公務所または公私の団体に求める制度である（刑訴197条2項）。一般に，捜査照会は，捜査機関から事業者に対し，捜査関係事項照会書を紙媒体で送付することによって行われる。警察庁は，捜査照会への回答は義務であるとするが，(120)あくまで令状等を要しない任意処分の枠内で行われていることもあ

り，回答を拒否しても罰則はない。

特に近年は，個人情報・プライバシー保護の観点から，捜査照会への回答に消極的な風潮が強まっている。その端緒となったのが，Ｔポイントの運営会社であるカルチュア・コンビニエンス・クラブ（CCC）が，捜査照会に応じて，「Ｔカード」利用者の氏名や購入履歴の情報を捜査機関に提供したことが，問題視された事案である。同事案での批判されたことを受け，CCCはその後，令状がある場合にのみＴカードの情報を提供する方針を発表した。

個人情報保護法と捜査照会の関係については，個人情報保護法27条1項1号の「法令に基づく場合」として，適法となるとの解釈が確立しているが，プライバシー権など，別の権利・法的利益の違法な侵害とならないかも検討する必要があるとされる。この観点からは，過度に広範な捜査照会に応じるとプライバシー権侵害で不法行為が成立するとの見解も有力で，警察の側に優越的利益がないと，情報提供が違法となるとする見解もあるようである。実際，大阪府警の警察官16名による捜査照会書偽造や，警部補の交際相手の女性の捜査照会を行うというような，捜査照会書の不正使用も過去には発生しているので，このような見解にも説得力はある。

このような背景もあって，嫌疑となっている犯罪の罪名や，顧客が被疑者なのか被害者側なのかといった事実は確認した上で，捜査に合理的に必要・有用と思われる情報を提供するというような取組みも広がっているように思う。筆者が，警察に確認をした事例では，ほとんどの事案で，事案の概要くらいは説

---

(120) 警察庁「捜査関係事項照会書の適正な運用について」（2018年3月27日）〈https://www.npa.go.jp/laws/notification/keiji/keiki/310327-20.pdf〉。
(121) 一般財団法人情報法制研究所（JILIS）「捜査関係事項照会対応ガイドライン」（2020年4月11日第1版作成）2-3頁〈https://www.jilis.org/proposal/data/sousa_guideline/sousa_guideline_v1.pdf〉。
(122) 「ポイントカード情報の捜査照会──『足跡』提供，企業判断で，同意は不要，透明性に課題も」（日本経済新聞朝刊，2019年2月2日，2頁）。
(123) 「カルチュア・コンビニエンス・クラブ，Ｔカード情報，令状でのみ提供」（日本経済新聞朝刊，2019年8月24日，11頁）。
(124) 「捜査照会書偽造など，大阪府警は16人を処分。」（日本経済新聞朝刊，1999年11月26日，39頁），「警官を懲戒処分──飲食店店員の情報照会，『娘が心配で』」（日本経済新聞朝刊，2008年3月20日，39頁），「知人女性の交際相手警部補が捜査照会　職権乱用容疑で書類送検」（読売新聞東京版朝刊，2013年11月28日，39頁）。

明いただけている。

　なお，警察官による捜査照会の不正利用を防ぐための取組みはさらに推進されてよいように思う。参考までに，米国では，金融機関に対する捜査照会等も，FinCEN（財務省）が，FBIや州政府の執行機関に代わって，電子システム（「Secure Information Sharing System」）を通じて行っているようである（米国愛国者法314条(b)）[125][126]。日本でも，捜査照会を電子的なシステムを通じて行う取組みが一部において試験的に始まっているようであるが，米国のように，金融機関等（特定事業者）への捜査照会をとりまとめて行う部署を定めると，コストカット等にもなり，合理的ではないかと思う。

　また，米国では，照会を通じて金融機関が得る情報について，金融機関は，目的外利用の禁止の義務を負う旨の明文規定がある（連邦規則31章1010.520条(b)(3)(iv)）[127]。

(ⅲ)　セキュリティベンダーと政府との間の情報共有

　米国等では，高度化・複雑化するサイバー攻撃に対処するため，官民連携の試みが行われている。

　日本においても，現在，「産業サイバーセキュリティ研究会　サイバー攻撃による被害に関する情報共有の促進に向けた検討会」（経済産業省）[128]において，同様の取組みを行うことが検討されている。具体的には，セキュリティベンダー，運用保守ベンダー等が，サイバー攻撃の被害組織との間で取り扱うデータ（ログデータ，調査対象端末のデータ，マルウェア情報等）や，それを分析した結果のレポート等を，政府に情報共有するというものである。そして，政府に対する情報共有を可能にするために，セキュリティベンダーが，依頼企業との間で締結する秘密保持条項のモデル等も，上記検討会の報告書と共に公表されており，参考となる[129]。

---

[125]　USA PATRIOT Act，§314(b)．
[126]　FinCEN, "Section 314(b) Fact Sheet" (December 2020), available at https://www.fincen.gov/sites/default/files/shared/314bfactsheet.pdf．
[127]　Code of Federal Regulations，§1010.520(b)(3)(iv)．
[128]　経済産業省サイバー攻撃による被害に関する情報共有の促進に向けた検討会「サイバー攻撃による被害に関する情報共有の促進に向けた検討会最終報告書」（2023年11月22日）29頁〈https://www.meti.go.jp/shingikai/mono_info_service/sangyo_cyber/cyber_attack/pdf/20231122_2.pdf〉．

こういった情報共有の流れを背景に，政府と私企業が，犯罪対策のための情報共有を行うという協定，覚書を締結する事案が出てきている。

なお，世界的なセキュリティ企業，プラットフォーム企業の多くは，欧米企業なのであるが，Google，トレンドマイクロ等が集まった団体のHPにおいて，犯罪対策を推進するための情報共有に係る意見書が掲載されている。同意見書においては，個人情報（PII）にあたらないと整理すべきサイバーアタック等に用いられたIPアドレス／ドメイン等の共有の推進から始め，AML分野における情報共有のスピードをさらに改善する必要があると述べられている。また，厳しすぎるプライバシー法制が，犯罪対策を困難にし，犯罪組織を利している等とEU一般データ保護規則（GDPR）等を批判している。筆者は金融犯罪対策を研究してきているので，そのような意見には強く共感する。日本についても，すでに本稿で述べたとおり，厳しすぎる個人情報保護法制（や通信の秘密法制）を見直し，情報共有を加速する必要があると思う。

(iv) **サイバー犯罪ホットラインを通じた政府への情報提供**

インターネット利用者がインターネット上の違法情報・有害情報について気軽に相談できる先として，「インターネット・ホットラインセンター（IHC: Internet Hotline Center）」がある。IHCは，上記に関する相談を受け，①警察に通報，②プロバイダ及びサイト管理者等への違法・有害情報の削除依頼，③フィルタリング事業者等に情報提供といった，情報共有を各所に行う。このような，民間の相談先の意義として，警察への通報は氏名等を明らかにする必要があることから通報者の負担が重いため，匿名での相談も可能として情報提供を推進することが説明されている。

---

(129) 経済産業省サイバー攻撃による被害に関する情報共有の促進に向けた検討会「秘密保持契約に盛り込むべき攻撃技術情報等の取扱いに関するモデル条文案」（2023年11月22日）〈https://www.meti.go.jp/shingikai/mono_info_service/sangyo_cyber/cyber_attack/pdf/20231122_4.pdf〉。

(130) Jorij Abraham, "Ten Recommendations to Turn the Tide on Online Scams", GASA (April 4, 2023), available at https://www.gasa.org/post/ten-recommendations-to-turn-the-tide-on-online-scams?fbclid=IwAR360p6WG5858dn7wWETGQOwb-m7BZImIpT3i5txV4Z3D9XFykAI12pyPAo. なお，GASA（Global Anti Scam Alliance）は，Google，Amazon，トレンドマイクロ，SCAM Advisorの4社が立ち上げ，現在ではマスターカード，LexisNexisなど，多数の会社が加入している。

(131) IHC「ホットラインセンターについて」〈https://www.internethotline.jp/pages/about/index〉。

(ⅴ) **被害届による政府への情報提供**

詐欺等の金融犯罪にあった被害者が，被害届を出すことで捜査機関に情報を集約することが1つの方法として挙げられる。

なお，日本の場合，被害届がなかなか警察に受理されないという問題がある。一方，英国などでは，インターネットや電話を通じて，詐欺等の犯罪の告発を簡単に行うことができる（電話では，32か国語に対応しているようである）。犯罪の端緒を気軽に報告してもらい，大量のデータを活用して犯罪組織を見つけるという観点からは，被害届という形でなくてもよいため，外国語しか話さない方も含め，電話や電子メールで簡便に被害報告ができる仕組みを構築することが検討されてよい。FATFも，「Cyber Enabled Fraud」に係る文書で，被害者からの申告（victim reporting）の重要性を説いている。

(ⅵ) **民間事業者に情報提供義務を負わせる外国の立法例**

政府が，通信業者・クラウド業者等に，一定の協力義務（direct cooperation。例：情報の記録・保存・提出等の義務）を課す法令を設ける国が増えている。米国CLOUD Act，EU電子証拠規則，豪州通信法，中国インターネット安全法等である。[132] EUデジタルサービス法（(ⅶ)で後述）もそのような立法例の1つと位置付けうるかもしれない。

このような義務を課す場合に問題となるのは，①他国の管轄権を犯さないか，②他国の法令との衝突の問題をどう調整するか，③人権保障との調整をどう行うか等の点である。①の点については，電子データアクセス協定を国家間で締結することや，サイバー犯罪条約第2追加議定書のような取組みを推進していくことが考えられる。[133] ②の点については，DFFTの推進（本書第4章参照）や，同等性認定の対象となる国の範囲を拡大していくこと等が有用なのかもしれない。③の点については，課題が山積みのように思われるが，石井由梨佳は「デジタル捜査の場合には，データ主体の権利を保護するため，データの保管期間や廃棄手続きなどに関して規則を設けておく必要がある。また，データの真正性，正確性を担保するためにデジタルフォレンジック技術について，業界

---

(132) 石井由梨佳「刑事捜査における外国事業者からの通信情報取得」（国際法研究12号〔2023年3月号〕101頁）の107頁以下が詳しい。
(133) 同上119頁参照。

基準を確立しておく需要がある。これについては，欧州連合（EU）の電子証拠規則（中略）など，対応しようとする先行的な動きがある。」と指摘しており，大変示唆に富む。

(vii) EUデジタルサービス法

弁護士として犯罪（詐欺等）の被害者側を代理していて本当に困るのは，詐欺を行っている者が，HPを海外のサーバに置き，海外の事業者のSNSを用いており，弁護士照会等にも応じず，詐欺組織を追跡できず，訴訟を提起できない事例である。

同じ問題は警察にもあり，犯罪組織が，海外のサーバや通信サービスを用いていると，捜査が行き詰まることが少なくない。

この点，EUのデジタルサービス法では，インターネットプロバイダ，ホスティング業者，クラウドサービス業者，検索エンジンサービス業者，オンラインプラットフォーム業者等の電気通信事業者に対し，違法コンテンツに対する対処義務を課している。この義務は，①電気通信事業者，②ホスティングサービス業者，③オンラインプラットフォーム業者，④超巨大オンラインプラットフォーム業者という類型ごとに規制を課し分けている。

特に注目されるのは，(a) 違法コンテンツに対する各加盟国の当局からの措置命令・情報提供命令を受けた対応義務（①・②・③・④），(b) 違法コンテンツに対するノーティス＆アクション制度の整備（②・③・④），及び (c) 犯罪行為の疑いのある顧客の通報義務（③・④）である。

このような法律を制定することで，EUは，通信業者をゲートキーパーに取り込み，犯罪組織の追跡を可能にしている。日本でも真似すべきではないか。

(4) 民間事業者間の情報共有

(i) 総論

犯罪に係る取引や実行行為等に係る情報は，多くの場合，個人情報に該当する。また，金融機関等の民間事業者は，その顧客について，守秘義務を負っていることが多い。

---

(134) 同上105頁参照。

このため，犯罪対策という正当な目的があっても，犯罪者や疑わしい取引に係る情報をどの範囲で政府や第三者に共有してよいのかという問題が生じる。

個人情報保護法との関係でよく使われる構成は，①法令に基づく場合（個情法27条1項1号），②人の生命，身体または財産の保護のために必要がある場合であって，本人の同意を得ることが困難であるとき（個情法27条1項2号），③共同利用（個情法27条5項3号），及び④本人の同意である。

例えば，クレジットカード業者間では，詐欺的な加盟店等に関する情報を，日本クレジット協会が運営する加盟店情報交換制度（JDM）を通じて共有しているが，この制度については，割賦販売法の規定（35条の20, 35条の21）に基づく「法令に基づく」共有（①）と位置付けられている。

また，法令制定時に想定されていなかった項目についても情報共有の必要性が生じたので，そこの部分については，共同利用構成（③）を用いている。このため，クレジットカード会社の加盟店となる場合には，「加盟店情報の取扱いに関する同意条項」に同意をさせられることが一般的で，これにより，共同利用への同意が取得されるケースが多い。

一方，②の類型については，例として，全国銀行協会による会員への暴力団員DBの提供や，全国暴力追放運動推進センター（暴追センター）による反社DBの提供等があげられる。

なお，海外では，犯罪対策のための個人情報の共有について広範に認めていたりするが，日本の個人情報保護委員会は，「本人の同意を得ることが困難」などとの要件を厳しくみて，②の範囲をかなり限定的にとらえているようである。犯罪対策の推進を大きく阻んでいると様々な方から批判を聞く。

(ⅱ) **グループ会社間の情報共有**

金融犯罪対策のためにFATF勧告では，特定事業者に対してグループベースでの体制整備を求めており（勧告18），これには疑わしい取引等に係る情報のグループ企業間での共有が含まれると解される（勧告18解釈ノート4項）。

情報共有にあたっては，各国の個人情報関連法制に十分に留意して対応を講ずる必要がある。また，秘密保持契約等があれば，当該秘密保持契約との関係でも，条項を留意する必要がある。このため，法令等を遵守するための第三者提供や，グループ会社への第三者提供を許容するような規定を秘密保持条項に

含めることが検討されてよい。

(iii) 米国における金融機関間の情報共有

米国では、疑わしい取引に係る情報を特定事業者間で共有する制度がある（米国愛国者法314条（b）参照）。

すなわち、金融機関等の特定事業者が、マネーロンダリングまたはテロリストが関与する活動に関連すると信じる合理的な根拠を有している場合に、テロリストまたはマネーロンダリングに関与している可能性のある個人等の情報を、FinCENが認めるプログラムに参加する他の特定事業者に対して共有することが認められており、そのような情報共有について、情報共有を行った金融機関等が、法令等に基づく責任を負わない旨が法令に明記されている（連邦規則31章1010.520条）。要は、同条項に該当する情報共有については、金融機関等は、刑事責任も民事責任も負わずに、安心してできるということである。

上記のような免責条項のおかげで、金融機関間の情報共有はあくまで任意であるにもかかわらず、積極的に活用されている。2022年度のFinCENの年次報告書によれば、7600以上の金融機関が利用している。

同報告書には、米国の犯罪摘発の2割弱が、疑わしい取引の届出を直接の契機とするものであり、没収の8割近くが、疑わしい取引の届出を契機として、1兆円超を剥奪しているとの記述もある。[136] 十数億円しか犯罪者から剥奪できていない日本としては、真似ることが真っ先に検討されてよい法律ではないかと思われる。

(iv) シンガポールにおける金融機関間の情報共有

シンガポールでは、2023年5月、銀行間で金融犯罪の疑わしい取引についての情報を共有できる法律（民事免責についても規定[137]）が可決された[138]。同法の施行により、第一段階として6の主要銀行で、2年間、情報共有の取組みを行った後、さらに参加銀行の範囲を広げ、かつ、銀行の参加を義務化する方針のよう

---

(135) 次の資料が特に参考となる。西村あさひ法律事務所「令和3年度我が国におけるデータ駆動型社会に係る基盤整備（データの越境流通に関連する諸外国の規制制度等調査事業）」（2021年7月30日）〈https://www.meti.go.jp/meti_lib/report/2021FY/000377.pdf〉。

(136) FinCEN, "Financial Crimes Enforcement Network (FinCEN) Year in Review for FY 2022" (2023), p. 4, available at https://www.fincen.gov/sites/default/files/shared/FinCEN_Infographic_Public_2023_April_21_FINAL.pdf.

である。[139]

(v) 日本における立法論

　上記のような金融機関等の特定事業者間の情報共有のための制度は，金融犯罪対策に非常に有効であり，日本でも導入が積極的に検討されてよい。

　この点について，個人情報保護委員会は，かなり消極的に考えているようであるが，犯罪対策を行うためには，情報共有が不可欠である。例えば，振込詐欺の事案では，A銀行の口座に入金された数時間内に，他のB銀行の口座に資金が移動されてしまうことが常である。

　このため，振込詐欺救済法に基づきA銀行の口座を凍結しても，空振りに終わってしまう。要件を満たせば，B銀行の口座も凍結できる可能性があるが，そのような要件検討のためにも，A銀行，B銀行，そのさらなる資金移転先（例：暗号資産交換業者），被害者に代わって口座凍結を請求する弁護士等の間で様々な情報をやり取りできれば，犯罪組織の資金凍結もしやすくなる。

　また，全国銀行協会の子会社において，マネーロンダリング対策のために共同機関を設立するという件についても，各行間のデータの共有は，疑わしい取引に係る情報であっても共有を認めないというのが政府のスタンスのようであり，審議会等の公表情報もそのような内容となっている。米国のように，疑わしい取引に係る情報の共有ができなければ，共同機関を創設するメリットが大きく失われる。

---

(137)　Yong Hui Ting, "Launching in H2 2024: Digital platform for banks to share data on fishy transactions", *The Business Times*（May 9, 2023）, available at https://www.businesstimes.com.sg/singapore/launching-h2-2024-digital-platform-banks-share-data-fishy-transactions?fbclid=IwAR0j-rWC9yOupdkKdofMW_pB6iLWgau_F3uC0GPbz-oEAJz_lkzV49yTTKs.

(138)　Financial Services and Markets（Amendment）Bill, bill no.11/2023, available at https://www.parliament.gov.sg/docs/default-source/default-document-library/financial-services-and-markets-(amendment)-bill-11-2023.pdf .

(139)　Comply Advantage, "Singapore Passes Bill to Establish Information-Sharing Platform for Banks"（12 May 2023）, available at https://complyadvantage.com/insights/singapore-passes-bill-to-establish-information-sharing-platform-for-banks/?fbclid=IwAR2hFSwzN-nKzLD_UVe95TwDuIO-bqTfgOZffqK5Z1mo0TI6D9VwJO9kxF8.

4．おわりに：日本にとっての今後の法整備上の課題

　国家安全保障との関係で，犯罪対策は重要であるにもかかわらず，日本の国家安全保障に係る国家戦略においてすら明示されていないため，まずは組織犯罪対策等についても，国家安全保障に係る法令や戦略で明記してはどうか。

　次に，犯罪対策の推進のためには，各国間，政府組織間，政府－民間間，民間の企業・機関間の情報共有が欠かせない。もっとも，プライバシーや個人情報，営業秘密，国家秘密との調整が重要であり，人権保護との調整や違法行為の抑止の観点からの手当てが不可欠となる。

　国家秘密との関係では，特定秘密保護法が存在するが，指定件数が米国等と比べかなり少なく，国家秘密の管理が十分なのか等という問題がある。

　また，国が民間に情報提供を行う場合に，守秘義務，目的外利用の禁止，情報の安全管理義務等を提供先に課さなくてよいのかという問題がある。[140]

　本章に日本の犯罪対策を推進する上で多少なりとも役立つ部分があったのであれば，幸甚である。

---

(140)　例えば，東芝社の第三者委員会報告書では，経済産業省が，東芝社に対して送った機密情報を含む電子メールを，同社の第三者委員会が公表してしまったが，そのような公表を許す法制でよいのかという問題がある。

第Ⅱ部

国境を越える情報とその環境

第 4 章

越境データ移転規制における透明性の確保
——国際的な制度構築に向けて——[1]

藤井 康次郎・根本 拓・福島 惇央

1. はじめに：越境データ移転規制に関する透明性・アカウンタビリティの向上の必要性

　産業の発展にとってデータの重要性が増して以降，グローバルにビジネスを展開する企業にとって国境を越えたデータ移転が不可欠となっている。一方で，それに伴うプライバシーの保護や国内法の確実な執行，国内産業の保護，経済安全保障等の要請の高まりによって，各国の越境データ移転規制が増加し，かつその内容は多種多様である[2]。例えば，機微な技術に関するデータ，一定の非個人データ[3]や詳細な地図データ[4]，諜報員の活動等の防衛関連データについては，安全保障上の観点から越境移転が規制される動きがある[5]。これらの規

---

(1) 本章は，経済産業省の「データの越境移転に関する研究会」において2022年9月27日に行われた筆者らによる発表の内容を基に執筆したものである（経済産業省「第6回データの越境移転に関する研究会」（2022年9月27日開催）（2022年12月11日最終更新）〈https://www.meti.go.jp/shingikai/mono_info_service/data_ekkyo_iten/006.html〉。また，筆者らの発表も含め，同研究会の成果についてまとめた報告書として，経済産業省「データの越境移転に関する研究会報告書」（2023年1月31日）〈https://www.meti.go.jp/shingikai/mono_info_service/data_ekkyo_iten/pdf/20230131_1.pdf〉。

(2) 下記3.(3)(i)で詳しく述べるとおり，本章では，①データの国外への移転を直接に制約する法規制（越境移転規制）に加えて，②データの国外への移転を直接には規制しないものの，当該データを回答国内で保持し，又は回答国内において処理させることを義務付ける法規制（国内保存・国内処理規制）を合わせて，「越境データ移転規制」という。

(3) 例えば，2024年1月11日に施行された Data Act（Regulation (EU) 2023/2854）の32条1項においては，SaaS 提供事業者等のデータ処理サービス提供事業者に対して，EU 法又は EU 加盟国法に抵触する可能性がある場合に，非個人データについて，第三国等によるガバメントアクセス及び越境移転がなされないようにするための保護措置を講じることが定められている。

(4) 例えば，韓国の「空間情報の構築及び管理等に関する法律」16条1項は「国土交通部長官の許可なしに基本測量の成果のうち，地図等又は測量用写真を国外に搬出してはならない」と規定している。

第 4 章　越境データ移転規制における透明性の確保

制はグローバルなビジネス展開の障害となり得る。

　このような国際的な規制動向に対しては，国際フォーラム及び国内政策において，各国規制を一定の原則の下に規律したり，一定の条件の下で越境データ移転を許容するような仕組みを整備したりすることによって，信頼性を確保しつつ越境データ移転を促進するための試みがなされてきた[6]。特に国際的には，日本政府が2019年1月のダボス会議及び同年6月のG20大阪サミットにおいて「信頼性のある自由なデータ流通」（DFFT）のコンセプトを提唱して以来，かかるコンセプトの下で議論が進められてきた。

　一方で，そのような議論に目を向けると，望ましい越境データ移転規制の制度設計や規律のあり方については，いわゆる権威主義国家と自由主義国家間での立場の違いのみならず，米国やEUといった自由主義国家，地域間でも立場に相違が見られ，国際的なコンセンサスが得られる見込みは現状のところない。

　しかし，越境データ移転規制がグローバルなビジネスの障害になっている理由について具体的に検討すると，規制の内容にばらつきがあるだけでなく，その不透明性，すなわち，各国にどのような規制が存在し，その具体的な内容や文言の意義が企業にとって必ずしも十分に明らかとはなっていないことが，ビジネスの大きな阻害要因の1つとなっているように思われる[7]。特に，安全保障を理由とする越境データ移転規制の場合，安全保障の指す内容が抽象的で，類型的に規制の対象が不明確となるおそれがある。

　この越境データ移転規制の透明性の論点は，2017年12月より世界貿易機関（WTO）において有志国間で開始された電子商取引に関する新たなルール形成

（5）　米国のClarifying Lawful Overseas Use of Data Act（CLOUD Act）を中心に，企業が保有するデータの捜査目的での取得に関する制度設計や国家間の議論への参画，透明性確保に向けた取組みに向けた提言をとりまとめたものとして，西村あさひ法律事務所・外国法共同事業「西村高等法務研究所（NIALS）CLOUD Act（クラウド法）研究会報告書 Ver.2.0」（2023年4月公開）〈https://www.nishimura.com/ja/knowledge/publications/92692〉。

（6）　このような信頼性ある越境データ移転に関する様々なアプローチを類型的に整理したものとして，Casalini, F., J. López González and T. Nemoto, "Mapping Commonalities in Regulatory Approaches to Cross-Border Data Transfers", *OECD Trade Policy Papers*, No. 248（2021, OECD Publishing）, available at https://doi.org/10.1787/ca9f974e-en.

（7）　Casalini, F., etc. *supra* note 6, at p. 16参照。

の場における議論においても，電子商取引又はデジタル貿易に影響を与える各国規制の透明性を確保するための仕組みが検討されており，論点としての重要性が既に国際的に認知されているといえる。また，各国の越境データ移転規制の透明性を高めていくことが，規制の差異や各規制の合理性についての分析（世界貿易機関を設立するマラケシュ協定〔WTO協定〕に抵触し得るものについては，WTO協定との整合性の分析を含む），規制間でのインタフェースの改善のための課題の抽出等といった越境データ移転規制に関する実質的な議論にもつながり得る。さらに，これまでも，例えば補助金規律のようにその内容に関する国際的な合意が難しいイシューであっても，G20等のフォーラムにおいて各国が供与する補助金の透明性を高めることで各国間で方向性が一致する等，制度の透明性を高めることについては国際的なコンセンサスが比較的とりやすいといえる。

　そうであるとすれば，越境データ移転規制について，その透明性をいかに高めるか，またそのためにどのような制度が構築されるべきかを検討することが，ビジネスへの障害の緩和や越境データ移転規制に関する国際的な規律に関する議論の進展等の観点から有益である。また，越境データ移転規制が，安全保障を理由とする場合には，環太平洋パートナーシップに関する包括的及び先進的な協定（CPTPP）等の先進的な貿易協定において一定の規律が及ぶ余地は

（8）　WTOにおけるJoint Statement Initiative on E-commerceの詳細については，WTOのウェブページにおいて解説がなされている（WTO, "Joint Initiative on E-commerce", available at https://www.wto.org/english/tratop_e/ecom_e/joint_statement_e.htm）。

（9）　2023年12月20日，WTOにおけるJoint Statement Initiative on E-commerceにおける新たなデジタル貿易ルールに関する交渉の実質的妥結を宣言する共同議長声明が発表された（経済産業省「WTO電子商取引交渉に関する共同議長声明を発表しました」（2023年12月20日）〈https://www.meti.go.jp/press/2023/12/20231220004/20231220004.html〉。条文内容は執筆時点では公表されていないが，2023年11月に有志国間で共有された条文案としてリークされた文書によると，透明性に関する規律としては，電子商取引等に影響を与えるすべての措置について，加盟国は，その効力発生前に，当該措置を速やかに公表等しなければならないとの条文案が示されている（WTO, "WTO Electronic Commerce Negotiations," INF/ECOM/62/Rev.5, 15 November 2023, available at https://www.bilaterals.org/IMG/pdf/wto_jsi_ecommerce_text_rev_5.pdf）。

（10）　Marrakesh Agreement Establishing the World Trade Organization, *adopted on* 15 April 1994, *entered into force on* 1 June 1995, *United Nations Treaty Series [UNTS]* Vol. 1867, p. 154.

（11）　METI, "G20 Ministerial Statement on Trade and Investment (October 12, 2021)", para 17, available at https://www.meti.go.jp/press/2021/10/20211013001/20211013001-1.pdf.

（12）　Comprehensive and Progressive Agreement for Trans-Pacific Partnership, *adopted on* 8 March 2018, *entered into force on* 30 December 2018, *UNTS* Vol. 3346.

あるものの，透明性の向上を図ることにより，過度な規制を牽制する側面も重要になろう。[13]

　この点に関して，2023年4月のG7デジタル・技術大臣閣僚宣言においては，DFFTを具体化するために，政府やステークホルダーが集い協力する場として，DFFT具体化のための国際枠組み（IAP）の設立が承認された。[14] また，2023年12月のG7デジタル・技術大臣会合閣僚声明においては，IAPが特に優先して対応すべき課題の1つとして，国際的なリポジトリの開発等，データの越境移転に関する政策や規制の透明性の向上が挙げられており，[15] 実際にも，越境データ移転規制に関する透明性を高めるための制度構築が国際的に求められているといえる。

　そこで，本章では，そのような越境データ移転規制の透明性及びアカウンタビリティを高めるための制度構築の方向性や論点について検討する。

　各国規制の透明性を高めるための取組みについては，これまで特にWTOを始めとする国際通商に関する制度において，各国規制の透明性を高め，加盟国に自国の規制についてアカウンタビリティを負わせるような仕組みが発展してきた。このことに着目し，WTO，経済連携協定（EPA）及び自由貿易協定（FTA）（以下あわせて「EPA/FTA」という），国連貿易開発会議（UNCTAD）や経済協力開発機構（OECD）などのその他の国際機関におけるそれらの仕組みを整理する（下記2.）。これらの制度は，（互いに重複する部分があるものの）①規制を把握するための仕組みと，②規制についての議論・対話をするための仕組みに大別される。①規制を把握するための制度とは，報告，通報，照会，公

---

(13)　この点を，GATS，CPTPP，日米デジタル貿易協定，RCEP等の条文及び安全保障例外についてのWTO紛争解決手続のパネルの判断を詳細に検討しつつ，議論したものとして藤井康次郎＝室町峻哉「安全保障を目的とするデータ越境移転の制限に関する貿易協定上の規律」『国際経済法の現代的展開——清水章雄先生古稀記念』（信山社，2023年）363頁を参照。

(14)　METI, "Ministerial Declaration, The G7 Digital and Tech Ministers' Meeting 30 April 2023", available at https://www.digital.go.jp/assets/contents/node/information/field_ref_resources/efdaf817-4962-442d-8b5d-9fa1215cb56a/f65a20b6/20230430_news_g7_results_00.pdf.

(15)　METI, "Annex: Concept Paper on Establishing an Institutional Arrangement for Partnership (IAP) on Data Free Flow with Trust (DFFT) and Note on G7 Expectation", available at https://www.digital.go.jp/assets/contents/node/information/field_ref_resources/d5208f71-317d-425b-9677-c64a06000e3c/80bfa1ad/20231201_news-g7_result_02.pdf.

表等によって，規制の形成や存在についての情報を得るための仕組みを指す。一方で，②規制について議論又は対話を行うための制度とは，特定のフォーラムにおいて，規制について質問や議論の機会を設け，規制内容の詳細を理解したり，懸念を示したりするための仕組みを指す。これらの仕組みは，越境データ移転規制に関する透明性を向上させるための制度設計においても参考になる。

その上で，本章は，2．での整理を踏まえ，越境データ移転規制の透明性及びアカウンタビリティの向上のための制度構築に及ぼす示唆について検討する（下記3．）。かかる検討は，構築した制度の実効性をいかに確保するかという観点からも行う。また越境データ移転規制に関する透明性及びアカウンタビリティを高めるために，規制に関して収集及び整理されるべき情報についても論じる。[16]

2．国際通商制度における透明性・アカウンタビリティを高めるための仕組み

これまで国際通商制度（国際的なルール，国際通商について議論等するためのフォーラム等を含む）においては，物やサービスの貿易に対して影響を及ぼす各国規制の透明性を高め，各国にアカウンタビリティを負わせるための制度の構築や運用の積み重ねが進められてきた。ここでは，単に各国規制の内容の透明性を高めるだけではなく，それを，各国に対する自国の規制の報告義務や，他国からの照会や通報に対する応答義務，ステークホルダーへの説明義務等，各国に一定のアカウンタビリティ（説明責任又は答責性）を負わせることにより実現しようとしていることが重要である。

越境データ移転に関する規制についての透明性確保の仕組みを検討するに当たっては，これらの国際通商制度において既に確立している透明性・アカウンタビリティを高めるための仕組みが参考になる。

---

(16) デジタル化や安全保障の要請の高まりにより複雑化する現代の国際経済法をDFFTに向けたガバメントアクセスに関する国際協力の観点から整理したものとしてKojiro Fujii and Yurika Ishii, "Government Access to Data and International Cooperation toward Data Free Flow with Trust," *Changing Orders in International Economic Law*, Vol. 2 (Routledge, 2023), Chapter 11, pp. 104-114.

国際通商制度の基礎をなすのは WTO のルールであり，この中には様々な各国規制の透明性に関する規律が含まれている。また，近年は，多くの EPA/FTA が発展しており，このなかにも各国規制の透明性を高めるための仕組みが含まれている。さらに，UNCTAD や OECD といった国際機関における貿易に関する取組みも，貿易に影響を与える各国の透明性の向上に貢献している。

(1) 国際通商制度における透明性・アカウンタビリティに関する仕組み

既存の国際通商制度における透明性・アカウンタビリティを高めるための仕組みは，各国が合意可能な透明性の水準やアカウンタビリティの実効性を確保するための設計等，越境データ移転規制に関する透明性・アカウンタビリティを向上する仕組みを検討する上でも参考になるため，以下では国際通商に関するルール及びフォーラムにおける透明性及びアカウンタビリティを高めるための仕組みについて具体的に整理する。

(i) 世界貿易機関（WTO）

WTO システムにおいては，例えば，以下のような透明性に関する仕組みが規定及び実施されている。

1）貿易政策検討制度（TPRM）　WTO システムにおける透明性に関する代表的な制度が，貿易政策検討制度（TPRM）である。TPRM とは，すべての加盟国が，多角的貿易協定等の遵守の状況を改善し，もって加盟国の貿易政策及び貿易慣行について一層の透明性を確保し並びに理解を深めることにより，多角的貿易体制が一層円滑に機能することに資することを目的とした制度である。[17] この制度の下では，全加盟国による審査のため，各加盟国と WTO 事務局がそれぞれ，各加盟国の貿易政策及び貿易慣行について，貿易額に応じて定められた頻度で報告書を作成し提出する。[18]

---

[17] Annex 3 to the Marrakesh Agreement, establishing the TPRM, was amended in July 2017（WT(L/1014)（WTO 協定附属書 3））．

[18] 審査の対象となる「貿易政策や慣行」の範囲については協定上具体的な限定はなく，実務上は，WTO 協定に関連する範囲にとどまらず，あらゆる貿易政策・措置を取り上げることが妨げられていないとされている（経済産業省「2023年版不公正貿易報告書」474頁以下（2023年 6 月20日最終更新）〈https://www.meti.go.jp/shingikai/sankoshin/tsusho_boeki/fukosei_boeki/report_2023/pdf/2023_02_18.pdf〉）．

2）各協定に含まれる透明性に関するルール　WTOの各協定にも，以下のとおり透明性に関するルールが含まれている。

まず，サービス貿易協定（GATS）は，加盟国に対して，その運用に関連を有する又は影響を及ぼす措置の公表，及び約束の対象となるサービス貿易に対して著しい影響を及ぼす法令等の導入等に関するサービス貿易理事会への通報義務を定める。また，GATSの運用に影響を及ぼすと認める他の加盟国がサービス貿易理事会に通報する権利が付与されている。また，加盟国には当該措置等について他の加盟国が照会を行うための照会所（Enquiry points）を設ける義務が定められている。

また，規格や適合性評価手続に関する協定である貿易の技術的障害に関する協定[19]（TBT協定）においては，各加盟国は他の加盟国の貿易に著しい影響を及ぼすおそれがある強制規格を導入する際の事前の公告，通報及び事後の公表，並びに他の加盟国からの要請に応じた説明を行うことに加え，強制規格，任意規格等について他の加盟国又は利害関係者が照会を行うための照会所を設けることが定められている。[20]

さらに，補助金及び相殺措置に関する協定[21]（補助金協定）においては，特定性を有する補助金について，加盟国による通報及び情報提供や，他の加盟国による逆通報及び情報提供要請等の制度がある。[22]

加えて，衛生植物検疫措置の適用に関する協定[23]（SPS協定）においては，衛生植物検疫上の規制について，加盟国による公表，WTO事務局への通報等とともに，当該規制について他の加盟国が照会を行うための照会所を設けることが定められている。[24]

その他，関税及び貿易に関する一般協定[25]（GATT）や，知的所有権の貿易関

---

(19) Agreement on Technical Barriers to Trade, *adopted on* 15 April 1994, *entered into force on* 1 June 1995, *UNTS* Vol. 1868, p. 120.
(20) TBT協定2.5条，2.9条，2.11条，10条。
(21) Agreement on Subsidies and Countervailing Measures, *adopted on* 15 April 1994, *entered into force on* 1 June 1995, *UNTS* Vol. 1869, p. 14.
(22) 補助金協定25条。
(23) Agreement on the Application of Sanitary and Phytosanitary Measures, *adopted on* 15 April 1994, *entered into force on* 1 June 1995, *UNTS* Vol. 1867, p. 493.
(24) SPS協定7条，附属書B。

連の側面に関する協定⁽²⁶⁾（TRIPS協定）においても，関税，輸出入等に影響を及ぼす国内法令等や，知的所有権に関する法令等についての加盟国による公表等が定められている⁽²⁷⁾。

(ii) **経済連携協定・自由貿易協定（EPA/FTA）**

特に日本が関係する代表的なEPA/FTAであるCPTPP，日EU経済連携協定⁽²⁸⁾（日EU EPA）及び地域的な包括的経済連携協定⁽²⁹⁾（RCEP）には，以下のような透明性に関する仕組みが含まれている。

まず，CPTPPにおいては，協定の対象となる措置について，自国による公表や，他の締約国からの要請に基づく情報提供及び質問回答といった制度が規定されている⁽³⁰⁾。

また，日EU EPAにおいては，協定の対象となる措置について，自国による公表や他方の締約国からの照会の制度が規定されている⁽³¹⁾。

さらに，RCEPにおいても，協定の対象となる措置について，自国による公表や，他の締約国からの要請に基づく情報提供や質問回答といった制度が規定されている⁽³²⁾。

(iii) **国際機関における貿易に影響を及ぼす規制についての透明性を高めるための取組み**

以上に加えて，国際機関においても，貿易に影響を及ぼすような規制について調査を行い，その内容を整理及び公表することによって，規制の透明性の向上に貢献している取組みが存在する。

例えば，UNCTADは，各国政府等から海外直接投資（FDI）政策について

---

(25) The General Agreement on Tariffs and Trade 1994, *adopted on* 15 April 1994, *entered into force on* 1 June 1995, *UNTS* Vol. 1867, p. 187.
(26) Agreement on Trade-Related Aspects of Intellectual Property Rights, *adopted on* 15 April 1994, *entered into force on* 1 June 1995, *UNTS* Vol. 1869, p. 299.
(27) GATT10条，TRIPS協定63条。
(28) Agreement between the European Union and Japan for an economic partnership, *adopted on* 17 July 2018, *entered into force on* 1 February 2019, *UNTS* Vol. 3404.
(29) Regional Comprehensive Economic Partnership Agreement, *adopted on* 15 November 2020, *entered into force on* 1 January 2022.
(30) CPTPP26章（透明性及び腐敗行為の防止）。
(31) 日EU EPA17章（透明性）。
(32) RCEP17章（一般規定及び例外）。

の情報を収集して、データベースとして提供するとともに（Investment Policy Hub）、世界のFDIの政策動向等について定期的に報告書（World Investment Report）を公表している。また、非関税措置（NTMs）についても情報収集を行い、データベースとして提供している（TRAINS Portal）。

また、OECDは、22のサービスセクターの貿易に影響を与える主要国の規制についてのデータベース（STRI）や、デジタル貿易の障壁となる主要国の規制についてのデータベース（Digital STRI）を提供している。さらに、投資自由化プロセスの一環として、参加国からの通報等を基に投資政策の状況に関する報告書（Investment Policy Reviews）も公表している。

(2) 透明性・アカウンタビリティの向上のための仕組みの類型

上記(1)の国際通商制度に含まれる透明性及びアカウンタビリティ向上のための仕組みを大きく分類すると、①規制を把握するための制度と、②規制についての議論又は対話を行うための制度の2つに整理することが可能であると考えられる[33]。①が規制の透明性を高めていることは明らかであるが、②についても、このような制度の存在により、規制の内容が各国にとってより明確になるとともに、措置国に自国の措置の合理性に係る説明を促すことによってアカウンタビリティを果たさせることが可能になると考えられる。

以下では、これらの類型ごとに、各種の制度をさらに整理する。

（i）規制を把握するための制度

上記(1)の国際通商制度のうち、各国規制を把握するための仕組みはさらに、以下のような類型に整理することが可能であると考えられる。

1）措置国自身による公表を促すための仕組み　第1に、措置国自身が、自国の措置について公表することを促す仕組みがある。WTOの各種協定や、様々なEPA/FTAは、措置国が、当該協定の対象となる貿易関連措置について公表することを定めている[34]。例えば、TBT協定2.11条は、加盟国は、制定

---

(33) ここでは、越境データ移転に関する規制の透明性・アカウンタビリティを高めるための制度設計を検討するために、便宜上、関連する国際通商制度をこの2つの類型に分類しているが、これらは唯一の分類方法ではなく、また相互に排他的なものでもない。例えば、①に分類している他の加盟国/締約国が、措置国に対して照会・情報提供を要請する仕組み（下記(i)4)）は、②規制についての加盟国/締約国間での議論・対話の要素も含んでいると考えられる。

されたすべての強制規格を，他の加盟国の利害関係を有する者が知ることのできるように速やかに公表すること又は他の方法で利用することができることを確保すべきことを規定する。また，近時の EPA/FTA のなかには，実行可能な場合には，規律の対象となる措置について，英語によるウェブサイト等の電子的手段による公表等を行うことを要求するものもある[35]。

2) 措置国が特定のフォーラムに報告・通報するための仕組み　第2に，措置国が，関連する措置を特定のフォーラムに報告又は通報する仕組みがある。

WTOでは，TPRMの下，各加盟国が，自国の貿易政策及び貿易慣行について，数年に一度の頻度で，全加盟国により構成される貿易政策検討機関（TPRB）に報告することとされている[36]。

また，WTOの各協定は，措置国が，貿易に影響を及ぼす自国の一定の措置について，関連する委員会等に通報することとされている[37]。例えば，TBT協定2.9.2条は，強制規格案が対象とする産品を，当該強制規格案の目的及び必要性に関する簡潔な記述とともに事務局を通じて他の加盟国に通報することを定め，さらにその時期については，当該強制規格案を修正すること及び意見を考慮することが可能な適当な早い段階で行うとしている。

一方で，OECDでは，各国が自国の投資政策の変更状況等について，自由化規約や投資自由化プロセスに基づきOECD投資委員会に通報することとされている。

3) 加盟国／締約国が他の加盟国の措置について特定のフォーラムに通報する仕組み　第3に，協定の加盟国／締約国が，他の加盟国である措置国の関連する措置について特定のフォーラムに通報する仕組みが存在する。

WTOでは，協定の運用に影響を及ぼす措置の通報や，補助金に関する他の加盟国の措置について一定の場合に通報することが加盟国に認められている[38]。

---

(34) GATT 10条，GATS 3条1項，TBT協定2.11条，SPS協定附属書Bの1条，TRIPS協定63条1項，CPTPP 26.2条，日EU EPA 17.1条，RCEP 17.3条等。
(35) 例えば日EU EPA 17.3条。
(36) WTO協定附属書3D。
(37) GATS 3条3項，補助金協定25.2条，TBT協定2.9.2条，SPS協定附属書Bの5条，TRIPS協定63条2項。
(38) GATS 3条5項，補助金協定25.10条。

例えば補助金協定25.10条に基づき，加盟国は，補助金としての効果を有する他の加盟国の措置について通報が行われていないと認める場合には，当該他の加盟国の注意を喚起することができ，それでもなお措置国から通報が行われない場合には，当該加盟国は，自ら当該補助金について補助金委員会に通報することができる。

4）他の加盟国／締約国が，措置国に対して照会・情報提供を要請する仕組み

第4に，協定の加盟国／締約国が，他の加盟国である措置国に対して，措置に関する照会や情報提供要請を行う仕組みが存在する。

例えば，WTOでは，補助金や強制規格，知的財産権に関して，他の加盟国の一定の措置について説明や情報提供を求める制度がある[39]。また，サービスに影響を及ぼす措置，強制規格及び任意規格，衛生検疫措置等については，各国が他国の照会に応じるための照会所を設けるべきとされている[40]。

さらに，CPTPPや日EU EPAといったEPA/FTAにおいても，他の締約国に対する情報提供要請や照会の制度がある[41]。

5）国際機関による調査及び報告の仕組み　第5に，協定の締約国／加盟国のイニシアティブではなく，国際機関の事務局のイニシアティブによって，関連する措置の調査や報告を行う仕組みがある。

例えば，WTOでは，TPRMの下，WTO事務局が，各加盟国の貿易政策及び貿易慣行について，定期的に調査報告書を提出及び公表している。

また，UNCTADでは，各国のFDI政策や非関税措置について情報収集，整理及びポータルサイトでの公表を行っている。

さらに，OECDは，サービス貿易やデジタル貿易に影響を与える主要国の規制についてのデータベースを提供している。

(ii) **規制についての議論及び対話のための制度**

上記(1)の国際通商制度のうち，各国規制について議論及び対話を行うための仕組みは，さらに，以下のような類型に整理することが可能であると考えられる。

---

(39)　補助金協定25.8条，TBT協定2.5条，TRIPS協定63条3項。
(40)　GATS 3.4条，TBT協定10.1条，SPS協定附属書B。
(41)　CPTPP 26.5条，日EU EPA 17.4条。

1）WTO の各種委員会等における議論・モニタリング　第1に，WTO においては，関連する措置について加盟国／締約国が議論し，モニタリングを行うための仕組みが整備されている。

具体的には，TBT 委員会，SPS 委員会，補助金委員会，サービス貿易理事会，TRIPS 理事会等では，通常会合又は特別会合において，加盟国により通報された措置を適宜取り上げ，協定違反の有無について議論がなされている。これらの委員会等の議事録は公表されており，加盟国以外のステークホルダーもこれを確認することが可能となっている。

2）WTO の TPRM の下での議論　TPRM の仕組みにおいて，TPRB では，被審査国が提出した報告書に加えて，通報内容，公表情報，照会及びヒアリングで得た情報等を踏まえて事務局が別途作成した報告書に基づき，書面による質問提出とそれに対する回答がなされ，さらには審査会合において被審査国の貿易関連措置が議論されている。かかる議論の結果は議事録等の形で公表されており，加盟国以外のステークホルダーもこれを確認することが可能となっている。

3）EPA/FTA における議論及び対話の仕組み　EPA/FTA の中にも，議論及び対話の仕組みを組み込んでいるものがある。例えば，日 EU EPA では，協定の実施及び運用についての検討及び監視を行うこと等を責務とする合同委員会が設置され[42]，また，その下部組織として，各種の専門委員会／作業部会が設置されて[43]，政府間での議論が行われている。かかる議論の結果は議事録の形で公表されている。

4）他の国際機関での議論及び対話の仕組み　WTO 以外の国際機関も，各国の貿易措置を議論するフォーラムとして活用されている。例えば，OECD の貿易委員会は，加盟国が関心のある貿易に影響を与える措置について，非公開で議論する場として活用されている。

---

(42)　日 EU EPA 22.1条。
(43)　日 EU EPA 22.3条，24.4条。

(3) 透明性・アカウンタビリティを高めるための制度へのステークホルダーの参加に関する検討

国際通商制度における透明性・アカウンタビリティを高めるための仕組みを分析するに当たっては，どのような内容のメカニズムとなっているかという視点とともに，かかる仕組みにどのようなステークホルダーが参加しているかという視点を持つことが有益である。上記(2)で整理した仕組みも含め，(国際通商に関する協定は国家間同士で基本的に締結されることを主な理由としていると思われるが)現状において，規制の透明性を高めるための国際通商制度の主な参加者は各国政府である。

一方で，従来は，その他のステークホルダーの参加が制度化されている例は必ずしも多くなかった。しかし近年，EPA/FTAにおいて，多様なステークホルダーを巻き込んだ議論や問題解決の仕組みが導入されており，透明性・アカウンタビリティを高めることに資するものになっていると考えられる。

例えば，CPTPPの労働章 (19章) においては，政府はすべての締約国から労働章の規定に関連する事項 (規定違反等) について意見書を受領し，適時に回答等をする[44]，締約国政府間で設置される労働評議会は，利害関係者の意見を受領及び検討するための手段を提供する[45]，締約国間の協力に関して，自国の利害関係者 (労働者・使用者の代表者を含む) の見解及び参加を求める等が規定されており[46]，締約国の措置に関する利害関係者が，当該措置について情報収集や問題提起等を行うための仕組みが組み込まれている。

また，日EU EPAにおいても，例えば貿易及び持続可能な開発章 (16章) 並びに規制に関する良い慣行及び規制に関する協力章 (18章) において，利害関係者が均衡のとれた形で代表する国内の諮問機関と協議を実施すること[47]，日EU双方の政府及び民間の関係者が参加し，貿易と持続可能な開発，環境，労働といったテーマについて意見交換を実施する両締約国の市民社会との共同対話[48]，公衆に対する規制措置の改善のための意見 (簡素化又は不必要な負担の軽減

---

(44) CPTPP 19.9条。
(45) CPTPP 19.14条。
(46) CPTPP 19.10条。
(47) 日EU EPA 16.15条。
(48) 日EU EPA 16.16条。

のための提案を含む）を提出する機会の付与$^{(49)}$が規定されている。

他にも，RCEPの電子商取引章（12章）においては，締約国間の電子商取引に関する対話において，適当な場合に利害関係者との対話を含むことが規定されている$^{(50)}$。

さらに，他の国際機関においても，各国の貿易に影響を与える措置について，各国政府以外のステークホルダーが問題提起や議論を行う機会が提供されている。例えば，OECDでは，加盟国の労働組合を構成員とする労働組合諮問委員会（The Trade Union Advisory Committee）と，民間経済団体を構成員とする経済産業諮問委員会（Business at OECD）が，貿易委員会等の委員会や作業部会等の議論の場に参加し，意見を述べる等している。

3．越境データ移転規制に関する透明性・アカウンタビリティを高めるための制度の設計に関する検討

本節では，上記2．の検討を踏まえて，越境データ移転規制に関する透明性及びアカウンタビリティを高めるための制度を実際にどのように設計し得るかについて具体的に検討する。

(1) 越境データ移転規制に関する透明性・アカウンタビリティを高める制度の設計に関する示唆

上記2．の議論は，越境データ移転規制に関する透明性及びアカウンタビリティを高めるための制度設計に関して，以下の示唆を与えると考えられる。

(i) 各国単独で行い得る取組み

第1に，各国単独で行い得る規制の把握に資する取組みとして，各国による措置の公表がある。上記2．(1)(2)のとおり，国際通商制度においては，各国による措置の公表を促す仕組みが広く用いられており，これが透明性の向上に貢献していると考えられる。したがって，越境データ移転に影響を与える措置についても，同様に各国に対して公表を促すことが考えられる。

---

(49) 日EU EPA 18.10条。
(50) RCEP 12.16条。

また，関連して，各国単独で行い得る取組みとして，各国が，他国からの措置の照会に応じる照会所を設けることも考えられる。さらに，国際通商制度において政府以外のステークホルダーの制度への参加の萌芽が出てきているように，このような照会所に対して，政府のみならず利害関係者による措置についての照会も可能とすることもあり得る。

(ⅱ) 措置に関する情報の収集，集約及び議論のためのフォーラムを活用した取組み

第2に，上記2.(1)(2)によって，国際通商制度においては，WTOを始めとする国際フォーラムにおける様々な制度によって，情報の収集及び集約，さらにはそれに基づく議論が可能となっていることが示された。

そこで，越境データ移転に影響を与える措置についても，そのような国際フォーラムを設けることによって，措置の透明性及びアカウンタビリティを確保することが可能になると考えられる。

このような国際フォーラムとしては，新たに専用の国際フォーラムを設立するという選択肢がある一方で，OECD，WTO，アジア太平洋経済協力（APEC）等の既存の国際フォーラムを活用することにより，立ち上げコストの低減等，国際フォーラム設立に関する省力化を図ることができると考えられる。実際，2023年12月のG7デジタル・技術閣僚声明の附属書1においては，「IAPを立ち上げる過程において，我々は，OECDの属性とそのデータガバナンス，プライバシー，DFFT，そしてデジタル経済分野一般における既存の取組から，OECDがこの国際的な努力を進めるのに適していると考えている」とされ，越境データ移転に関する措置について議論するフォーラムとして，OECDが主要な候補となっていることが明らかにされた。[51]

その上で，このようなフォーラムにおいては，上記2.で整理した国際通商制度における関連する仕組みを参照しながら，越境データ移転に関する措置についての透明性及びアカウンタビリティを高めるための仕組みとして，規制を把握するための制度（上記2.(1)）並びに規制についての議論及び対話のための

---

(51) METI, "G7 Digital and Tech Track Annex 1 Annex on G7 Vision for Operationalising DFFT and its Priorities", available at https://www.meti.go.jp/press/2023/04/20230430001/20230430001-ANNEX1.pdf.

制度（上記2.(2)）を実装していくことが有益であると考えられる。

　上記2.(1)で整理した規制を把握するための仕組みのうち，各国規制の内容を一番良く理解しているのは各国政府であることに鑑みれば，特に重要となるのは，国際通商制度においても多く実施されている措置国による公表又は通報であると考えられる。さらに，他の参加国がイニシアティブをとる仕組みとして，他の参加国から措置国に対する当該フォーラムを通じた照会，さらには他の参加国から措置国の措置についての逆通報等の仕組みを導入することがあり得る。

　このような規制を把握するための制度に加えて，上記2.(2)の整理を参照しながら，当該フォーラムにおいて，規制についての議論及び対話を実施していく方法に関する検討が求められる。

　また，当該フォーラムの事務局が，どのような役割及び機能を担うかについての検討も重要となる。上記2.(1)(2)で整理したとおり，WTOのTPRM，OECD，UNCTAD等における取組みは，国際フォーラムの事務局が調査，公表，データベースの作成等を行うことによって，関連する措置の透明性や措置国のアカウンタビリティが高められていることを示唆している。そこで，越境データ移転規制を議論するフォーラム（上記のとおり現在のところOECDが主要な候補とされている）の事務局においても，公表情報に基づく調査，各国政府への照会等によって，独自に情報を収集及び整理し，それを参加国に提示したり一般に公開したりする機能まで担うことも考えられる。

　加えて，効率的に越境データ移転規制に関する情報を収集し，さらにそれらの措置についての措置国のアカウンタビリティを高めるためには，情報の収集や関連する措置に関する議論について，政府だけに限られない幅広いステークホルダーを関与させることが効果的となり得る。

　この点について，上記2.(3)における分析は，国際通商制度においてはなお発展途上であるものの，ステークホルダーの参加の仕組みには様々なものがあり得ることを示唆しており，例えばビジネスや市民社会の代表を，上記フォーラムに参加させるための仕組みの導入が選択肢として考えられる。さらに，この一環として，既存の非政府組織による研究成果やデータベースの活用も検討に値するように思われる。例えば，非営利組織であるSt. Gallen Endowment for Prosperity Through Trade は，Digital Policy Alert というデータベースにおいて，各国のデジタル政策の動向をタイムリーに収集，分析及び公表している[52]。このような民間の知見を取り込み，活用するための仕組みも，制度設計に当たっての課題となると考えられる。

　また，国際通商制度においても萌芽が見られる，個々の企業や個人からの措置に関する照会や通報を可能とする仕組みの導入の是非や設計についても今後の論点となり得る。一方で，このような個々の企業や個人からの照会や通報を広く認めた場合には，重複する照会や通報が多数寄せられて非効率となるおそれもある。そこで，そのような照会や通報を集約するような仕組みや，まずは事務局において各国の措置についての調査，整理及び公表を行い，それに対して個人，企業等のステークホルダーがコメントを寄せるといったプロセス等，ステークホルダーの巻き込みや措置の透明性及びアカウンタビリティの向上と効率性とのバランスがとれた仕組みを検討していくことが重要になると考えられる。

(2)　制度の実効性の確保に向けた検討

　上記3.(1)で検討した越境データ移転規制に関する透明性及びアカウンタビリティを高めるための制度が実際に機能するためには，制度の実効性を確保するための仕組みをどのように組み込むべきかについても検討しておくことが有益である。特に，措置に関する情報の収集，集約及び議論のためのフォーラムを活用して透明性及びアカウンタビリティを高めようとする場合には，自国の措置の内容を一番良く理解している措置国による公表・通報制度が重要になると考えられる。そのため，かかる制度を機能させるためには，いかに自国措置に関する参加国の遅滞なく正確な公表・通報を確保するかが問題となる。

　そこで上記2.(2)で整理した既存の国際通商制度における情報収集のための制度の実効性ないし課題を参照することによって，この点を検討する。

(ⅰ)　情報収集制度が機能している制度と十分に機能していない制度との比較

　既存の国際通商制度のうち，特にTBT協定やSPS協定については，概ね通

---

(52)　St. Gallen Endowment for Prosperity Through Trade, "Digital Policy Alert", available at https://digitalpolicyalert.org/.

報制度が機能していると考えられている。このうち、SPS協定について、制度が機能している要因を筆者らの実務経験に基づいて検討すると、例えば、①各国により講じられる衛生植物検疫措置のあり方に関する相場観が各国で共有されていること、②対象となる衛生植物検疫措置の範囲が条文上明確であり、その意義について各国間で見解の相違が少ないこと[53]、③自国の衛生植物検疫措置を明らかにしておくことが、農産品等の輸出入に関する規制の遵守確保や輸出入の円滑化との関係で、措置国にとってもメリットがあると認識されている可能性があること等が挙げられる。

これに対して、対象となる措置についての通報義務の不履行が問題となっている代表的な協定が、補助金協定である[54][55]。先行研究や筆者らの実務経験に基づいてかかる問題の原因を検討すると、例えば、(a) 補助金の存在を明らかにすると、WTO紛争解決手続への提訴や補助金相殺関税措置の対象となるリスクが生じる一方で、自国の補助金措置を明らかにするメリットが補助金交付国にとって小さい可能性があること、(b) 例えば、政府系金融機関からの融資が通報の対象となる「補助金」に該当するか否かを検討するためには、当該融資の条件が市場ベンチマークと比較した有利性（代表的には市場で得られる融資よりも金利が低いこと）についての検討が求められる等[56]、具体的場面における「補助金」該当性の判断が容易ではない場合があること、(c) 上記 (b) とも関連するが、各国にとって、「補助金」に該当し得る措置を特定及び整理し、その補助金該当性を一つ一つ判断する行政コストは決して軽くなく、特にいわゆる発展途上国において、補助金通報のための能力又はリソースが不足していると考えられること等が挙げられる。

国際的には、かかる問題に対処するべく、各国に通報の動機付けを付与するために、逆通報の仕組みを強化する議論もなされている。具体的には、2020年

---

(53) SPS協定附属書A第1項において、SPS協定の対象となる「衛生植物検疫措置」の内容が具体的に定義されている。

(54) 例えば、2023年は、164の加盟国のうち100を超える加盟国が、補助金に関する通報を行っていない（WTO, G/SCM/W/546/Rev.15）。

(55) 例えば、OECD, "Measuring distortions in international markets: Below-market finance", *OECD Trade Policy Papers*, No. 247（2021, OECD Publishing, Paris）, available at https://doi.org/10.1787/a1a5aa8a-en 参照。

1月14日の日米欧三極貿易大臣会合の共同声明において，通報義務の履行状況改善のため，補助金交付国が期限内に自ら通報を行わずに他国により逆通報された補助金については，交付国が一定の期間内に書面で当該補助金に関する必要情報を提供しない限り，その交付が禁止される条文を追加することが提案されている。⁽⁵⁷⁾

(ii) **情報収集制度を機能させる上でのポイント：インセンティブ及び能力**

上記(i)の分析は，越境データ移転規制についての情報収集に関する制度（その中でも特に措置国による報告制度）を機能させるためには，措置国に情報提供の①インセンティブ（動機付け）及び②能力が必要であることを明らかにしていると考えられる。

①自国の越境データ移転規制を報告することについてのインセンティブについては，まず，大きな前提として，越境データ移転を促進することが各国にとって相互に利益となることが各国間で共有されていることが求められるよう

---

(56) WTO補助金協定において，具体的な措置が「補助金」に該当するとされるためには，政府又は公的機関による「資金的貢献」によって，「利益」がもたらされている必要がある（同協定1.1条(a)及び(b)）。この点について，例えば政府系金融機関からの融資は，資金の直接的な移転を伴う措置（同協定1.1条(a)(1)(i)）として「資金的貢献」に該当し得る一方で，「利益」性の検討に当たっては，「当該貸付けを受けている企業が当該貸付けに対して支払う額と当該企業が市場で実際に同等な商業的貸付けを受ける場合に当該商業的貸付けに対して支払う額との差がない限り，利益をもたらすものとみなしてはならない」とされている（同協定14条(b)）。したがって，かかる融資の「補助金」該当性を検討するに当たっては，当該融資の実際の融資条件と，当該融資を受けている企業に対する市場における融資条件とを比較する必要があるが，検討対象となる融資と融資額，融資期間，通貨，市場，融資に関するリスク等の点において同等の融資を市場において探知することは容易ではなく，かかる比較作業は困難を伴うことが多いと考えられる。

また，関連して，上記のとおり，「補助金性」が認められるためには，資金的貢献が政府又は「公的機関」によってなされている必要がある。したがって，政府そのものではなく，政府系の機関が資金的貢献を行っている場合には，当該機関が「公的機関」に該当するか否かの検討も必要となる。過去のWTO上級委員報告書は，「公的機関」の意義について，「政府権限の保持，行使又は付与」(possess, exercise, or is vested with governmental authority) を必要としているが（Appellate Body Reports, *United States-Definitive Anti-dumping and Countervailing Duties on Certain Products from China*, para. 317, WT/DS379/AB/R (11 March 2011)），どのような場合にこの要件が充足されるかについての判断は容易ではないと考えられる。

(57) The Office of the United States Trade Representative, "Joint Statement of the Trilateral Meeting of the Trade Ministers of Japan, the United States and the European Union (January 14, 2020)", available at https://ustr.gov/about-us/policy-offices/press-office/press-releases/2020/january/joint-statement-trilateral-meeting-trade-ministers-japan-united-states-and-european-union.

第4章 越境データ移転規制における透明性の確保

に思われる。その上で，越境データ移転に影響を与える自国の措置の透明性を高めることが，外国から自国への投資やより良いサービスの提供を促すことを通じて，自国の事業者やサービスのユーザーにとっても利益となることが認識されていることが望ましい。また，上記(i)でSPS協定について述べたように，自国の措置の透明性を高めることが，外国事業者による自国の規制の遵守を確保する上でも重要であることを再確認することも考えられよう。

その上で，越境データ移転規制についての情報収集に関する制度の内容としては，これまで整理した既存の国際通商制度を参考にして，他国による措置の逆通報や照会，さらにはWTOのTPRMにおけるピア・レビューのようなモニタリング制度を導入することが有効となり得る。さらに，それらの仕組みを通じて認識された規制を議論する場を設定することが，先んじて自国の措置を報告したり，指摘された規制について具体的な情報を報告したりすることへのインセンティブとなる可能性がある。

次に，②能力については，各国のリソースに鑑みて，各国が自国の措置の報告に関して現実的に対応可能な制度となっていることが，当該制度の実効性の向上に資すると考えられる。

このためには，例えば，各国に報告を求める場合に，その報告範囲が各国にとって過度な負担とならない範囲に抑えることが求められる。この一環として，報告の必要性の判断に過大なコストを要しないよう，報告の対象となる規制及びその内容を明確化することも必要になろう。

さらに，各国のリソースの限界に対応し，また各国間で重複する作業を一元的に行うことで作業効率を向上させるという観点からは，事務局機能の強化も1つの選択肢であると考えられる。ここでは例えば，上記2．で整理したWTOのTPRM，OECD，UNCTAD等の事務局の機能及び体制作りが参考になる。越境データ移転規制に関する透明性及びアカウンタビリティを高める制度に関しては，各国の規制に関する情報収集について，事務局が一次的な調査を担い，各国にはその正確性を確認してもらい，各国からの情報提供に基づいてさらに情報をアップデートする，といったプロセスを導入することが考えられる。

また，各国政府や国際機関の能力やリソースを補完するために，上記2．(3)

で整理した近年のEPA/FTAの仕組みも参考にしながら，民間からの情報提供の活用についても検討する余地がある。ここでは，どのような個人又は団体にどのようなプロセスで情報提供を可能とするか，既存の民間のデータベース等をどのように活用し得るか，それらの正確性や正統性をどのように確保するか，情報提供の重複の最小化や提供された情報の整理の効率化をいかに実現するかといった点についての検討が求められる。

(3) 規制の内容を把握するために必要となる情報

前項の分析は，越境データ移転規制についての情報収集に関する制度が機能するためには，報告の対象となる越境データ移転規制の範囲を明確化することが有効となり得ることを示している。

かかる観点からは，新たに設立される国際枠組みにおいて，越境データ移転規制に関する情報収集のフォーマットを作成し，そのような統一的なフォーマットに基づいて情報収集を行うことが，効率的かつ公平に，必要な情報を集めることに資すると考えられる。

このような統一的なフォーマットは，各国に過度な負担がかかることを避ける一方で，越境データ移転を行うビジネスにとって十分な情報が把握できるものとなる必要がある。そこで，以下では，このようなフォーマットがどのような情報をカバーすべきであるかや，関連する論点について，基本的な考え方の方向性を試論として示す。

（ⅰ）対象となる規制の性質

まず，どのような性質の規制を対象として情報収集するかが問題となる。

データの越境移転に影響を与える規制の代表的なものは，①当該データの国外への移転を直接に制約する法規制（以下「越境移転規制」という）である。これに加えて，各国は，②データの国外への移転を直接には規制しないものの，当該データを回答国内で保持し，又は回答国内において処理させることを義務付ける法規制（以下「国内保存・国内処理規制」という）[58]を用いることがある。これも越境データ移転に影響を与えることが明らかである。したがって，この両類型の規制を，越境データ移転規制として情報収集の対象とすべきと考える。

また，どこまでの措置が「規制」に該当するのか，例えば法的な強制力のな

い措置も対象とするのかも問題となる。例えばGATSは，WTOサービス貿易理事会への通報が求められる措置を，サービスの貿易に対して著しい影響を及ぼす「法令又は行政上の指針」と定めている[(59)]。この点については，法的な強制力のないガイドラインであってもそれが企業行動に影響を及ぼそうとすることを目的とする場合には越境データ移転に影響を与える可能性があること，また形式的には法的な強制力がない措置であっても行政による実際の運用次第では事実上の強制力を持ち得ること等を踏まえると，措置国が回答に当たって確認すべき規制の形式的範囲は，法律形式をとるものだけでなく，行政当局の公表するガイドライン，通達等の形式的には法的強制力がないルールも含めることが妥当であるように思われる。

(ⅱ) **規制の対象分野**

次に，どのような分野に適用される規制を対象とするのかも論点となる。

越境データ移転を制限する規制を，規制の対象分野という観点から大きく分類すると，①分野横断的に適用される法令等（個人情報の保護に関する法令，サイバーセキュリティに関する法令等），及び②個別の分野にのみ適用される法令等に整理され得る。もっとも，特に，②については，規制が数多く存在し得るため，措置国の情報提供の負担を考えた場合に，これらについて網羅的に情報提供を求めることは措置国の能力を超え，制度の実効性を害する可能性がある。

そこで，措置国の情報提供の負担を現実的に対応可能な範囲に抑えるために，①分野横断的に適用される法令等についてはすべて情報提供の対象とする

---

(58) ②の類型においては，回答国内における国内保存（保管）義務だけでなく，国内処理義務についても含めることが適切であると考える。なぜなら，データ処理施設を自国内において設置又は利用させることを義務付ける場合に一定のデータも当該国内に保存されることが想定されるため，対象規制に国内処理義務を含めておかないと，国内処理義務を通じて，実質的に国内保存義務を課すような規制を捕捉できないおそれがあるためである。このような発想は，CPTPP 14.13条2項において，締約国が，自国の領域において事業を遂行するための条件として，対象者に対し，当該領域において利用又は設置を要求してはならないとされる「コンピュータ関連設備」が，商業上の利用のために情報を「保存」するためのコンピュータ・サーバ及び記憶装置だけでなく，情報を「処理」するための設備もカバーされている（CPTPP 14.1条）こととも整合的であると考えられる（もっとも，本章における「国内処理義務」は，国内におけるデータ処理が義務付けられるかを問題としており，必ずしもコンピュータ・サーバ及び記憶装置の国内設置又は利用に限定されない点で，CPTPP 14.13条2項よりもさらにデータの流通という観点に着目していると考えられる）。

(59) GATS 3条3項。

一方で，②個別の分野にのみ適用される法令等については，重要な分野に関するものに限定して情報提供を求めることが妥当であると考えられる。この場合，②に関して，いかなる分野を「重要な分野」として特定するのかが問題となるが，参加国間において各分野の重要性に関する議論を踏まえて選定又は優先順位付けがされるべきであろう。[60]

(iii) **求められる回答の内容**

また，各国の対象規制に関する報告が，どの程度の具体性又は粒度をもってなされるべきかについても論点となる。

この問題については，各国政府や企業が，報告の対象となる規制の内容を把握するために十分に具体的な報告がなされるべきとの考え方が基本に置かれるべきと考えられる。この観点からは，主な回答内容としては，①対象規制が禁止又は制限する行為の内容（禁止又は制限される行為の具体的意義，禁止又は制限の具体的内容[61]等），②規制の目的，③対象規制の適用を受けるデータ及び主体の範囲，④規制を所管する機関等を最低限の報告の内容とすることが考えられる。

ただし，措置国の回答の負担を軽減するために，法律以外のガイドライン，通達等の形式的には法的拘束力を持たないルールについては，これらの具体的内容を説明することまでは求めず，それらのリンク及び関連条文のみの報告を求めるということも考えられる。

(iv) **各国による回答・報告の提出時期**

情報収集制度の設計に当たっては，各国による自国の関連規制についての報告の提出時期も問題となる。この点については，①定期的（年1回等）に回答，②規制の内容に変更のある場合に即時に回答，③他の参加国からの照会又は通報があった場合に回答等，複数の選択肢（及びこれらを適宜組み合わせるこ

---

(60) 例えば，欧州委員会は，企業や市民にもたらす恩恵を拡大するために「データの単一市場」である「欧州データ空間」を構築することを目標に据えているところ，この戦略的な重点分野として，ヘルスケア，農業，製造業，エネルギー，モビリティ，金融，行政，スキル及び欧州グリーンディールを特定していることも参考になると思われる（European Commission, "A European strategy for data (19 February 2020)", available at https://eur-lex.europa.eu/legal-content/EN/TXT/?uri=CELEX%3A52020DC0066）。

(61) 例えば禁止又は制限が解除されるための条件としての当局の個別の承認の要否や，追加的措置（暗号化，標準契約条項による対応等）の実施の要否及びその内容を含むことが想定され得る。

と）が考えられる。

4．おわりに：DFFT の実現に向けて

　越境データ移転規制は，プライバシーの保護だけでなく，国内法の確実な執行や国内産業の保護，ひいては経済安全保障等の様々な目的から課されているところ，DFFT の実現には，①規制を把握するための制度や，②規制についての議論又は対話を行うための制度を通じて，各国の規制の透明性を高めることが重要である。特に，安全保障を理由とする越境データ移転規制については，目的が抽象的で過度に広汎な規制につながるおそれが類型的に高いと考えられる。これについては，CPTPP 等の先進的な貿易協定において一定の規律が及ぶ余地はあるものの，上記①・②の制度を通じ，規制の透明性を向上することにより，間接的に過度な規律を抑制するという側面にも重要な意義があると考えられる。

　本章では，国際通商制度における仕組みを参照しながら，越境データ移転規制に関する透明性及びアカウンタビリティを高めるための具体的な制度のあり方について検討した。G7のデジタル・技術大臣会合においても越境データ移転規制に関する透明性を向上することの重要性が認識され，IAP をそのフォーラムとして活用する方向性が見られる。本章の分析がかかる制度の設計及び運用の参考となり，DFFT の実現に資するものとなれば幸いである。

第 5 章

経済安全保障と情報データの流通の規律
―― 2021年の「LINE 問題」を手掛かりに ――

石井　由梨佳

1．はじめに：経済安全保障とデータの自由流通の相剋

(1)　問題の所在

　情報流通の規律が経済安全保障上のインパクトを持ちうることは言を俟たない。経済安全保障（economic security）は，冷戦後期以降，諸国家の相互依存が高まる中で認識されるようになった概念である。もとより，自国の安全保障のために経済的手段による対応がとられることは，20世紀初頭以降，標準的なものになっている。1980年代以降は，エコノミック・ステイトクラフトについての研究が進み，軍事以外の安全保障上の利益追求の手法が精緻化されるようになった。近年では「安全保障」概念の拡張に伴い，経済安全保障概念も，国だけではなく，市民の経済生活における安全確保を意味するものとして把握されている。そしてデジタル権威主義（digital authoritarianism）が台頭する中で，各国憲法上の基本的な価値を守ること，経済体制や生活の安定を維持するために機密情報の保持などを確保することが，経済安全保障の括りに入れられるようになっている。

　情報法領域の課題は，加速度的な発展を遂げている今日の情報技術が「人間の外面的な行動ではなく，内面的な精神作用に直接働きかけるもの」になって

---

(1)　国際関係においては国際連盟規約16条の制裁メカニズムに経済制裁が組み込まれたことが主要な契機となった。Nicholas Mulder, *The Economic Weapon: The Rise of Sanctions as a Tool of Modern Wa*r (Yale University Press, 2022).

(2)　David A. Baldwin, *Economic Statecraft* (Princeton University Press, 1985). 国際政治学における理論的展開については，佐藤丙午「エコノミック・ステイトクラフト（Economic Statecraft）の理論と現実」国際政治205号（2022年）14頁も参照。

いる点である。それによって，国や事業者が，私人のプライバシー領域に食い込む契機が増加していること，そして，プライバシー保障において，国と私人間における従来の権限配分の構造が変容していることが，情報法における安全保障の規律についてもインパクトを与えている。このことは，次の2点において把握することができる。

　第1に，外部の脅威主体が，事業者が利用する情報技術を用いて，事業者が収集したデータとプロファイリングをもとに，利用者の「脳」に働きかけ，行動を左右することが可能になっている点である。今日では，一部の事業者に利用者のプライバシー領域に関わる情報が構造的に集中するようになっている。その中でも第三者にオンライン役務の場を提供するプラットフォーム（PF）事業者には，その事業の特性上，利用者のデータが集まりやすい。PF事業者は，ネットワーク効果や経済の規模の利益を活かし，複数の利用者からなる多面市場を形成する。事業者にとって，利用者のデータは事業発展のために必要であり，様々な手段を使ってそれを収集しようとする。さらにその際に，事業者は利用者をロックインさせることを通じて，競争優位を維持しようとする。そのためPF事業は独占，あるいは寡占が進みやすい。米国と中国の大手PF事業者は，そのようにしてそれぞれの「デジタル帝国」の礎を築いているとも言える。そのような情報の利活用が，国家安全保障上のインパクトを持つことは言を俟たない。

　第2に，情報のデジタル化に伴い，政府が民間事業者のデータに包括的にアクセスする契機が増加している。これは2001年同時多発テロ事件を始めとした市民を標的にした大規模テロに対応するために，米国，英国，フランス，ドイツを含め，各国で導入されている措置である。同時期に，顔音声認識技術やデータ駆動型捜査技術を含めた先端デジタル技術の開発が進んだことも，この

（3）　Hitoshi Nasu, "The Global Security Agenda: Securitization of Everything?," in Robin Geiss and Nils Melzer eds., *The Oxford Handbook of International Law of Global Security* (Oxford University Press, 2021), pp. 37-53. 経済安全保障の多面性については，特集「経済安全保障の法的制御」法時（2024年1月号），中谷和弘『経済安全保障と国際法』（信山社，2024年）も参照。
（4）　山本龍彦『〈超個人主義〉の逆説──AI社会への憲法的警句』（弘文堂，2023年）ii頁。
（5）　Anu Bradford, *Digital Empire* (Oxford University Press, 2022). ブラッドフォードは，「デジタル帝国」を基礎付けるモデルとして，米国，EU，中国の3つを比較検証する。
（6）　情報戦におけるPF事業の利用と，それへの対応については本書第6章参照。

アクセスの規模拡大に寄与している。

　その態様は多岐にわたっており，捜査目的で情報を取得する場合と，諜報，あるいは予防的な措置として情報を取得する場合とを含む。いずれの国も市民の安全とプライバシーとの均衡を取るために，憲法や法律においてセーフガードを設けているが，その運用解釈の不透明性は残る[7]。

　さらに2010年代になると，中国，ロシアを始めとした大国がデジタル権威主義に依拠した統治を行うようになる。民主主義は単に一般選挙で統治者を選ぶというだけではなく，法による支配，三権分立及び権力への統制がなされていることを含意する。これに対して権威主義とは，形式的には民主主義に近く，選挙を実施し，野党の存在を許容するが，政治活動に強い制限を課す体制である[8]。権威主義を追求する権力者らにとって，デジタル技術は重要なツールである。政府は，それによって市民の行動を監視，検閲，管理する体制を構築することができるためである[9]。

　このような権威主義の台頭を受け，かつ2010年代から本格化した米中対立を背景にして，経済安全保障を理由とした，物やお金の流れの規制が強化されている。米国や欧州各国，及び欧州連合（EU）でも，先端技術の輸出管理や投資規制が増えてきている。この流れは，チャチコ（Elena Chachiko）の表現を借りれば「プラットフォームの地政学転回」とも言える構造転換をもたらす[10]。PF事業者らも，安全保障上の脅威に対応する専門部局を設置するなどして，自らを地政学的アクターとして位置付けるようになっている。このようにして，データの自由流通と安全保障とのバランスをどのようにとるかが，各国で模索されている[11]。

　情報法の主な役割は，情報データ流通の規律である。事業者は様々な理由に

（7）　Ira S. Rubinstein, Gregory T. Nojeim and Ronald D. Lee, "Systemic Governmen Access to Private-Sector Data," in Fred H. Cate and James X. Dempsey eds., *Bulk Collection* (Oxford University Press, 2017), p. 5及び同書に収録されている各論文を参照。
（8）　権威主義の台頭，民主主義と国際法について，Tom Ginsburg, *Democracies and International Law* (Cambridge University Press, 2021) 参照。
（9）　情報通信技術と犯罪捜査のあり方については，尾崎愛美『犯罪捜査における情報技術の利用とその規律』（慶應義塾大学出版会，2023年）参照。
（10）　Elena Chachko, "National Security by Platform," *Stanford Technology Law Review*, Vol. 25 (2021), p. 61.

第5章　経済安全保障と情報データの流通の規律

おいて情報データを他国に移転しながら活動をする。例えば，データセンターの運営費や人件費などのコスト節減のため，特定の市場に役務を提供するため，地政学的リスクや災害等のリスクを分散させるためなどである。データ主体（data subject）あるいは事業者の本国は，個人情報保護法やデータ保護法に基づいて，そのような移転に制限をかけることができる。そのような制限は，従来は利用者の情報に対するコントロール権といった，データ主体の権益を保護することを主な狙いとしていた。しかし近年では，それらに加えて経済安全保障を理由としたデータの移転制限がなされる局面が増加している。安全については，カテゴリカルな定義がその性質上できないことから，制限の射程が広がりやすくなる。

そもそも，インターネットは国境を越えて情報を流通させるところにその思想の根幹がある。またサイバー空間における行動については，国家法や市場原理だけではなく，物理的，環境的制約を伴うアーキテクチャであるコードが，その規律基盤を形成している。それにも関わらず，安全保障目的での規律においては，国ごとにデータの移動が制限されることになることが，問題の中核にある。

(2)　2021年の「LINE問題」

日本において，情報の越境移転が経済安全保障の問題として捉えられるようになった契機の1つが，2021年に報道があった「LINE問題」である。本章も

---

(11)　なお，日本では2022年に経済安全保障推進法が成立したが，同法は情報の流通自体を制御するものではない。
(12)　越境移転とは，個人データを外国の第三者に提供することを指す。個人データが物理的に提供されていない場合でも，ネットワーク等の利用により利用できる状態にあれば提供に該当する。経済産業省「データの越境移転に関する報告書」（2023年1月31日公開）〈https://www.meti.go.jp/shingikai/mono_info_service/data_ekkyo_iten/pdf/20230131_1.pdf〉参照。
(13)　マシュー・ロンゴ（庄司克弘監訳）『国境の思想：ビッグデータ時代の主権・セキュリティ・市民』（岩波書店，2020年）。
(14)　Lawrence Lessig, *Code: Version 2.0*（2006）．情報法における「コード」の意義については，本講座5巻も参照。
(15)　通信アプリであるLINEは2024年1月現在，9600万人が利用しており，様々な行政，商業サービスも依拠している，国の主要な通信インフラの1つである。この問題の評価について，山本龍彦＝石井由梨佳＝河合優子「LINE問題から考えるグローバルデータガバナンス」ジュリ1565号（2021年）2頁，山本・前掲書注（4）244頁参照。

139

この事案を主な問題として想定している。

　同年3月、LINE社の通信アプリの利用者の個人情報を含む、画像や動画が韓国に所在するデータセンターに蔵置されていたこと、及びLINE社の業務再委託先であった中国事業者がそのデータにアクセス可能な状態になっていたことが報道された。中国の習近平政権は、「総合的国家安全観」に基づく安全保障政策をとっており、情報の流れを監視するための様々な法制を整備している[16]。同国では2014年の反スパイ法[17]、2015年の国家安全法[18]、2016年のサイバー安全法[19]に続いて、2017年には国家情報法[20]が成立した。国家情報法では、事業者は中国の公安当局の要請に応じて、業務上の情報を提出する義務を負うことになっていた。そのことから、LINE利用者の個人情報や通信の内容が、中国政府に渡りうることが懸念された。

　この移転は、2020年当時の日本の個人情報保護法に違反するものではなかった。しかし、LINE社では、データを韓国に移転することと中国の事業者が監視をしていることを含め、データ保存やアクセスの態様について十分な説明を利用者に対して行っていなかった。このことを踏まえ、親会社のZホールディングスが設置した外部有識者による特別委員会は、2021年10月の報告書において、同社が経済安全保障への適切な配慮ができていなかったと指摘した[21]。また2021年に個人情報保護法が改正され、事業者は移転先の安全保障体制についての調査を十分にすることと、移転先の国名を利用者に告知することが義務付けられるようになった[22]。

---

(16)　益尾知佐子「中国の国内統治と安全保障戦略」国際問題715号（2023年）40頁。
(17)　反間諜法（2014年11月1日成立）。中国における国家の安全と情報法との緊張関係については石本茂彦「国家安全と情報法」石本茂彦＝松尾剛行＝森脇章編『中国のデジタル戦略と法』（弘文堂、2022年）37頁参照。
(18)　国家安全法（2015年7月1日成立）〈https://www.gov.cn/zhengce/2015-07/01/content_2893902.htm〉。同法は1993年国家安全法を改正したものである。
(19)　网络安全法（2016年11月7日成立）〈https://www.gov.cn/xinwen/2016-11/07/content_5129723.htm〉。
(20)　国家情報法（2017年6月27日成立）〈http://www.npc.gov.cn/zgrdw/npc/xinwen/2017-06/27/content_2024529.htm〉。
(21)　Zホールディングス株式会社「『グローバルなデータガバナンスに関する特別委員会』最終報告書受領および今後のグループガバナンス強化について」（2021年10月18日公開）〈https://www.z-holdings.co.jp/news/press-releases/2021/1018/〉。

第5章　経済安全保障と情報データの流通の規律

(3) 本章の課題と構成

　自国の安全を確保しながら，データの自由な流通を止めないために，事業者に対するデータの移転制限は，どのような基準で認めることが望ましいか。また，事業者はデータの越境移転の際にどのような体制において移転を行わなくてはならないか。これらが，経済安全保障の法的制御の問題を考えるときに，問われなくてはならない。このような規律は，まずは各国の情報法で決めることであるが，実際には明確な方針を持っている国や地域は限られている。また，国外の事業者に法を適用する場合には，管轄権規則に沿うことが必要である。さらに，データが越境移転する以上，国際的な共通基準があればそちらの方が望ましい。

　鍵となるのは，情報システムに対する利用者の信頼（trust）をどのように確保，維持するかである。[23]データの蓄積，流通，処理は，基本的に利用者が企業を，企業が委託先の企業を信頼してなされる。しかしそれは私人間の取引にとどまらないインパクトを持つ。そのデータに基づいて，事業者は利用者の生活から思想信条まで把握することができるし，利用者の行動を変えることができる。そして，国や事業者は蓄積されたデータを利用して自らの権力を増大させることができる。

　個人情報保護法の基本的な考え方は，事業者によるデータ利活用はデータ主体である本人の同意に基づいて行うというものである。しかしこのような統制には限界がある。利用者が複雑なシステムについて十分な理解をすることは期待できないし，利用者に他に選択肢がない場合もあるためである。

　このようなデジタル環境における同意の形骸化を克服するために，先行研究では，自律的な情報コントロール権を認める見解が，説得力を持って受け入れられてきた。日本では，山本龍彦がプロファイリングがもたらす自己決定過程

---

(22) 2021年に改正された個人情報保護法では，本人からの同意取得時に，移転先の所在国の名称，当該外国における個人情報の保護に関する制度，移転先の講ずる個人情報の保護のための措置についての情報を提供しなくてはならない（28条2項）。そして，移転元は，移転先における適正取扱いの実施状況等の定期的な確認，移転先における適正取扱いに問題が生じた場合の対応，本人の求めに応じた，必要な措置等に関する情報を提供する（28条3項）。

(23) Ari Ezra Waldman, *Privacy as Trust* (Cambridge University Press, 2018); Neil Richards and Woodrow Hartzog, "Taking Trust Seirously in Privacy Law," *Stanford Technology Law Review*, Vol. 69 (2016), p. 444 (431).

の歪みを踏まえ、システム構造やアーキテクチャの重要性を認めた上で、自己情報決定権を認めるべきであるという論を展開している[24]。さらに、この問題については、PFが生活不可欠な公共インフラであると同時に、国家による統制が必要な権力を有していることを踏まえ、PFの権力と国家権力とを抑制と均衡の関係に立たせる、デジタル立憲主義を構想する見解も有力に主張されている[25]。もっとも、法定されている規則に上乗せして利用者のプライバシーを保障する動きは限定的である。それができるのは一部の大手事業者だけであるし、いずれにしても自発的な努力にとどまっている。

そこで、米国とEUは、データの扱いに関して信頼できない企業を排除するアプローチを採用している。米国はデータ漏洩防止などの安全保障のために中国の主要な通信企業を排除する方針を打ち出している[26]。EUは、域内で活動する外国事業者が後述する一般データ保護規則（GDPR）[27]やAI倫理指針（2019年4月、欧州委員会ハイレベル専門家会合指針等）[28]を遵守しないことを懸念している。しかし、この排除の動きが過剰になると、ネットワークの信頼が損なわれる危険性が生じる。米国の政策は、5GやAI技術においてリードしている中国を牽制する目的を有している。EUのデジタル主権の動きも、EUの通信事業者らが米中の事業者に遅れをとっていることから、前者を支援するための産業政策という側面がある。規制の結果、サイバー空間における自由が脅かされ、インターネットが分断される危険性（splinternet）があり、それを防止する仕組みが必要となる。

さらに、権威主義的な他国における企業からの技術投資を制限しようとするホスト国の安全保障上の取り組みと、それらの投資を受け入れるホスト国の事業者の側には利益相反が生じうる。デジタル技術に関する技術標準の設計については、企業の参加が制度的に認められている[29]。コカス（Aynne Kokas）は米

---

(24) 山本龍彦『プライバシーの権利を考える』（信山社、2017年）3頁。
(25) Giovanni de Gregorio, "The Rise of Digital Constitutionalism in the European Union," *International Journal of Constitutional Law*, Vol. 19 (2020), p. 41; 山本・前掲書注（4）247頁参照。
(26) 外国事業者の投資規制については、渡井理佳子『経済安全保障と対内直接投資——アメリカにおける規制の変遷と日本の動向』（信山社、2023年）参照。
(27) Regulation (EU) 2016/679, OJ L 119, 4.5.2016, pp. 1-88.
(28) Ethics guidelines for trustworthy AI, 8 April 2019, available at https://digital-strategy.ec.europa.eu/en/library/ethics-guidelines-trustworthy-ai.

国におけるこのようなマルチステークホルダー主義が，国益のための長期的なデータガバナンス形成を困難にしていると指摘する[30]。

この問題についての国際法上の実体的な規範は殆どなく，主要国の国内法が先行している状況にある。それらを網羅的に調べることは本章の目的ではないが，情報法がデータの自由流通と安全保障とのバランスを取るためにどのような仕組みを有しているのかを調査する上では，主要な国家実践を整理する必要がある。そこで，まず主要国の情報法の例を参照しながら，各国がどのような方法で情報流通を経済安全保障の観点から規律しているのかを示す（2.）。また，各国が自国法をどのような条件で国外の事業者にも及ぼしているかを，国際法上の管轄権規則を踏まえて検討する（3.）。その上で，国際協力の可能性と限界を示す。その中では，日本政府が掲げる「信頼ある自由な情報流通」が基準たりうるかを検討する（4.）。

2．情報法における経済安全保障の制御

最初に，各国に共通する情報法における経済安全保障の制御を行う上での課題を簡単に示す。そのような制御の方法は多岐にわたるが，ここでは①政府による事業者が保有するデータへのアクセス，②事業者のデータの越境移転，③外国事業者の投資制限を取り上げる。

(1) 政府による事業者が保有するデータへのアクセス

(i) 政府によるデータへのアクセス

一般に政府は自国領域内にあったり自国管轄下の事業者が保有していたりするデータにアクセスすることができ，それが経済安全保障上の目的のために行われる場合がある[31]。これまでは通信データや，交通関連情報，金融情報などの取得が，上述したテロ対策の一環においてなされてきた。

---

(29) 例えば，情報セキュリティについての標準やガイドラインを定める，米国国立標準技術研究所（NIST）が挙げられる。

(30) Aynne Kokas, *Trafficking Data: How China is Winning the Battle for Digital Sovereignty* (Oxford University Press, 2022), p.22.

ケイト（Fred Cate）らが実施した，政府による組織的な民間部門へのデータアクセスに関する調査では，そのようなアクセスの態様として，例えば次の基準を掲げている。(32) まず，プライバシー権とアクセス権限の根拠が国内でどのレベルにおいて設定されているのか（憲法であるか，法令であるか）である。また，コンテンツデータと非コンテンツデータで相違が設けられているのか，技術中立的であるか，標的アクセスと一括アクセスで規則の相違があるか，データの利用や保管についてどのような制限があるか，監視メカニズムがあるか，技術設計上の義務があるか，事業者に保管義務があるかなどである。

ガバメントアクセスが捜査目的で行われる場合，情報取扱に関する透明性と捜査の密行性とのバランスをどこで取るかも問題である。例えば，政府からのアクセス要請があった場合，企業がそれを本人に通知するべきか，どのタイミングでするべきかという問題がある。(33) もっとも利用者が開示の事実を事前に知ってしまうと情報を隠匿する恐れが高くなるため，一定期間はそのような通知を禁止する要請がある。他方でアクセスの事実自体が秘匿されると政府の措置に対する統制が難しくなるため，事後的な開示はするべきだと言える。さらに，企業が定期的に捜査機関からの開示要請の件数アクセスに関する統計を公表したり，開示の基準など，捜査機関への対応状況を利用者に明らかにしたりすることも重要な取組みである。日本では透明性レポートを出している企業は一部に留まっているのが現状だと言える。しかし，このような取組みは利用者に対する安心感を与え，長期的には企業の競争力を高めることにもつながる。(34)

近年では，これに加えてデータによって駆動される，いわゆるデータ・ドリ

---

(31) 政府によるアクセス（government access）とは，規制，法執行，安全保障目的のために，政府が事業者に情報の取得，保存，開示を求めたり，暗号データを復号できるようにしておくこと等の技術設計上の要求を行ったりすることをいう。

(32) Rubinstein et al., *supra* note 7, at p. 23.

(33) これについての事業者の方針は区々である。例えばGoogle社のポリシーは，政府へのアクセス要請に応じて利用者の情報を開示をする場合には，原則事前に利用者に通知すること，例外的に開示が法的に禁止されている場合や緊急事態の場合等には事後的に通知することを定めている。LINE社のポリシーは法律で禁止されている場合あるいは捜査の事実に照らして適切でない場合は通知しないが，それ以外については通知するという。

(34) 西村高等法務研究所『「CLOUD Act（クラウド法）研究会」報告書 Ver 2.0：企業が保有するデータと捜査を巡る法的課題の検討と提言』（2023年）〈https://www.nishimura.com/ja/knowledge/publications/92692〉参照。

ブンな (data-driven) 技術に対するアクセスもある。この技術は一方ではデジタル産業の飛躍的な拡大を促したが，他方で，それがもたらす危険性が認識されるようになっている。データを用いたプロファイリングがなされる結果，個人の自律的選択が難しくなったり，社会的差別が助長されたりして，人々のプライバシーや安全が害される恐れがあるためである。そこで，技術の設計やデータの収集，処理，国境を越えた移転に対する制限等について，データ倫理に基づいて法制定を行ったり政策を策定したりする例が増えている。

これまでに OECD は 2019 年 5 月に AI に関する理事会勧告を採択し，それを受けて 2020 年 6 月に日本を含む有志国と EU が「AI に関するグローバルパートナーシップ」(GPAI) というイニシアティブを立ち上げた。また，欧州委員会は 2021 年 4 月に AI についての新しい規則の提案を行った。その他，OECD 専門家ネットワークが設けられたり，欧州評議会で特別委員会が設けられたり，各国レベルで指針を策定したりする動きがある。

これらに共通するデータ・ガバナンスの基本的な原則として，人権の保護及び尊重がなされること，設計が倫理的であること，事業者や設計者がアルゴリ

---

(35) 本節のデータ・ドリブンな技術についての国際通商法上の規律について，石井由梨佳「デジタル貿易諸協定における個人情報保護法制とデータ・ガバナンス」(2022 年 2 月, 22-J-004)〈https://www.rieti.go.jp/jp/publications/summary/22020006.html〉で一部論じた。

(36) Jessica Fjeld et al., "Principled Artificial Intelligence: Mapping Consensus in Ethical and Rights-Based Approaches to Principles for AI," Berkman Klein Center for Internet & Society, 2020. データ倫理とは，データと情報の生成，記録，キュレーション，処理，頒布，共有，利用を含む，アルゴリズムがもたらす問題を評価し，道徳的に望ましい方向性を策定するための倫理である。

(37) OECD, Recommendation of the Council on Artificial Intelligence (22 May 2019) OECD/LEGAL/0449, available at https://legalinstruments.oecd.org/en/instruments/OECD-LEGAL-0449.

(38) European Parliament, Artificial Intelligence Act: deal on comprehensive rules for trustworthy AI, available at https://www.europarl.europa.eu/news/en/press-room/20231206IPR15699/artificial-intelligence-act-deal-on-comprehensive-rules-for-trustworthy-ai. European Commission, White Paper on Artificial Intelligence: a European approach to excellence and trust (19 February 2020), available at https://ec.europa.eu/info/publications/white-paper-artificial-intelligence-european-approach-excellence-and-trust_en も参照。

(39) OECD Working Party and Network of Experts on AI, available at https://oecd.ai/en/network-of-experts.

(40) Council of Europe, CAHAI (Ad hoc Committee on Artificial Intelligence), available at https://www.coe.int/en/web/artificial-intelligence/cahai.

(41) OECD AI Policy Observatory, available at https://oecd.ai.

ズムについて説明責任を負うこと，プライバシーと安全が守られることが含まれる。具体的には，人権を侵害し得る技術販売の禁止，機微に関わるデータの転送や処理の制限，企業が技術を国内市場で販売するためにアルゴリズムやソースコードを規制当局に開示して検証あるいは承認を受けることの義務付け，外国技術基準の使用制限，国内技術基準を用いることの義務付け，ライセンス取得の義務付け等が行われ得る。

(ii) 事業者の暗号解除義務

近年では，通信を暗号化して事業者もその内容にアクセスできないようにすることが多い。これについては，事業者がその通信内容を復号できるようにすることや，バックドアを設けておくことを義務付けることが考えられる。組織犯罪が深刻化していることから，主要国の政府はこのような方向性に賛成するものが多い。[42]

しかしこのような規制については，IT業界からは反対の意見が強い。その理由には概ね次のものがある。第1に，利用者のプライバシーと表現の自由保障を重視する立場からのものである。これは，2001年同時多発テロ以降，米国が主要通信企業の通信を諜報するなど，民主主義を基本原理だと謳う国であっても，国が通信を監視していたことが明らかになった。そのことから，暗号の復号義務が事業者に課されるとすると，国家が人々の通信を監視する道を開くことになってしまい，通信の秘密が十全に保障されないのではないかという懸念である。

第2に，事業者側のバックドアの設置コストなどの負担が大きいという批判もある。またそのような設置をすることで，システムが脆弱になるという指摘もある。バックドアが悪用されることによる情報漏洩等のリスクが生じるからである。さらに，暗号解除が義務付けられていない企業と比した場合に競争力が低下することから，国際的競争力の保持のために，反対する見解もある。

多くの国では，一律に事業者に復号の義務付けを行うのではなく，事件ごと

---

(42) Australian Government, Department of Home Affairs, Five Country Ministerial, Statement of Principles on Access to Evidence and Encryption (2018), available at https://www.homeaffairs.gov.au/about-us/our-portfolios/national-security/security-coordination/five-country-ministerial-2018.

に個別に協力を仰いだり，外部の事業者に委託したりするなどして対処している。これに対して，英国は比較的早く事業者の側の義務を導入した。同国の2016年の捜査権限法は，「電子的保護」の除去を，事業者の能力の範囲内で要請する権限を政府当局に与えている。(43)豪州も2018年，電気通信法改正（支援・アクセス）法を制定し，事業者に新たに復号する能力を構築することを義務付け，事業者にその能力の範囲内で協力することを義務付けた。(44)

さらに，2023年10月，英国ではオンライン安全法が成立した。(45)これは，オンラインで役務を提供する事業者に対して，違法であったり子供に有害であったりするコンテンツについて，そのリスクを特定し，軽減，管理する義務を課すことを目的としている。児童の性的虐待，過激な性的暴力，自殺，自傷行為，摂食障害の助長，テロリズムなどの多岐にわたる違法行為が規制対象となる。事業者がこの規制に従わない場合に，巨額の制裁金が課される。(46)同法の施行にあたり，情報通信庁（Office of Communication）がコンテンツの検知をするために，開示命令を出せることになった。法案審議の段階から，主要な通信アプリ事業者らが，それに反対する書簡を公表するなどしていた。(47)法律制定後も，その後の運用を注視する必要があるだろう。このような法制を作る上では，安全保障上の要請，事業者の負担軽減，利用者の安心感と信頼などの複数の要請をどのように調整するかが問われることになる。

---

(43) Investigatory Powers Act, 2016, c. 25.
(44) Telecommunications and Other Legislation Amendment (Assistance and Access) Bill 2018. 同法は①Technical Assistance Request（TAR）（自発的な協力要請），②Technical Assistance Notice（TAN）（事業者にその能力の範囲内で協力することを義務付ける通知），③Technical Capability Notice（TCN）（事業者に新たに能力を構築することを義務付ける通知。その後はTANで対処を予定）を当局に認める。この問題については，一部，石井由梨佳「刑事捜査における外国事業者からの通信情報取得——直接協力（direct cooperation）の国際法上の課題」国際法研究12号（2023年）101-124頁で論じた。
(45) Online Safety Act, c. 50, 2023.
(46) 最高1800万ポンド（約32億9400万円）もしくは全世界の年間売上高の10％のいずれか大きい方の罰金が科される可能性がある。
(47) Alex Hern, "WhatsApp and Signal unite against online safety bill amid privacy concerns," The Guardian, 18 April 2023, available at https://www.theguardian.com/technology/2023/apr/18/whatsapp-signal-unite-against-online-safety-bill-privacy-messaging-apps-safety-security-uk. ここで事業者らが問題視していたのは，この法案によって，政府が無差別に通信を監視することができてしまうという点である。

(2) 越境移転の制限

(i) 個人情報保護法制における越境移転の制限

個人情報保護法制は，事業者の個人情報の取り扱いの他に，データの越境移転を規律することが多い。事業者がデータを他国領域に移転したとき，移転先でのデータの保護が十分でなければ，事業者が容易に移転元国の個人情報保護法制を潜脱しうるからである。また，国内外で事業者の負担が不均衡になることを防止するためでもある。現在，日本を含めた70か国以上が，個人情報保護法制において何らかの形で越境移転の制限を行っている。

厳格に移転を規制する法制は，原則として移転を禁止し，例外的に安全が確保されることが認められる場合にのみそれを認める。その代表的な例である，EUの一般データ保護規則（GDPR）は，次のように定める。まずGDPRは欧州経済領域（EEA）域外の第三国への個人データの移転を原則認めない。その例外として，①欧州委員会が特定の国や地域が個人データについて十分な保護水準を確保していると認定すること（十分性認定），②事業者が適切な保護措置を取っていること，③データの移転を義務付ける国際合意があること，④特例

---

(48) 個人情報保護法制の内実は国によって異なるものの，OECDプライバシーガイドライン8原則は①データ収集の制限，②データの質，内容の管理，③目的明確化，④利用制限，⑤安全保護，⑥収集方針等の公開，⑦個人主体の参加，⑧管理者の責任を定める。OECD, *OECD Guidelines on the Protection of Privacy and Transborder Flows of Personal Data*, available at https://www.oecd.org/sti/ieconomy/oecdguidelinesontheprotectionofprivacyandtransborderflowsofpersonaldata.htm. また，主要国の国内法制については，個人情報保護委員会「外国における個人情報の保護に関する制度等の調査」，available at https://www.ppc.go.jp/personalinfo/legal/kaiseihogohou/ 参照。また，個人情報保護委員会（調査委託先：株式会社野村総合研究所）「日米欧における個人データの越境移転に関する実態調査」（令和4年1月27日）〈https://www.ppc.go.jp/files/pdf/nichibeiou_ekkyouiten_report.pdf〉参照。

(49) 越境移転の形態は多様である。デジタル貿易協定が規律するデジタル産品の輸出にせよ，個人情報保護法が規律する外国第三者への個人情報の提供にせよ，データの越境移転と等価ではない。データの越境移転規制については，渡辺翔太「ガバメントアクセス（GA）を理由とするデータの越境移転制限——その現状と国際通商法による規律，そしてDFFTに対する含意」REITI Discussion Paper Series 19-J-067（2019年）〈https://www.rieti.go.jp/jp/publications/nts/19j067.html〉，同「欧州司法裁判所Schrems II 事件判決が越境データ流通に与える影響の考察——我が国の推進するDFFT構想への影響を中心にして」RIETI Discussion Paper Series 21-J-035（2021年）〈https://www.rieti.go.jp/jp/publications/summary/21070017.html〉参照。

(50) Christopher Kuner, *Transborder Data Flows and Data Privacy Law*（Oxford University Press, 2013), p. 1..

に該当することが定められている。英国がEU離脱に際して制定したデータ保護法も，同様に，原則として越境移転を禁止としながらも，適切な保護が保障されている場合に移転を許容する。

EUと米国では個人情報の捉え方が根本から異なり，経済的繋がりが強いのにも関わらず，EUは米国に対して十分性認定を出していない。米国が連邦レベルでの個人情報保護法を有していないことや，EUの基準に合致しない通信の監視を行っていることなどが主な要因である。そこで，両者は2国間で取り決めを行い，越境移転の法的根拠を整備してきた。もっとも，データ主体や消費者保護団体からの権利訴訟を受けて，欧州連合司法裁判所（CJEU）がその取り決めであるプライバシーシールドがEU基本権憲章等に反して無効とする判決を出すなどしている。

これに対して大多数の国は，データの越境移転自体は禁止せずに，移転に条

---

(51) GDPR, Article 45. 十分性認定に際して委員会が考慮する要素としては，移転先の国における法の支配，人権及び基本的自由の尊重がなされていること，データ保護法，職業上の準則及び保護措置（効果的で執行可能なデータ主体の権利，その個人データが移転されるデータ主体のための行政上及び司法上の救済を求める権利等），独立した監督当局が存在し，効果的に機能していること等がある。

(52) Ibid, Article 46. 保護措置として拘束的企業準則（Binding Corporate Rules, BCR），標準データ保護条項（Standard Data Protection Clauses），アドホック契約（Ad Hoc Clauses），行動規範（Code of Conduct），認証（Certification）がある。

(53) Ibid, Article 48.

(54) Ibid, Article 49. 十分性認定基準や，事業者の適切な保護措置についてはそれぞれ細かく基準が定められており，かつ関連する判例も出ているが，本章では割愛する。Svetlana Yakovleva and Kristina Irion, "Pitching Trade Against Privacy: Reconciling EU Governance of Personal Data Flows with External Trade" *International Data Pritacy Law*, Vol. 10, (2020) p. 201.

(55) Data Protection Act 2018, c.12, Section 73. 管理者は，個人データを第三国又は国際機関に移転することはできない。しかし，例外として次の場合には移転が認められる。第1に，①転送が法執行目的のいずれかのために必要であること，②(a) 移転が十分性認定（adequacy decision）に基づくものであること，(b)(a)でない場合，適切な保護措置があること，③(a)(b)でない場合，特別な状況として認められること，(3) 意図された受領者が第三国の関連当局若しくは関連国際機関である国際機関であること，又は管理者が指定管轄機関である場合には，法定条件を充足することである。第2に，個人データが英国以外の加盟国によって管理者又は他の管轄機関に最初に送信又はその他の方法で利用できるようにされた場合には，当該加盟国，又は法執行指令の目的上の管轄機関である当該加盟国に拠点を置く者が，当該加盟国の法律に従って移転を承認していることである。ただし移転が加盟国若しくは第三国の公共の安全，又は加盟国の本質的な利益に対する緊急かつ深刻な脅威の防止のために必要である場合と，時間的に認可を得ることができない場合には例外が認められている。

149

件を付ける方式を取る。そのような条件として，本人の同意を求めることが通例である。しかし，事業者と利用者が持つ情報の非対称性や同意の形骸化に鑑み，同意があれば移転先の事業者や国の体制がどうであれ移転を許容する考え方には問題がある。そこで，移転先の法制が安全であることを移転元の政府が認めていることを求めたり，移転先の事業者が適切な安全管理措置を取っていることを求めたりすることが多い。その適切性を判断するのにあたり，アジア太平洋経済協力（APEC）の越境プライバシー規則（CBPR）等の国際基準を参照する場合がある。[57]

(ii) データ保護法制におけるデータの移転規制

データ保護法制は，非個人情報も含めたデータの取り扱いについて，事業者の安全管理義務等を定める法制を指す。[58]産業振興や安全保障のためにデータの管理を事業者に義務付けることが主な目的である。その際に，事業者が自国で事業を行うために必要な設備や自国で収集したデータを国内に留めることを義務付けることがある。理由は国によって異なるが，そのような規制を課すことで他国企業の参入障壁を上げて自国産業を保護することや，安全保障上の理由から機微なデータを他国に持ち出すことを防止することが挙げられる。

このような法制には，①データの複製を自国内に保管しておくことを義務付けるもの，②データの加工や保管を自国内で行うことを義務付けるもの（他国内におけるデータの保管の禁止），設備を自国内に設置することを義務付けるもの，③②の義務に加えてデータの自国外への持ち出しを禁止するものがある。[59]

個人情報保護法制における越境移転規制にせよ，データ保護法制における

---

(56) CJEU, Data Protection Commissioner v Facebook Ireland Limited, Maximillian Schrems, C-311/18, 16 July 2020.

(57) CBPRを基準とする国としてタイがある。Thailand, Personal Data Protection Act, 2019, Sec. 28. 非公式英訳として次を参照。Personal Data Protection Act, B.E.2562 (2019) (Unofficial Translation) (27 May 2019), available at https://thainetizen.org/wp-content/uploads/2019/11/thailand-personal-data-protection-act-2019-en.pdf. アジア諸国の実践を分析した研究として，Graham Greenleaf, *Asian Data Privacy Laws* (Oxford University Press 2014); Graham Greenleaf, "Asia's Data Privacy Dilemmas: 2014-2019" *Revista Uruguaya de Protección de Datos Personales* (2019) Vol. 4 (2019) p. 49.

(58) 中国・数据安全法や，インド・情報技術法（Information Technology Act 2000, The Information Technology (Reasonable Security Practices and Procedures and Sensitive Personal Data or Information) Rules, 2011）等がある。

データの域内保存義務にせよ，ある規制や措置がデジタル貿易協定に抵触するかをカテゴリカルに判断することはできず，その内容，目的，効果等から，実質的に審査することが必要だと言える。

例えば，中国のインターネット安全法において，「重要情報インフラ運営者」は，中国国内で収集した個人情報を域内に保存しなくてはならない(60)。これはデータの域外移転を一律に禁止するものではなく，安全評価の実施を義務付け，所定の場合には移転を禁止するものである。また，データ安全法は中国国内において展開するデータ処理活動について，データ処理を行う組織と個人に求められるデータ安全保護義務を定める(61)。他にも，インドの情報技術法は，データをインド域内に保管しておくことを事業者に義務付ける(62)。ロシア，ベトナム，ブラジルなども，厳格な法制を持つ。

(iii) **信頼確保のための措置**

安全を踏まえた移転先の選定は，利用者のプライバシーや安全を守るためだけではなく，技術やデータが外部に流出したり，企業に対する信頼度が下がったりして，その企業の国際的競争力が失われることを防ぐためにも必要である。企業ガバナンスの一要素として，その資産や事業が，外国の影響力行使のために利用されないようにしていくことが求められる。

事業者がクロスボーダーで活動しているときに，その事業者がどの国の管轄に服しているかは評価されるべきである。例えば，中国で2021年6月に制定されたデータ安全法においては「個人と組織の合法な権益」の他に「国家主権，安全と発展利益」が目的に入っている。冒頭で述べたLINE問題で特に着目されたように，2017年国家情報法は中国国民や組織に対して国の諜報活動に協力

---

(59) Christopher Kuner, "Regulation of Transborder Data Flows under Data Protection and Privacy Law: Past, Present and Future," *OECD Digital Economy Papers* (2011).
(60) 网络安全法10条。
(61) 数据安全法（2021年6月10日）21条以下参照。本章の射程から外れるが，中国のデータ及び越境捜索に関する国内法については，松尾剛行・胡悦「中国——データ主権原則と越境捜索」指宿信＝板倉陽一郎『越境するデータと法——サイバー捜査と個人情報保護を考える』（法律文化社，2023年）104頁参照。
(62) Information Technology Act 2000, The Information Technology (Reasonable Security Practices and Procedures and Sensitive Personal Data or Information) Rules, 2011, available at https://www.wipo.int/edocs/lexdocs/laws/en/in/in098en.pdf.

することを義務付けていることから，中国での委託先企業や外国子会社から情報が中国政府に渡る可能性は排除されない。また，中国当局が外国企業に導入を義務付けている税務ソフトがデータ流出のバックドアとして機能していた例に示されるように，中国政府が製品やソフトウェアを通じて情報を取る危険性もある。自国の利用者の個人情報をそのようなリスクに晒すことは許容されるべきではない。

　国家が他国のIT企業を政府データの保管先として利用すること（ガバメントクラウド）の是非も，利便性や機能，品質だけではなく，その企業の本国の法制まで確認して決定するべきである。[63]

　他方で，データの流通は基本的には事業者に委ねるべきである。IT業界はデータを越境移転して利活用することで成長してきた経緯があるし，人件費や電気代が安い土地にデータを移す選択を不要に排除するべきではない。政府サイドには取り扱う個人情報やデータの重要性と移転した場合のリスクを踏まえて，サプライチェーンを構築することが求められる。

　移転先への信頼を確保し，越境移転を円滑に行うために，国際基準に合わせる取組みがある。これについては，①CBPR認証の取得や，米国国立標準技術研究所（NIST）のサイバーセキュリティー基準準拠に向けた取組みなど，国際基準に合わせることと，②自社だけではなく，サプライチェーン全体で安全を確保する取組みがある。CBPRは確かに加盟国間のデータ流通を円滑にする役割を果たす。しかし，それ自体が加盟国の法規則に影響を与えるものではない。CBPRも2015年に大幅に改正されたが，事業者の裁量が大きいことから保護水準が低いという評価がある。特に，EUはCBPRを「十分な保護」を与える体制として認めていない。このように普遍的なデータ保護基準がなく，どこまで事業を展開するかで準拠するべき基準が異なる点も留意しておくところである。

　単に義務づけをするだけではなく，規制に違反した場合の制裁を適正なもの

---

(63) 日本もガバメントクラウドの提供事業者として米国企業を選択している。また，ドイツ政府がマイクロソフト社のソフトウェアを導入しデータをクラウドに保存することにしたときは，米国からのアクセスがありうることが懸念された。Paul M. Schwartz, "Systematic Government Access to Private-Sector Data in Germany," Fred H. Cate and James X. Dempsey, *Bulk Collection* (Oxford University Press, 2017), p. 61, p. 85.

第5章 経済安全保障と情報データの流通の規律

にすることも必要である。事業者に遵守の回避を思いとどまらせるだけの額でないと，モラルハザードが生じるし，効果がない。EUではGDPRの違反に対して数百億円規模の罰金が課される。厳罰化が望ましいとは限らないが，違反抑止のあり方は考えるべきである。

(3) 外国事業者の投資制限

　経済安全保障の観点からは，社会の基幹インフラを構成する情報技術関連の企業に対しては，懸念のある国の企業等による自国企業の買収や役員派遣の防止，それらの企業等が提供する機器やサービスがもたらす機能停止や情報流出といったリスクを排除することが必要である。データガバナンスに限らず，企業の判断に委ねるのではなく，国が規律する必要が生じることがある。

　2010年代後半以降，中国の台頭を背景にして，各国で経済安全保障目的での投資規制が強化されている。米国では2018年に外国投資リスク審査現代化法（FIRRMA）と輸出管理改革法（ECRA）が改正され，対米外国投資委員会（CFIUS）の権限が強化された。FIRRMAの下では，中国のソフトウェア開発事業者（Beijing Shiji）による米国のホテル向けのクラウドサービス事業の買収と，中国の北京字節跳動科技（バイトダンス社）による米国のSNS買収が安全保障上の脅威と認定された。米政府が，中国企業が米国の利用者，特に政府高官の個人情報にアクセスすることを阻止しようとした例である。

　安全保障上の管理と情報流通の自由との緊張関係が露わになった例として，他にもバイトダンス社のTikTokに対する規制がある。同アプリは，データ共有のしやすさが人気を呼び，全世界で10億人，日本でも1700万人の利用者を有する。このアプリは，利用条件として，利用者のアプリの閲覧履歴，生体認証の識別子などを取得している。さらに利用者の許可があれば，端末に保存された連絡先，他のアプリのデータ，カレンダー情報，位置情報等といった，Tik-

---

(64) 個人情報保護法83条，84条。
(65) GDPR83条4項では1000万ユーロもしくは全世界年間売上2％のいずれか高い方とされている。
(66) 佐伯仁志『制裁論』（有斐閣，2009年）。なお，日本では2020年改正で個人情報保護法違反の重罰化がされたが，法人については，業務命令に従わなかったときや故意に情報を盗用したときなどに1億円以下の罰金刑が科されるのに留まっている。レピュテーションコストを加味しても，情報漏洩のコストが相対的に低いといえる。

153

Tokの作動には関係のない端末情報も取得している。米国ではこのアプリの利用が米国民を危険に晒すことから，米国領域内での利用を禁止するべきかが論点となってきた。なお，バイトダンス社の最高経営責任者は，中国政府に対するデータ提供は否定している。[67]

　日本では，外為法改正によって外国人株主による指定業種への投資規制がされるようになったが，事前届出のみに基づいて行うのに止まる。また，産業界からの反発を受けてその届出の免除が広く認められている。例えば，2021年には，中国騰訊控股（テンセント社）の子会社による楽天への出資が事前届出の免除の対象となっていたことが問題となった。安全保障上，リスク排除の仕組みが必要であるし，そのための政府のインテリジェンス機能は強化されるべきである。また，事業者側の理解と協力も必要である。

3．主要国の管轄権の射程

(1) 国際法上の規則

　ここまで国内の情報法関連の法制によって経済安全保障利益をどのように保全しているのかを検討した。これらの事業者はクロスボーダーで活動しているため，どこまで自国，あるいは地域の規制を適用できるかも重要な問題である。

　国際法上は，国家がある事象に対して管轄権を有するかどうかは，国と対象事項との間の実質的かつ真正の連関（connection）があるかで判断する。[68] 常設国際司法裁判所のローチュス号事件の傍論では，[69] 国家は他国領域内で力を行使

---

(67) Testimony Before the U.S. House Committee on Energy and Commerce, March 23, 2023, available at https://docs.house.gov/meetings/IF/IF00/20230323/115519/HHRG-118-IF00-Wstate-ChewS-20230323.pdf. TikTokに対する規制については本書第1章も参照。

(68) James Crawford, *Brownlie's Principles of Public International Law* (Oxford University Press, 2012).

(69) 公海上でフランス船舶とトルコ船舶とが衝突し，後者が沈没して死者が出たところ，トルコがフランス人である前者の船長を訴追できるかが問題となった。裁判所はその管轄権を認めた。もっとも，これでは海運業界に不利になってしまうため，公海条約を起草する際に，衝突事件について管轄権を持つのは，衝突した側の船舶の国籍と，船長の国籍を有する国のみであり，それ以外の国は管轄権を持たないことが明らかにされた。Permanent Court of International Justice, *S. S. Lotus*, France v. Turkey, Serie A, No. 10.

第5章　経済安全保障と情報データの流通の規律

してはならないこと，しかし自国領域内では幅広い裁量があることが述べられた。同判決は，主権に由来する国家の自由に重きを置いたものであった。これに対して，1935年のハーバード法科大学院の研究グループが策定した草案は，属地主義を原則とし，「域外適用」については属人主義などをはじめとした許容原則を認めている。これは管轄権理論に一定の秩序をもたらそうとしたものであると評価される。[70]

　もっとも，管轄権の根拠は静的なものではなく，社会的，技術的課題や政治的な選択の変化に応じて，発展する。実証主義に基づくのであれば，何が連結として認められるかは，各国の法適用の射程や，他国の管轄権の主張に対する反応を根拠にして検討する必要がある。

　外国に拠点を置く活動が自国や自国民を脅かす場合や，国内規制の効果を損なう場合などにおいて，その活動を規律するために自国法の適用範囲を拡大することはこれまでにもなされてきた。例えば，第2次世界大戦以降，米国が主導した独禁法適用における効果主義はよく知られており，米国裁判所は，合理性や利益衡量など，補完的な法理を取り入れながら，管轄権の適用範囲を拡張してきた。これに対して，他国からの抗議の有無は，そのような規制の目的と目標に関して，国際的なコンセンサスがあるかの指標になる。独禁法の場合は，効果主義に反対していたEUが域内市場を創設して競争法を強化したことから，実質的に効果主義と同じ理論を取り入れるようになり，紛争は収斂した。

　個人情報保護法や電気通信事業法に相当する各国法を自国で役務を提供する国外の事業者，ないし事業について及ぼすことは，領域内での役務の提供が連結になるので，認められる。事業者がデータを他国領域に移転したとき，移転先でのデータの保護が十分でなければ，事業者が移転元国の個人情報保護法制を潜脱することが容易になるため，それを防止することが必要になる。また自国にサービスを提供する外国事業者が国内事業者と対等な土俵に乗っていることを確保しないと，国内産業の競争力が維持できない。

　以上のように，国際法規則は自国と規律対象との「連結」という最小限の基

---

(70) Cedric Ryngaert, "Jurisdiction," in Jean D'Aspremont and Sahib Singh eds., *Concepts for International Law* (Edward Elgar Publishing, 2019), pp. 577-684.

準しか確立していない。そこで，主要国はそれぞれ独自の方策をとっている。次に項を改め，各国の実践を検討する。

(2) 他国事業者に対する自国・地域法の適用
　(i) 属地主義
　ほとんどの国において，個人情報保護法やデータ保護法の適用は，対象となる事業者が自国領域内で活動していること，すなわち属地主義を根拠にすることが多い。例えば，日本での2020年改正個人情報保護法においては，外国の個人情報取扱事業者が，日本の居住者等の日本国内にある者に対する物品又はサービスの提供に関連して，日本国内にある者を本人とする個人情報を外国で取り扱う場合，法適用があると定める。ここではデータ主体が「日本国内にある」ことを根拠にしているので，属地主義に基づき管轄が認められる。また2020年改正電気通信事業法でも日本領域内において電気通信事業を営むことを根拠にして外国法人の登録義務が定められていることも同様である。
　(ii) 真正な連結
　しかし，属地主義の範囲は容易に広がりうる。米国のアメリカ法協会（American Law Institute）は，2018年に改訂した対外関係法第4リステイトメントでは，管轄権行使の基準として，国家と対象事項との「真正な連結（genuine connection）」が示されるに至っている。(71)

　米国連邦法は，基本的に対象となる法人と米国との実質的連関を基準にしている。米国は連邦レベルの個人情報保護法を持たず，州レベルでの規制がされているのにとどまる。(72)カリフォルニア州の2018年消費者プライバシー法では同州で所定の規模で商業活動を行っている場合に適用があることを定める。(73)また通信事業者に対する捜査目的でのデータ開示命令の手続等を定めた2018年CLOUD法に関する司法省の見解では，事業者が米国の管轄に服するかは，米

---

(71) American Law Institute, *Restatement of the Law Fourth, The Foreign Relations Law of the United States* (Philadelphia: American Law Institute Publishers, 2018).
(72) 連邦レベルでは，民主党議員による消費者オンラインプライバシー権法（CORPA: Consumer Online Privacy Rights Act），共和党議員による消費者データプライバシー法（CDPA）が提案されているが，可決されていない。
(73) California Consumer Privacy Act, 1798.140(c).

国と十分な接点（contact）があるかによるのであり，それは高度に事実依存的な分析に基づくことが述べられている。[74]

実際には，大手 PF 事業者の多くは米国設立であり，外国事業者も米国に拠点を持ち，同国内での事業を展開している。そのため，米国の管轄権の射程は主な問題にはなっていない。

(iii) **ターゲット理論**

1）**欧州連合** これに対して，EU は「ターゲット理論」に依拠する。2016年に採択され，2018年に施行が始まった EU の一般データ保護規則（GDPR）は，域外適用の範囲が極めて広く，高度な情報保護を事業者に要求し，違反があった場合には高額の制裁金が課されることから，グローバルな影響をもたらした。[75]その適用は，①管理者又は処理者が EEA 内に拠点（establishment）を有する場合，②拠点を有さない場合でも，EEA のデータ主体に対し商品又はサービスを提供する場合，もしくは EEA のデータ主体の行動を監視する場合になされる。この場合，移転先のデータ保護が適切（adequate）であると認められない限り，域外へのデータ移転（transfer）は禁止される。[76]

このように域内の自然人を基準に管轄権が設定されているのは，EU 法上，データ保護が基本権であり，GDPR が自然人を主体とした権利保障を目指していることから派生するものである。

2）**中国** なお，ターゲット理論は他の国でも採用されている。しかし，域外適用のところだけ GDPR に倣っても，他の規則が人権保障を目指していなかったり，その他，個人の自らの情報へのコントローラビリティを高める法制になっていない場合，法適用の範囲が曖昧になったり過剰になったりすることが懸念される。

このことは，2021年8月に制定された中国の個人情報保護法について妥当す

---

(74) US DOJ, Promoting Public Safety, Privacy, and the Rule of Law Around the World: The Purpose and Impact of the CLOUD Act, White Paper (April 2019), p. 17, available at https://www.justice.gov/d9/press-releases/attachments/2019/04/10/department_of_justice_cloud_act_white_paper_2019_04_10_final_0.pdf.

(75) 岡田淳「GDPR の執行状況と EDPB の活動状況──GDPR の施行から5年の軌跡」ジュリ1593号（2024年）14頁参照。

(76) GDPR Articles 44-50. Dan Jerker B. Svantesson, "Article 3," Kuner, *GDPR Commentary* (Oxford University Press), p. 89 (74).

る。同法は①中国の国境内の自然人に産品あるいはサービスを提供する場合，②国境内の自然人の行為を分析評価する場合，③法律，行政法規が規定するその他の場合には，国境外の個人情報に関する活動について，同法が適用されると定める。これはGDPR3条2項に類似するが，拠点の有無に基づく区別がされていない点が異なる。また，③が入っていることから適用範囲が曖昧になり得る。

(iv) 関係国との合意

自国法の適用を拡大しようとするこれらの動きと並行して，相手国との協定を根拠にする法令が制定されている。英国の犯罪（海外提出命令）法は，名宛人が活動する，あるいは拠点を置く国と，英国が協力協定を締結していることを要件にして，重大犯罪の捜査のために，当該名宛人に当局への電子証拠の開示を命令するか，当該証拠へのアクセスをさせることを認める。[77]

豪州も，電気通信法改正（国際提出命令）法において同国が豪州が外国政府との協定（a designated international agreement）に基づき，外国通信プロバイダに対して「国際提出命令」（international production orders (IPOs)）を出して，重大犯罪の捜査，テロ防止等を目的として監視対象に指定されている個人の監視等のために，当局が通信傍受をし[78]，事業者に通信データの保管，開示させることを認める。[79] 外国政府が豪州内のプロバイダに対して協定に基づき，同様のアクセスをすることも認める。同法は市民権規約17条（適正手続保障），19条（表現の自由）等に適合しているとの説明がある。[80]

豪州の刑事共助法も電子情報と通信データの共助について定めるが[81]，本法ができたことで協定がある国との間ではプロバイダに対して直接命令を出すことが認められる。捜査のみならずテロ防止のための監視までも認める内容であり，プライバシーを過度に制約するものだとして一部において批判されてい

---

(77) Crime (Overseas Production Order) Act (COPOA) 2019, c. 5.
(78) *Ibid.*, Part 2, Division 2.
(79) *Ibid.*, Part 2, Division 3.
(80) House of Representatives, Telecommunications Legislation Amendment (International Production Orders) Bill 2020, Explanatory Memorandum, paras. 4-8, 64-88, available at https://parlinfo.aph.gov.au/parlInfo/download/legislation/ems/r6511_ems_0ac5ae09-3e3e-400b-ae5e-680a68af4e45/upload_pdf/733176.pdf;fileType=application%2Fpdf.
(81) Mutual Assistance in Criminal Matters Act, No. 85 of 1987.

第 5 章　経済安全保障と情報データの流通の規律

(82)
る。

4．国際協力の可能性と実践

(1) 他国法との抵触可能性

　以上で概観したように，一方では自国事業者のデータ移転を制限ないし禁止する法令があり，他方ではデータの提供を命じる法令がある。法適用の範囲が拡張すると，事業者の本国を含む，他国の管轄権との抵触が問題になる。

　しかし個人情報保護については米国，EU を始め複数の国が管轄権の射程を広く設定していること，そして人権保障がかかっていることから，統一的な基準を設けることは難しい。特に EU の場合，データプライバシーは EU 基本権憲章 8 条に基づき保障されていることから，通商協議の場などにおいて交渉の対象にしない立場を堅持している。さらに，管轄権の射程を拡大すれば法の趣旨目的に照らして効果的な規律ができるということでもない。域外の事業者に法執行をするには，違反の検知や調査において困難を伴うというコストがかかるためである。

　このように個人情報保護目的でのデータの越境移転規制が過剰になる結果，利用者の他の権利や利益が制約される事象も生じる。例えば，2018 年に EU の GDPR が施行された時，米国やカナダの新聞社が，EU 域内から自社のサイトにアクセスできないようにしたことがあった。

　法適用をどこまで広げるかは，各国において，渉外的な事項を立法府と行政府でどのように分けて規律するか，司法府がいかなる基準でそれを審査するかという問題である。また，市場がそれなりに大きい国でなければ，規制を厳格にすると企業がオプトアウトしてしまうので，管轄の射程を拡大できる国は限られる。今後各国や EU でどのように法が解釈適用されるのかが，今後の方向

---

(82) Genna Churches et al., "Review of the Effectiveness of the Telecommunications Legislation Amendment (International Production Orders) Bill 2020 ('IPO Bill')," *UNSW Law Research Paper No. 20-17*, 2020.

(83) Alex Hern and Martin Belam, "LA Times among US-based news sites blocking EU users due to GDPR," 25 May 2018, *The Guardian*, available at https://www.theguardian.com/technology/2018/may/25/gdpr-us-based-news-websites-eu-internet-users-la-times.

(2) 国際協力の実践

このような管轄権の抵触をすり合わせて，相互の信頼を構築し，越境データの流通をするために，データ流通に関して条約締結等を通じて国際協力体制を構築し，国際協力を進める余地がある。主になされている取組みとして，次のものを挙げることができる。

第1に，個人情報保護，プライバシー保護に関する国際的な基準の設定である。プライバシー概念は各国の歴史的，社会的，政治的文脈において形成されるもので国際的な調和が難しく，非拘束的な規範を通じた基準設定が行われるのに止まっていた。もっとも欧州評議会108号条約追加議定書が2018年に採択され，条約レベルでデジタル技術に対応した個人情報保護が図られている。

第2に，一部の諸国の間で，刑事捜査や安全保障目的での国家間のデータ共有が進んでいる。既に2001年サイバー犯罪条約や2010年アラブ連盟情報技術犯罪対処条約は自国領域内の事業者について協力を可能にする法制整備を加盟国に義務付けていた[84]。そして，近年では外国領域内の事業者に対して，直接にデータの開示等を求める直接協力の御要請を相互に認め合うことが増えてきている。

例えば，米国がCLOUD法において，締約国の企業が保有するデータへのガバメントアクセスを相互に許容する行政協定を締結することを認めており，既に英米間と米・豪州間で，協定が締結された。さらにサイバー犯罪条約第2追加議定書は採択され，そこでドメイン情報と加入者情報に限ってではあるが，直接協力に基づく情報提供を行うことが義務付けられた[85]。

第3に，自由貿易協定のデジタル章や，デジタル貿易協定を通じた，データ

---

(84) Arab Convention on Combating Information Technology Offences, 21 December 2010, available at https://unidir.org/cpp/en/multilateral-frameworks.

(85) US-UK Data Transfer Agreement (adopted on 3 October 2019, entered into force on 3 October 2022); US-Australia Data Transfer Agreement (adopted on 15 December 2021, entered into force on 31 January 2024); Second Additional Protocol to the Budapest Convention on Cybercrime and Cross-Border Access to Electronic Evidence (adopted on 12 May 2022, entered into force on 1 January 2023). サイバー犯罪条約第2追加議定書について，日本は，締約国に他の締約国の事業者に対して加入者情報の開示請求を認める7条に留保を付して批准した。

流通の確保が進んでいる。日米デジタル貿易協定などの二国間協定や，環太平洋パートナーシップに関する包括的及び先進的な協定（CPTPP），地域的な包括的経済連携協定（RCEP），米国・メキシコ・カナダ協定（USMCA）といった多数国間協定が既に締結されている。また，現在，世界貿易機関においてデジタル貿易条約の項目について合意がなされた。

デジタル貿易の自由化と個人情報保護法との調整はそれぞれの条約によって異なる[86]。EUが同等のデータ保護水準を相手国に求めるのに対して，米国は保護水準を同じに合わせるところまでは求めず相互運用性の確保を求める方式を採用している[87]。

日本について言えば，EUと経済安全保障協力を強化している点が特記に値する。両者は2023年に「デジタル貿易原則」を採択し，足並みを揃えることに同意している[88]。その主な狙いは，米国，及び中国から戦略的自律性を確保するところにある。

このように，プライバシー保護，刑事，安全保障，通商などについてデータ共有や移転のための国際協力が構築されつつある。これらの仕組みを通じ，企業が安心してデータの越境移転ができる体制を整えることが国の主要な役割である。

国際協力を進める上では，日本と基本的な価値観を同じくする国であるかも判断指標になる。日本では法の支配の下で基本的人権が尊重され，データへのガバメントアクセスについての規律が法に基づいてなされており，個人情報保護のための独立監督機関が存在している。これとは対照的に，民主主義が機能しておらず長期独裁体制が敷かれている，ガバメントアクセスの法的規律がなされていない，データ主体の権利侵害があったときに公正な司法的救済を受けることができない体制は，日本とは著しく異なると言える。

---

(86) デジタル貿易において，貿易と経済安全保障との関連性を論じたものとして，藤井康次郎＝室町峻哉「安全保障を目的とするデータ越境移転の制限に関する貿易協定上の規律」須網隆夫＝中川淳司＝古谷修一 編『国際経済法の現代的展開──清水章雄先生古稀記念』（信山社，2023年）．

(87) 石井由梨佳「デジタル貿易諸協定における個人情報保護法制とデータ・ガバナンス」RIETI Discussion Paper, 22-J-004（2022年），available at https://www.rieti.go.jp/jp/publications/summary/22020006.html.

(88) Japan-EU Digital Trade Principles, 27 June 2023, available at https://www.meti.go.jp/press/2023/06/20230627010/20230627010-2.pdf.

なお「テクノデモクラシー」(Techno-Democracy)はテクノオートクラシーに対抗する概念で，先端技術の利用において，個人の自律的選択を守り差別を助長しないこと，法の支配と民主主義を維持することを目指す。米国の主導で，日本も含めた12か国で，このような体制を目指すグループアライアンス(T-12)を形成している[89]。

5．おわりに：信頼性のある自由なデータ流通のために

情報法の目的である情報の流通を規律する上では，利用者にとっての安全，信頼を確保できるかが指標となる。本章で扱う余裕はなかったが，サイバー攻撃からの効果的な防御体制を構築することを含むサイバー安全保障も，情報法領域における，経済安全保障の重要な側面である[90]。当面は，同じ方針を持つ国(like-minded countries)で協力せざるを得ないと思われるものの，情報の流通を妨げないだけの最低限の信頼を各国の間で醸成していき，ネットワークの分断をさせないための国際協力が必要である。

---

(89) Jared Cohen and Richard Fontaine, "Uniting the Techno-Democracies," Foreign Affairs (November / December 2020), available at https://www.foreignaffairs.com/articles/united-states/2020-10-13/uniting-techno-democracies.
(90) 本書第7章を参照。

第6章

デジタルメディアと情報戦
──情報の自由と安全保障の相剋──

那須 仁・石井 由梨佳

1. はじめに：デジタル化時代における情報戦

(1) 現代における情報戦

「情報戦」(information warfare) とは，国，国に準ずる団体，テロ組織などが，情報を利用して敵対者を凌駕することを目的にした作戦行動を指す。これには相手方の機密情報を取得，利用する行為，相手の情報の流通を阻止，妨害，混乱させる行為，事実ではない情報 (misinformation) や事実を意図的に歪めた情報 (disinformation) を流布する行為など，様々な態様のものがある。[1]影響作戦 (influence operation)，すなわち，潜在的な敵国に対して経済的，文化的影響力を拡大し，偽情報を含む自らに都合の良い情報を普及させ，世論を誘導する行動も情報戦の一形態である。[2]

情報戦は認知戦 (cognitive warfare) の一種である。近年，人間の脳は，陸，海，空，宇宙，サイバーに次ぐ，第6の安全保障領域として位置付けられている。偽情報を拡散するなどして敵の情報を操作し，その認知を欺き，ひいてはその行動に影響を及ぼす作戦は，これまでも心理戦 (psychological operations) と位置付けられていた。[3]その延長において，近年の軍事ドクトリンでは，特定

---

(1) Lawrence T. Greenberg, Seymour E. Goodman, and Kevin J. Soo Hoo, *Information Warfare and International Law* (National Defense University Press, 1998), pp. 1-2. なお，文中の misinformation と disinformation はいずれも事実に反する情報であるが，後者は発信者が受け手を欺く意図を持っている点で異なる。

(2) 自国の国益に資するように特定の外国世論に働きかける手法は外交手段の1つである (public diplomacy)。また自国の目標を達成するために，調整された行動やメッセージ等によって特定の相手に影響を与え，説得することもある (strategic communication)。これらの手法は情報戦の手法と重複しているものの，敵対的ではない点で異なる。

の敵に限られない，一般市民の認知領域にも働きかけることが重視されている[4]。民主的政治過程において，偽情報に惑わされることなく意思決定を行える状況が選挙やその他の政治参加において重要であることは言うまでもない。しかし，こうした社会一般の認知領域で情報戦が繰り広げられると，それは適切な意思決定の機会を奪うことになる。

　一般市民の認知領域が安全保障上の重要性を増してきた背景には，情報媒体のデジタル化と，ソーシャル・ネットワーキング・サービス（SNS）をはじめとしたプラットフォーム（PF）事業の拡大がある。デジタルPF事業は，情報通信技術やデータを活用して第三者にオンラインサービスの「場」を提供し，そこに異なる複数の利用者層が存在する多面市場を形成する。そしてSNSの利用者から集めたデータや情報を広告主等に売り，個人情報を元に行動パターンを予測し，利用者を惹きつけるため「心の動き」を読んで個々の利用者に合わせた情報を送る[5]。これは，元々は事業者の利益を最大化するためのビジネスモデルである。しかし，このように利用者の属性に沿って情報を選択的に提供できる仕組みを通じて，利用者の認知領域に働きかけることが可能になる[6]。

　加えて，デジタル空間では偽情報や扇動的なコンテンツの増幅がなされやすい。特に，SNSで利用者が接する情報は，各個人の政治的信条や趣向に合致したものであることが多い。既存の受動的なマスメディアでは難しかった商業広告を各個人の嗜好に合わせて効率的に拡散するための技術がこうした状況を

（3）　US Department of Defense, *Psychological Operations: Joint Publication 3-13.2* (2010), p. 11, available at https://irp.fas.org/doddir/dod/jp3-13-2.pdf.
（4）　米国では，情報能力を駆使して敵国の意思決定に影響を及ぼしたり，妨害，攪乱，あるいは乗っ取ったりすることを情報操作手段の1つとしている。北大西洋条約機構（NATO）でもそのような情報操作を脅威と認定している。NATO, *Strategic Concepts* (2022), para 7, available at https://www.nato.int/cps/en/natohq/topics_210907.htm. また，中国の人民解放軍は2003年に世論戦，心理戦，法律戦という「三戦」の概念を導入している。Larry M Wortzel, *The Chinese People's Liberation Army and Information Warfare* (US Army War College Press, 2014); Liang Qiao and Xiangsui Wang, *Unrestricted Warfare* (PLA Literature and Arts Publishing House, 1999).
（5）　Shoshana Zuboff, *The Age of Surveillance Capitalism: The Fight for a Human Future at the New Frontier of Power* (PublicAffairs, 2020).
（6）　Elena Chachko, "National Security by Platform," *Stanford Technology Law Review* Vol. 25 (2021), pp. 55-140; David L. Sloss, *Tyrants on Twitter: Protecting Democracies from Information Warfare* (Stanford University Press, 2022).

生み出した。人には同じ価値観や考え方を共有する人々からの情報を信頼する傾向がある。そして，価値観や信条の似た者同士で情報が交換される反響室のような狭いコミュニティ（エコーチェンバー）が形成され，その中で偽情報が増幅，拡散される[7]。SNS は利用者と実際の知人，友人を繋ぐ役割を果たし，利用者が欲する情報やプラットフォームを提供するため，企業が利用者の意思決定過程に影響を及ぼしていることを利用者は意識しにくい。そして，GAFAM（Google, Amazon, Facebook, Apple, Microsoft の頭文字を取った略称）が代表例であるように，事業者によっては数億人の顧客を有しており，グローバルな情報の流れを支配する。これらの事業者らは，従来の企業が有してこなかった影響力を持つ。

　人工知能（AI）も情報戦を左右する要素である。PF 事業は近年急速に機械学習を通じて成長してきた経緯がある。また，インターネット上の大量の情報から新たな情報を創り出す生成 AI も実用化されている。これらを使えば説得力のある偽情報やプロパガンダを容易に作成することが可能となる。例えば，AI を活用して，画像，音声，動画などを組み合わせて，元とは異なるデータであるディープフェイク（deepfake）を即時に作成することができる。また，AI はメッセージを自動生成することができるし，公共の言論を操作するボットネットワークを構築することにも役立つ。AI を用いて人間の心理的な隙を狙ったソーシャルエンジニアリングを行うことも可能である。このような技術が発展すると，人間の管理が及ばないところで偽情報や喧伝情報が創り出され，拡散，流通し人々の健全な意思決定を阻害する危険性がある。

(2) 情報戦の具体例

　PF 事業が台頭してきた2010年代以降，国家や特定の組織が PF を媒介に組織的な情報拡散を行い，対象国における社会の言論空間を歪めることを企図した情報戦を展開している。

　第1に，情報戦が民主主義の根底を覆すような意図的な内政介入の手段として用いられることがある。2016年6月の英国の欧州連合（EU）離脱や，同年

（7） Cass R. Susntain, *#Republic: Divided Democracy in the Age of Social Media*（Princeton University Press, 2018）．

11月の米国大統領選挙において，ロシアが介入した事実はよく知られている[8]。それ以外にも，2010年代後半以降，フランス，ドイツなどの欧州諸国，及びイラクなどの中東における選挙や国民投票にロシアが介入したことや，カンボジア，タイ，台湾などのアジア地域における選挙に中国が介入した事実が報告されている[9]。

第2に，差別や社会的分断を助長するために情報戦が展開されることがある。2010年代以降，ミャンマーにおけるロヒンギャ族への弾圧，2021年8月におけるタイでの選挙の際の反政府デモ，2022年2月のスリランカにおける反政府デモでは，SNSを通じた暴力的な言動の拡散がなされた[10]。

第3に，プロパガンダや扇動を通じた情報戦は，武力紛争中に軍事作戦の一部として展開されることがある。例えば2022年2月に開始されたロシアによるウクライナ侵攻では，特にロシアが，責任を他の当事者になすりつける目的で責任の出所を偽る，偽旗作戦（false flag operations）を展開した。

ただし，SNSの普及によって上記の脅威に対するモニタリングや証拠収集が容易になっている側面もある。すなわち，公開映像等の情報が増えたことによって，現地に行かなくても事実関係の情報収集が容易になっている[11]。また，PF事業者が保有するデータが刑事捜査等に用いられることも常態化している[12]。

---

(8) Report of the Select Committee on Intelligence, United States Senate, on Russian Active Measures Campaigns and Interference in the 2016 U.S. Election, 116th Congress 1st Session, Report 116-XX, 8 October 2019, vol 2, available at https://www.intelligence.senate.gov/sites/default/files/documents/Report_Volume2.pdf; UK House of Commons, Digital, Culture, Media and Sport Committee, Disinformation and "Fake News": Final Report, HC1791, 18 February 2019, ch 6, available at https://publications.parliament.uk/pa/cm201719/cmselect/cmcumeds/1791/1791.pdf; Intelligence and Security Committee of Parliament, Russia, HC632, 21 July 2020 at paras 27-28, available at https://isc.independent.gov.uk/wp-content/uploads/2021/03/CCS207_CCS0221966010-001_Russia-Report-v02-Web_Accessible.pdf.
(9) 笹川平和財団「外国からのディスインフォメーションに備えを！〜サイバー空間の情報操作の脅威〜」(2022年2月)〈https://www.spf.org/global-data/user172/cyber_security_2021_web1.pdf〉。
(10) Emerson T. Brooking and Peter W. Singer, *Likewar: The Weaponization of Social Media* (Eamon Dolan/Houghton Mifflin Harcourt, 2018).
(11) 例えばベリングキャット（Bellingcat）やオリックス（Oryx）のように，民間団体によるオープンソースを基にした情報収集（OSINT）が盛んになっており，戦争報道や政府の調査に影響を与えている。Eliot Higgins, *We Are Bellingcat: An Intelligence Agency for the People* (Bloomsbury Publishing PLC, 2022) 参照。

(3) **本章の課題**

　情報戦の法的規律のあり方は，各国国内法と国際法の双方から評価する必要がある。3．で述べるように，現状では国際法の各国への義務付けは具体的なレベルでは行われておらず，各国の法整備が先行している。その具体的な内容を詳述することは本章の目的ではない。しかし，表現の自由や利用者の基本権，PF事業者の営業の自由と情報戦の脅威から個人，社会，国家の安全を守る要請をどのように調整するかという課題は，各国に共通する問題である。

　そこで本章では，情報戦に対する法整備の現状を踏まえ，情報戦対策としての法の役割がいかにあるべきかを示す。2．ではまず，偽情報規制法と国家秘密保護法を中心に国内法整備の現状と課題を考察する。3．では，情報戦が平時と武力紛争時においてどの程度国際法の下で規制されているのかを明らかにする。その上で4．において，情報規制が引き起こす表現の自由との軋轢を国家安全保障の観点から検討する。

2．各国国内法における情報戦への対応

　国家安全保障に関する情報戦においては，偽情報による攪乱と国家機密が知られることによる危害がある。偽情報と真実の双方について拡散を防止すべきという共通項はあるものの，前者は作り出されるものに対し，後者は取得されるものである点において拡散のきっかけが異なる。従って，適切な規制態様も異なり，現に分けて規制している国が多いため，以下ではそれぞれ紹介したい。本節では，各国が情報戦にどのように対応しているのかについて，①敵が偽情報等を拡散することで干渉してくることへの対応，②外国PF事業が自国の安全保障に脅威をもたらす場合の規制，③国家機密を保護するための法制を順に論ずる。

---

(12)　西村高等法務研究所「CLOUD Act（クラウド法）研究会報告書 Ver.2.0――企業が保有するデータと捜査を巡る法的課題の検討と提言」（2023年）〈https://www.nishimura.com/ja/knowledge/publications/92692〉参照。

(1) 偽情報拡散の規制

偽情報の拡散とそれを利用した外国政府による影響力の拡大懸念に伴い，偽情報の規制に向けた国内法制を整備する国が増えている。これには情報媒介者に対する規制（本節(i)），事業者が自ら行う情報の管理（同(ii)），そのような情報を発信する者への規制（同(iii)）がある。もっとも，そのような法制は表現の自由との緊張を孕む。以下では，それぞれの規制においてどのような利益均衡が図られているのかを検討する。

(i) 情報媒介者に対する規制

情報流通の規制は，通信の媒介者（intermediaries）である PF 事業者に対して行われる。もっとも，偽情報拡散の規制を行う上では次の課題がある。

まず，国が安全保障を目的として PF 事業者に付加的な責任を負わせられるかである。通信事業者は，従来はゲートキーパーとしての役割を担うのにとどまっていた。米国[13]，EU[14]，日本[15]などでは，インターネット事業者は，誹謗中傷などの所定の場合を除き，情報の内容については責任を負わないのが原則である。

例えば米国では，通信品位法230条が，事業者は限定的な場合にのみ責任を負うことを定める。事業者が享受する免責の射程に関して，2019年の第2巡回裁判所で次のような事件がある。当時のフェイスブック社が，パレスチナの反イスラエル勢力であり米国が指定した外国テロ組織であるハマスのコンテンツを掲載していた。控訴人は，同社がハマスのアカウントを推奨することでそのリクルートを促進することにより，ハマスに物質的支援を提供したとして，フェイスブック社に損害賠償を請求した。裁判所は，同法230条が，コンテンツだけでなく，推奨及び広告アルゴリズムの出力に対する責任からの広範な免責をプラットフォームに付与しているとして，地裁の棄却判決を支持した。[16]

---

(13) Communications Decency Act of 1996, Pub. L. No. 104-104 (Tit. V), 110 Stat. 133 (February 8, 1996), codified at 47 U.S.C. § 230.
(14) Regulation (EU) 2022/2065 of the European Parliament and of the Council of 19 October 2022 on a Single Market For Digital Services and amending Directive 2000/31/EC (Digital Services Act), OJ L 277, 27.10.2022, p. 1-102, Chapter III.
(15) 特定電気通信役務提供者の損害賠償責任の制限及び発信者情報の開示に関する法律（プロバイダ責任法）平成13年法律137号・3条1項。
(16) *Force v. Facebook, Inc.*, 934 F.3d 53 (2d Cir. 2019).

また，米国では国際テロ行為によって被害を受けた米国民に損害賠償請求を認める反テロ法（ATA）がある。同法に基づき，テロ攻撃の被害者の遺族が，テロを幇助したとしてSNS事業者を訴えることがある。2023年，米国最高裁は，事業者であるツイッター社がテロリストに関連する利用者や関連コンテンツをプラットフォームから削除する措置を故意に怠ったことは事実認定した。しかし，意図的にテロ襲撃に援助を提供したとか，加担したとか，攻撃すべてに責任を負うほど広範かつ組織的にテロリストを援助したとは言えないとして，PF事業者の責任を認めなかった。[17]最高裁は同様の判断をアルファベット社（Google）についても下した。[18]

もっとも，PF事業者が持つ影響力が，他の媒体事業者のそれよりも巨大になり過ぎているために，その原則を修正するべきかが問題となっている。情報戦として行われている偽情報の流布を取り締まれないことは政策的に妥当ではないからである。そこで，PF事業者がコンテンツ規制に責任を負うとする立法例が出てきている。

2018年，欧州委員会はコミュニケーションを発出し，偽情報規制の原則を示した。[19]EUでは，「偽情報（disinformation）」は，検証可能な事実であり，虚偽または誤解を招く情報であり，経済的利益を得るか，公衆を欺くことを目的として生成，表示，拡散され，それによって公衆に損害が生じる可能性があるものとして定義されている。[20]欧州は，透明性の向上，情報の多様性促進，情報の信頼性向上，包括的解決策の形成を偽情報対策の指針とするべきだとしている。これを受けて，PF事業者，広告事業者，広告主等を含む利害関係者が集まり，偽情報への対応のための行動規範を策定した経緯がある。

また，特定の場合には政府が事業者に偽情報の削除等を命じることもある。2018年，フランスは「情報操作との戦いに関する法律」を制定した。[21]規制の対

---

[17] *Twitter. Inc. v. Taamneh et al*, 598 US ___ (2023).

[18] *Gonzalez v. Google LLC*, 598 US ___ (2023). 同事件は，*Twitter v. Taamneh*に従って再審理をするように巡回裁判所に差し戻された。

[19] European Commission, "Communication, Tackling Online Disinformation: A European Approach," COM/2018/236 final.

[20] European Commission, "EU Code of Practice on Disinformation," available at https://digital-strategy.ec.europa.eu/en/policies/code-practice-disinformation. 2022年に改訂版が採択されている。

象となるのは「予定される投票の誠実性を損なうような，不正確または誤解を招く主張や非難が，オンラインの公衆通信サービスを通じて意図的に，人為的に，または自動的に，大量拡散された場合」である。選挙期間中にこのような情報が広まっている場合，検察官や候補者などの関係者からの要請に基づき，裁判官は PF 事業者に対して送信の停止措置を命じることができる。裁判官は，申立てが行われてから48時間以内に停止に関する判断を下す必要がある。

また，2017年，ドイツでも難民へのヘイトスピーチに対応するためにネットワーク執行法が成立した。[22] 事業者は違法コンテンツ申告のために窓口を設け，申告があった場合には審査を行い，違法である場合には削除またはアクセスブロックを行う義務を負う。[23]

以上に加えて，PF 事業者と現地政府が協力し，情報の共有，脅威の特定，政策対応の同期化，法執行機関との調整を行うことがある。すなわち，政府が，自ら直接行動する権限とキャパシティを有している場合でも PF 事業者を利用して政府広報等を行うことがある。

(ⅱ) コンテンツ・モデレーション

次に，事業者が PF や SNS サイトにおいて，投稿されるコンテンツを監視，管理し，不適切な内容や違法な活動を特定して削除または制限することがある (contents moderation)。事業者としてもサイトを安全なものにして，購買力のある利用者層を繋ぎ止めておく需要があるためである。

また，PF 事業者は政府の要請に基づいてそのような管理措置をとることがある。例えば2020年の米国大統領選挙の折には，フェイスブック社とツイッター社等の大手 PF 事業者は，米国 FBI から提供された情報に基づき，ロシアに支援された偽のユーザーネットワークが偽情報を広めようとしていたことに対処するために，アカウントや投稿の削除などの措置をとった。また，2020

---

(21) Loi n°2018-1202 du 22 décembre 2018 relative à la lutte contre la manipulation de l'information. なおその基本法として Loi organique n°2018-1201 du 22 décembre 2018 relative à la lutte contre la manipulation de l'information が制定されている。
(22) Gesetz zur Verbesserung der Rechtsdurchsetzung in sozialen Netzwerke, (Netzwerkdurchsetzungsgesetz) vom 1. September 2017 (BGBl. I S. 3352).
(23) 国内登録者数が200万人未満の事業者は一部免責されている。*Ibid.*, Article 1(2). 他方で，大手事業者にはコンテンツ規律について様々な義務が課されている。

年10月には，ユーチューブ社とフェイスブック社等が協力し，Qアノン（QAnon）に関連するアカウントやページの大規模な削除を実施した。さらに，新型コロナ感染症に際しては，科学的根拠のある情報の提供や，偽情報拡散の防止において，PF事業者が一定の役割を果たした。

確かに事業者がコンテンツの選択や制限を行うことで，媒介者としての中立性を保持できなくなる懸念がある。これに関して，2021年，米国フロリダ州とテキサス州は，一定の規模を有するソーシャルメディア企業が不適切と判断した投稿を削除するなど措置をとることを禁止する法律を制定した。[24]しかし2022年，第11巡回連邦高裁はフェイスブック社の編集裁量に対する規制が表現の自由を侵害するとして，フロリダ州の法律に対する差止命令を支持した。[25]その一方，テキサス州の法律を扱った第5巡回連邦高裁は編集作業を表現の自由とは認めず，差止命令を撤回した。[26]

PF事業の公共性に鑑み，その利用を公平なものにするために事業者がとっている対応として，次のものがある。第1に，自主規範の確立である。投稿の基準やルールを設定し，PF上のコンテンツをコントロールするために，注意喚起のラベリング，検索結果ランキングの操作，増幅制限の適用，特定のコンテンツの削除，特定の広告の禁止，あるいはユーザーやネットワークの全面的なアクセス拒否などの手段を講じる。主要事業者は，その方針を公開している。

また，2018年に人権団体等が中心となり「透明性と説明責任に関するサンタクララ原則」を採択した。そこにさらに大手IT企業が参画し，2021年に基本原則と運用指針を定める第2版が採択された。[27]その基調には企業が人権と適正

---

(24) フロリダ州法・SB 7072, available at https://www.flsenate.gov/Session/Bill/2021/7072/; テキサス州法・HB20, https://legiscan.com/TX/text/HB20/id/2424328. これらは，2021年1月に生じた国会議事堂襲撃事件後，ツイッター社やフェイスブック社がトランプ（Donald Trump）大統領のアカウントを凍結したことを受けて，共和党が主導して制定したものである。

(25) *NetChoice and CCIA v. Moody*, 34 F.4th 1196 (11th Cir. May 23, 2022). 本件は最高裁により巡回裁判所に差し戻された。

(26) *NetChoice, LLC v. Paxton*, No. 21-51178 (5th Cir., Sep. 16, 2022). 本件も同様に最高裁により巡回裁判所に差し戻された。

(27) *The Santa Clara Principles on Transparency and Accountability in Content Moderation, 2.0*, available at https://santaclaraprinciples.org.

手続保障（due process）を尊重し，その透明性を確保し，説明責任を果たすことなどが原則として定められている。その中でも，表現の自由と国家安全保障利益との均衡について，企業はコンテンツ・モデレーションの過程において国家が関与することで生じる利用者の権利侵害リスクを認識するべきであるという[28]。具体的な判断は各社に委ねられているものの，業界での規範形成は，透明性，説明責任の向上に資している。

第2に，モニタリングを強化し，テロと暴力過激派の投稿やページを削除し，選挙を標的としたものを含む情報操作を阻止することを重点的に行う試みである。2017年，大手IT事業者らが対テログローバル・インターネットフォーラムを設立した[29]。テロに関する共通の学習を行い，ガイドラインの策定や政策執行のためのベストプラクティスを開発し，市民社会と連携して国際的に言論活動を推進している。またこのフォーラムではテロ・コンテンツの「デジタル指紋」を作成し（hash-sharing database），他の参加企業と共有することも行っている[30]。

第3に，特定のコンテンツの適正化決定を審査する，独立監視機関の設立である[31]。利用者による異議申し立てを認め，第三者らによる審査を行うことで，公平性を担保する。

(ⅲ) 偽情報拡散に対する直接規制

最後に，国家が偽情報を流した者を直接規制することがある。例えばシンガポールでは2019年に新法が制定され，偽情報を流した者やその媒体となった業者に対して訂正通知の発行など様々な行政的措置をとり，刑罰を科すことが可

---

(28) Ibid., Principle 4.
(29) Global Internet Forum to Counter Terrorism [GIFCT], available at https://gifct.org. フェイスブック，マイクロソフト，ツイッター，ユーチューブ（会社名は当時）が参加している。
(30) GIFCT, available at https://gifct.org/?faqs=what-is-the-hash-sharing-database. コンテンツを暗号化して保存するもので，参加しているPF事業者に関連する利用者のソース・データや個人を特定できる情報を所有したり保存したりすることはしていないという。
(31) 例えばフェイスブックの監視委員会（Facebook Oversight Board, FOB）がある。現在までにFOBの事件として扱われているのは，フェイスブックのコンテンツ判断のごく一部だが，そのほとんどが主要な地政学的紛争や安全保障上の課題を扱っている。ロシアにおける反体制派のナワリヌイ（Alexei Navalny）による反対運動，アルメニア人虐殺をめぐるトルコの緊張，トルコとクルド労働者党（PKK）の紛争などが例として挙げられる。

能となった。同様にベトナムでも2020年2月に法改正が成され，偽情報を流したり共有したりした者，もしくはその媒体となった業者に対して行政罰が科されるようになった。2021年11月にはギリシアで刑法改正により国家経済や防衛能力，または公衆衛生に害を及ぼす可能性のある偽情報の流布に対して刑事罰が導入された。

　しかしながら，偽情報規制には，それが萎縮効果をもたらすなどして不当に表現の自由を制約しないかという問題がある。偽情報に対して訂正通知を行うだけであれば表現の自由を実質的に制約するとは言えない。しかし，そもそも既存の信条や価値観に反する見解を勘案しない心理作用が問題なのであるから，そうした行政措置の効果は期待できない。それに対して，偽情報の削除や遮断，もしくは処罰は，表現の自由への制約となることが懸念される。実効性に関しても，情報を削除もしくは遮断することで拡散を抑えたり，人々の偽情報への信頼度を下げたりする効果は期待できない。むしろ，その偽情報の信憑性を高めてしまうという逆効果（Streisand effect）を生む可能性すらある。

　こうした懸念を払拭するためには，偽情報の規制を国家の安全保障や公衆衛生に害のあるものに限定する必要がある。前述したように，媒介者規制においては各国あるいは地域が偽情報の定義を絞っている。

　例えば，欧州人権裁判所の判例では，事実に関する発言を価値判断が伴う見解から切り離し，後者の規制に関しては裏付ける事実が十分でない場合にのみ正当な利益の保護のため相応とされ得ると判示している。

　また，上述のシンガポールでは，事実に関する発言のみが規制の対象とされており，事実の真偽に関しては個人の主観ではなく司法がその文脈における客

---

(32) Protection from Online Falsehoods and Manipulation Act, Act 18 of 2019.
(33) Decree No. 15/2020/ND-CP, replacing Decree No. 174/2013/ND-CP.
(34) Law No. 4855/2021, art. 36 amending the Penal Code, art. 191.
(35) Philip N. Johnson-Laird, "Mental Models and Probabilistic Thinking," *Cognition*, Vol. 50 (1994), p. 180; Hollyn Johnson and Collen Seifert, "Sources of the Continued Influence Effect: When Misinformation in Memory Affects Later Inferences," *Journal of Experimental Psychology*, Vol. 20 (1994), p. 1420; A. L. Wilkes and M. Leatherbarrow, "Editing Episodic Memory Following the Identification Error," *Quarterly Journal of Experimental Psychology*, Vol. 40 (1988) p. 361.
(36) Sue Curry Jansen & Brian Martin, "The Streisand Effect and Censorship Backfire" *International Journal of Communication*, Vol. 9 (2016), p. 656.

観的解釈により判断するものとされている。(38) 偽情報の規制，特に刑罰化にあたっては，情報そのものの真偽よりもその情報が作成されるに至った方法論に焦点を当てる方が法的に相応とされる可能性が高い。(39) 客観的手法に基づく方法論は恣意的にも見える情報の削除や遮断よりも受け入れられやすいと言える。(40)

さらに，偽情報の流布を防止するためには，第三者機関による事実確認が不可欠である。PF 事業者や NGO がそれを担う場合もあるが，政府が機関を設けることもある。例えば，フランスの VIGINUM は，フランス政府が前述した法律を受けて2021年に国防・国家安全保障総局（SGDSN）の下に設立した機関であり，外国の偽情報等によるデジタル干渉に対抗することを目的とする。ただし，後述するように国家の安全保障にかかわる情報は法的に保護されている場合が多く，第三者機関による事実確認を阻害する要因となる。

(2) プラットフォーム事業者の情報提供義務

サイバー攻撃等は通信事業者が提供するネットワークを通じて行われるため，事業者らが保有する情報を取得することが必要になる。刑事訴追の文脈であるが，一部の国は外国事業者を含めた PF 事業者に対してそのような情報の保管，開示，提供を義務付けることがある。(41) また，外国事業者らから情報を直

---

(37) *Morice v. France*, Application No. 29369/10, Merits and Just Satisfaction, 23 April 2015, para. 126; *Steel and Morris v. United Kingdom*, Application No. 68416/01, Merits and Just Satisfaction, 15 February 2005, para. 87; *Feldek v. Slovakia*, Application No. 29032/95, Merits and Just Satisfaction, 12 July 2001, para. 76; *Lingens v. Austria*, Application No. 9815/82, Merits and Just Satisfaction, 8 July 1986, para. 46.

(38) *The Online Citizen Pte Ltd v. Attorney-General* [2022] SGHC 177, para. 32; *The Online Citizen Pte Ltd v. Attorney-General* [2021] SGCA 96, para. 136.

(39) Rebecca K. Helm and Hitoshi Nasu, "Regulatory Responses to 'Fake News' and Freedom of Expression: Normative and Empirical Evaluation" *Human Rights Law Review* vol. 21 (2021), p. 325 (302).

(40) 日本の最高裁も，名誉毀損罪についての刑事事件において，刑法230条の2（公共の利害に関する場合の特例）は，人格権としての個人の名誉の保護と，憲法21条の正当な言論の保障の調和を図ったものであり，事実が真実であることの証明がない場合でも，行為者がその事実を真実であると誤信し，その誤信したことについて，確実な資料，根拠に照らし相当の理由があるときは，犯罪の故意がなく，名誉毀損の罪は成立しないと述べている（最大判昭和44年6月25日刑集23巻7号975頁）。

(41) 西村高等法務研究所（NIALS）・前掲注（12）参照。

第6章 デジタルメディアと情報戦

接取得する仕組み（直接協力）を認める条約としては，米国CLOUD法が定める行政協定や，サイバー犯罪条約第2追加議定書がある。[42]

(3) 外国事業者の役務提供の禁止

　情報戦の一形態として，外国がPF事業者を使って，情報を取得したりするなどして，他国の安全保障上の脅威をもたらすことも考えられる。その際，外国事業者を受け入れる国は，当該活動を制御することがありうる。[43]

　例えば，米国は中国事業者が米国でサービスを提供することについて警戒を強めている。中国は2017年に国家情報法を制定し，外国企業を含む私企業などが保有するデータにアクセスできる権限を政府に付与した。また2021年にはデータ安全保障法と個人情報保護法を採択し，外国企業による中国国内の情報統制を強化した。このことから，米国などで個人情報が収集され，それが中国政府や中国共産党に提供される可能性に対する懸念が強くなっている。

　例えば，中国のバイトダンスが運営するショート動画アプリである，TikTokの利用に関しては，各国が懸念を表明している。アプリは10代，20代に人気を博しているが，個人情報が抜き取られる懸念があるためである。2023年6月現在，米国や英国，カナダ，オーストラリア（豪州），ニュージーランドの英語圏5か国で構成する「ファイブ・アイズ」の全ての国が政府端末でのTikTokの使用を禁止している。さらに，2022年末，運営会社が，フィナンシャル・タイムズ紙の記者たちの個人情報に不正にアクセスしていたことが明らかになった。[44] この不正アクセスは，内部からの情報漏洩に関する調査の一環

---

(42) 石井由梨佳「刑事捜査における外国事業者からの通信情報取得――直接協力（direct cooperation）の国際法上の課題」国際法研究12号（2023年）101頁。

(43) 例えば，米国の対米外国投資委員会（CFIUS）は，外国投資が米国の国家安全保障を害さないように審査を行う。CFIUSは，1975年にフォード（Gerald Ford）大統領の大統領令11858により設立された。レーガン大統領は，この評価プロセスを1988年の大統領令12661でCFIUSに委任した。これは，米国議会がエクソン・フロリオ修正条項で外国投資を審査する権限を大統領に与えることに対応したものである。近年では，AIにも特に重点が置かれている。SNSにおけるユーザーの個人情報の不正利用は懸念事項の1つである。渡井理佳子『経済安全保障と対内直接投資――アメリカにおける規制の変遷と日本の動向』（信山社，2023年）参照。

(44) Hannah Murphy, "TikTok admits tracking FT journalist in leaks investigation," *Financial Times*, 23 December 2022, available at https://www.ft.com/content/e873b98a-9623-45b3-b97c-444a2fde5874.

であり，位置情報の分析を目的として行われたものであるとされている。米国では，2022年末以降，米国内でのTikTokの一般利用を禁じる法案が審議されている[45]。その他，インドは2020年以降，TikTokを含む中国系のアプリを指定し，その利用を禁止している[46]。

(4) 国家機密の保護

　情報戦において，国家機密の保護は国家安全保障の要となる。他方で，そのような情報漏洩の例には枚挙にいとまがない。2013年の米国の国家安全保障局の職員であったスノーデンによる国際監視プログラムに関する告発や，同年のウィキリークスによる大量の国家機密の公開に示されるように，情報のデジタル化とインターネットの出現によりその公開や拡散が容易になった。そこで各国は情報技術の進展に対応して法制を整備している[47]。複数国がテロとの戦いや敵対国への対処などの目的で機密情報を共有する場合には，こうした漏洩を抑止するために厳格な処罰を含めた法制度が不可欠である[48]。

　国家機密法は，国家機密の開示の禁止と犯罪化をその内容とする。一般に，民主主義国では，政府が過度に情報を秘匿しないように，そして政府の説明責任を確保するために，法律において機密情報の範囲を決めておく。そして，各

---

(45) Averting the National Threat of Internet Surveillance, Oppressive Censorship and Influence, and Algorithmic Learning by the Chinese Communist Party (ANTI-SOCIAL CCP) Act, available at https://www.rubio.senate.gov/public/_cache/files/1ebac814-157e-4e26-81b9-d9aa3fd96ae3/5861 AFCCFDC5254BAFEE5BB2BDA54B32.hey22c36.pdf.
(46) 2023年6月現在，200以上のアプリが禁止されている。
(47) Hitoshi Nasu, "State Secrets Law and National Security," *International and Comparative Law Quarterly* Vol. 64 (2015), pp. 365-404.
(48) 法制があっても情報漏洩事案は後を絶たない。近年では，例えば2022年11月，米国で核潜水艦の機密情報を外国政府に提供しようと試みたとして技師とその妻が起訴された。Associated Press, "A Navy Nuclear Engineer and His Wife Enter New Guilty Pleas in Submarine-Secrets Case" *National Public Radio*, 27 September 2022, available at https://www.npr.org/2022/09/27/1125388787/navy-nuclear-secrets-couple-guilty-pleas. また，2023年4月にはウクライナ戦争に関する国家機密を許可なく削除，保持，転送したとして州兵が逮捕されている。Brad Dress and Ellen Mitchell, "US Intelligence Leak Deals Severe Blow to Ukraine War Effort" *The Hill*, 10 April 2023, available at https://thehill.com/policy/defense/3943086-us-intelligence-leak-deals-severe-blow-to-ukraine-war-effort/. 後者の事件では，ウクライナの防空システムの位置や減耗状態などを公開するもので，ロシアとの戦闘に影響を及ぼした。

国における「危害」及び「公益」の位置付け，すなわち，国家安全保障を守るために何が必要で，表現の自由を含めた他の権益とどの基準において調整されるべきなのかを踏まえて制定される。歴史的には，19世紀に大衆メディアとしての新聞が国家機密を公表することで読者である消費者の関心を引き寄せようとしたことから，機密保護の必要性が生じた。1911年に英国が国家機密法を制定し，オーストラリア，カナダ，インドなどの英連邦諸国がそれに倣った。

　機密保護の方式として代表的なものには次の3つがある。まずは特定の秘密保護を図る立法で違法な情報漏洩に対する罰則などが規定されている場合である[49]。次に，情報公開法の元で情報公開の例外として規定されている場合である。20世紀後半に広がった人権保護立法の一環として，政府に対する知る権利が民主主義政治の基盤とされる国々に多く見受けられる。最後に機密情報が裁判における秘匿特権として保護されている場合である[50]。

　以下では情報漏洩の禁止を定める国家機密法について，その課題を示す。この種の国家機密法では，情報の出所やその性質，与えうる害の程度によって，保護対象や保護義務を負う主体を含めた規律内容が異なる。軍事機密や外交機密は共通して保護対象となるが，特定の商業秘密などが含まれる場合もある。保護義務を負う主体には，諜報活動に関わる者だけでなく政府職員や政府活動に関与する民間人も含まれることがある。また，義務の程度は職種によって異なる。例えば，英国では諜報員は絶対的な保護義務を負うが，他の政府職員や委託契約業者に関しては，情報開示が国の安全保障に損害を与える場合に限られる[51]。

　この類の規律は共通して次の課題を有する。第1に，国家安全保障という概念が拡張傾向にあることである[52]。機密情報の定義は国によって異なるものの，国家の安全や外交，防衛，経済，情報，科学技術など，国家にとって極めて重

---

(49) これは19世紀末に他国に先駆けて法整備を行った英国から他のコモンウェルス諸国に受け継がれる形で広がり，現在でもシンガポールやミャンマー，ジンバブエなどに例がある。
(50) 例えば，米国ではコモン・ロー上の証拠法として適用されている特権がある。*United States v. Reynolds*, 345 U.S. 1 (1953).
(51) Official Secrets Act 1989, ss 1, 2.
(52) Hitoshi Nasu, "The Global Security Agenda: Securitization of Everything?," in Robin Geiss and Nils Melzer eds., *The Oxford Handbook of International Law of Global Security* (Oxford University Press, 2021), pp. 37-53.

要で機密性が高い情報を指す。従来の主な狙いは、武力侵攻、諜報活動、破壊工作など外国からの干渉から軍事情報を保護することにあった(53)。しかし近年では、経済、食料、エネルギー資源、環境、そしてサイバースペースなど、変わり行く社会的背景において、仮想敵がもたらす様々な安全保障上の懸念を含むようになっている。

例えば、米国の2002年重要インフラ情報法は、国家安全保障上の懸念を広範に表現しており、「物理的またはコンピュータベースの攻撃」や「重要インフラや保護システムへの干渉、攻撃、妥協、無力化についての脅威」を含む(54)。さらに、2022年の重要インフラに対するサイバー事案報告法は、サイバー攻撃について迅速な対応を関係機関に義務付けるものである(55)。また中国は、2014年に習近平が提示した「総体的国家安全観」に基づき、人民、政治、経済の安全を保護するアプローチをとる。2015年国家安全法は、保護を強化するべき対象として金融、食糧、ネットワークなどをも挙げている(56)。さらに同国は2023年に2014年反間諜法を改正し、「国家の安全と利益に関わる文書、データ」を保護対象とした(57)。ただしその範囲は具体的に示されていない。

第2に、今日の機密情報は軍備、軍事技術、防衛戦略など国家安全保障に直接関連するものに限定されない。一見すると相互に関連しない情報の断片をつなぎ合わせて、推論を導き出すことができる(「モザイク理論」)(58)。合理的に分離できる情報であっても、他の情報と組み合わせると国家安全保障上の利益に害を与えることもある。

---

(53) 1996年に国連専門家会合が採択したヨハネスブルグ原則の第2原則も、この伝統的な国家安全保障の定義を採用し、「武力の行使や脅威に対する国の存在や領土の一体性、武力の行使や脅威に対応する国の能力」の保護と説明している。The Johannesburg Principles on National Security, Freedom of Expression and Access to Information, Freedom of Expression and Access to Information, U.N. Doc. E/CN.4/1996/39 (1996).
(54) Critical Infrastructure Information Act of 2002 (CII Act), 6 U.S.C. Secs. 131-134.
(55) Cyber Incident Reporting for Critical Infrastructure Act, 6 U.S.C. Sec. 681.
(56) 国家安全法、2015年7月1日第十二届全国人民代表大会常務委員会第十五次会議通過。
(57) 反間諜法、2014年11月1日第十二届全国人民代表大会常務委員会第十一次会議通過、2023年4月26日第十四届全国人民代表大会常務委員会第二次会議改正。
(58) David E. Pozen, "The Mosaic Theory, National Security, and the Freedom of Information Act," *Yale Law Journal*, Vol. 115 (2005), p. 628. *See also United States v. Maynard*, 615 F. 3d 544 (2010); *United States v. Jones*, 565 U.S. 400 (2012); *Riley v. California*, 573 U.S. 373 (2014).

第6章　デジタルメディアと情報戦

　第3に，国家が政府の不正行為を隠蔽するために国家機密法を濫用することがある。その場合，国家機密法は政府の安全保障に関する政治的な決定の説明責任を妨げ，民主主義の根幹にある情報の自由を歪める危険性がある。情報へのアクセスも含めた表現の自由は安全保障や公的秩序を守るために必要な範囲で制約される。しかし，実際にどの情報が国家安全保障にとって保護される必要があるのか，情報漏洩が国家安全保障に与える影響をどのように評価するのか，情報漏洩がもたらす被害に対してどの程度の処罰が相応しいのかについては，慎重な検討が必要になる。

　国家による監視活動に関して欧州人権裁判所がクラス対ドイツ事件の判決で述べたように，「不誠実もしくは怠慢な，あるいは熱心すぎる官僚が不適切な行動をとる可能性は，いかなるシステムにおいても完全に排することはできない」。中南米諸国では，人権侵害や人道に対する罪に該当するような行為に関しては，こうした公共の利益を国家の安全保障利益よりも優先する旨が国家秘密法に規定されている。その背景には1960年代から80年代にかけて各国の政府により広く行われた虐殺行為に対する懸念の高さが見て取れる。汎米人権裁判所は，人権侵害の調査や裁判審理に必要な情報へのアクセスを国家の安全保障を理由に拒否することはできないという判決を下し，真実への権利という概念を認めてきた。

　情報戦対策としての国家機密法で保護される国家安全保障利益と情報の自由による公共利益との兼ね合いは，こうした各国の歴史的背景や社会的規範を反映して形成されている。

3．国際法における情報戦の規律

　各国国内法が先行して情報戦を積極的に規律しているのに対して，国際法に

---

(59)　*Klass v. Federal Republic of Germany* (1979-80) 2 EHRR 214, 236 para. 59.
(60)　*Gomes Lund and Others v. Brazil*, Inter-American Court of Human Rights, 24 November 2010, Series C No. 219, para. 202; *Tiu Tojin v. Guatemala*, Inter-American Court of Human Rights, 26 November 2008, Series C No. 190, para. 77; *Myrna Mack Chang v. Guatemala*, Inter-American Court of Human Rights, 25 November 2003, Series C, No. 101, para. 180. Jeffrey Davis, *Seeking Human Rights Justice in Latin America* (Cambridge University Press, 2013), p. 90.

おける情報戦の規律は十分とはいえない。何が安全保障を害する情報戦であるかについてコンセンサスがなく，国家間の協調が難しい領域だからである。例えば，1936年に採択された「平和のための放送の使用に関する国際条約」は，良識のある国際的理解を害し得る虚偽声明の送信を禁ずる。偽情報による国際関係の不安定化が1930年代に問題視されていたことを示す一例である。もっとも，1980年代にはオーストラリア，フランス，オランダ，そしてイギリスが同条約から脱退し，今日では殆ど顧みられることはない。他方で，国際法においても情報戦を規律する法規範として，以下では，国内不干渉原則，人権保障，国際協力の強化を挙げる。

(1) 国内不干渉原則

他国の内政に介入する行為は国際慣習法上確立している国内不干渉原則で禁止されている。この原則は，各国が排他的な国内管轄権を行使する事項に直接的または間接的に介入する行為を禁じるものであり，近代国際法の形成過程で中心的な役割を果たしてきた。ただし，偽情報の拡散がこの原則に抵触するかどうかは，同原則の意義をどのように把握するかによる。内政とされる排他的な国内管轄権が及ぶ具体的な範囲や，その変更可能性については，議論が分かれている。

国内不干渉原則に抵触するには，まず，偽情報の対象は国家の内政に関係するものでなければならない。私人や企業に関する偽情報の拡散は一般的には国

---

(61) International Convention Concerning the Use of Broadcasting in the Cause of Peace, 23 September 1936, 186 LNTS 301 (entered into force 2 April 1938), Article 3(1). 批准状況については〈https://treaties.un.org/Pages/showDetails.aspx?objid=0800000280046246&clang=_en〉参照。

(62) Björnstjern Baade, "Fake News and International Law," *European Journal of International Law* Vol. 29 (2018) pp. 1357-1376; Hitoshi Nasu, "The 'Infodemic': Is International Law Ready to Combat Fake News in the Age of Information Disorder?," *Australian Year Book of International Law Online* 39, no. 1 (2021), pp. 65-77.

(63) Declaration on Principles of International Law Concerning Friendly Relations and Co-operation among States in accordance with the Charter of the United Nations, GA Res 2625 (XXV) (1970); Declaration on the Inadmissibility of Intervention in the Domestic Affairs of States and the Protection of Their Independence and Sovereignty, GA Res 2131 (XX) (1965).

(64) Hitoshi Nasu, *The Concept of Security in International Law* (West Point Press 2023), pp. 33-35.

家の内政には当たらない。一方,国政選挙の手続きや政党の公約,候補者に関する偽情報などは,国の政策に影響を与えるものとして,内政事情に該当する。また,公衆衛生に関する政策や感染症対策の規制策定なども,国際人権諸条約において人権制約の正当な理由として認められている。

国際司法裁判所(ICJ)における1986年のニカラグア軍事活動事件判決では,各国が自由に決定することを許されている事項に対して,直接または間接的に介入することは認められないことが示された[65]。また,旧ユーゴ国際刑事裁判所(ICTY)も国家安全保障に関する事項を国内管轄事項としており,国際慣習法上の内政不干渉原則によって保護されているという[66]。偽情報によって警察の法執行活動や国民の福祉に関わる重要なインフラへのアクセスが妨害される行為は,国の内政に影響を及ぼすものとして,不干渉原則に抵触する可能性がある。

もっとも,偽情報が国家の内政に関わるものであったとしても,必ずしも内政不干渉原則に違反するわけではない。禁止されている干渉の本質はその威圧的な要素にある。威圧的と見なす基準は明確に定まっておらず,武力行使と同程度の政治的な影響力による干渉という見方がある[67]。特筆すべきは,1981年に採択された国連総会決議36/103である[68]。この決議は,干渉の様々な形態を広範に取り上げ,他国の内政への干渉を目的とした中傷的な運動や誤った情報,敵対的なプロパガンダを行わないよう求めている。また,他国の人権問題を悪用したり歪曲したりすることで不信や無秩序を引き起こさないよう呼びかけている[69]。ただし,この決議に対しては多くの西欧諸国が反対票を投じており,国際

---

(65) *Military and Paramilitary Activities in and against Nicaragua (Nicaragua v. USA), Merits*, [1986] *ICJ Report* p. 14, p. 108, para. 205.

(66) *Prosecutor v. Blaškić*, Case No. ICTY-95-14AR 108 *bis*, Judgment on the Request for the Republic of Croatia for Review of the Decision of Trial Chamber II of 18 July 1997 (29 October 1997) para. 64.

(67) Sean Watts, "Low-Intensity Cyber Operations and the Principle of Non-Intervention," in *Cyber War* (Oxford University Press, 2015), pp. 258-259; Maziar Jamnejad and Michael Wood, "The Principle of Non-Intervention," *Leiden Journal of International Law* Vol. 22 (2009), p. 345; Lori Fisler Damrosch, "Politics Across Borders: Nonintervention and Nonforcible Influence Over Domestic Affairs," *American Journal of International Law* Vol. 83 (1989), pp. 3-4.

(68) Declaration on the Inadmissibility of Intervention and Interference in the Internal Affairs of States, GA Res 36/103 (1981).

(69) *Ibid.*, paras. II(j), II(l).

慣習法としての内政不干渉原則への影響には疑問が残る。実際，冷戦時代にはロビー活動やプロパガンダなどの偽情報の拡散が国家間で頻繁に行われていた。

しかし，昨今の敵対的なサイバー攻撃とそれに伴うソーシャルメディアの搾取により，民主主義における意思決定の脆弱性が露呈し始めた西欧諸国で，威圧的要素の基準を緩める考えが出てきた。イギリスのライト（Jeremy Wright）前司法総督は，内政不干渉原則の正確な境界線に関して国家間のコンセンサスはないとしながらも，他国の選挙結果を改竄するような選挙システムの悪用や議会の運営への介入，もしくは金融システムの安定を損なうような介入は原則に違反するとの見解を示した。(71) 同様に米国国防総省の法務顧問であったネイ（Paul Ney）も他国での選挙の実施を妨害したり選挙結果を改竄したりするようなサイバー攻撃を内政干渉の明らかな例として挙げている。(72) 実際に，他国の政治経済システムを単に混乱に陥らせることを意図したサイバー攻撃は，その国の特定の政策を変更させるような特別な意図がなくても，想定され得る。

もっとも，こうした内政干渉の基準を緩くするような見解には，サイバー空間での国家主権を法原則として認めない立場を補完するための策略も透けて見える。前述したイギリスの前司法総督の見解には，サイバー空間において国家主権は法原則として適用されず，それ故他国の国家主権を脅かすようなサイバー攻撃であっても武力行使や内政干渉に当たらない限り合法であるという立

---

(70) 本決議は賛成120票，反対22票，棄権6票で採択された。

(71) Attorney General's Office and The Rt Hon Sir Jeremy Wright KC MP, "Speech: Cyber and International Law in the 21st Century," (23 May 2018), available at https://www.gov.uk/government/speeches/cyber-and-international-law-in-the-21st-century. この見解は後任の司法長官も支持している。Speech, International Law in Future Frontiers, The Attorney General, the Rt Hon Suella Braverman QC MP, this evening set out in more detail the UK's position on applying international law to cyberspace (19 May 2022), available at https://www.gov.uk/government/speeches/international-law-in-future-frontiers.

(72) Paul C. Ney, Jr., "DOD General Counsel Remarks at U.S. Cyber Command Legal Conference" (U.S. Department of Defense, 2 March 2020), available at https://www.defense.gov/News/Speeches/Speech/Article/2099378/dod-general-counsel-remarks-at-us-cyber-command-legal-conference/. これについては，現職のクラス（Caroline D. Krass）も同様の立場を示した。Caroline Krass, "Implementing Integrated Deterrence in the Cyber Domain: The Role of Lawyers" Articles of War (18 April 2023), available at https://lieber.westpoint.edu/implementing-integrated-deterrence-cyber-domain-role-lawyers/.

第6章　デジタルメディアと情報戦

場も含まれていた⁽⁷³⁾。そうなると自国を対象としたサイバー攻撃も合法ということになってしまうので，その補填として内政干渉となる威圧的要素の基準を緩める方向に働いたという見方である⁽⁷⁴⁾。

　いずれにしても，サイバー空間における内政への介入手段の多様化により，公正な選挙を妨害する偽情報に基づく介入が内政干渉の威圧的基準を満たすとする認識が現在では広がっている。ただし，その介入が意図や目的に関わらず内政に関する選択の自由を奪うものであるとして一律に適用することは，他国の内政に影響を与えるだけの行為が偶発的に違法行為とされる可能性を含む。

　また，偽情報が広まる状況では，実際の情報戦とその威圧的効果との因果関係を明確に定めることが困難である。内政不干渉の原則は，直接的な干渉だけでなく，間接的な介入にも適用される。しかし，そのような介入を威圧的な干渉とみなすことは実際的には困難であり，違法行為としての干渉から合法な介入とされる領域に踏み込み正当化されてしまう危険を孕んでいる⁽⁷⁵⁾。

　情報戦に関して，威圧的要素の基準を緩める見解も国政選挙など特定の文脈に限定して展開されている。インターネット上での偽情報の拡散や因果関係の把握の困難さも鑑み，内政不干渉原則だけで情報戦を規制するのは難しいといえる。

(2) 人権保障

　偽情報の規制は，個人の表現の自由との間に緊張をもたらす。しかし，表現の自由は無制限に保障されているわけではない⁽⁷⁶⁾。現行の国際人権法でも，一定の表現は制約されている。例えば市民権規約の締約国は，戦争のための宣伝，差別，敵意又は暴力の扇動となる国民的，人種的又は宗教的憎悪の唱道を法律で禁止する義務を負う⁽⁷⁷⁾。またコロナ感染症の蔓延に伴い，多数の国や地域で偽

---

(73) Wright, *supra* note 71.
(74) Michael N. Schmitt, "Reflections on the DOD General Counsel's Cyber Law Address' Articles of War" (19 April 2023), available at https://lieber.westpoint.edu/reflections-dod-general-counsels-cyber-law-address/.
(75) Michael N Schmitt, "'Virtual' Disenfranchisement: Cyber Election Meddling in the Grey Zones of International Law," *Chicago Journal of International Law* Vol. 19 (2018), pp. 30-67.
(76) Nasu, *supra* note 62.

情報を拡散した容疑で刑事訴追がなされる例が生じた(78)。これについて「言論及び表現の自由の権利の促進・保護」に関する国連特別報告者は「偽情報流布の罰則化は不均衡である」と述べている(79)。しかし，制限の具体的な法的要件や，制限の合法性を評価する際に適用される基準は，それぞれの法域で異なる。刑罰を一律に否定することは各国当局が偽情報との闘いと表現の自由の尊重との均衡を見出す際の指針とはならない。

　それから，国際法上は，大量データの取り扱いに関する明確な保障規則が確立されていない。表現の自由の保障義務や検閲の禁止といった規則は存在するが(80)，捜査機関が大量データを扱う際の規律については不十分である。捜査当局は各国の規則に基づいてデータを取り扱うことになるが，データ主体の権利を保護するためには，協力国間でデータの保管期間や廃棄手続などについて共通の規則を設ける必要がある(81)。また，データの真正性と正確性を確保するためには，デジタルフォレンジック技術に関する業界基準の確立と，これらの基準を協力国間で共有することも求められる。

　以上のような規則の欠如は，情報の生産，流通，利用における国際人権法の適用範囲を限定し，人権保障を困難にする要因となっている。ただし，業界規範や独立審査機関における国際人権法の参照といった手段を通じてそれを補填する余地はある。

(3) 国際協力の強化

　情報戦は複数の国にまたがって行われることがあるし，同じ手口が用いられ

---

(77)　ICCPR, Article 20. Michael G. Kearney, *The Prohibition of Propaganda for War in International Law* (Oxford University Press, 2007), p. 133.

(78)　Nasu, *supra* note 62.

(79)　D Kaye, "Disease Pandemics and the Freedom of Opinion and Expression: Report of the Special Rapporteur on the Promotion and Protection of the Right to Freedom of Opinion and Expression," UN Doc A/HRC/44/49 (23 April 2020) para 42.

(80)　ICCPR, Article 19.

(81)　例えば，EU の一般データ保護規則（GDPR）が事業者のデータの管理について詳細な規則を定める。General Data Protection Regulation, Regulation 2016/679, OJ L 119, 04.05.2016; cor. OJ L 127, 23.5.2018. また，法執行指令（LED）は加盟国の捜査機関に対してデータ取り扱い等について基準を設ける。Directive 2016/680, OJ L 119, 4.5.2016.

第6章　デジタルメディアと情報戦

ることもある。そのため、国際協力の強化も重要である。安全保障目的での国際的な情報共有枠組みは、必ずしも裁判手続きのために行われるものではないという点で、司法共助より協力の範囲は広い。扱われる情報の種類や、枠組みの法的性質は多岐にわたる。情報共有の際に、情報の収集、分析、交換、共有の方法を調和化したり、情報を共有するための技術的なインフラの整備を行ったりすることも多い。そのために、国家間の信頼関係を強化し、共通の認識を醸成することもある。例えば、日本政府は2023年1月、「国家安全保障戦略」を受けて、調達するソフトウェアに米国と同水準の安全基準を設けるなどして、サイバーセキュリティの分野で、米国との協力を強化することを決定した。

軍事面では、情報保護協定において機密情報を含む情報を共有することがある。日本は、米国、韓国、インドと秘密軍事保護協定を結んでおり、北大西洋条約機構、英国、フランス、イタリア、豪州と情報保護協定を結んでいる。内容や手続きに相違はあるものの、締約国政府の国家安全保障のために保護を必要とする情報を、適切に保護するための基本原則や仕組みについて定め、秘密指定を付して共有する仕組みを設けている。各協定に共通する原則としては、受領国が提供国の承認なしに、提供される秘密軍事情報を第三国に提供しないこと、情報について提供国と同等の保護措置をとること、目的外使用をしないこと、企業秘密等の私権を尊重することなどがある。このような協力は同志国、友好国との間で構築されることになる。

4．情報戦対策と個人の情報の自由

以上で説明してきた通り、国家間の情報戦はごく限られた場合と特定の目的を除いて、国際法違反とはされていない。将来的には、AIの進展や活用により因果関係の問題を解決する手段が見つかる可能性もある。しかし現時点では情報戦対策は主に国内法制の整備に頼ることになる。これにより、特に人権尊重を基盤とする民主主義国家では、情報戦対策と個人の情報の自由との間に抵触が生じる可能性があり、その調和をどう図っていくかが問題とされる。以下では、民主主義の政策決定プロセス、政府の説明責任、そしてSNS及びPF

事業者の法的責任について検討を行う。

(1) 民主主義の政策決定プロセス

　情報のデジタル化による多様な情報拡散手段は潜在的な敵国の政治意思決定プロセスを歪曲させるための情報戦の手段として活用され得る。欧州をはじめとした民主主義国家ではその懸念は2016年以降急激に高まってきた。そのため，国際法上の議論として，公正な選挙を妨害する偽情報に基づく介入が内政不干渉原則に反するという認識が広まってきている。それと同時に国内でも選挙期間中のPF事業者に対する情報操作規制や外国事業者への役務提供の禁止，そして偽情報拡散の違法化など法整備が進められてきた。

　しかしながら，こうした規制により企業への営業の自由や個人への表現の自由が不当に制約されることにならないか，ならないとしても萎縮効果があるではないかという懸念が生じる。民主主義の政策決定プロセスを健全に維持するという名目で反対政党の政策や少数意見を蹂躙するような規制の適用がされる可能性もある。そこで情報規制における基準の設定や範囲の明示化，裁判所による客観的審査の方法論などが重要となってくる。

　各国法でどの程度情報を規制できるかは各国の憲法や歴史的背景，社会的規範などにより相違する。また，情報に対する規制にあたっては，その心理的効果に関する実効性も考慮されなくてはならない。偽情報に対する行政措置だけでは，既存の信条や価値観に反する見解を勘案しない心理作用に影響を及ぼす効果は期待できない。外部からの偽情報による情報戦から民主主義の政治的プロセスを守るためには，国民教育や情報リテラシーの改善など包括的な解決策を形成し，その上で憲法及び国際法上の制約を柔軟に解釈しつつ，社会的に受容され得る情報制限の最適な手法を模索しなければならない。

(2) 政府の説明責任

　情報戦対策として情報規制をするにあたり，国家機関が権力行使の前提として情報の真偽を最終的に判定し，ひいては公な情報の選別すら行い得るようになってしまいかねない点も問題となる。もう1つの懸念は，政府や政府関係有力者の私的権益や不正行為を隠蔽するために，情報の開示が恣意的に制限され

る可能性である。表現の自由の制限は，どのような理由や形態であれ，政策の正当性を損なわせたり，説明責任を弱めたり，科学技術の進展を妨げたり，市場の効率を阻害するなどの悪影響を及ぼしうる[82]。流される情報が公衆を欺くことを目的として恣意的に歪曲された偽情報である場合，情報制限に伴う悪影響の危険性とのバランスが問題となる。

こうした偽情報対策の問題への解決策として，PF事業者や国が設ける第三者機関による事実確認がある。しかし，偽情報そのものが法的に保護されている国家機密に関するものであったり，正しい情報の発信が情報元を危険に晒したりする場合には，第三者機関による事実確認は機能しづらい。司法に判断を仰ぐこともできるが，国家の安全保障利益が関わる場合には政府の見解を尊重する判決となりやすい[83]。もちろん係争事件の性質やその国の司法制度などの要因により政府に対して公共の利益を明らかにするよう積極的に求めてくるケースもある[84]。しかしながら，国家の安全保障に関する情報というのは複雑に絡み合っており，専門家の助けがあったとしても裁判官がその法的保護の妥当性や必要性を司法判断することは難しい。公共の利益や均衡性など何らかの基準を設けて判断をしたとしても，一貫性がなく個別に恣意的な判断となってしまう危険性を孕んでいる。

情報規制の健全さを保障する単純な解決策はないが，偽情報への社会的耐性

---

(82) Meredith Fucks, "Judging Secrets: The Role Courts Should Play in Preventing Unnecessary Secrecy" *Administrative Law Review*, Vol. 58 (2006) pp. 136-137; David E Pozen, "Deep Secrecy" *Stanford Law Review*, Vol. 62, (2010), pp. 278-279.

(83) *Centre for International Environmental Law v. Office of the US Trade Representative*, 718 F.3d 899 (DC Cir. 2013); *Meredith Larson v. Department of State*, 565 F.3d 857, 865 (DC Cir. 2009); *Leghaei v. Director General of Security* (2007) 241 ALR 141, 147 (Brennan CJ); *A v. Secretary of State for the Home Department* [2005] 2 AC 68 (House of Lords), 128 (Lord Nicholls); *Council of Civil Service Unions v. Minister for the Civil Service* [1985] AC 374, 412 (Lord Diplock); *D v. National Society for the Prevention of Cruelty to Children* [1977] 1 All ER 589,608-609.

(84) *Commonwealth of Australia v. John Fairfax & Sons Ltd* (1980) 147 CLR 39, 52 (Mason J); *Attorney-General v. Guardian Newspapers (No. 2)* [1990] 1 AC 109, 258 (Lord Keith), 267 (Lord Brightman), 270 (Lord Griffiths), 283 (Lord Goff); BverfG, Case No 2 BvE 3/07, 17 June 2009, 124 BVerfGE 78, 134; *Ministry of Defense v. Gisha Legal Center for Freedom of Movement*, Supreme Court of Israel, 19 December 2011, para 28; Advisory Opinion, Constitutional Court of Guatemala, 8 March 2005 (No 2819-2004).

を高めることで政府による介入を抑えることはできる。そのためには行政機関だけでなく，立法機関やその諮問機関，報道機関などの努力により情報の多様性を促進し，信頼性を向上する必要がある。逆に中央集権的に情報統制が施行されてしまうと，国家の安全保障や公共の秩序という名目で不正行為が隠蔽されたり政治的な決定の説明責任を妨げることになる。

(3) プラットフォーム事業者の責任

デジタル時代の情報戦対策では政府だけでなく，偽情報拡散の要となっているソーシャルメディア等のPF事業者も重要な役割を果たす。PF事業者が提供するサービスの公共化に伴い，事業者は私人であるのでどのような情報を流通させるかは基本的にはそれぞれの判断に応じて決められるべきものであるという立場がこれまでのように維持され得るかが問題となる。PF事業者の責任は，デジタルメディアのコンテンツ・モデレーションに関わる場合と，逆に介入しない場合とに分けて考察する必要がある。

まずは事業者がコンテンツに介入する場合であるが，上述したようにPF事業者は自主的に，もしくは外部からの圧力によりPF上のコンテンツをコントロールするために様々な手段を講じている。しかしながら，そうした操作は表現の自由を侵害する検閲に当たるのではないかという懸念が生じる。そのため，企業であっても人権と適正手続保障（due process）を尊重し，その透明性を確保し，説明責任を果たすことなどが求められている。その他にも，大量なデータの取り扱いに伴いプライバシーの保護や捜査機関への情報提供などの問題も生じる。AIを利用したスクリーニングで必要以上に投稿が除去されたり企業内での苦情対処が適切に機能しない危険性もあるため，企業責任の所在と申立て手続について法制度の整備が必要となる。

次にPF事業者がコンテンツに介入しない場合には，テロ活動を扇動したりわいせつ画像を流したりなどの違法行為に関する法的責任が問われることになり得る。前述した通り，米国では通信品位法230条において第三者提供情報コンテンツに関するPF事業者の免責が広範囲に定められているが，外部からの情報戦の糧となる偽情報を取り締まれないということで政治的に疑問視する見解もある。かと言って偽情報に関して免責を制限することはPF事業者に大量

のデータの事実確認を要求することになり，その実現性は高くない。PF事業者にとっては，広範囲な免責を維持するために違法コンテンツや政治的に問題となり得る偽情報を迅速かつ効率的に選別し序列を下げるアルゴリズムを開発していくことが課題となる。

5．おわりに：情報戦への対応力強化のために

本章では情報戦に対応するために法がどのような役割を果たしうるかを多面的に検討した。今後の課題として，特に次のものがある。

第1に，既存の情報法制を強化して，情報戦への耐性を高める必要がある。

その際には，偽情報の定義や基準を明確に定め，実効的かつ各社会規範に適合した規制を導入する必要がある。また，基準設定においては，科学的な根拠や信頼性のある情報源に基づく判断基準を政府や裁判所が示すことも求められる。

本章で検討したように偽情報の定義や規制策の策定においては，政府機関だけではなく，事業者，市民社会団体，学界，多様な利害関係者の意見や専門知識を取り入れることが肝要である。公共利益を害する恐れのある偽情報に対しては毅然と対応しながらも，表現の自由や意見の多様性を損なわないような規制の構築をしなくてはならない。

そして，このような取組みにおいて，PF事業者の役割と免責制限も熟議が必要である。PF事業者は，偽情報の拡散を防ぐための適切な措置を講じる要である。他方で，事業者の公正な免責範囲を設けることも重要である。規制においては異議申立ての手続きを設けることも必須であろう。

第2に，具体的な安全保障上の脅威が生じたときに，国家機関が適切に対処することも必要である。そのためには少なくとも次の施策が挙げられる。

まず，早期警戒体制の構築である。情報収集や分析能力の向上，諜報機関を含めた国内外の情報提供機関との連携強化，リアルタイムの情報共有が必要になる。このような情報収集分析を行うのにあたっては，政府による越権行為や権限乱用を監視，防止するために法執行機関と監査機関の棲み分けを明確にすることも重要である。

次に，関係機関が，検知した安全保障上の脅威に対して迅速かつ効果的に対処できる能力を持つことである。そのために，危機管理や対応計画の策定，訓練や演習の実施，専門家の育成とマスメディアとの協力強化が必要である。
　第3に，情報戦への耐性強化のためにはメディアリテラシーの向上を通じて社会全体の偽情報への耐性を高めることが不可欠である。そのため，教育機関での情報リテラシー教育の充実や，批判的思考力や情報の正確性を判断する能力を養うカリキュラムは軽視できない。また，マスメディアによる情報の透明性と信頼性の向上も必要である。さらに，偽情報の拡散を防ぐためには，情報の信頼性確保のための第三者検証機関の設立も重要である。
　これらの課題に取り組むことで，偽情報の拡散を防ぎ，信頼性のある情報環境を築くことが期待される。
　日本でも認知領域における情報戦への対応力強化の必要性が認識されつつある。2022年12月の「国家安全保障戦略」では「偽情報等の拡散を含め，認知領域における情報戦への対応能力を強化する」こと，「その観点から，外国による偽情報等に関する情報の集約・分析，発信の強化，政府外の機関との連携の強化等のための 新たな体制を政府内に整備する。さらに，戦略的コミュニケーションを関係省庁の連携を図った形で積極的に実施する」ことが明記されている。[85]
　他方で，日本では諜報機関による情報戦活動の法的枠組みがなく，スパイ法に相当するものとしては，2013年の特定秘密保護法があるのみである。同法はその適用範囲が狭きに失するため，十分な情報保護はできないと評価されている。上記で示したような情報戦に対応するための法制を整えておかないと，国際協力の輪に入れないであろう。情報戦への対応は，日本にとっても喫緊の課題である。

---

(85) 「国家安全保障戦略」（令和4年12月）24頁〈https://www.cas.go.jp/jp/siryou/221216anzenhoshou.html〉。

第7章

アクティブ・サイバー・ディフェンスと刑事実体法
――サイバーセキュリティの維持のための立法論――

西貝　吉晃

1．はじめに：考察の契機としての「国家安全保障戦略」

　サイバーセキュリティの維持のために，サイバー攻撃に対する実効的な対策が必要なのは言うまでもない。攻撃されたことがわかった時点で既に手遅れの様相を呈することがままあるのがサイバー攻撃の特徴である。例えば，大量の個人データの流出事案や，電力グリッドの停止を考えればわかるように，サイバー攻撃による金融や信用への侵害は，完全に回復し難い。事後的な賠償や制裁という問題以上に，目前の侵害を回避・軽減することが重要である。
　そうした攻撃への対策のうち，対策の利用者がまず採用し得る受動的な手段（passive defense）としては，アンチウイルスソフトやファイヤウォールの導入などが考えられる。しかし，これらではゼロデイ攻撃（未公表のセキュリティ上の脆弱性を悪用する攻撃）に耐えられず，現に，防ぐのが難しいDDoS（Distributed Denial of Service）攻撃の存在も既に指摘されている。そこで，完全に受け身とも，完全に攻撃ともいえない，アクティブ・サイバー・ディフェンス（能動的サイバー防御などとも呼ばれる。以下，「ACD」）が必要だといわれている。ただし，ACDの全部又は一部の行為が日本において犯罪になってしまうのでは，その実行は現実的ではなくなるし，ACDに関しては，反撃の連鎖（反撃→再反

（1）　Alexandra Van Dine, "When Is Cyber Defense a Crime: Evaluating Active Cyber Defense Measures under the Budapest Convention," *Chicago Journal of International Law*, Vol. 20 (2020), p. 530, p. 534.
（2）　Jay P. Kesan and Carol M. Hayes, "Mitigative Counterstriking: Self-Defense and Deterrence in Cyberspace," Harvard *Journal of Law & Technology*, Vol. 25 (2012) p. 429, p. 474参照。
（3）　*Ibid.*

撃→再々反撃……）による紛争激化（エスカレーション）の危険や，攻撃者の特定（アトリビューション）が困難な点にも起因して生じ得る誤射（第三者への被害）の問題も指摘されている(4)。

　日本においては，令和4年12月に「国家安全保障戦略」が策定され，サイバー安全保障に関連する項目において，ACD（同文書では「能動的サイバー防御」）を導入する，と述べられている(5)。その内容について，上記文書とは逆の順番での紹介ではあるが，各類型に名前を付けるなどして紹介すると，

　①〔拡大防止類型〕　国，重要インフラ等に対する安全保障上の懸念を生じさせる重大なサイバー攻撃が発生した場合の被害の拡大を防止するために

　②〔未然排除類型〕　国，重要インフラ等に対する安全保障上の懸念を生じさせる重大なサイバー攻撃のおそれがある場合，これを未然に排除するために

ACD を導入する，とされている。法益侵害が現に発生しているとみることのできる①の場合だけでなく，②のように，未だ具体的な法益侵害が発生していない段階においても，必要かつ相当な措置をとることを可能にするという点は，重要な提言である。ここでいう「可能にする」には物理的なインフラだけでなく，法的に許容される状態にすることも含意されているだろう。

　こうしたことを受け，本章では，国家機関の行為にも当然に刑法が適用されるという日本の刑事実体法の考え方を前提として，ACD と日本の刑法との間の関係について考えていく。本章では，まず，ACD のオペレーションの中の行為を採り上げつつ，犯罪になりそうな行為を抽出し，それに対して，どのような犯罪が問題になるのかを検討する。その上で，そうした行為類型に対して，合法（適法）なものとして取り扱うべきか否かを議論する。さらに，ACD を目的とする行為を一定の範囲で適法だとすべきだとした場合に，そうした活

---

(4)　伊東寛『サイバー戦争論』（原書房，2016年）205頁以下；Peter G. Berris, "Cybercrime and the Law: Computer Fraud and Abuse Act (CFAA) and the 116th Congress," *Congressional Research Service Report* (2020), p. 29, available at https://crsreports.congress.gov/product/pdf/R/R46536. ACD の利点と欠点についてまとめたものに Scott J. Shackelford, Danuvasin Charoen, Tristen Waite and Nancy Zhang, "Rethinking Active Defense: A Comparative Analysis of Proactive Cybersecurity Policymaking," *University of Pennsylvania Journal of International Law*, Vol. 41 (2019) p. 377, pp. 399-400.

(5)　内閣官房「国家安全保障戦略」（令和4年12月）21頁(4)ア。

動の権限を誰に与えるべきか，も検討する。例えば，警察官に与えられている武器使用の権限は，具体的な事案において，正当防衛や緊急避難の局面か否かが問題になることをみれば明らかなように（警職法7条）[6]，この問題は手続法の世界で閉じられた問題ではない。適法な手続を法定するとしても，その前提として，そうした手続の実体法の観点からの正当化根拠を検討する必要がある。

本章では，ACDを適法に行うための日本の刑罰規定の犯罪構成要件の限定解釈の可能性や現行の違法性阻却事由の適用論も議論しつつ，立法論の見地からの検討も行う。本章は執筆時点での問題提起という位置づけである。

ACDは海外における議論が先行している。この論点についての内在的な各国法の研究は別の機会に行うことにし，本章では，日本の法律を前提としつつ，海外の議論に関しては，外国法プロパーの問題としてではなく，日本の法律論としても利用可能にみえるものを抽出して，日本の議論の中に織り込む形で紹介したい。

なお，筆者は，サイバー犯罪一般の考察にあたり，サイバー空間の事象に対する物理空間メタファの利用には懐疑的である[7]。例えば，不正アクセスを住居侵入に，データの不正取得を物の窃盗にたとえて議論するのは止めた方がよい。サイバー空間は，物理空間と異なり，特定の人や物との間の全てのインタラクションを支配する普遍的なルールセットをもつ環境ではない。上記のメタファを用いた議論は，技術的に難しい部分に法的考察の本質的な部分がある場合，それを見落とす危険性がある[8]。

例えば，盗られたデータを取り返す行為が米国で議論されることがあるが，物理世界の盗品の問題とは異なり，盗られたデータは拡散してしまっており，攻撃者のコンピュータからそれを消去するだけで問題が解決するかは極めて不確実であると分析されている[9]。同一コンテンツのデータを再生成することが極

---

(6) 警察官職務執行法。
(7) 西貝吉晃「渡邊教授による批判に応えて」佐伯仁志他『刑事法の理論と実務⑤』（成文堂，2023年）161頁，168頁以下。
(8) サイバー犯罪者は目に見える表面的なものではなく，実際のネットワークやコードに着目して行動すると予測されるのに，サイバー空間を物理空間のメタファで捉えて，そうした表面だけを見るということは，結局，サイバー犯罪者が着目している部分を見ないことになる。Orin S. Kerr, "Virtual Crime, Virtual Deterrence: A Skeptical View of Self-Help, Architecture, and Civil Liability," *Journal of Law, Economics, & Policy*, Vol. 1 (2005), p. 197, p. 207.

めて容易である，というデジタルデータの特徴が問題解決を困難にさせている例だといえる。物理空間で盗まれた物を取り返すことが自救行為等の法理で認められ得るからといって，同じ基準でデータの取返しまで認めるべきではない可能性もある。

2．ACD 措置の類型化の困難性

ACD 措置で使われる措置を網羅的に列挙するのは容易ではないが，法的考察を可能にするために，ある程度類型化された行為を対象にして検討していきたい。一定の場合には攻撃者のサーバ等への侵入・無害化ができるようにすべきだ，という日本政府の態度も踏まえ[10]，ACD の一環として，インターネット上で自由にアクセスできる情報を収集することから始まり，ポートスキャン等のスキャン行為を経て，最終的には，サイバー攻撃者のサーバをダウンさせる，ないし制御を奪取することまで含めて議論をしていきたい。その間のプロセスには，一定のプログラムを相手のサーバに仕込むこと等も考えられる。

ここで，ACD を，例えば，技術的な観点から 3 つのフェーズや類型に区分して，それぞれ，①日本では犯罪にならない（犯罪構成要件に該当しない），②日本では犯罪構成要件に該当するが，違法性阻却事由を含めた現行法の解釈として，犯罪にならないと解釈することができる，③現行法上，犯罪が成立する可能性があるので，適法化するための立法措置を要する，等として，技術的な行為の類型と法的評価とを対応付けることができれば，問題は難しくない。

しかし，そうした類型化は理想的なものにとどまり，容易ではない。例えば，サイバー防御を，パッシブ（自身のネットワーク内で行われる行為），アクティブ（外部システムに影響を与える行為），アクティブパッシブ（前記 2 者以外のものであって，アトリビューションのために侵入者の情報を得たり，侵入者を特定のネットワークに誘導したりする行為）の 3 つに分け，それぞれについて適法性を

---

(9) Dennis C. Blair et al., *Into the Gray Zone: The Private Sector and Active Defense against Cyber Threats* (2016), p. 27, available at https://www.businessofgovernment.org/blog/gray-zone-private-sector-and-active-defense-against-cyber-threats.
(10) 内閣官房「国家安全保障戦略」・前掲注（5）21頁(4)ア（ウ）。

考えるアプローチも示されている。ただし，ある仕組みをこれら3つのどれかに分類することさえ困難なことがある。例えば，防御者が侵入者の挙動を監視するためにハニーポットを仕掛ける事案において，当該ハニーポットが他のシステムへ全く影響を与えないのであればパッシブだと評価できそうだが，侵入者が取得するファイルにビーコン[11]を付けて侵入者の情報を得る場合（後述3.(2)参照）にはアクティブパッシブに，侵入者のシステム上のデータを全て消すウイルスに感染させたらアクティブになるともされる[12]。

つまり，この技術的措置はパッシブだから適法，あの技術的措置はアクティブだから違法などというような，簡潔な対応関係を作ることが難しい。それゆえ，本章では，より法的に，いくつかの行為について，それぞれ，日本の刑罰規定の構成要件該当性及び違法性阻却を考えていくというアプローチを採用して検討を進めたい。

3．代表的な行為類型における犯罪の成否の検討

犯罪の成立には構成要件に該当することが必要であるが，その判断においては，刑罰規定ごとに異なる要素が導かれるため，個別の検討が必要となる。1つのACDオペレーションが複数の行為や複数の法益侵害（の危険）を含んでいる，と評価される場合には，複数の犯罪構成要件に該当すると判断され得るので，具体的な手法に即した検討が重要となる[13]。

なお，ある構成要件要素を限定解釈できた場合であっても，他の犯罪の構成要件要素でも同様の限定解釈に至ることは自明ではない。犯罪ごとに保護法益や制度趣旨が異なるから，仮に同じ文言であっても別異に解釈される可能性がある。この点に注意して検討を進める。また，全ての構成要件において，違法

---

[11] Webビーコン（web beacon）とは，「Webページが外部から画像などを読み込んでページ内に埋め込んで表示する仕組みを応用し，端末や閲覧者の識別や閲覧行動の捕捉を行うこと。また，そのために用いられる画像やHTMLタグ，スクリプトなどのこと」とされる（IT用語辞典e-Words）。本文では，「また」以下で書かれているデータのことを指して使っている。

[12] Van Dine, *supra* note 1, at p. 556.

[13] 高橋郁夫「アクティブサイバー防御をめぐる比較法的検討」InfoCom Review 72巻（2019年）1頁，13頁。

性阻却の検討が必要である。違法性阻却事由については、4.で後述することになるが、必要に応じて、個別の議論を紹介していきたい。

(1) ユーザー認証の突破と不正アクセス禁止法違反

インターネット上で自由にアクセスできるデータをダウンロードして取得し、転送し、使用する行為については、基本的に日本法の下では犯罪にはならないと考えられる[14]。一方で、そうではないデータを取得して、種々の情報を得ようとする行為については、不正アクセスの問題（不正アクセス禁止法違反の問題）が生じる。

不正アクセスという言葉は、データを不正に取得したり改変したりする行為、いわばサイバーセキュリティの侵害といえる行為の代名詞として使われることがある。しかし、不正アクセス禁止法は、ネットワーク上のユーザーを識別・認証する機能のみを保護しており、ネットワーク上の（他人のIDとパスワードなどから構成される識別符号を用いるログインによる）なりすましやユーザー認証機能を突破するセキュリティ・ホール攻撃のみを犯罪化しているに過ぎない[15]。つまり、日本の不正アクセス罪は、データの機密性を侵害するようなデータへの無権限アクセスを包括的に処罰するものではない。

不正アクセス罪の一類型として識別符号の入力が要求されるのは、同罪が、ネットワークの管理者（アクセス管理者）[16]にとっての、ネットワーク管理者からID及びパスワードを付されたユーザー（利用権者）[17]の識別可能性を保護していることに由来する。このことからは、パスワードのみで保護されているサイトについて、同じパスワードを複数人に与えているなどして、パスワードを知るユーザーの間では、それぞれのユーザーを識別するつもりがない場合（いわば誰にもIDを付与していない状態）には、そのパスワードを不正に取得して、サイト内に侵入する行為であっても不正アクセス罪の構成要件に該当しない、と解

---

(14) コンテンツの保護を企図した著作権法上の違法ダウンロード罪（著作権法119条3項）など、一定の要件の具備がなされていることを前提に、犯罪が成立する場合がないとはいえないが、サイバーセキュリティの保護を目的としている犯罪類型には該当しない、と考えられる。
(15) 不正アクセス禁止法2条2項。
(16) 不正アクセス禁止法2条1項。
(17) 不正アクセス禁止法2条2項柱書。

する余地も出てくる。つまり、ユーザー認証を実現している防御措置（アクセス制御機能。不正アクセス禁止法2条3項）以外の防御措置を突破ないし迂回する行為は不正アクセス罪に該当しないことになる。

　進んで、不正アクセス罪の趣旨からは、同罪がデータの機密性の保護とは独立して成立し得ることにも注意しておきたい。すなわち、不正アクセス罪は、識別符号を入力する等して、ネットワークを介したコンピュータの利用を可能にすることで成立する。営業秘密や特定秘密といった情報を含むデータをダウンロードする必要等はない。むしろ、例えば、営業秘密のデータをダウンロードしたのなら、不正アクセス行為を手段とした営業秘密不正取得罪という、より重い法定刑を有する別の犯罪（不正競争防止法21条1項1号）が成立する。[18]このことは不正アクセス罪に該当する行為に後続する形で、上記の営業秘密侵害罪だけでなく、通信の秘密侵害罪、電子計算機損壊等業務妨害罪、電子計算機使用詐欺罪、電磁的記録不正作出罪等の別の犯罪がなされ得ることを前提にしているといえよう。一方で、確かに、不正アクセス罪は未遂犯が処罰されないので、ログインの試行でも処罰し得るタイプの無権限アクセス罪を持つ国[19]とは異なり、ログインに成功しなければ（あるいはセキュリティ・ホール攻撃によりログイン成功と同等の状況に至らなければ）同罪は成立しない。しかし、同時に、IDとパスワードによって保護されたコンピュータにネットワークの管理者や同人から識別符号を付与された利用権者からの承諾なく、ログインを試行し、これに成功した場合、不正アクセス罪の構成要件に該当してしまう。IDとパスワードの入力を反復的に試行している時点で、認証を通過することを期待している（あわよくばログインしたい、と考えている）、と推認もされ得るだろうから、反復的な試行の事案において不正アクセス行為についての未必の故意がない、という弁解も通りづらいだろう。

　そうすると、不正アクセス罪は、データの機密性の侵害とは直接の関係を持

---

(18)　情報の不正取得に関しては、ほかにも不正アクセス行為を手段とする犯罪類型がある。割賦販売法49条の2第2項柱書後段、行政手続における特定の個人を識別するための番号の利用等に関する法律51条1項、特定秘密の保護に関する法律24条1項を参照。

(19)　例えば、イギリスのComputer Misuse Act 1990第1条の罪は、コンピュータに機能を実行させる行為を要件としている。これにはログインに失敗して、拒絶の応答をさせた場合も含まれるとされる。西貝吉晃『サイバーセキュリティと刑法』（有斐閣、2020年）54頁。

たず，ユーザー認証機能に対する攻撃のみを捕捉しているのであるが，自身が保有していないアカウントについてIDとパスワードを用いたログインを試み，それに成功した場合には，主観的要件も含め，不正アクセス罪の構成要件に該当すると判断されるリスクが相当程度ある。それゆえ，ACDの一環としてのアトリビューション等のために必要なログイン及びユーザー認証を迂回するセキュリティ・ホール攻撃について不正アクセス罪を不成立にするためには，違法性阻却の観点から議論していくべきである。

(2) 不正指令電磁的記録に関する罪

次に，情報を得る活動などの過程でプログラムやツールを使う場合も考えられる。例えば，侵入者の情報を得るためのビーコンの使用である。防御側において，無権限で侵入された場所にビーコンを埋め込んだファイルを置いておき，攻撃者がそれをダウンロードした後，攻撃者から，攻撃者の意図に反して，IPアドレス等の情報を取得する手法が，防御手法の1つとして考えられる[20]。

こうした場合に問題となるのが，マルウェア等を規制する不正指令電磁的記録に関する罪（刑法168条の2，168条の3）である。この罪は，主に，不正指令電磁的記録の供用，あるいは供用を目的とする，作成・提供・取得・保管が処罰される（供用は刑法168条の2第2項，作成・提供は刑法168条の2第1項，取得・保管は刑法168条の3）。

どの行為態様においても供用または供用目的が出てくるので，まず供用の概念が鍵となる。供用とは，問題となるプログラムを無断で他人のコンピュータで起動・実行され得る状態にする行為だと解されている（され「得」る状態でよいので，実際に起動や実行がなされていない場合でも容易に起動や実行がなされる状態になっていれば供用といえる）[21]。そのため，自己のPCにおいてハッキング用のツールを使って，情報を収集等する行為は，他「人の電子計算機における実行の用に供する」ことに向けた行為がないので，その活動がACDの一環か否か

---

(20) 髙橋・前掲注（13）9頁。
(21) 大塚仁ほか『大コンメンタール刑法　第8巻〔第3版〕』（青林書院，2014年）刑法168条の2，段落番号67〔吉田雅之〕。

を問わず、不正指令電磁的記録に関する罪には該当しない（(1)で述べたとおり、片っ端からIDとパスワードの入力を試行してログインを試みてログインに成功すれば、不正アクセス罪に該当し得る）。ただし、ACDとの関係では、他人のコンピュータ上で実行され、当該コンピュータの動作を制御したり、当該コンピュータで送受信、処理されているデータについての情報を送信したりするプログラムを使う場合もあり得る。この場合には、当該コンピュータの使用者の許諾なく、そういうデータ処理をさせることになるから、供用の要件を充たすだろう。

次に、供用等の対象たる不正指令電磁的記録の内容が問題となる。電磁的記録とは刑法7条の2に定義されている概念であり、主に保存されたデジタルデータを指す用語だと解される[22]。不正指令電磁的記録は刑法上定義されており、それは「人が電子計算機を使用するに際してその意図に沿うべき動作をさせず、又はその意図に反する動作をさせるべき」と表現される反意図性要件と「不正な」と表現される不正性要件からなる。判例（最判令和4年1月20日刑集76巻1号1頁）によると、反意図性要件は「当該プログラムについて一般の使用者が認識すべき動作と実際の動作が異なる場合に肯定されるものと解するのが相当であり、一般の使用者が認識すべき動作の認定に当たっては、当該プログラムの動作の内容に加え、プログラムに付された名称、動作に関する説明の内容、想定される当該プログラムの利用方法等を考慮する必要がある」ものであって、不正性要件は「電子計算機による情報処理に対する社会一般の信頼を保護し、電子計算機の社会的機能を保護するという観点から、社会的に許容し得ないプログラムについて肯定されるものと解するのが相当であり、その判断に当たっては、当該プログラムの動作の内容に加え、その動作が電子計算機の機能や電子計算機による情報処理に与える影響の有無・程度、当該プログラムの利用方法等を考慮する必要がある」ものである。

反意図性要件で、一般ユーザーの期待を裏切る動作をするプログラムが一般的に捕捉され得る点で非常に捕捉範囲が広い。不正性要件で現実のプログラムの動作への影響について規範的な判断が行われることで、ある程度の限定がな

---

(22) 西貝・前掲注(19) 295頁。

され得ることを考えても，例えば，情報の CIA（機密性，完全性，可用性）の侵害ないし低下の効果を持つプログラムが捕捉される可能性は十分にある。結局，行為客体の要件（刑法168条の 2 第 1 項 1 号）で既にかなり広い範囲のプログラムが捕捉され得る。

以上をもとに，ビーコンの使用について考える。ビーコンが送信するデータの内容につき，ビーコンが埋め込まれたファイルの機能やフォーマット等との関係で，その送信を一般的に許容していないと評価されれば[23]，不正指令電磁的記録に関する罪における反意図性の要件を充たし得る。この仕組みにおいてビーコンを使用する目的は，隠密裏にサイバー攻撃者（ここで検討している不正指令電磁的記録に関する罪の観点からは被害者的存在）の情報を得ることであろうから，反意図性が肯定される事案が多いのではないか，と推測される。また，ここでビーコンが行うことは，データの機密性を侵害するものだと評価できるから，不正性の要件も充たし得る[24]。そうすると，ビーコンないしビーコン付

---

[23] 一方で，特定のフォーマットのファイルやそのファイルの機能との関係で，自身のコンピュータの情報を特定のサーバに送信する可能性があることが一般的に認知されているような場合には，反意図性が欠け得る，と考える。

[24] 高橋・前掲注（13） 9 頁は，不正アクセス者の所在に関するデータを送信し，その情報以外の法益侵害がない限り，「不正な目的」が欠ける（不正性の要件のことだろうか），と述べる。不正性の要件の位置付け（構成要件要素か，実質的違法性阻却要素か）については解釈が錯綜していた時期であるため，同論文が構成要件と違法阻却の双方からの議論をすること自体はやむを得ない。もっとも，機密性を不正指令電磁的記録に関する罪における実害に算入する考え方からすると本文のような結論になると思われ，同論文のあてはめる根拠事実は，同論文がカラーボールの投げつけ事例で述べるとおり，違法性阻却事由のレベルで行われるべき事柄になる。なお，継続的なデータの機密性侵害をカラーボール投げつけ事例と同様に評価してよいかは別途，物理世界の事象のメタファの有効性の問題から問われるべきであろう（ 1 . 参照）。

この問題に関連し，被害者のデータを無権限で取得した攻撃者のコンピュータに侵入しても，そこにあるデータは被害者のものであって，そうしたデータを取り戻す（CFAA 上の）権限が被害者にはあると考えたい，とする Baker の見解もあるが，CFAA の規定はコンピュータへのアクセスの無権限性を問題にしている以上，そうした見解は誤りだと Kerr が反論するだけでなく（The Hackback Debate（2012）, available at https://www.steptoecyberblog.com/2012/11/02/the-hackback-debate/），Baker のいう意味での権限の設定は，一般には受け容れられていないとも指摘される。Brian Corcoran, "A Comparative Study of Domestic Laws Constraining Private Sector Active Defense Measures in Cyberspace," *Harvard National Security Journal*, Vol. 11 (2020) p. 1, p. 14.

日本法に引き直してみても，例えば，実体法上の動産の所有権の帰属のみで，実際の取戻し行為が権利行為として正当化されるわけではなく，違法性が阻却されるためには刑法35条の要件を充たす必要がある。

ファイルは，不正指令電磁的記録だと評価され得る。そして，情を知らない攻撃者にビーコン付きファイルをダウンロードさせて，実行可能な状態にすることが供用にあたり得るとすれば（ダウンロードする者を道具とした間接正犯），結局，この行為は不正指令電磁的記録供用罪の構成要件に該当し得ることになる[25]。
[26]

そうすると，ACDの一環としてビーコンを使いたい場合にも，不正アクセス罪の場合と同じく，違法性阻却事由として考えていくことが望ましい[27]。

(3) 電子計算機損壊等業務妨害罪

さらに，「国家安全保障戦略」21-22頁においては，国，重要インフラ等に対する安全保障上の懸念を生じさせる重大なサイバー攻撃について，可能な限り未然に攻撃者のサーバ等への侵入・無害化ができるようにすることが検討課題に挙げられている。

無害化がサーバのダウンやサーバ上のプログラムの停止等を含むものだとすれば，そうした行為は，クラッキング対策の犯罪類型である電子計算機損壊等業務妨害罪の構成要件に該当する可能性がある。この犯罪は行為者以外の者が業務に使用する電子計算機に，動作阻害（使用目的に反する挙動）を惹き起こして，業務を妨害する行為を処罰する罪である。

本罪は業務妨害罪であるがゆえに，犯罪事実の認定にあたっては業務の内容を特定する必要があるが，実際に業務が妨害された事実が必要なわけではなく，業務が妨害される危険が発生すれば足りる，という意味で，危険犯だと解

---

(25) 不正指令電磁的記録に関する罪の規定には「正当な理由なく」といった要件が掲げられているが，これは，正当な理由がある場合を違法性阻却するものだと解することが可能である。大塚ほか・前掲注（21）刑法168条の2，段落番号63〔吉田雅之〕。

(26) 「CSS2018 企画セッション「サイバーセキュリティ研究のグレーゾーン」の報告」2頁〔北條孝佳発言〕〈https://www.iwsec.org/mws/2018/20181024/5_css2018-ethics-panel.pdf〉。髙橋・前掲注（13）9頁も，例えば，ビーコンにより不正アクセス者の内部における通信制限を突破するという別の法益の侵害が発生する場合には，不正指令電磁的記録に関する罪での処罰が肯定されることを示唆する点からして，違法性を阻却できる限界としての，ビーコンに搭載可能な機能について，サイバーセキュリティと刑法の観点からのさらなる議論が必要である。

(27) 違法性阻却事由の適用を考えるのと，本罪における「正当な理由」の内容を考えることは実質的には同じである（前掲注（25）も参照）。

されている[28]。例えば，サーバを停止させる場合も動作阻害に含まれるが，サーバを停止させた場合に，そのコンピュータにおいて業務用のプログラムが動いており，それをも停止させた場合には，業務妨害になるだろう。

　ただし，電子計算機損壊等業務妨害罪は業務妨害罪なのであり，動作阻害が問題となるのも規定上の「人の業務に使用する電子計算機」だと解されるから，そもそも，サイバー攻撃をしてくるコンピュータ上で業務遂行が行われているのか，ということが問題となる。一般に，業務妨害罪における業務は，違法であっても保護され得る，と解されている。その際の基準として，事実上平穏に行われている活動であれば，業務として保護される，と解する考え方が裁判例において提示されている。この考え方は，業務妨害罪を平穏侵害罪として理解するものだといえる。しかし，平穏という言葉の理解の仕方にもよるが，平穏を保護する考え方が密行的な犯罪を業として行う場合にも業務として保護する趣旨なのだとしたら妥当ではない[29]。既に，麻薬製造業務等のその活動自体が犯罪にあたり，社会生活上とうてい是認し得ないものは業務妨害罪では保護されず[30]，結局のところ，反社会性を帯びる程度に違法の程度が高度の場合には，業務妨害罪による保護を得られない，と解されており[31]，これが妥当だと考えられる。

　ACDの対象となるサイバー攻撃は，サイバーセキュリティの危殆化，例えば国や企業の保有する重要な秘密の不正取得に関係するだけでなく，国や重要インフラの機能に対する危殆化の要素をも含んでおり，各種の秘密保護規定や（公務も保護される）電子計算機損壊等業務妨害罪を始めとする複数の刑罰規定に該当し得る行為である。電子計算機損壊等業務妨害罪自体，社会的影響が相当程度ある場合を想定して法定刑が加重された経緯もあるだけでなく，重要インフラの機能の危殆化の観点も踏まえると，ACDの対象となるサイバー攻撃は高度な違法性が類型的に存在する行為だということができる。

---

(28)　西貝吉晃「現時における電子計算機損壊等業務妨害罪の解釈論」警察学論集77巻2号（2024年）53頁，55頁以下。
(29)　西田典之〔橋爪隆補訂〕『刑法各論〔第7版〕』（弘文堂，2018年）138頁。
(30)　大塚仁＝河上和雄＝中山善房＝古田佑紀『大コンメンタール刑法　第12巻〔第3版〕』（青林書院，2019年）刑法233条，段落番号79〔坪内利彦＝松本裕〕。
(31)　詳細は大塚ほか・前掲注（30）刑法234条，155-162段落〔佐々木正輝〕。

以上の特徴を考慮すると，攻撃者による反復継続的なサイバー攻撃は業務として保護されないと解すべきである。[32]しかし，ACDの対象が，攻撃者に乗っ取られているがゆえに攻撃をしかけてくるが，普段は別の適法な業務の遂行にも使われているコンピュータである場合に，それを停止させる行為は本罪の構成要件に該当すると評価される可能性がある。また，無力化行為は，業務性を要求しない（ファイルの作成や改ざんを処罰し得る）電磁的記録不正作出罪や（ファイルの消去等を処罰し得る）電磁的記録毀棄罪にも該当する可能性もある。[33]結局，ここでも，構成要件に該当し得ることを前提に違法性阻却の方策を考える必要がある。

(4) 通信の秘密侵害罪[34]
(i) 構成要件該当性

ACDの文脈においては，第三者間の通信に介入する必要が生じることが予想され，その場合，当該行為が通信の秘密侵害（罪）にならないかが問題となる。

例えば，シンクホールについて考えてみる。シンクホールとは，マルウェアが行おうとしている，（そのマルウェアが感染している）感染端末とC&Cサーバ[35]との間の通信に介入して通信を遮断し，シンクホールサーバへリダイレクトするという形で実施される手続のことをいうものとされる。[36]この場合，シンクホールを実施する際にC&Cサーバの管理権を奪う前提として，通信に介入することが必要になり得るところ，当該行為の通信の秘密侵害罪への該当性が問

---

(32) サイバー攻撃に利用されているという業務について高橋・前掲注（13）11頁。
(33) 高橋・前掲注（13）11頁は，サイバー攻撃に用いられている設定ファイルが電磁的記録不正作出罪の客体にあたるとは考えられない，とする。これは魅力を感じるあてはめではあるが，同罪がコンピュータによる情報処理の正確性を侵害する罪とも評価されるとすると（西田〔橋爪〕・前掲書注（29）404頁），同罪の解釈の精緻化だけでACDの適法性確保との関係で十分かには疑問がないわけではない。
(34) 通信の秘密の保護との関係での議論の整理についてはさらに落合翔「サイバーセキュリティの確保と通信の秘密の保護――この20年の議論と能動的サイバー防御導入等に向けた課題」レファレンス879号（2024年）89頁に詳しい。
(35) C&Cサーバとは，ボットネットや感染コンピュータのネットワークに対し，不正なコマンドを遠隔で頻繁に送信するために利用されるサーバのことである。トレンドマイクロ社HP上の用語集参照。
(36) 平成29年度サイバーセキュリティ政策会議（第3回）平成30年2月20日4-5頁。

題になる。

　電気通信に関する秘密侵害罪は，電気通信事業法，有線電気通信法，及び電波法の３つの法規に存在するが，ここでは電気通信事業法上の通信の秘密侵害罪（電気通信事業法179条）の適用を念頭に置いて考える。(37) 通信の秘密を保護しないと，通信に対する萎縮効果が大きくなってしまうので，表現の自由の保護との関係でも，通信の秘密は手厚く保護されている。

　通信の秘密侵害罪の保護法益は通信の秘密であり，その法益主体は通信当事者だと解される。少なくとも一方の同意をとれば通信の秘密侵害罪は成立しない，と解されるが，ACDの文脈では，通信当事者全員の同意を取れない場合があることを前提とした議論をする必要がある。そして，通信の秘密を「侵す」行為には，無権限での傍受（取得といってもよい），開示，窃用（無権限での使用）が含まれる，と解されている。(38)

　ここで，ACDを認める方向性で，現行の通信の秘密侵害罪について，構成要件レベルで解釈上の工夫はあり得ないだろうか。「通信の秘密」の範囲について，(39) ボットネット(40)のテイクダウンのために行うシンクホールを認める必要性がある，という立場から，C&Cサーバと感染端末間のデータ送受信についての通信該当性についての疑義があり得る，とか，サイバー空間におけるプライバシーの利益の保護を後退させる余地があり得る，といった議論がみられる。(41)

　ここで，通信の秘密侵害罪で保護される通信の秘密が守られている状態に

---

(37) ほかにも有線電気通信法に通信の秘密侵害罪（有線電気通信法14条）があるほか，傍受自体を処罰しないが，通信の秘密を漏らすこと，及び通信の秘密の窃用を処罰する電波法上の通信の秘密侵害罪（電波法109条）もある。

(38) 鎮目征樹＝西貝吉晃＝北條孝佳編『情報刑法Ⅰ　サイバーセキュリティ関連犯罪』（弘文堂，2022年）139頁以下〔西貝吉晃〕。

(39) 高橋・前掲注（13）10-11頁では，シンクホールとして運用されている端末やシステムについて，電気通信事業法上の「電気通信事業者の取扱中に係る」の解釈による限定の可能性が考察されている。

(40) ボットとは，コンピュータを外部から遠隔操作するためのバックドア型不正プログラムの一種である。ボットの最大の特徴は「ボットネットワーク（ボットネット）」を構成することである。ボットネットワークとは，攻撃者がC&Cサーバ（遠隔操作のための指令を送るサーバ）から一括して複数のボット感染環境を遠隔操作できる仕組みのことである。以上，トレンドマイクロ社HP上の脅威解説参照。

(41) 平成29年度サイバーセキュリティ政策会議（第３回）平成30年２月20日 5-6頁。

第 7 章　アクティブ・サイバー・ディフェンスと刑事実体法

は，各通信法規の定義に該当する通信について，その内容を問わず，それが，権限ある者以外の第三者に取得されない状態が含まれる，と解される。そうすると，C&Cサーバと感染端末間で送受信されるデータについては，その内容を問わず，通信の秘密として保護されるようにみえる。

にもかかわらず，プライバシーの利益の保護の後退の議論が出てくる背景を考えてみるに，感染端末は既に攻撃者に乗っ取られており，そこで新たに行われる通信は，実質的にみて，攻撃者のみがその主体であって，いわば侵害者である同人の通信の秘密をも原則論どおりに万全に保護する理由も必要もない，という理解があるのかもしれない。

確かに，米国においても，理論的には，攻撃者が操っている中間コンピュータの情報を収集することは，真の所有者のプライバシーを侵害することになるが，同人は既に攻撃者によりコンピュータの制御とプライバシーを失っており，また，こうしたコンピュータには有益な証拠がある可能性もあるから，被害を受けていることさえ知らない被害者を特定し，警告することの社会的価値は，真の所有者の既に減少したプライバシーの利益を上回る，と述べられることがある[42]。また，日本でも攻撃サーバが真犯人に乗っ取られているとすれば，それは既に正当な管理者としての義務を遂行できない状態にあるので，それを攻撃してダウンさせるのは構わない，という「ゾンビ理論」も提案されている[43]。

さらに進んで，サイバー攻撃者の利益を過度に重視すべきでない，というこれらの議論の趣旨を，通信の秘密侵害罪の構成要件解釈の議論にあてはめる際の1つの方向性としては，上記のC&Cサーバと感染端末間のデータ送受信は，サイバー攻撃者という実質的に同一の者による，いわば「自己」へのデータ送信に過ぎないから，意思疎通の要素がないので，通信の秘密にあたらない，という主張も出てくるかもしれない。

しかし，少なくとも，異なるコンピュータ間で送受信されるデータの傍受は，一般的にはデータの機密性の侵害である。通信の秘密侵害についての国内法の条文は「他人」間の通信であることを要求していないだけでなく，端末間，機器間のデータの送受信過程に干渉されないということへの信頼は，イン

---

(42)　The Hackback Debate・前掲注（24）における Baker 発言。
(43)　伊東・前掲注（4）206頁以下。

ターネットの発展のために必要不可欠なものだともいえる。そうしたデータ送受信を通信の秘密として保護しないとすると、誰がどんな目的で傍受しても通信の秘密侵害罪にはならない、という帰結を導くが、そうした理解を採るべき理由は乏しいように思われる。[44]

結局、通信への干渉行為がボットネットのテイクダウンのために行われるがゆえに許容すべきだというのであれば、構成要件レベルで通信の秘密の範囲を狭めるのではなく、これも違法性阻却の観点から考えるべきである。

(ii) **違法性阻却事由**

(i)での議論を、具体的事案における利益衡量が可能な違法性阻却の観点から考えると、実質的に同一人同士の通信という主張に、さらに意味を付与し得る。すなわち、上記の主張は、第三者（乗っ取られたコンピュータの処分権者）の通信の秘密が攻撃者に害されていることを前提としており、実質的には攻撃者固有の通信の秘密についての利益のみを考慮すれば足りる、と解することが可能かもしれない。プライバシーの利益の保護の後退についての議論が、ネットワーク空間一般の問題ではなく、サイバー攻撃が問題となっている状況において、サイバーセキュリティ維持の利益が、攻撃者のプライバシーを上回り得ることを前提として、攻撃者に既に攻撃されている第三者のプライバシーの利益を大きく評価する必要はない、という主張なのだとしたら、それは違法性阻却事由の観点からは一定の合理性があり得る。

(iii) **違法性阻却事由としての「とりまとめ」の議論**[45]

さらに、通信の秘密の侵害に関しては、その捕捉範囲が広いことに鑑み、正当業務行為（刑法35条）を用いた実践的な議論が、総務省「電気通信事業におけるサイバー攻撃への適正な対処の在り方に関する研究会」において、継続的に行われてきている。

この研究会の第四次とりまとめ[46]においては、緊急行為（正当防衛や緊急避難）に該当しない場合においても、国民全体が利用する通信サービスの社会インフ

---

(44) 鎮目ほか・前掲注 (38) 134頁〔西貝吉晃〕。
(45) 関連するポイントにつき、詳しくは落合・前掲注 (34) 97頁以下を参照。
(46) 「電気通信事業におけるサイバー攻撃への適正な対処の在り方に関する研究会　第四次とりまとめ」（令和3年）9頁。

ラとしての特質を踏まえ，利用者である国民全体にとっての電気通信役務の円滑な提供を果たすという見地からみて，一定の行為について正当業務行為としてその違法性が阻却される，と解されており，正当業務行為を活用する方向性での議論が，「電気通信事業者におけるサイバー攻撃等への対処と通信の秘密に関するガイドライン」[47]となって結実している。

そこでの議論を紹介すると，まず，第二次とりまとめ[48]において，C&Cサーバ等のFQDN（絶対ドメイン名）が判明している前提で，感染者の保護及び感染者を利用した踏み台攻撃を防ぐための通信の遮断について，既に議論がなされていた。結論としては，一定の条件を付しつつも，事前の包括的な同意を得ることが可能だとされる。例えば，利用者が，インターネット上のサーバに対するアクセス要求をした際に，利用者がC&Cサーバ等とアクセスしようとする場合には，そのアクセスを遮断するため，利用者のアクセス要求に係るFQDNについて検知を行うことは，事後的に同意内容を変更できることを条件に，有効な同意として認めることができるとされている。

その後，第三次とりまとめ[49]において，通信の遮断を目的としたC&Cサーバである可能性が高い機器の検知については，緊急行為性が欠け，違法性を阻却する法令もなく，役務提供に支障が生じるおそれがあるか否かが不明確な段階で，利用者全体を対象として行う取組みであるから，行為の必要性，手段の相当性を肯定し難く，正当業務行為と整理することは困難だとされている。それでも，第三次とりまとめ以降，2年以上が経過した時点において発表された第四次とりまとめ[50]においては，「ISPの提供する電気通信ネットワークに対するC&Cサーバを起点としたサイバー攻撃がいつ行われてもおかしくない状態にさらされており，役務提供に支障が生じるおそれは以前に比べてより差し迫ったもの」になっており，これも行為の必要性をより増大させるという評価を前

---

(47) インターネットの安定的な運用に関する協議会「電気通信事業者におけるサイバー攻撃等への対処と通信の秘密に関するガイドライン」（https://www.jaipa.or.jp/other/intuse/ から各版を閲覧できる。執筆時点での最新版は第6版（2021年））。
(48) 「電気通信事業におけるサイバー攻撃への適正な対処の在り方に関する研究会　第二次とりまとめ」（平成27年）12-14頁。
(49) 「電気通信事業におけるサイバー攻撃への適正な対処の在り方に関する研究会　第三次とりまとめ」（平成30年）20-21頁。
(50) 第四次とりまとめ・前掲注（46）9－12頁。

提に，通信の遮断を直接の目的とせず，C&Cサーバの検知のみの目的とするのであれば，相当性も確保されるとして，正当業務行為性を肯定し得るという理解が示されている。

　以上の議論を参考にして，ACDを行うに際して，ACDの主体はISPとは利害状況が異なることを指摘しつつ，ACDを正当業務行為として整理することも考えられる。もっとも，以上の議論は技術発展による社会情勢の変化に基づく規範的な判断を伴っており，流動的なものであることも指摘できる。また，ACDに関しては，より法益侵害性の高い行為の違法性阻却が要求される局面もあり得，正当業務行為の議論だけで違法性阻却の問題を解決した，とすると，国民の理解を得られにくい可能性もある。それゆえ，正面から法令行為化を目指す立法論が必要になり得る。

(5) ハニーポットと共犯論

　さらに，防御をする側が，サイバー攻撃者に加担していると法的に評価され，何らかの法的責任を負うのではないか，という場合を考えてみたい。具体的には，ハニーポット設置者の共犯責任である。(51) 設例は次の通りである。

> 　サイバーセキュリティの研究者であるAは脆弱な設定にした状態のままサーバ（以下，ハニーポット）をインターネット上に公開し，攻撃者がハニーポットにアクセスしている状況を観測していた。Aが設定したハニーポットは，侵入した攻撃者が自由に外部のサーバにもアクセスできたり，外部と自由に通信できたりするようになっていたが，Aは攻撃手法を観測するためにはこのような設定にしなければならないと考えていた。
> 　攻撃者は，ハニーポットに侵入し，マルウェアXを保管した上，ハニーポット上でWebサーバを構築して誰でもマルウェアXにアクセスできるようにして公開した。
> 　ある日，攻撃者は，別の端末Bに対してサイバー攻撃を仕掛け，マルウェアYに感染させた。マルウェアYは，ハニーポットにアクセスしてマルウェアXをダウンロードして実行する挙動を行うダウンローダーであった。マルウェアYに感染した端末Bは，ハニーポットにアクセスしてマルウェアXをダウンロードし，マルウェアXが端末B上で実行された。マルウェアXはランサムウェアであったため，端末

---

(51) この事例は，西村あさひ法律事務・外国法共同事業所の北條孝佳弁護士にご教示頂いた。検討の素材を賜ったことに感謝申し上げる。検討内容についてはもちろん筆者にその責任が帰属する。

B内に保存された大量のファイルが暗号化されて使えなくなり，身代金を支払えと記載された脅迫文が画面上に表示された。

なお，Aは攻撃者によってハニーポットにマルウェアXが保管されることは認識していた。

Bが業務に使用されていたとして，Aは，攻撃者による，例えば電子計算機損壊等業務妨害罪の共犯として処罰され得るか。

(i) 共犯の構成要件該当性

この事案においては，サイバー攻撃者に電子計算機損壊等業務妨害罪等が成立し得ることには特に争いはないとする。しかし，そうだとしても，ハニーポットとはいえ，攻撃の手段を提供した関与者Aにそれらの犯罪の共犯（共同正犯ないし幇助犯）が成立するかは別途問題となる。

まず，共同正犯は，意思連絡または正犯意思が認められない場合には，成立しない。ある判例によれば，一般論として「共謀とは数人相互の間に共同犯行の認識があることを云うのであつて単に他人の犯行を認識しているだけでその者が共謀者であると云うこと」はできない，とされる。これも踏まえると，互いに，それぞれの利害関係に基づき，自身の行動を知られてもよいとさえ思っていないであろう当事者同士に意思の連絡を肯定し得るか，相当の疑問が残る。さらに，セキュリティ調査目的でハニーポットを設置しているAからすれば，実害がもたらされることが本意ではないことは明らかだとも評価でき，同人に共同正犯の成立要件である正犯意思を肯定することも難しい，と考えられる。

そこで幇助犯の成否の検討に移る。幇助とは，正犯（サイバー攻撃者）の犯罪行為を容易にする行為をいう。脆弱な設定にした状態のままサーバは，そうでない状態のサーバと比較して，制御を乗っ取ることが容易であり，当該サーバを踏み台にして多様な攻撃が可能になることを踏まえると，結果的にハニー

---

(52) 最判昭和24年2月8日刑集3巻2号113頁〔ただし，具体的事案において共謀を認めた〕。

(53) 共同正犯における議論ではなく，意思連絡のないことが前提となる片面的教唆犯についての議論をみると，例えば，巧妙に他人を刺激して相手に覚られずに犯罪意思を起こさせる場合に片面的教唆が考えられる，とされ（大塚仁＝河上和雄＝中山善房＝古田佑紀『大コンメンタール刑法 第5巻〔第3版〕』〔青林書院，2019年〕刑法60条，段落番号335〔佐藤文哉＝横山泰造〕），覚られないように関与することだけでは意思連絡の要件が欠けることが前提とされているように思われる。

ポットを利用可能にした点は，幇助を肯定する方向の事情だといえる。もちろん，Aは攻撃者に対して，何らのハードルもなく，ハニーポットを利用可能に（提供）したわけではない。脆弱な設定であっても，当該ハニーポットは不正アクセス行為によって利用可能になった可能性もある。それでも，Aとしては，侵入方法の検知，侵入後の動向を知りたいのだから，ハニーポットの乗っ取りまで含めて，攻撃手法を観測するつもりだったともいえ，乗っ取り困難なことも含めても利用可能にしたものとなお捉え得るかもしれない。悪用されないような技術的措置を講じていれば幇助にならない，という限定解釈もあり得るが，本件では，Aは，悪用を含め，乗っ取った後の攻撃者の振舞いを観測するつもりである。そうすると，具体的事案においてはなお，客観的な観点から幇助と評価される可能性がないではないと思われる。さらに，その場合，正犯が乗っ取られたハニーポットを使ってクラッキング等をするかもしれない，ということについて認識も肯定され得るから，幇助の故意もある，といわざるを得ず，電子計算機損壊等業務妨害罪等の幇助犯の構成要件該当性が肯定される事案が生じ得る。

(ii) **共犯固有の違法性阻却の可能性**

もっとも，Aがハニーポットを設置した目的はサイバーセキュリティの研究にある。それゆえ，正犯違法があることは疑いがない場合であっても，共犯固有の違法性（共犯違法）が阻却され得るか否かの判断をする余地が生じる（狭義の共犯（教唆・幇助）が処罰されるためには，正犯違法と共犯違法の双方が必要となる，と解される）。

サイバーセキュリティの研究はサイバーセキュリティの維持・向上という，社会的な法益の保全として理解し得る，と考える（4. で後述する保全法益の議論も参照）。サイバーセキュリティを維持・向上させる，例えば，防御のための技術の開発のためには，攻撃手法を学ぶ必要がある，と考えると，攻撃手法についての最新の情報を効率よく集めることが必要になる。加えて，いたちごっこが日々繰り返されている現状において，最新の攻撃手法に関連する情報を集

---

(54) 羽室英太郎『サイバーセキュリティ入門〔第2版〕』（慶應義塾大学出版会，2022年）273頁。
(55) 西貝吉晃「中立的行為と幇助犯」法教521号（2024年）89頁，93頁。
(56) 高橋則夫『刑法総論〔第5版〕』（成文堂，2022年）480頁以下の混合惹起説を参照。

めるのに効率のよい場は実際に攻撃を受ける場であり、攻撃の蓋然性が高い場はセキュリティレベルが低い場である、と考えると、ハニーポットは攻撃手法に関連する情報を集めるという目的からすると、類型的にみてその目的を達成しやすい場であるということができる。すなわち、ハニーポットの設置は、サイバーセキュリティの研究に適している場を構築することにつながる。

その上で、現在を含む、将来に向けた当該ハニーポットから得られる情報がもたらすサイバーセキュリティの維持・向上の期待値（蓋然性）とハニーポットに対するサイバー攻撃によってハニーポットが乗っ取られる蓋然性、そして、乗っ取られて悪用される蓋然性とを比較衡量し、前者が勝るように行動することにより、違法性の阻却を肯定し得る、と考えることができる。前者においては、当該ハニーポットから得られる情報を、サイバーセキュリティの研究に活かす力が重要になってくるが、これは、セキュリティエンジニアの質・量等の人材や、セキュリティ教育といったサブパラメータの影響も受ける複雑なものになるだろう。さらに、ハニーポットに求められるセキュリティの設定や、実際にハニーポットがハッキングを受けた際の対応に関しては、セキュリティに関する専門的知識なくしては、容易にはできない可能性が高い。

以上からすると、具体的な事案における裸の利益衡量はかなりの困難を伴うもののように思われる。正当業務行為の適用可能性だけを謳って、あとはアドホックな判断に任せるという方向性の思考は、判断が不安定になるだけでなく、その判断自体が難しいことにより、「自身の行為は正当業務行為というには足りないものかも知れない」という不安やこれに基づく萎縮効果を事前に払拭できなくなる可能性がある。それゆえ、少なくともセキュリティ業界の専門的知見を活かした透明度の高いガイドラインは必要であろうし、ACDの一環としてハニーポットの設置・運用を行うのであれば、法令行為として適法行為の限界を定めることも考えられる。

(6) 小　括

以上、いくつかの事例に即して、犯罪構成要件該当性を、その限定解釈も模索しながら、検討した。いずれの場合にも違法性阻却事由の観点からの議論が必要になり得るので、違法性阻却事由の議論の紹介やその検討も行った。本章

が試みた構成要件の解釈に対して，ACD を円滑に行えるようにすべきだ，との観点から，その限定の度合いが足りない，という批判があるかもしれない。しかし，ACD 以外の文脈においても，限定解釈の妥当性が問われることになる点，さらには，特定の犯罪の構成要件を限定解釈し得るとして，それを主張しても，そうした解釈論が実務における通用性をもつ有権的な解釈になる保障がない点には注意を要する。裁判所による法適用が示されるのは具体的事件が起訴された後であるし，本章の議論対象に正面から裁判所が解釈論を示す保障もない。

　ここで，既存の規定の個別の要件解釈に関連し，米国における 1 つの議論をまず紹介し，議論の方向性を考えてみたい。米国のコンピュータ犯罪対策立法である CFAA（18U.S.C.§1030, Computer Fraud and Abuse Act）の規定の解釈により，ACD の議論を解決しようとするアプローチがある。具体的には，CFAA 内の18 U.S.C.§1030(f) の規定を，連邦政府機関が，関連する連邦機関に代わり，サイバーセキュリティ会社が「調査的，防御的，または諜報的な活動」に従事することについて「適法に権限を与えられたもの」と解釈することが合理的であるとし，ACD が CFAA 上適法に遂行され得ることを示唆するだけでなく，新規立法を待つ場合には時間やコストがかかるがゆえに，立法論に飛びつくのではなく，私的な ACD についての権限についての検証を先にすべきだと

---

(57) 米国連邦法には包括的なコンピュータ犯罪の処罰法があり，それが CFAA である。情報の無権限取得罪（18U.S.C.§1030(a)(2)）だけでなく，情報の完全性や可用性を保護する規定（18U.S.C.§1030(a)(5)），コンピュータ詐欺の規定（18U.S.C.§1030(a)(4)）等がある。コンピュータの利用に関する多様な行為を列挙したため，CFAA は日本の刑法の考え方からすれば，多様な法益を保護する結果となっている。

　CFAA の邦語による紹介のうち，詳細なものとしては西貝吉晃「コンピュータ・データに対する無権限アクセスと刑事罰(2)」法協135巻 3 号（2018年）588頁以下，同「コンピュータ・データに対する無権限アクセスと刑事罰(3)」法協135巻 4 号（2018年）832頁以下，及び西貝吉晃「Van Buren v. United States, 593U.S. __, 141S.Ct.1648（2021）——内部ポリシーに違反するコンピュータ使用行為について，18U.S.C.§1030(a)(2)における無権限アクセス罪の無権限とはいえないとされた事例」アメリカ法2022- 1 号151頁を参照。

(58) 18 U.S.C.§1030(f) このセクションは，米国，州，若しくは州の政治的下位組織の法執行機関，または米国の諜報機関の法的権限を与えられた調査的，保護的，または諜報的な活動を禁止しない。

(59) Jeremy Rabkin and Ariel Rabkin, "Hacking Back Without Cracking Up," *Aegis Paper Series*, No. 1606（2016）p. 15, available at https://www.hoover.org/sites/default/files/research/docs/rabkin_webreadypdf.pdf

第7章 アクティブ・サイバー・ディフェンスと刑事実体法

いう主張がある[60]。

しかし，これに対しては，18 U.S.C. §1030(f) の解釈自体が定まっておらず，提案される解釈が採用されないと議論の前提が崩壊する上，「米国，州，若しくは州の下級行政部門の法執行機関または諜報機関」といった組織に権限付与を認めるという解釈になり得るがそれには問題がある，という疑問が提起されている[61]。現に，次のように述べる DOJ（Department of Justice，米国司法省）の口ぶりからすれば，限定解釈がなされない可能性が示唆される。

> 侵入やデータ侵害の被害者によるサーバログ等の調査により，被害者のネットワークやデータに対する疑わしいアクセスをしたコンピュータのIPアドレスがわかることがあり，そうした情報は政府機関が事件調査をするために使用し得る価値ある情報ではあるが，連邦法や州法あるいは外国法に違反して処罰される可能性がある。また，犯人が身元を隠す努力をしているがゆえに，報復的な行動が，本当の犯人にしようされている無実の者への攻撃になってしまう可能性や，中間のシステムへのアクセスがそこにデータを保存している第三者のプライバシーの侵害につながる可能性もある。犯人が私的主体によるハックバックに対応して戦術を修正すると，これが，法執行機関による調査に対して意図しない妨害に繋がり得るし，犯人が私的主体にさらなる損害を加えるように報復してくる可能性がある。被害者はこの種のサイバーインシデントに，それが攻撃や侵入に関連しているように見える場合であっても，自身が所有，管理していないコンピュータに対して，アクセスし，修正し，損害を加える形で，一方的に対応すべきではなく，迅速に法執行機関に通知して法執行機関に情報を提供して協力してほしい[62]。

つまり，既存の法律の解釈で目下の問題を解決できるのであれば，それは理想的かもしれないが，既存の法律の文言に引っ張られて，問題解決に沿う形での解釈が定まりにくい，という問題があるわけである。

翻って日本のサイバー犯罪対策規定をみてみると，その特徴として，技術の進歩にもある程度対応し得るように包括的な構成要件が設定されていることが多いように思われる[63]。こうした場合に限定解釈が望ましい，ということは可能

---

(60) *Ibid.*, at p. 16.
(61) Sam Parker, "Shot in the Dark: Can Private Sector 'Hackbacks' Work?" *Journal of National Security Law & Policy*, Vol. 13 (2022) p. 211, p. 225.
(62) DOJ, *Best Practices For Victim Response And Reporting Of Cyber Incidents, Version 2.0* (2018), pp. 23-24, available at https://www.justice.gov/media/970151/dl?inline

であるが，元の規定がかなり抽象的だと，限定の方向性に関し，解釈論的対立が発生し，結局のところ，実際の事件に適用される解釈を特定することができない，という問題が生じる。

こうして，ACD の文脈においては，採用される保障がない限定解釈を振りかざして，当該限定解釈をすれば問題解決できる，と主張する意味には限界がある。既に一定の文脈で展開されている違法性阻却の議論を紹介したが（本節(4)(ii)や(5)(ii)），より一般的に，正面から，ACD 自体に焦点をあてた違法性阻却の議論をする必要がある。項を改めて検討していきたい。

4．違法性阻却事由

ここでは，違法性阻却事由の特徴を確認しつつ，必要に応じ，立法論の視座を得ることを目的とした検討を行う。違法性阻却の可否の判断は，既に不正アクセス罪等の犯罪構成要件に該当していることを確認した上でなされる。つまり，法益侵害または法益侵害の危険が発生したという前提での議論になる。

違法性阻却事由にあたる，というためには，一般的には，目的の正当性，行為の必要性・相当性が要求される，とされ，この定式自体は，ACD の議論でも援用できる。もっとも，こうした違法性阻却の原理的な議論だけでは，規範が抽象的に過ぎるともいえ，解釈を具体化する必要がある。

ACD の中に防衛（防御）という言葉が入っていることからも分かるとおり，米国において，この議論をする際の違法性阻却の根拠を，正当防衛（self-defense）の原理に求める論者もいる。日本においても正当防衛による違法性阻却は肯定されているから，まずは，日本法の解釈として ACD が正当防衛ないし緊急避難といった緊急行為といった類型に該当する，つまり，正当防衛や緊急避難が成立する，といえるのか，そして，成立し得るとしても，それらの成立する範囲は ACD の趣旨目的からして妥当なのか，ということを検討する。

---

(63) この点についての考察は，西貝吉晃「情報通信技術の発展と刑事立法及び刑法解釈──サイバー犯罪対策規定の動態的考察」有斐閣 Online YOLJ-12212004（2023年1月30日公開）。

(64) Kesan and Hayes, *supra* note 2, at p. 520.

(1) 緊急行為の検討

緊急行為は，正当防衛（刑法36条）や緊急避難（刑法37条）[65]等から構成される，緊急状態における違法性阻却事由を示す概念である。本項では，サイバー空間やACDの特徴に基づいて，外国における議論も踏まえての検討を試みる。

(i) 緊急行為性：とりわけ未然排除類型について

緊急行為性について，正当防衛においては「急迫」不正の侵害（侵害の急迫性），緊急避難においては「現在の」危難（危難の現在性）が，それぞれ要件となっている。ACDとの関係では，そもそも緊急行為性が肯定されないのではないか，という疑問が生じる。拡大防止類型においては緊急性を認め得るかもしれないが，未然排除類型にまでこれを認められるかは問題である（両類型については1.参照）。

正当防衛の規定で要求されている侵害の急迫性は，日本の判例上[66]，「法益の侵害が現に存在しているか，または間近に押し迫っていること」と解釈されており，急迫性を認めるためには，少なくとも時間的切迫性が要求される，と理解されている[67]。そして，緊急避難の規定上要求される危難の現在性についても，判例上[68]，「法益侵害の危険が切迫したこと」と解されており，侵害の急迫性よりもやや緩やかだとされるものの，時間的切迫性が要求されることに変わりはない，とされる[69]。結局のところ，サイバー攻撃が具体化する以前の段階における行為には，正当防衛も緊急避難も成立し得ないことになる[70]。例えば，特定の時間になって破壊的な機能が作動するようなマルウェアである論理爆弾の設置などの場合においては，既に具体化を肯定し得る，といえそうだが，一方[71]

---

(65) その他，過去の侵害に対して公権力の発動を待たずに被害者みずからその救済を図る自救行為があり得る（大塚仁＝河上和雄＝中山善房＝古田佑紀『大コンメンタール刑法　第2巻〔第3版〕』（青林書院，2016年）刑法35条，573，574段落〔土本武司〕）。
(66) 最判昭和46年11月16日刑集25巻8号996頁。
(67) 鎮目ほか・前掲注（38）66頁〔遠藤聡太〕。
(68) 最判昭和24年8月18日刑集3巻9号1465頁。
(69) 鎮目ほか・前掲注（38）69頁〔遠藤聡太〕。
(70) 同上。
(71) この場合，一定の時刻になると害を発生させるという侵害が，既に生じていると考えることも可能であるし，自身の支配下にあるデータ領域が，そうしたマルウェアが保存されていることによって侵害されている（完全性の侵害）と捉えることも可能なように思われる。

で,C&Cサーバがボットネットと通信をしている状態は上記の意味での具体化の前段階だと整理されるかもしれない。

しかし,「サイバー攻撃の具体化」という評価は容易にできるものではない。悪意のあるハッカーは,コンピュータとインターネット接続さえあれば,害を世界中に及ぼすことができ,サイバー攻撃は,その性質上,非常に予測しづらい,という指摘もなされている。すなわち,ネットワークにおいて高速なデータ処理ができることも踏まえ,サイバー攻撃が,その準備完了から攻撃の開始・進行まで,極めて迅速に行い得るものだとすれば,標的を決めればすぐに攻撃を行える状態と,実際に攻撃が始まった状態との差異は紙一重である。物理空間においては,例えば物理的な攻撃のためには(少なくとも武器の)物理的接近を要するがゆえに,それに一定の時間がかかることを前提に,時間的切迫性を要求することも妥当だったのかもしれないが,サイバー空間においては,それ自体の妥当性への再考が迫られる可能性がある。つまり,侵害の危険が間近に迫っているからこそ,その排除のために反撃的防衛行為に出る他ない状態にある,という論理が,物理空間においては時間的切迫性の度合いと防衛行為の必要性の度合いとに正の相関があるという経験則の妥当性に根ざしているとすると,この経験則自体が成り立たない場合には,時間的切迫性がなくとも,反撃的行為に出る他ない状態があり得ることになる。

この点において,日本の刑法において,一定の回避手段をとらない限り損害を回避できない時点に至っていれば足り,それ以上の時間的切迫性を要求しない見解が着目される。また,自衛の際の武力を行使する権利につき,タリン・マニュアル2.0規則73の解説においても,国際法における「先制的自衛」をど

---

(72) 高橋・前掲注(13)6頁も参照。
(73) Jay P. Kesan and Carol M. Hayes, Thinking Through Active Defense in Cyberspace, in *Proceedings of a workshop on deterring cyberattacks: informing strategies and developing options for U.S. policy* (2010) pp. 327-328, available at http://www.nap.edu/catalog.php?record_id=12997.
(74) 大塚ほか・前掲注(65)刑法36条,61段落〔堀籠幸男=中山隆夫〕。
(75) 深町晋也『緊急避難の理論とアクチュアリティ』(弘文堂,2018年)144-145頁〔危難の現在性は,その時点において,…中略…危難の回避に資する様々な手段のうち,何らかの手段を講じない限り,もはや損害を甘受せざるを得なくなる場合に肯定される〕。さらに井田良『講義刑法学・総論〔第2版〕』(有斐閣,2018年)295頁注14)〔後の時点では手遅れであり,もはや対抗することのできない侵害が確実に予期されるケースであれば,侵害の急迫性を肯定し得る場合がある〕,332頁。

のように捉えるかということにつき，時間的制約（今まさに攻撃が開始されようとしている場合に限るもの）を要件とすることに専門家の多くが反対し，むしろ「実行可能な最後の好機」という基準（相手が攻撃に着手にとりかかっていることが明らかな中で，今まさにこの機会を逸すれば時刻を効果的に防衛する機会は訪れないと考える場合に先制的自衛を認める基準）が支持された[76]。確かに，日本の刑法36条や37条について，時間を意識した従前の判例理論とその解釈を維持する場合には，時間的制約から解放された見解をそのまま使うことには抵抗があり得る[77]。しかし，ACDを適法化する際の立法論を展開する際にはそうした障害はない。以上の議論は，時間的切迫性に代えた要件を定立する際の考え方の方向性を示すものになり得る。

(ⅱ) **行為主体の限定の必要性**

拡大防止類型においては，侵害の急迫性や危難の現在性を認め得る。この場合には，正当防衛や緊急避難の規定が何人に対しても適用可能であるが，それでよいか，ということが次の問題である。緊急性要件を緩和すれば，未然排除類型にも応用可能な議論であるから，以下では，2つの類型を特に区別することなく，行為主体の限定の可能性について考えてみる。

日本の正当防衛における侵害の急迫性の議論においては，時間的切迫性に加え，例えば積極的加害意思がないことが要求される。その趣旨は，正当防衛において，判例上[78]，「急迫不正の侵害という緊急状況の下で公的機関による法的保護を求めることが期待できないときに，侵害を排除するための私人による対抗行為を例外的に許容したもの」と説明されている。ACDの文脈においても，この理解が成立すると解することは可能であろう。つまり，私人（民間主体）による防衛行為の途は残されているようにみえる。

1）**米国における立法提案等について**　しかし，その帰結を採用する場合にサイバー空間に特有の問題点はないのか。ACDにおいては攻撃者の背後に

---

(76) 中谷和弘＝河野桂子＝黒崎将広『サイバー攻撃の国際法——タリン・マニュアル2.0の解説〔増補版〕』（信山社，2023年）91頁。
(77) 刑法総則の規定（あるいは刑法総論）では，基本的には，どのような事案にも妥当する解釈が目指されている。時間的制約から解放された解釈を採用する場合，それは物理空間の事象にもそのまま適用されるべきことになり得るが，そうした解釈の転換は容易ではないと見込まれる。
(78) 最決平成29年4月26日刑集71巻4号275頁。

国家がいることもあり得,何人も国家相手にACDをしてよいと考えてよいのかについて,さらに慎重な考察を要する。(79)この点における,米国における積極・消極の双方の議論をみてみよう。

まず,民間主体にもACDの法的権限を与えるべきだという考え方(積極方向の議論)をみてみよう。ある考え方によると,センシティブなデータを扱っている企業からすると,自身で防衛できずに政府にやってもらう,という選択肢は,自身のデータを,攻撃者にとられるか,政府にとられるかの二択を迫られることになりかねない,という。その上で,企業が自らネットワークを防御する者を雇って攻撃者と闘わせることができるのであれば,そうした心配はなくなるだけでなく,ACD(カウンターハッキング)のコミュニティの多様性,創造力,及び有効性を高めることができる,というのである。(80)もっとも,上記の「二択」のうち,政府によるACDの遂行を政府にデータを取られることに直結させる点には論理の飛躍があり得るだけでなく,考察も抽象論の域を出ていない。そこで,次に具体的な立法提案をみてみる。

ここで,下記のような要件の規定をCFAA内に入れることで,民間に権限を与えるべきだとする学説がある。(81)これにより,何百年も前のコモンロー上の議論をサイバー犯罪にあてはめる必要がなくなることが期待される,という。この提案は,民間に権限を与えてある程度独自に行動するインセンティブを与えるとともに,(4)の規定により反撃者に高水準の注意を促そうとする。こうして,透明な規制により訴追の脅威が減少することも含めて,官民を含めたセキュリティコミュニティ全体の開かれた議論が促進され,反撃者も有用な知識を得られ,また政府も(3)の規定により十分な情報を得ることができる。

(1) 反撃は,緩和または防止されるべき脅威に対して,必要かつ相当なものでなければならない。
(2) 反撃は,現在進行中の,または反復的な攻撃に対するものでなければならない。

---

(79) Chris Cook, "Cross-Border Data Access and Active Cyber Defense: Assessing Legislative Options for a New International Cybersecurity Rulebook," *Stanford Law & Policy Review*, Vol. 29 (2018) p. 205, p. 220.
(80) The Hackback Debate・前掲注(24)におけるBaker発言。
(81) Shane Huang, "Proposing a Self-Help Privilege for Victims of Cyber Attacks," *Georgetown Washington Law Review*, Vol. 82 (2014), p. 1229, p. 1259.

> (3) 反撃者は，政府に対して，誠実な正当理由（good-faith justification）及び通知を提出しなければならない。
> (4) 反撃者は，第三者に対する全ての損害に対する厳格責任，及び攻撃者に発生させた不必要な損害に対する過失責任を負う。

　この理解に対しては，損害賠償責任を負う可能性を残している点で，企業に慎重な判断を要求し得るが，「必要かつ相当な」ものとして具体的にどのような行為が許されるのかが不明確であり，そのあてはめを個々の企業に委ねるのは危険であって，必要性・相当性の分析を真面目にしない主体が脅威を過大評価する場合には不相当な反撃によるエスカレートの危険がある，また，(3)の規定の要求だけでは政府による承認や監視がなく，政府のコントロールが乏しい点にも問題がある，という批判がある[82]。

　そこで，さらに，ACDを一定の要件の下で認める趣旨で提示された米国の法案（H.R.4036 - Active Cyber Defense Certainty Act，以下適宜「ACDC」。その立法趣旨については本章末尾参照）もあるので，これをみる。ACDCは，CFAA（18U.S.C.§1030）の改正を主眼としており，その内容は次の通りである。

> 3条：アトリビューションのための技術の使用について，一定の要件を充たす場合に，CFAAを適用除外にする。
> 4条：同条で定義されたACD措置（active cyber defense measure）の実行をCFAAの刑事訴追に対する抗弁であるとする（ACD措置では民事責任までは免れない）。
> 5条：4条のACD措置を採る際の通知の手続をCFAA内に創設する。

　なお，米国においては，既にCybersecurity Information Sharing Act of 2015（CISA）が，政府や私的主体に防御的措置（defensive measure）[83]をとることを認めており，それゆえに，この法律以後の議論は，より攻撃的な措置（しばしばhack backとも呼ばれるが，本章ではなるべくACDという言葉を用いて説明する）の許容性に焦点があてられている。

　法案4条は18 U.S.C.§1030(l)を追加することを提案する。以下は，法案の提示するACD措置の定義である。

---

(82) Sam Parker, "Shot in the Dark: Can Private Sector 'Hackbacks' Work?," *Journal of National Security Law & Policy*, Vol. 13 (2022), p. 211, p. 224.

18 U.S.C.§1030(l)（3）このサブセクションにおける定義
(A)　「防御者」とは，その主体のコンピュータへの継続的な（persistent）無権限侵入の被害者たる個人または個々の主体のことをいう。
(B)　「ACD 措置」とは
　(i)　次の要件を充たすあらゆる措置である
　　(I)　防御者自身，または防御者の指示によって遂行され，かつ，
　　(II)　次のいずれかの目的で情報を収集するために，防御者自身のネットワークに対して攻撃する攻撃者のコンピュータに権限なくアクセスすること
　　　(aa)　法執行機関及びサイバーセキュリティを担当するその他の米国政府の機関と共有するために犯罪行為のアトリビューションを確立する目的
　　　(bb)　防御者側のネットワークに対する継続的な不正行為を阻止する目的
　　　(cc)　将来の侵入防止またはサイバー防御技術の開発に役立てるために，攻撃者の行動を監視する目的
　(ii)　しかし，次のいずれかの行為は含まれない
　　(I)　他人または他の主体のコンピュータ上に保存されていて被害者に帰属しない情報を意図的に破壊し，または処理できなくさせる行為
　　(II)　無謀にサブセクション（c）（4）に記載される身体的な傷害（physical injury）または金銭的損失を発生させる行為
　　(III)　公共の健康や安全に対する脅威を発生させる行為
　　(IV)　継続的なサイバー侵入の出所のアトリビューションを可能にするために，中間コンピュータ上での偵察を実行するのに必要な活動のレベルを意図的に超える行為

---

(83)　ただし，他人のネットワークに対する無権限アクセスまでは認めていない（Alice M. Porch, "Spoiling for a Fight: Hacking Back with the Active Cyber Defense Certainty Act" *South Dakota Law Review*, Vol. 65（2020）, p. 467, p. 474）。
　〔参考〕6 U.S.C. § 1501（7）
　(A)　原則
　　サブパラグラフ（B）に定める場合を除いて，「防御的措置」とは，既知又は疑いのあるサイバーセキュリティ上の脅威又はセキュリティ上の脆弱性を検知，防止又は軽減する情報システム，又はそのような情報システムに保存され，処理され，そのような情報システムを経由する情報に対して適用される行為，装置，手続，署名，技術，その他の措置をいうものとする。
　(B)　除外
　　「防御的措置」には，以下のいずれかに所有されていない情報システム，または当該情報システムに保存され，処理され，もしくは当該情報システムを経由する情報を，破壊する，使用不能にする，無権限アクセスを与える，または実質的に害する措置は含まれない。
　　(i)　当該防御的措置を遂行する私的主体
　　(ii)　同意を与える権限を有し，当措置の遂行にあたっての同意をその私的主体に提供した他の主体または連邦の主体

> （V）意図的に中間コンピュータへの侵入的な，またはリモートでのアクセスを惹起する行為
> （VI）意図的に，サブセクション（c）（4）で定義された損害をもたらす，人または主体のインターネット接続の継続的な中断を惹起する行為
> （VII）国家安全保障に関連する情報についてサブセクション（a）（1），政府のコンピュータに関連しサブセクション（a）（3），または司法行政，国防，若しくは国家安全の推進のための政府機関によって，若しく当該政府機関のために利用されるコンピュータ・システムに関連しサブセクション（c）（4）（A）（i）（V）に記載されるコンピュータに対して影響を与える行為
> （C）「攻撃者」とは，被害者のコンピュータへの継続的な無権限侵入の出所である人または主体のことをいう。
> （D）「中間コンピュータ」とは，攻撃者が所有していたり，同人が主要な支配下に置いていたりするものではないが，継続的なサイバー攻撃に着手し，または当該サイバー攻撃の出所を不明瞭にするために利用されてきている，人または主体のコンピュータのことをいう。

　ACDCは，特段，主体を制約しない。これについて，敵対国に対して私人や会社がACDを行うことは非常に危険であるだけでなく，誰が，いつ，ACDをすることができるかが不明である点についても，国家によるコントロールの欠如は国際法上の責任を負わない方向には評価され得るものの，外交政策に影響を及ぼす混乱を惹き起こしかねない，と批判されている。ACDの主体の能力不足に起因するACDの不奏功，アトリビューションが困難なサイバー空間における誤って生じる第三者への権利侵害，国家の支援を受けたハッカーとの争いにより米国政府も紛争に巻き込まれる危険性などの問題が残るというわけである。(ii)(IV)及び(ii)(V)では許されない行為類型に防御者の「意図的」な行為が

---

(84) Cook, *supra* note 79, at p. 220. なお，同論文は，「継続的な（persistent）」の限界が不明である，「攻撃者のコンピュータ」の概念や，その根源（source），そして「中間コンピュータ」の概念へのあてはめが困難ではないか，防御者にとって，法律が許容しない(ii)(v)に該当する場合がいかなる場合かがわからないのではないか（intrusiveの概念が許可の欠缺を意味するかもわからないし，リモートアクセスの概念もわからない），もし，中間コンピュータの管理者の同意を得よ，という趣旨なのであれば，そのような同意は基本的に得られないだろうから，法の趣旨を没却してしまう，また，公の健康や安全，そして継続的な破壊（persistent disruption）というのも曖昧である，として，この法案の要件の適用困難を指摘する（Cook, *supra* note 79, at pp. 216-218）。

(85) Parker, *supra* note 61, at p. 218.

(86) *Ibid*. さらに同論文はいくつかのシナリオを紹介している。

挙げられているが,「意図的」な場合に限ることにより,そうでないときと比較して,防御者はよりリスクをとれるようになり,紛争激化の懸念が増大する,とも指摘されている[87]。

さらに,民間に対しACDの権限を限定的な形で法的に認めるという議論もある。例えば,法執行機関との協力により,セキュリティの専門家は行為の違法性への恐怖から解放された状態で,強固な措置を採ることができるから,ACDを行う権限を取得するための法的手続を簡易・迅速・透明にしつつ,特定のサイバーセキュリティ企業にACDに従事することを可能にするライセンスを付与する提案がなされている[88]。

また,例えば,消極的な考え方の前提にはアトリビューション困難問題があり,かつ現状ではアトリビューションはなお困難かもしれないが,民間企業は,自身のデータを守るために攻撃者を発見する動機付けが政府よりも強く,民間企業の膨大なリソースをアトリビューションのために使うことを許可すれば,アトリビューション困難問題は加速度的に改善していくだろう[89]などとして,資格を付与された専門機関にのみACD(この文献ではhackback)を認めることにより,第三者に与え得る損害を抑えられることも考慮すると,得られる利益の方がACDにより惹起され得る損害よりも大きくなる,とする考えもある[90]。

一方で,消極的なスタンスも多いので,これをみていく。私人に防衛権を与えることに慎重な論者であるKerrは,いくつかの観点から,その理由を説明する。まず,プロクシやアノニマイザーを用いた攻撃元の偽装が容易であり,

---

(87) Cook, *supra* note 79, at p. 218.
(88) Blair, *supra* note 9, at pp. 28-29.
　　さらに,物理世界におけるそれと同様に,インターネットが現代社会に革新的な変化をもたらしたがゆえに,デジタル時代におけるデジタル正当防衛の議論を進めるべきだ,という観点から,物理空間での正当防衛と異なり,何人も効果的に防衛行為をできるわけではないから,政府がエシカルハッカーの登録制度を設け,厳重なチェックを経てそこに登録された者に防衛行為及びこれに必要な例えばダークネットにおける情報収集の権限を認めるべきだという提案としてHardik Gandhi, "Active Cyber Defense Certainty: A Digital Self-Defense in the Modern Age," *Oklahoma City University Law Review*, Vol. 43 (2019), p. 279, p. 309.
(89) Adam Rodrigues, "If the Law Can Allow Takebacks, Shouldn't It Also Allow Hackbacks?," *Marquette Intellectual Property Law Review*, Vol. 24 (2020), p. 1, p. 5.
(90) *Ibid.*

攻撃者の特定が難しく，同人が反撃を受ける可能性も低くなるといったことに照らし，私人に対して積極的な自救行為（offensive self-help）することを奨励するような法律を作ってしまうと，むしろ，攻撃者は身元の偽装を慎重にするようになるだけであり，サイバー攻撃の抑止につながらない[91]。また，攻撃したいコンピュータからの発信を偽装して，そこから多数の被害者に攻撃を行い，当該被害者群からの反撃を誘発させることが可能になることにより，ハッキングの連鎖反応を起こすだけでむしろ違法行為を減らすどころか増やしてしまうおそれがある。例えば，AにBからを装ってDoS攻撃をしかければ，AはBに防衛のために反撃を行う，BはAに一方的に攻撃されたと考えるだろうから，反撃をする，というように，である[92]。

さらに，被害者のシステムへの害を軽減するためのサイバー攻撃の撃退，という概念を「軽減型反撃（mitigative counterstrike, この概念はACDの核たる部分だという）[93]」と呼ぶ論者によると，それを刑事訴追に代わるオプションとして位置付けつつ[94]，確かに，民間に権限を与えれば，迅速な反撃が可能になるだろうが（能力のある企業は，自身で対応した方が自身のデータをよりよく保護でき，それはまた，政府の対応を待つよりも，顧客のプライバシーの保護に資する，と考えると迅速な対応の可能性は重要な事項である[95]），それは望ましくない，という[96]。

その理由には，アドホックな解決が求められる事案において，不整合な基準で判断が行われる危険性がある[97]，また，使われる技術についても統一性がなくなり，第三者に重大な悪影響を及ぼすものが使われる可能性も生じ得る，被害者の属性（リスク回避傾向にあるか否か）に応じて攻撃者が臨機応変に対処し得

---

(91) Orin S. Kerr, "Virtual Crime, Virtual Deterrence: A Skeptical View of Self-Help, Architecture, and Civil Liability," *Journal of Law, Economics, & Policy*, Vol. 1 (2005), p. 197, p. 205.
(92) *Ibid*. 病院が攻撃者であると偽装することも可能であり，その場合，病院に反撃が向けられてしまう可能性があるとする懸念も表明されている（Porch, *supra* note 83, at p. 467, p. 488 (2020))。
(93) Kesan and Hayes, *supra* note 2, at p. 474.
(94) *Ibid*., at p. 477.
(95) Blair, *supra* note 9, at p. 25.
(96) Kesan and Hayes, *supra* note 2, at p. 532.
(97) *Ibid*., at pp. 521-522.
(98) *Ibid*., p. 532〔ソフトウェア開発の過当競争が開発されるソフトの品質の劣化を引き起こすという懸念も指摘する〕。Blair, *supra* note 9, at p. 27〔新しく開発された技術は，その使用の前に，法律で許されるか否かの確認を慎重に行う必要がある〕。

てしまうこと等が挙げられている。そもそも，ACD の主体として想定され得る私的セクターの能力も様々であり，一般化ができない。

いずれの消極論も，私人に権限を与えると権限ある者による主観的な判断に基づく不相当な防衛行為が行われる可能性を否定できず，それにより紛争が激化する懸念を示している，といえる。

2）日本における法律論の試み　以上，米国における議論をみる限り，民間の主体が独力で ACD を行うことに対しては，多くの懸念が表明されており，むしろ民間の主体が国家機関の行う ACD と連携・協働する仕組みを作っていくのが肝要だという立場が強いように思われる。

これを踏まえて日本の法律論を考えてみる。その前提として，ACD により得られる利益（保全法益）を分析しておきたい。これに国家的・社会的法益が含まれる場合には，私人によるそうした法益の保全活動を緊急行為として容認すべきでないという議論もあり得るからである。また，保全法益が重要であればあるほど，より侵害性の大きい行為が許容されることになる。それゆえ，保全法益の議論が重要になる。

一般論としては，ICT の発展に伴い，巧妙化・複雑化を続けるサイバー攻撃においては，サイバー攻撃者が圧倒的に優位な立場に立ちやすく，それゆえに，サイバー攻撃に対する脆弱性を最小化するためのサイバーセキュリティ維持活動が重要になる。サイバー攻防においては，実行者の特定の困難性（アトリビューションの困難性），攻撃側は脆弱性さえ突けばよいのに防御側は完全な防御が要求される，低コストで大きな利益を挙げられるなどの特徴が，攻撃者優位を基礎付けている，とされる。脆弱性を最小化するための活動は，特定のサイバー攻撃への緊急行為的な対処のみでは難しく，そのため，平時において

---

(99) Kesan and Hayes, *supra* note 2, at p. 532. 同 p. 533 では，国際法的な議論もなされている。
(100) Blair, *supra* note 9, at p. 24.
(101) 鎮目ほか・前掲注（38）64頁〔遠藤聡太〕。行為によって得られ「た」利益と，行為によって失われ「た」利益という意味での結果の均衡を要求するか，行為によって得られる「だろう」利益と，行為によって失われる「だろう」利益という期待値の比較で足りるとするかは問題になり得，違法性阻却では前者を考え，後者は「許された危険の法理」として別異に取り扱うという理解もあり得るが，立法論的視座も得たい本章の問題意識との関係ではまとめて取り扱う。
(102) 筋伊知郎『サイバー犯罪　現状と対策』（ミネルヴァ書房，2022年）8頁。
(103) 鎮目ほか・前掲注（38）62頁〔遠藤聡太〕。

第 7 章　アクティブ・サイバー・ディフェンスと刑事実体法

も，違法性阻却を認める根拠になるのではないか，と指摘されている。
　そして，サイバーセキュリティ維持活動がもたらす利益には，個別具体的な損害の回避のほかに，物理空間においては相対的に目立たない，攻撃によって生じ得る被害拡散も防止され得るという点で公共性を有するとされており，これもサイバー空間の安全確保のための活動を法的に許容する根拠になり得る，と考えられる。
　一方で，ACD は，日本政府の立場によると，冒頭で紹介したように，「国，重要インフラ等に対する安全保障上の懸念を生じさせる重大なサイバー攻撃」に対する対策を念頭に置いて論じられている。サイバー攻撃以外によっても侵害され得る国，重要インフラ等に対する安全保障と，民間のシステムも一般に保護し得るサイバーセキュリティの維持は完全には重なり合わない。議論を混同させるべきではなく，むしろ，ここで議論されている ACD は，サイバーセキュリティの維持と国，重要インフラ等に対する安全保障の双方を目的とした活動と整理すべきである。重要インフラ等のサイバーセキュリティの維持には，2 つの保全法益が重畳していることになる。
　結局，ACD における保全法益の中には，確かに，サイバー攻撃の被害を受け（得）る民間の主体の利益もあり得るが，一方で，社会的・国家的法益の保全をも目指す側面も否定できないことになる。それゆえに，正当防衛の文脈で議論されてきたように，民間の主体が，こうした種類の法益を保全するために防衛行為をしてよいのか，ということも問題となる。
　戦後すぐの判例は，こうした法益を保全するための正当防衛の余地を否定しなかったが，「本来国家的，公共的法益を保全防衛することは，国家又は公共団体の公的機関の本来の任務に属する事柄であつて，これをた易く自由に私人

---

(104)　林紘一郎＝田川義博「サイバー攻撃の被害者である民間企業の対抗手段はどこまで可能か：日米比較を軸に」情報セキュリティ総合科学10巻（2018年）1 頁，3 頁，松村昌廣「我が国のサイバーセキュリティ戦略の欠点と展望――『平和国家』体制の桎梏への対応を考える」情報通信政策研究 5 巻 2 号（2022年）III-8）。
(105)　鎮目ほか・前掲注（38）62頁〔遠藤聡太〕。
(106)　同上64-65頁。サイバーインシデントに関する情報共有は全体としてのサイバーセキュリティを底上げする（Automated Indicator Sharing (AIS) Frequently Asked Questions (FAQs) V2.0, 1.2（2021）, available at https://www.cisa.gov/resources-tools/resources/ais-frequently-asked-questions-faq）。

又は私的団体の行動に委すことは却つて秩序を乱し事態を悪化せしむる危険を伴う虞がある。それ故，かかる公益のための正当防衛等は，国家公共の機関の有効な公的活動を期待し得ない極めて緊迫した場合においてのみ例外的に許容さ」れるべきだ，と述べている。[107] こうした社会的・国家的法益に対する緊急救助（正当防衛）については，一般論として濫用に対する懸念があり，限定的な許容に留めるべきだという見解が有力であるが，ACD の文脈では，本章で紹介した米国の議論も参考にすれば，エスカレーションの危険等のさらなる弊害が予想されるわけである。それゆえ，ここで議論している ACD については，原則として国家機関がこれを主導すべきであって，刻一刻を争う事態の最中に国家機関に緊急的な通報をしたが，国家機関から対応不可といわれた場合等，民間の主体が独立の主体として一般の正当防衛の規定を適用して防衛行為をすることができる場合は極めて限られる，と解すべきではないか，と思われる。[108]

(iii) 第三者への侵害

ACD においては，攻撃者以外の第三者の権利侵害を惹き起こすリスクが相対的に大きい，とされ，そのような第三者へのいわば誤射の可能性が，紛争激化の懸念の増大につながっている。確かに，ここで想定している誤射が，実際にはサイバー攻撃をしていないコンピュータをダウンさせるようなものだとしたら，「不正の侵害」に対する行為を問題にする正当防衛の法理の適用は難しく，緊急避難等の別の法理に頼らざるを得ない。こうした点を含めても，より

---

(107) 最判昭和24年8月18日刑集3巻9号1465頁。
(108) ただ，本文の議論を前提とすると，今度は，国家機関は正当防衛や緊急避難といった緊急行為の主体になり得るのか，言い換えれば，国家機関は刑法36条や37条を直接援用し得るのか，という疑問が生じる。最決平成29年4月26日刑集71巻4号275頁のいう「公的機関による法的保護を求めることが期待できないとき」に，国家機関が正当防衛を行う，というのは矛盾しているようにみえるからである（山本和輝「国家による緊急救助（1）」現代法学44巻（2023年）27頁，29頁）。確かに，刑法36条や37条の直接適用を目指す場合には，この論点が正面から問題になり得る。もっとも，既に(i)で述べたように，そもそも ACD の中には，従来の緊急行為性を欠く場合も含まれているようにみえ，実際には(2)でみていくように，正当業務行為や法令行為として構成せざるを得ない，と考える。それでも，緊急行為をここで議論している所以は，いわば主体面を捨象した形で，緊急行為の法理のエッセンスを借りつつ，正当業務行為や法令行為を考えていく，という動機に基づくものである。その趣旨は既に警職法7条の規定にも表れているといえよう。それゆえ，この論点については，現段階においては深入りせず，以下で正当防衛という場合，この「国家機関が正当防衛（的な行為）をすることができるのか？」という論点についてはひとまず措いて考えていきたい。

緩やかに違法性の阻却を考えるのであれば、何らかの立法措置が求められることになりそうである。

　もっとも、そもそも、誤射ではなくても、第三者の権利利益を侵害し得る行為が行われることもあり得、それを違法性阻却できるとすれば、その理由を考えておく必要がある。

　例えば、あるコンピュータからサイバー攻撃がなされていたが、それはサイバー攻撃者本人の管理するコンピュータではなく、サイバー攻撃者のハッキングを受け、同人に既にその制御が乗っ取られたものであった場合などについては、急迫不正の侵害者が、別人の権利利益が帰属している道具を用いて攻撃してきている類型だと整理することもでき、正当防衛の法理の適用可能性が出てくる。この場合も誤射ならぬ誤解に基づく紛争激化の懸念は存在し得る。制御を乗っ取られている者としては、制御を乗っ取られていることさえ認識していない可能性があり、実際は反撃なのであるが、その反撃を攻撃と認識して、さらに反撃をしようとするかもしれないからである。

　まず、サイバー攻撃者が、自身の管理するコンピュータを操作して現に、電子計算機損壊等業務妨害罪に該当するサイバー攻撃を仕掛けてきている場合、電子計算機損壊等業務妨害罪に該当する行為、例えば、当該コンピュータに保存された設定を司るデータを変更するなどして、同人が操作しているコンピュータをダウンさせることは正当防衛として可能な場合がある、ということ自体は前提としよう。そして、既に述べたとおり、全くサイバー攻撃をしてきていないコンピュータへの攻撃は正当防衛にならないことも前提とする。その上で、サイバー攻撃者が、他人の権利利益の付着した道具を用いて攻撃を行うというシナリオのうち、下記の2つの場合について検討を行う。

　ここで、サイバー攻撃者が、第三者のコンピュータをも思いのままに操って攻撃してくることを踏まえ、ACDCの文言も参考にして、第三者のコンピュータを「中間コンピュータ」と、サイバー攻撃者が元来用いているコンピュータを、攻撃の起点という意味で、「起点コンピュータ」と呼ぶことにしたい。

　データやコンピュータ・システムの管理・処分権だけでなく、データ媒体等の有体物に対する権利関係も刑法上保護されていることに鑑み、これらも含め

て簡単に場合分けをすると，いくつかのパターンが考えられる。

　1）起点コンピュータの所有権等の侵害　　例えば，まず，単純な類型である，起点コンピュータのみが存在する場合でさえも，起点コンピュータの所有権等の有体物に対する権利（以下「所有権等」という）がサイバー攻撃者にある場合とそうでない場合が考えられる。データ媒体上のデータを変更・消去する行為は，データ媒体の所有権者に対する器物損壊罪になり得るという一般的な法解釈を前提にすると，前者の場合には，急迫不正の侵害者であるサイバー攻撃者に帰属する権利利益を考えつつ，同人に対する正当防衛を考えれば良さそうであるが，後者の場合には，それに加え，サイバー攻撃者以外の（データ媒体の所有権者という）第三者に対する行為も併存していると考えざるを得ない。

　ここで，第三者の権利利益が付着しているものを用いた侵害の場合，急迫不正の侵害の手段として用いており，侵害の一部を構成していると評価できるから，当該手段の権利主体が誰かを問うことなく，正当防衛が可能である，と考えれば[109]，ここでの問題に関しては，正当防衛が可能だといえるだろう。他人の物を用いた攻撃に対して，その物に対する行為について正当防衛の構成を否定する学説もあり[110]，また，サイバー空間特有の事情がここでの考察に与える影響も不透明である。そこで，正当防衛を肯定する説に立つ場合においても，肯定説の立論をより説得的にするため，「急迫不正の侵害の一部ないし手段」というために，侵害に使われた客体に固有の利益が付着しているか否かの検討を行っておきたい。

　ACDで問題となっているのは主にサイバー空間における出来事であり，有体物の問題ではない，と考えれば（サイバーフィジカルシステムに対する攻撃においても，損害惹起までの過程の起点にはサイバー空間への悪影響の惹起がある），物理空間での侵害事象を問題にする器物損壊罪の観点が入ることで，本来許容されるべきACDが許されなくなる，と考えるのは相当ではない，という立論が考えられる。

---

(109) 大谷實『刑法講義総論〔新版第5版〕』（成文堂，2019年）278頁，前田雅英『刑法総論講義〔第7版〕』（東京大学出版会，2019年）267頁，泉二新熊『日本刑法論　総論　上巻〔第40版〕』（有斐閣，1927年）376-377頁。

(110) 井田・前掲注75）304頁は，同書は甲が乙に対して乳児Aを投げつけた場合に乙はAに対して正当防衛ができない（緊急避難の問題となる），と指摘している。

第7章　アクティブ・サイバー・ディフェンスと刑事実体法

　ここでまず，サイバー攻撃者に自身の所有するコンピュータを使わせていたこと等のいわば第三者の管理上の落ち度を第三者に受忍を求める根拠にすることが可能かもしれない。もっとも，管理上の落ち度がない場合にも結論を違えるべきではないように思われ，そうだとすると，「落ち度」を用いた理由付けは万能薬ではない。

　次に，データの消去や変更以外のデータの読み書き機能というデータ媒体の本質的な機能に対する侵害はないから（データＡが消されても，一般論としてデータの読み書きはできるから，物の機能の劣化はないという趣旨），第三者は受忍すべきだというのはどうか。しかし，違法性阻却の文脈にだけ，データ媒体の本質的な機能の議論が出てくるのはおかしいと批判され得る。すなわち，この議論を突き詰める場合には，データ媒体の効用をデータの読み書き機能に限定し，データの消去等に留まる事案を器物損壊罪の構成要件に該当しない，という理解を採用するのが素直な帰結だと思われ，こうした限定解釈にも魅力はある。しかし，そうした解釈があり得ないわけではないが，それだと，データ媒体上のデータの消去等が器物損壊罪にあたる，とする一般的・通説的な理解と抵触してしまう。

　もっとも，後者の理由付けを具体化して使っていくことはなお可能だと考えられる。すなわち，反撃によって失い得る，コンピュータ・システムを含むデータ媒体の有体的な側面に対する所有権者の利益が，反撃によって該当することになる電子計算機損壊等業務妨害罪や電磁的記録毀棄罪等の構成要件によって既に評価し尽くされている場合には，そうした所有権者の利益を独立して評価する必要はなく，それゆえに，第三者のコンピュータ・システムはサイバー攻撃者による侵害の一部を構成しており，第三者は受忍すべきである，という理解が可能なように思われる。

　上記の「評価し尽くされている場合」にあたるか否かは解釈問題であるが，データの消去や変更といった行為と器物損壊罪との関係を分析するという思考

---

(111)　正当防衛論において，急迫不正の侵害者の落ち度を不要だとすれば（山口厚『刑法総論〔第3版〕』（有斐閣，2016年）121頁。「急迫不正の侵害に際し，侵害者Ａ以外のＢ所有の物ｂが使われ，それが反撃によって侵害された場合」の正当防衛の検討において，Ｂの落ち度を不要とすれば），正当防衛が可能だという帰結に端的に至ることができるが，サイバー空間においては，従前と同様の議論が妥当するか否かについての確認を要するという立場から，本文では慎重に検討をしている。

がヒントになり得る。データ変更罪（ドイツ刑法303条 a）を器物損壊罪（ドイツ刑法303条）の特別法としてもつドイツ刑法における，「保存されたデータの消去によってのみ器物損壊と評価される場合，データ変更罪の既定のみが適用され，器物損壊罪の規定の適用が排除される」という解釈論が１つの指標になると考えられる（ドイツ刑法においても，保存されたデータの変更は器物損壊罪の構成要件にも該当すると解するのが通説である）。すなわち，データの変更で評価しきれない物の損傷等が起きていない限りにおいては，データの変更を処罰することで器物損壊罪についても「評価し尽くされて」おり，別途器物損壊罪の規定を適用する必要はない，と考えることができ，このことをもって第三者の受忍を要求できるのではないか，と考える。

それゆえ，第三者への器物損壊罪等の構成要件該当性が肯定され得るものの，結論としては正当防衛の法理の適用を考えてよい，と思われる。

２）中間コンピュータの権利者について　　次に，サイバー攻撃者が中間コンピュータを用いて攻撃を行ってきている場合における，中間コンピュータの権利者の有する法益への侵害の正当化について考える。この場合，①と同じく，中間コンピュータの所有権等を有する者（中間管理者）やその管理者の利益が問題となることには変わりはないが，中間管理者は起点コンピュータ等からの攻撃によって制御を乗っ取られている点で，DDoS 攻撃の準備行為たる（別途の犯罪を構成し得る）ハッキングの被害者である点に特徴がある。

中間管理者はハッキングの被害者であり，その意味では同人の帰責性は小さいともいえるが，そうであるがゆえに，もはや中間コンピュータはサイバー攻撃者の道具と化しており，侵害を排除するのに，最も有効な手段が当該道具を止めることである，と考えると，道具からの攻撃を急迫不正の侵害の一部であると評価し，正当防衛を論じてよい，と理解することも可能だと思われる。

もっとも，中間コンピュータ自体も適式にサーバとして運用がなされ，そこには中間管理者にとって重要なデータが多数保存されている場合に，それに対して防衛行為を行うことにより，重要なデータが不可逆的に消失した場合等に

---

(112)　Jörg Eisele, Computer- und Medienstrafrecht, S. 54, Rn. 65, 2013, Lackner/Kühl/Heger/Heger, 30. Aufl. 2023, StGB §303a Rn. 7等。
(113)　既述のゾンビ理論も参照（前掲注（42））。

第7章　アクティブ・サイバー・ディフェンスと刑事実体法

おいては，サイバー攻撃者に対する犯罪の成否だけでなく，中間管理者に対する電子計算機損壊等業務妨害罪等の構成要件にも該当し得ることになり，①の事案類型と異なり，無視できない独立の法益侵害が中間管理者に発生しているとみることができる。既に検討したとおり，中間コンピュータの制御を乗っ取られたことについての中間管理者の帰責性（落ち度）の有無を基準にすると，帰責性を肯定しがたい場合（例えばゼロデイ攻撃を受けて中間コンピュータの制御が乗っ取られた場合）への対処ができなくなってしまう。

　この点は，そういう結果が生じたとしても違法性阻却を肯定すべきだという立場を採る場合，正当防衛の法理だけによる解決ではなく，緊急避難の法理，あるいは立法論として，この二者の要件を踏まえた中庸的な要件を設定することも含めて，これからの重要な検討課題ではないか，と思われる。

　3）小括　　以上，第三者の権利利益への侵害が併発する場合をみてみると，誤射ではない場合でさえも，正当防衛の法理のみによる解決が難しい場合があり得る。それゆえ，緊急避難等の他の法理をも踏まえつつ，最適な立法論を考えていくべきかもしれない。

(ⅳ)　**相当性**

　解釈論にせよ，立法論にせよ，大きな問題として残るのが，ACDとして防衛が可能だとしても，サイバー攻撃（の可能性）に対して，どこまでの行為が可能か，という論点である。これは，ACDがどの程度攻撃的なものを含むか，といった観点から論じられている。例えば，アトリビューションまでであれば認めるべきであるが，さらに進んで，サイバー攻撃者のシステムを停止させるとか，サイバー攻撃者の下にあるデータを破壊するのは禁止されるべきだ，といった議論（既に紹介したACDCにおいて，18 U.S.C.§1030(l)(B)(ii)で可能な行為から除外されている行為類型も参照）である。この議論は，違法性阻却事由の観点からすれば，目的の正当性や行為の必要性に対応する形での行為の相当性という文脈で考えることができる。

　正当防衛における防衛行為（手段）の相当性の議論は，その一例である。具体的事案に対して明確に適用可能な相当性についての一般論を示せるのであれば，それが理想的ではある。もっとも，3. で紹介した事案を始めとする多種多様な活動に対して普遍的に適用可能な一般論はかなり抽象的になり，実際

には，事案類型ごとに様々なサブルールを考えていくほかない。物理世界においても，どのような攻撃に対して，どのような威嚇行動をとり，さらに，どのような武器をどのように使って応戦したか，という細やかな判断が要求されることも多く，現時点で具体的な基準を示すのは難しい。さらに，ここでの相当性は，保全法益に対して発生している危険の大きさと防衛行為（手段）の強度との均衡を要求するものだ，と考えると，前者の大きさをどのように見積もるべきなのか，といった議論も出てくるだろう。緊急性の要件を緩和する場合，緩和しないときよりも具体性の低い脅威が検討対象に入ってき得るから，前者に関する判断方法の理論的な精緻化，場合によってはその再考が必要になり得る。

　類型化などにより，具体的な基準を示していくことを今後の課題としたい。

　(v)　小　　括
　以上，複数の観点から議論してきたが，正当防衛や緊急避難の問題として考える場合には，既存の判例や学説で形成されてきた正当防衛や緊急避難の法理をそのまま使いつつ，あてはめ（法適用）において，サイバー空間固有の事情を考慮することになるが，それには限界がありそうである。(i)，(iii)の観点からは，既存の緊急行為の規定に頼る解決を望みにくいことがわかる。

　むしろ，緊急行為の規定を踏まえつつ，特定の行為主体に限定する形で（(ii)の観点），抽象的には刑法35条の観点からの正当化を目指すのがよいのではないか，と考える。そこで，刑法35条の点について(2)で検討を行いたい。

---

(114)　例えば，最判平成元年11月13日刑集43巻10号823頁の判決要旨は「年齢も若く体力にも優れた相手方が，「お前，殴られたいのか。」と言って手拳を前に突き出し，足を蹴り上げる動作をしながら目前に迫ってきたなど判示のような状況の下において，危害を免れるため，菜切包丁を手に取ったうえ腰のあたりに構えて脅迫した本件行為は，いまだ防衛手段として相当性の範囲を超えたものとはいえない。」というものであり，この事案においては，相手方の急迫不正の侵害の内容，行為者の行為の態様等を丁寧に認定して正当防衛の成立が認められた。
(115)　山口・前掲注（111）137頁は「侵害の攻撃力の程度」と表現する。
(116)　本章において，緊急避難の法理を主な検討対象にはしていない理由は，補充性の要件（他のより軽微な方法で危害を回避できないこと。山口・前掲注（111）153頁）や害の均衡等，厳格な要件がそろい踏みしている刑法上の緊急避難よりは，「防御」「防衛」の要素の強い正当防衛をまず検討すべきである，と考えたからである。本文で述べたように，複数の違法性阻却事由についても，必要に応じて検討を行っていきたい。

(2) 刑法35条の活用

　違法性阻却事由として，サイバー空間用の（準）緊急行為を検討していくという考え方自体は是認し得るとしても，現在の緊急行為の規定の適用に限界があることは既に(1)で述べた。そこで，法解釈としては正当業務行為としての，立法論としては法令行為としての違法性阻却を使うこと[117]を検討した方がよい。

(i) 正当業務行為

　まず，正当業務行為の要件は，正当な業務であることと，行為が業務の正当な範囲内に属することなどとされることもあるが[118]，結局のところ，その判断は，違法性阻却の一般的な考え方に基づき，目的の正当性，行為の必要性，行為の相当性の3要件を充たすか否かを審査することによってなされる[119]。

　この判断において，具体的事案に基づき，一般的な考慮要素を使って違法性阻却の判断がなされ得る傾向にある点では，業務性を過度に強調しないで判断することは可能である。こうした業務性の意義を後退させる考え方は，正当業務行為を正当行為と理解し，違法性阻却の一般原理に基づく判断を正当行為に担わせるという理解にも繋がる。この考え方は，業務以外の正当行為の存在を忘れてはならない，という観点からは首肯し得る。

　一方で，正当業務行為において業務性を重視した判断をする考え方もある[120]。この考え方が業務外の実質的違法性阻却を否定するわけではない点には注意を要する。むしろ，専門分化し，複雑化した社会において，業界の自主的なルールに基づく運用を尊重すべき事案においては「業務」性を重視した判断が求められることもあり得るとして[121]，業務行為の正当化のための規範を具体化しようとするわけである。業務行為が「正当な」結果をもたらしやすいというのであれば，どのような業務がそういいやすいのか，ということを探究する必要がある[122]。そのために必要な要件は，専門的判断に基づく業務実践の尊重を通じた社

---

[117] 正当防衛的な規定を創設する，という議論も，まずは立法論としての法令行為の範疇の問題として捉えることができるだろう。
[118] 団藤重光『注釈刑法（2）のⅠ　総則（2）』（有斐閣，1968年）106頁〔福田平〕。
[119] 鎮目ほか・前掲注（38）76頁〔遠藤聡太〕。
[120] 遠藤聡太「正当業務行為の意義」佐伯仁志＝大澤裕＝髙山佳奈子＝橋爪隆『山口厚先生古稀祝賀論文集』（有斐閣，2023年）77頁以下。
[121] 遠藤・前掲注（120）100頁，鎮目ほか・前掲注（38）76頁〔遠藤聡太〕。
[122] 西田典之＝山口厚＝佐伯仁志『注釈刑法　第1巻』（有斐閣，2010年）382頁〔今井猛嘉〕。

会的利益の実現という見地から，違法性阻却事由の一般的要件を具体化する形で導出・提案されており，①目的の正当性において，行為者の目的を包摂する業務の実践が全体として社会的有用性を備えること，②手段の相当性において，具体的な行為が当該業務実践の枠内に収まることを要求し，これらを充足する行為の社会侵害性を否定するものとして整理されている[123]。

　ここで，ACDについては実施主体の業務（反復継続して行われる活動）として行われるものである，という判断を前提にしてよさそうである。その上で，ACDの遂行によって得られる利益（保全法益）には，攻撃を受けている者の個人的法益だけでなく，サイバーセキュリティの維持等の社会的・国家的法益もあり得るものの，ACDに該当する行為には，相当程度重大な法益侵害をもたらし得る危険な行為も含まれ得るので，その点を比較衡量して特定の業務行為を行うべきか否かを決する必要がある。正確な比較衡量をするためには，専門技術的判断が必要になる。また，緊急的な対応を要求し得るACDでは特に問題となり得るが，専門的な知見を持つ業務従事者による，現場の自律的・裁量的な判断を尊重した方が，手遅れになって大きな被害が生じることを防げる可能性も高くなり，望ましい[124]。

　もっとも，専門技術的判断の合理性を担保する必要がある。ここでは，サイバーセキュリティに関する専門技術的な知見を持つ者による自律的・裁量的な判断に委ねる際の合理的な行動準則を作っておくことが重要な課題となる。専門的な知見を取り入れて作成され，適時に改訂がなされている行動準則には基本的に合理性を認めることができるように思われる[125]。

　こうした正当業務行為の判断は，法令がなくても可能な点においては柔軟である。この抽象的基準は，ガイドラインを用いることで，具体化することもできる。さらに，ガイドラインを用いた正当業務行為による違法性阻却は，その業界で蓄積された行動準則として認定し得ることからは，裁判所もガイドラインの内容を尊重してくれるかもしれないし，刑法35条後段は刑法外の業務準則に対し一定の前提の下で「法令」に準じた正統性を認める規定と解し得るとい

---

(123)　遠藤・前掲注（120）102頁以下。
(124)　鎮目ほか・前掲注（38）76頁〔遠藤聡太〕。
(125)　遠藤・前掲注（120）104頁以下。

う主張も十分傾聴に値する。しかし，正当業務行為は，法令行為と並んで刑法35条に明文化されているものの，その性質上，法令行為ほど強力な正当性の推定を受けることができない，とも指摘されており，法令と同一のレベルで裁判所の判断を拘束できない点に弱点はある。また，考慮要素も基本的に制限しにくい。具体的な業務従事者の行為が問題となった場合には，行為者の知識や能力，リスク管理における過去の実績等も参酌され得るとされるが，そうなると，アドホックな判断がなされ得ることになり，判断の困難を惹き起こすかもしれない。さらに，ガイドラインが設定した考慮要素についても，実際の侵害事例を目の前にした際に，しかもACDにより大規模な法益侵害が生じた場合などにおいて，ガイドラインに書いてあることを遵守していたとしても，刑法35条の適用にあたって遵守の事実のみを過度に考慮すべきではないなどと解釈され，行為者に不利な判断が行われ得るとすると，なおガイドラインによる運用に従っているから適法だとは断言できない可能性が残ってしまう。

(ii) **法令行為という選択肢**

こうした議論からすると，基本的にはACDは法令行為化を目指すべきである。立法実務においても，既にNOTICE（National Operation Towards IoT Clean Environment）が法令行為化されている。刑法35条の正当業務行為による解決では，特定アクセス行為を実施する主体の萎縮を招き，また，国民の理解を得にくい，という懸念があった，という指摘は，ACDとの関係でも重要な意味

---

(126) 遠藤・前掲注（120）104頁。
(127) 曽根威彦『刑法原論』（成文堂，2016年）245頁。
(128) 落合・前掲注（34）111頁。
(129) 鎮目ほか・前掲注（38）78頁〔遠藤聡太〕。
(130) 三権分立の原理からの懸念も表明されており（石井徹哉「正当業務行為の限界」山口厚＝井田良＝佐伯仁志＝松原芳博＝仲道祐樹『髙橋則夫先生古稀祝賀論文集　上巻』（成文堂，2022年）393頁，406頁），よりよい方法論の模索が必要になり得る。
(131) NOTICEとは，IoT機器へのアクセスによる，サイバー攻撃に悪用されるおそれのある機器の調査及び当該機器の利用者への注意喚起等を行う取組みである。その中に，不正アクセス禁止法上の不正アクセス罪に該当する行為が含まれるのであるが，国立研究開発法人情報通信研究機構法18条1項に基づく総務大臣の認可を受けることにより，NOTICEの一環として行われる特定アクセス行為（同法18条7項1号）は不正アクセス行為から除外されることになる。特定アクセス行為は，同法の2018年改正で導入され，2024年3月までに限るものとして導入されたが，同法の2023年改正により，期限が撤廃されて今に至る。
(132) 鎮目ほか・前掲注（38）122-123頁〔蔦大輔〕。

を持ち得る。

　法令行為という選択肢は，その要件づくりについて念入りな議論が必要になるという点で(133)，重い手続となり得，大きな負担となる。また，法令行為といえども，法令により与えられる権利や権限を濫用すれば，違法性阻却を認めることができず，個別具体的な判断になり得ることにも注意を要する(134)。それでも，司法判断を拘束できる一定のルールを定立できるので，運用が始まった際の当事者の安心感という意味では最良の選択肢だと考える。それゆえ，ACDの性質論を踏まえ，(1)の緊急行為で議論した内容も採り入れつつ，サイバー空間用の（準）緊急行為としての法令化可能な要件を作ることを検討すべきである。

(ⅲ)　一般的・包括的な違法性阻却か個別規定の適用除外か

　法令行為が違法性阻却の要件を法令化したものに過ぎないのだとすれば，その作り方自体はオープンである。つまり，NOTICEのように，不正アクセス罪という特定の犯罪類型に着目して，それを適用除外にすることも考えられる(135)。一方で，包括的に適用除外にする方策も考えられる。

　ACDは，段階的に発展し得るものであり，いくつかの犯罪構成要件に該当することを避けられないような一連のオペレーションとして遂行され得る。

　ここで，目的行為たるA罪についての適用除外の趣旨を，その手段たるB罪についてまで及ぼせれば，A罪について適用除外規定を設けるだけで，A罪とB罪の双方を不成立にできるかもしれないが，それは可能だろうか。

　日本の最高裁判例の中には，包丁を手にした脅迫に対して，正当防衛の規定を適用できる場合には，脅迫の際に包丁を携帯する行為の銃刀法違反罪についても正当防衛を成立させるものがある(136)。ただし，この判例においては，包丁の携帯行為について，具体的に存在した急迫不正の侵害に対する正当防衛行為の

---

(133)　緩やかな要件を法令として書込むだけでは正当業務行為として理解することとの有意な差を見いだしにくくなるから（詳細でない規定の適用については，実質的な違法性阻却原理を援用した解釈・法適用の問題に逆戻りする（山口・前掲注（111）112頁）），なるべく法令において具体的な要件を定立すべきである。

(134)　曽根・前掲注（127）240頁参照。

(135)　鎮目ほか・前掲注（38）119頁以下〔蔦大輔〕。ACDの文脈で，個別法の改正を示唆するものに大澤淳「サイバー安全保障における先端技術保護——アクティブ・サイバー・ディフェンスの現在」外交 Vol. 77（2023年）70頁，73頁。

(136)　最判平成元年11月13日刑集43巻10号823頁。

一部を構成することが理由とされている。急迫不正の侵害自体、偶然発生したものだと考えれば、それ以外の局面においてまで携帯罪の違法性を阻却するという判断は含まれていないと考えるのが素直であろう。現に、公訴事実の内容を確認しつつ、上記の判断をしている以上、起訴されているのは急迫不正の侵害への対峙の部分であった、と解されている[137]。進んで、それ以前の所持について積極的に適法性を基礎付ける根拠が必要になるという理解があり得、これが欠けている以上は、「その後に『急迫不正の侵害』的状況が生じたとしても、違法性阻却の余地はない」とされ、犯罪が成立する可能性がある[138]。

　結局、上記の判例を前提としても、銃刀法違反に関し、正当防衛として所持することの違法性を阻却し得るとはいえ、違法性が阻却されるのは必要最小限度の所持にとどまるのであって、正当防衛のために携帯する目的も[139]、正当防衛後に携帯することについても正当な理由とは認められていない[140]、という解釈に行き着き得る。銃刀法違反の保護法益（不法携帯罪は社会的法益に対する罪である[141]）や規制対象物の危険性を踏まえると、そう解することにも理由があるだろう。銃刀法違反よりは類型的に軽微な事案を処罰することを予定している軽犯罪法違反（兇器携帯の罪）の場合には、正当な理由をより緩やかに認めることも不可能ではないが[142]、あてはめの結果を確実に予測できるわけではない。

---

(137) 川口宰護「判解」最判解刑事篇平成元年度329頁、358-359頁。
(138) 多和田隆史「判解」最判解刑事篇平成17年度509頁、528頁。多和田調査官は、平成元年判例の事案を「防衛行為をはみ出るような不法な携帯部分がないという事案」だと理解する（多和田・前掲525頁）。
(139) 木宮高彦『特別刑法詳解　第1巻　危険物』（日本評論新社、1961年）84頁、中野次雄「判批」判評308号（1984年）222頁、226頁等。
(140) 木宮・前掲注（139）80頁。所持開始の理由が正当防衛によるものであり違法でなかったとしても、その返還又は届出の為に要する適当な期間を徒過した以後の所持は不法所持となり、所持開始の翌々日以降の所持は不法所持となるとした裁判例に名古屋高判昭和26年6月20日高刑特報27号116頁。さらに安西温『改訂　特別刑法1』（警察時報社、1990年）39頁。
(141) 多和田・前掲注（138）528頁。
(142) 遠藤聡太「判批」ジュリ1407号（2010年）164頁、167頁、及びこの評釈が対象とする最判平成21年3月26日刑集63巻3号265頁参照。この判例は、正当な理由というための多様な考慮要素を列挙しており、正当防衛のための防衛準備行為としての携帯が軽犯罪法1条2号における正当な理由にあたり得るという考え（京都簡判昭48年2月19日判タ302号313頁）とあたらないとする考え（平野龍一ほか『注解特別刑法　第7巻〔第2版〕』（青林書院、1988年）軽犯罪法32頁〔稲田輝明＝木谷明〕）が併存していた中で実質判断を要求した判例だと位置付けられる。

以上からすると，法禁物の類型的性質から得られる危険性の程度から，同じ文言を相対的に解釈する必要が生じているといえる。しかも，事例判断の積み重ねにより，きめ細やかな判断が行われているようにもみえる。もっとも，そうした性質をもつものなのだということを是認することは，上記のA罪とB罪の関係のような一般的抽象的な議論が難しいことを認めることをも意味する。例えば，電子計算機損壊等業務妨害罪の適用除外を設けつつ，適用除外の趣旨を不正指令電磁的記録に関する罪（刑法168条の2，3）にまで及ぼして，不正指令電磁的記録に関する罪における適用除外にもなると解したり，同罪の規定上の「正当な理由」に読み込んだりできる保障はない。もちろん，ACDのためにしか使用するつもりがないことが担保されている状況を不正指令電磁的記録に関する罪の規定上の「正当な理由」にあたるとして，個別の規定の解釈・適用で対応することも可能であるが，上記の通り「正当な理由」自体が各規定（各犯罪）によって流動的に解される。むしろ，犯罪に使用され得るツールの所持を処罰する銃刀法において，適用除外の場合を法令で類型化していることも踏まえれば，例えば，ACD目的やセキュリティ研究目的等といった「正当な理由」を充たすための要件を法定した方が規制の透明化に繋がる。

NOTICEにおいて法定されることとなった特定アクセス行為は適用除外規定により不正アクセス行為にはならないが，通信の秘密侵害に対する法令上の直接の手当てはされていない。[143]特定アクセス行為によって，情報通信研究機構は，送信型対電気通信設備サイバー攻撃の送信先又は送信元となるおそれのあるパスワード設定等に不備のある電気通信設備に係る通信履歴の電磁的記録（IPアドレス，タイムスタンプ等）を作成するわけであるが[144]，正しいID・パスワードを入力して得られるデータの中に通信の秘密が含まれていない保障がない，とすると，通信の秘密侵害罪の構成要件に該当し得るという評価を否定できないかもしれない。[145]実際に，特定アクセス行為は「当該機器と第三者との間

---

(143) 通信の秘密侵害にならない，という理解を前提とした立法措置の存在は，立法者によるそうした解釈の証拠にはなり，それを根拠にして違法性阻却という帰結を解釈で導くことは可能だとは思われ，法秩序の統一性の要請（松宮孝明『刑法総論講義〔第5版〕』（成文堂，2017年）109頁）にも合致し得るが，複数の構成要件が問題となることが予想される文脈では迂遠である。
(144) 影井敬義＝髙橋真紀＝後藤篤志「電気通信事業法及び国立研究開発法人情報通信研究機構法の一部を改正する法律」情報通信政策研究2巻1号（2019年）IV-1頁，IV-9頁。

の通信の内容等を知得，窃用又は漏えいするものではないため，通信の秘密の侵害には該当し」ない，と，構成要件レベルでの解決が図られているが，「当該機器と第三者との間の通信の内容等を知得，窃用又は漏えいする」というのは，ここで問題となっている通信の秘密の侵害の定義そのものだから，十分な理由が提供されていないという批判を受ける可能性もある。技術的な議論を用いてもよいから，構成要件該当性について，そのような当てはめになる理由を説明してほしいわけである。特定アクセス行為は，通信の秘密侵害の文脈でも正当業務行為の要件を充たしているのだろうが，構成要件に該当したとしても違法性を阻却できることを示す法令行為があった方がよい。

NOTICE についても以上の指摘をし得るのに，ここで議論している ACD は，国，重要インフラ等に対する安全保障上の懸念を生じさせる重大なサイバー攻撃への対策という大きな目的で行われる様々な行為からなるオペレーションである。そうすると，ある規定の適用除外規定を入れつつ，他の規定についてはそれを梃子にした解釈論に頼るべし，というアプローチには大きな不確実性が残ってしまいそうである。

この議論に関連して，今一度，米国の法案である ACDC に対する評価をみてみると，ACDC が提供する免責の範囲につき，まず，ACD を使おうとする者は，ACD をすることについての権限の付与とそれに対する完全な訴追からの免除を求めているのに，法案は，刑事訴追がなお可能な積極的抗弁しか提供しておらず，ACD をした者に対して民事責任の訴求はなお可能であり，州法上の類似するハッキング禁止法についても言及していない。さらに，ACD 指

---

(145) 「侵入した時点でウェブカメラの映像が見えてしまったり，保存するデータの中身がわかってしまったりすることも考えられるほか，もし通信先がわかってしまえば憲法で定めた『通信の秘密』に抵触するおそれもある」（湯淺墾道教授による指摘。「通信の秘密に抵触のおそれ」無差別侵入し調査へ，2019年1月25日『NHK 政治マガジン』〈https://www.nhk.or.jp/politics/articles/statement/13452.html〉）。
(146) 〈https://notice.go.jp/〉，さらに第196回国会衆議院総務委員会議録第9号平成30年4月12日16頁，17頁〔野田聖子国務大臣発言〕も参照。
(147) 電気通信事業法に関するガイドラインだけでなく，NOTICE のような立法措置を含めてみても，サイバーセキュリティ体制の枠組みにおける斬新的な改善策，弥縫策に過ぎず，根本的な解決に繋がらない，という指摘がある（松村・前掲注（104）III-18）。これは，刑法の観点からみると，より一般的な違法性阻却の考え方からのアプローチの方が有用ではないか，という示唆と受け取ることができるように思われる。

置が電子的な監視に該当する行為を含むことがあり，CFAA 以外の重要な連邦法にも抵触し得るにもかかわらず，この法案は CFAA のみを改正しようとするものであって，電子的な監視に関わる法律群（Wiretap Act, Electronic Communications Privacy Act 及び Pen Register Trap and Trace statute）に対する手当てをしておらず，ACD を実行しようとする者が過度な法的リスクを負っていないことを明確にすることができていない[149]，という批判がなされている。

　以上を踏まえると，より一般的・包括的な違法性阻却へのアプローチが重要になってくる，と考える。類型化は必要だろうが，こうした一般的な違法性阻却事由の考え方は，オペレーションの目的から逸脱していないことを前提とした数々の行為の違法性の問題を一挙に解決できる点で有意である。一案を具体化すると，正当業務行為を ACD のために具体化した包括的な規範を法令として設け（法令行為化し），その上で，機動的な改訂を可能にする下位基準をガイドラインとして策定することによることが考えられる。その上で法令行為，つまり抽象的な規範の作成の際に参考になり得るのが，例えば，犯罪行為の阻止を認める警職法5条や武器の使用を認める7条の規定ではないか，と考えられる。本節(1)(ii)で述べたとおり，主体を限定する場合には，刑法典そのものではなく，限定された主体に対して一定の行為を許容する法令の内部で詳細な規範を書き込むことにも合理的な理由があり得ることを踏まえると，警察官の職務執行という前提を置くか否かは別の問題としつつ，警職法の規定のデジタル版を考えていくというアプローチも一例として考えられる。ただし，警職法7条は一部の場合に刑法上の正当防衛や緊急避難の規定をも参照しており，これら

---

(148)　Cook, *supra* note 79, at pp. 218-219.
　　ACD の文脈においても州法を無視すべきではないという問題意識から，州法のサイバー犯罪対策規定をまとめるものに Shackelford, *supra* note 4, at pp. 390-396.
(149)　Cook, *supra* note 79, at p. 219. 同論文は，ACD 措置前に FBI の事前審査を経ることができることを評価してはいるものの，それは任意なのであり，個人や組織が FBI の正式な承認を待つことは考えにくく，また，侵入の性質やそれに関連する事態の予期せぬ推移から事前に許可された以上の行為を行う可能性もあるから，事前承認の効果は限定的であって，結局，責任が発生する可能性がある，と指摘する。
　　FBI の関与による米国が負いかねない国際法上の責任についても問題が提起され（Kristen Eichensehr, "Would the United States be Responsible for Private Hacking?," *Just Security* (2017), https://www.justsecurity.org/46013/united-statesresponsible-private-hacking），実際には，国際協力を阻害し，報復の可能性を強めかねない，とも指摘されている（Cook, *supra* note 79, at p. 220）。

の規定も物理空間が念頭に置かれたものであって，本節(1)(i)で述べたとおり，規範内容の修正を要し得る．物理空間の事象に対処するためのこれらの規定をそのまま使うことには懸念もあり得るから，さらなる議論が必要である．

5．おわりに：立法の際に意識すべきことのまとめ

　本章では，米国における議論も紹介しつつ，日本における ACD に関する解釈論及び立法論的アプローチの方法について検討した．構成要件の限定解釈や既存の違法性阻却事由の規定のみでは，適法化したい行為を疑いなく適法だと判断するには足りない現状があると思われる．立法論を進めていくことが重要になる．本稿執筆時には，具体的な動きはなかったが，脱稿後に，日本政府の方で，「サイバー安全保障分野での対応能力の向上に向けた有識者会議」が設置され，活発な議論が開始された．

　本章における検討の結果として得られた帰結を箇条書きにすると以下の通りである．

① 　刑法上の緊急行為の規定の適用を民間の主体による ACD にも無条件に認めることについてはサイバー空間においては弊害が大きい可能性があり，ACD を民間の主体に無限定に許容すべきではない可能性が高い（4.(1)(ii)）．

② 　ACD のうち，とりわけ未然排除類型においては，刑法上の緊急行為の規定の適用が困難であるがゆえに，サイバー空間の特殊性に鑑み，緩和された要件の下での緊急行為的な行為を ACD として許容すべきだという立論が必要になり得る（4.(1)(i)）．

③ 　②を受け，本章が採用している立法論は，サイバー空間のセキュリティにおけるいわば「デジタル正当防衛的な行為」ともいえる一般的なルールを見つけ，これを，法令行為化するというものである．もっとも，現状では，3 で断片的には事例検討をしたものの，各論的な分析にとどまっている．情報刑法の観点からの一定の枠組みを示すことが今後の課題である．

---

(150) 古谷洋一＝入谷誠『注釈　警察官職務執行法〔五訂版〕』（立花書房，2021年）344頁注17）はより高い規律密度を有する根拠規範を欲している．

④　本章のテーマは,日本の固有の事情に照らして国内法を改正すればよい,というものでもない。ACD のオペレーションは国際組織との連携をも視野に入れたものになる可能性が十分にあるため,外国法の理解とのハーモナイゼーションが不可欠になる。日本だけ ACD の許容範囲を広くしたものの,日本で適法とされるような活動が他国で違法とされてしまうのであれば,そうした活動は実際上行えないことになる。それゆえ,国際的な合意を得られるように,国内法の立法論も慎重に展開していく必要がある。[151]

参考資料:

> ACDC の立法趣旨
> この法案が掲げる立法事実及びこの法案の趣旨・目的は法案 2 条に列挙されており,次の通りである。
> 第 2 条
> (1)　サイバー詐欺および関連するサイバー犯罪(cyber-enabled crime)は,米国の国家安全保障および経済活力に対する深刻な脅威である。
> (2)　サイバー犯罪の特徴的な性質に起因して,法執行機関がタイムリーにサイバー犯罪に対応し,これを訴追することが非常に困難であり,これが現在の低い抑止力と急速に拡大しつつある脅威につながっている。2015年に司法省(DOJ)が起訴したコンピュータ詐欺の件数はわずか153件であった。議会は,この現状は容認できず,これを放置すればサイバー犯罪の傾向は悪化の一途をたどると判断している。
> (3)　サイバー犯罪者は,犯罪行為を収益化するための新しい戦術を開発しており,これに対して新しいサイバーツールと防衛者のための抑止方法を可能にする現行法の改正がないと,犯罪行為がさらに奨励される可能性が高い。
> (4)　市民や米国の企業がそのような犯罪の結果として被害を受けた場合,まずは法執行機関に犯罪を報告し,防御手段の改善を求めるべきである。
> (5)　議会はまた,多くのサイバー攻撃が,強化された訓練,強力なパスワード,コンピュータ・システムの定期的な更新とそれへのパッチ適用を含む,サイバーディフェンスのプラクティスの改善によって防止され得ると考える。

---

[151]　現実的な視点をもつある米国の研究は,複数の国の比較法的な検討結果として,民間の主体が ACD をできるように規制緩和を考える国が非常に稀であり,それゆえに米国が規制緩和を考えてはいけないわけではないが,より広い国際的な合意を得ずに米国で規制緩和するだけでは,その効果は限定的だろう,と指摘する(Corcoran, *supra* note 24, at p. 53)。

（6） 議会は，ACD 技術の使用も，適切に適用されれば，デフェンスの改善とサイバー犯罪の抑止を促進することができると判断する。
（7） 議会はまた，多くの民間の主体がダークウェブに基づくサイバー犯罪（cyber-enabled crime）の成長を食い止めることにますます関心を寄せていることを認識する。司法省は，ダークウェブで ACD に従事している主体が不注意で収集された知的財産や財務記録のような私的財産を返還できるように，そうした主体のための適切なプロトコルを明確にすることを試みるべきである。
（8） 議会は，連邦機関は国家的に重要なサイバーインシデントを優先する必要があるだろうが，同機関には異なる報告のメカニズムを通じて犯罪の報告により迅速に対応することによって民間部門を支援する潜在的な能力があることも認識している。報告された多くのサイバー犯罪は適時に対応されず，多くの企業や個人に大きな不確実性をもたらしている。
（9） コンピュータ防衛者は，攻撃者のコンピュータが存在する可能性のある他国の法律に違反しないように，細心の注意を払う必要がある。
（10） 議会は，ACD 技術は，アトリビューションに高度な信頼性を持つ有資格の防衛者によってのみ使用されるべきであり，中間にあるコンピュータへの影響やサイバー活動の激化サイクルをもたらすことを避けるために細心の注意を払うべきであると考える。
（11） 本法案の目的は，防衛者が自身のコンピュータ・ネットワークの境界を越えて使用できるツールおよび技術の種類を明確にすることにより，法的確実性を提供することである。

国際通信インフラ

第 8 章

国際海底通信ケーブルに関する法制度
――安全保障上の脅威からの保護をめぐる問題を中心に――

武井　良修

1．はじめに：安全保障問題としての海底ケーブル保護

　現在，国際通信の約99％は海底ケーブルにより伝送されているといわれており[1]，我々の生活は海底ケーブルなくしては成り立たないといっても過言ではない。一口に海底ケーブルといっても，その用途・素材・設置形態は多様であり，本章の主題である通信目的で建設されるケーブルはその一類型である[2]。1980年代に開発されて以来，その圧倒的な伝送容量ゆえに光ファイバーケーブルは瞬く間に通信ケーブルの主役となった。現在，運用中または計画中の海底ケーブルの合計は550本を超え，運用中のケーブルの総距離は140万キロ近いとされている[3]。

　海底ケーブル敷設事業は多くの場合，企業が主導する形で計画され[4]，敷設さ

---

[1] Oceans and the law of the sea, Report of the Secretary-General, UN Doc. A/75/340 (2020), p. 3. とはいえ，これを裏付けるデータは明らかでないとの指摘が見られる。Alan Mauldin, "Do Submarine Cables Account For Over 99% of Intercontinental Data Traffic?" *TeleGeography BLOG*, 4 May 2023, available at https://blog.telegeography.com/2023-mythbusting-part-3.

[2] 通信以外の用途に使用されるケーブルとして，送電線，科学調査ケーブル，軍事ケーブルなどがある。本章の射程外ではあるが，軍事ケーブルも安全保障の観点から重要である点は指摘しておきたい。J. Ashley Roach, "Military Cables," in Douglas R. Burnett, Robert Beckman and Tara M. Davenport eds., *Submarine Cables: The Handbook of Law and Policy* (Brill, 2013), pp. 339-349; Tara Davenport, "Submarine Cables, Cybersecurity and International Law: An Intersectional Analysis," *Catholic University Journal of Law and Technology*, Vol. 24 (2015), pp. 93-103 (57) 参照。

[3] TeleGeography, "Submarine Cable Frequently Asked Questions", available at https://www2.telegeography.com/submarine-cable-faqs-frequently-asked-questions.

[4] 政府が自国の通信環境を向上させるために計画を立てる場合もあり，その際には必ずしも商業的には採算が取れない計画であっても実施に至る場合もある。

れた海底ケーブルは個別の企業やコンソーシアムが所有し，運用を行う場合が多い。所有者に加え，海底ケーブルシステムを供給する企業，敷設・修理を担当する企業など，海底ケーブルネットワークの構築・維持には様々な企業がかかわっている。海底ケーブルの所有者の業態は多様化しており，通信事業者や回線容量販売を目的とする企業の他に，現在では巨大IT企業も加わるようになっている。

1980年代からの世界的な通信事業の自由化の流れの中で，多くの国で国営の通信事業会社が民営化されるとともに，複数の通信事業会社が誕生するようになった。しかし，依然として通信事業の規制監督を通じて各国政府が果たしている役割は大きく，海底ケーブルに関してはケーブル保護を含め，事業規制などを目的として各国の国内法令による規律がなされている。陸揚許可の付与，海底ケーブル損壊行為の処罰など様々な側面があり，かかわってくる国の範囲も多種多様である。(5)船舶にとっての旗国にあたるような管理・管轄権を主として担う国が存在しないことは，海底ケーブル管理の特徴といえよう。

国際海底ケーブルの管理には，各国の規制当局に加え，国際組織も関与しうる。海底ケーブルの敷設・維持に関連して政府間国際組織が果たしてきた役割はこれまでのところ他の海洋活動と比べると限定的であり，海運における国際海事機関（IMO）に相当するような海底ケーブルの管理や保護を主要な任務とする政府間国際組織はこれまで設立されていない。他方，海底ケーブルの損壊事案を減らすため，1958年には海底ケーブルの所有者・運用者によりケーブル損害委員会（1967年に国際ケーブル保護委員会〔ICPC〕に改称）が設立されており，(6)ICPCや地域の業界団体がケーブル事業の発展において重要な役割を果たしてきた。ただし，現在では政府間国際組織において作成される規範が海底ケーブル事業に大きな影響を与えうることが認識されるようになっており，

---

(5) 関連する国際法規則，各国の国内法に加え，実際のケーブル事業の展開においては，関係企業間で建設保守協定，供給契約，ゾーン保守協定などが結ばれることにより事業が進められていく。KDDI総研編『コミュニケーションの国際地政学・海底ケーブル編（国際海底ケーブル建設の歴史的発展過程とその地政学上の諸問題の分析）：調査報告書』（2004年）91-119頁。

(6) ICPC, "ICPC History", available at https://www.iscpc.org/about-the-icpc/history/. ICPCの法的地位や機能について，Daria Shvets, *The International Legal Regime of Submarine Cables: A Global Public Interest Regime*, Doctoral Thesis, Universitat Pompeu Fabra (2021), pp. 80-86.

ICPC も様々な政府間国際組織と協力したり⁽⁷⁾、これら国際組織の活動に参加してケーブル事業者の主張を反映させたりといった試みがなされている。また、ICPC 自体の構成も多様になっており、特に2010年以降は政府機関もメンバーとして加入している⁽⁸⁾。

　国際通信網の円滑な運用のためには、海底ケーブルによる通信が常につながっていることが必須であるが、様々な事情により通信が阻害される場合がある。海底ケーブルによる国際通信の重要性の増大を考えると、通信の断絶がそのまま各国の安全保障上の脅威となることも多いであろう。特に、ケーブル集積区域で複数のケーブルの同時損壊が起きた場合には国際金融、軍事、医療、貿易、農業など様々な分野で長期にわたり甚大な被害をもたらすこととなりかねない⁽⁹⁾。

　関連する脅威の形態は様々であるが、主なものとして①海運（投錨など）、漁業（底引き網漁業など）といった他の海洋活動による海底ケーブルの破損、切断事故、②自然災害をはじめとする自然現象、③テロ行為や武力紛争時の海底ケーブルへの攻撃をはじめとする意図的な損壊行為が挙げられる。これに加え、海底ケーブルの通信傍受も重要な脅威となりうる⁽¹⁰⁾。ただし、具体的にどの脅威形態が自国の安全保障にとって脅威となっているかについての認識は国によって異なり⁽¹¹⁾、さらに国とケーブル事業者の間でも脅威の認識に差があると考えられている⁽¹²⁾。

---

(7)　ICPC は国際海底機構（ISA）や国際水路機関（IHO）などいくつかの政府間国際組織との間で了解覚書（MOU）を結び協力関係を構築している。ICPC, *ibid*.

(8)　現在では、70以上の国・地域から200以上の企業・団体がメンバーとして参加している。ICPC, "Member List," available at https://www.iscpc.org/about-the-icpc/member-list/.

(9)　Robert Fonow, "Cybersecurity Demands Physical Security," *Signal Magazine*, 1 February 2006, available at https://www.afcea.org/signal-media/cybersecurity-demands-physical-security.

(10)　本章では扱わないが、ネットワーク管理システムのハッキングのリスクも指摘されている。Colin Wall and Pierre Morcos, "Invisible and Vital: Undersea Cables and Transatlantic Security", available at https://www.csis.org/analysis/invisible-and-vital-undersea-cables-and-transatlantic-security.

(11)　海底ケーブルへの（潜在的な）脅威については、様々な論考・報告書が出ている。例として、Wall and Morcos, *ibid*.; Christian Bueger, Tobias Liebetrau and Jonas Franken, "Security threats to undersea communications cables and infrastructure – consequences for the EU", EP/EXPO/SEDE/FWC/2019-01/LOT4/1/C/12（2022）, available at https://www.europarl.europa.eu/RegData/etudes/IDAN/2022/702557/EXPO_IDA(2022)702557_EN.pdf.

海底ケーブルの損傷事例は数多くあるが，最近のものだけでも以下のように世界各地において様々な形態で起こっていることが分かる。

- 2022年1月のトンガにおける海底火山の噴火により，同国と国外をつなぐ1本しかない海底ケーブルが切断され，復旧には5週間を要した[13]。
- 2023年2月上旬には台湾周辺での海底ケーブル切断が相次ぎ，中国の漁船と貨物船が関与したとされている[14]。
- 2023年10月にはバルト海において海底ケーブルとその付近の海底ガスパイプラインの損傷が報じられ，ロシアに登録されている会社と関係がある香港船籍の船舶が容疑船舶として報じられている[15]。
- 2024年2月には紅海において4本の海底ケーブルが切断され，アジア・ヨーロッパ間の通信に大きな影響が生じた。当初はフーシ派によるケーブルへの意図的な攻撃の可能性も指摘されたが，実際にはフーシ派が行った攻撃により沈没した船舶の錨による損壊であったとの見解が後に示されている[16]。

このような様々な脅威を背景として，国際的な取組みも増加してきた。例えば，2023年のG7広島サミットにおけるG7首脳コミュニケには，「我々は，社会及び経済の基盤としての安全で強靱なデジタルインフラの重要性を認識する。我々は，海底ケーブルの安全なルートの延長などの手段により，ネットワークの強靱性を支援し強化するために，G7や同志国との協力を深化することにコ

---

(12) Joseph B. Keller, "The Disconnect on Undersea Cable Security", *Lawfare*, 7 May 2023, available at https://www.lawfaremedia.org/article/the-disconnect-on-undersea-cable-security.

(13) BBC, "Tonga volcano triggered seafloor debris stampede", 8 September 2023, available at https://www.bbc.com/news/science-environment-66731845. なお，同記事によれば，国内ケーブルの復旧には18か月かかったとのことである。

(14) AP News, "Taiwan suspects Chinese ships cut islands' internet cables", 18 April 2023, available at https://apnews.com/article/matsu-taiwan-internet-cables-cut-china-65f10f5f73a346fa788436366d7a7c70.

(15) The Barents Observer, "Newnew Polar Bear sails towards Bering Strait", 6 November 2023, available at https://thebarentsobserver.com/en/security/2023/11/newnew-polar-bear-exits-northern-sea-route. この事案については，事故ではなく意図的な行為である可能性が指摘されている。European Commission, "Statement by President von der Leyen on the investigation into the damaged gas pipeline and data cable between Finland and Estonia", 10 October 2023, available at https://ec.europa.eu/commission/presscorner/detail/en/statement_23_4888.

(16) Financial Times, "Telecoms groups reroute Red Sea internet traffic after Houthi attacks", 16 March 2024, available at https://www.ft.com/content/bf17fc55-8624-435b-b7dd-bc662a887ba0.

ミットする」との文言が含まれるに至った。また，北大西洋条約機構（NATO）は海底のガスパイプラインや通信ケーブルなどがロシアによる破壊工作の対象になるとの懸念から，2023年7月のサミットにおいて，海底の重要インフラを保護するための新組織「重要海底インフラの安全保障のためのNATO海事センター」を海上司令部内に立ち上げることで合意したと発表した。

　このように，安全保障上の懸念などを背景に，海底ケーブルに係る問題はこれまでになく脚光を浴びているが，海底ケーブルをめぐる法的な問題についての分析は最近まで限定的であった。本章では，安全保障面を中心に海底ケーブルに関する法制度について最新の動向をもとに考察を行い，今後の法制度の展開の方向性を検討するための材料としたい。2．では海底ケーブルに関する国際法枠組みについて概観し，その特徴を分析する。3．では海底ケーブルの保護に関する法的問題について脅威類型ごとに検討し，政策上の課題を明らかにする。4．では最近の海底ケーブル事業に係る動向を読み解き，これらの動きが現行の国際法制度にどのような影響を与えうるのかについて検討する。最後に5．では上記の分析をもとに今後の法制度の行方についての見解を示す。

---

(17) G7 Hiroshima Leaders' Communiqué, 20 May 2023, available at https://www.mofa.go.jp/mofaj/gaiko/summit/hiroshima23/documents/pdf/Leaders_Communique_01_en.pdf?v20231006, para. 39. なお，経済的強靱性及び経済安全保障に関するG7首脳声明やG7デジタル技術大臣会合閣僚宣言においても海底ケーブルへの言及がみられ，さらにG7グローバル・インフラ投資パートナーシップに関するファクトシートにおいては各地での海底ケーブル敷設計画への言及がある。G7 Leaders' Statement on Economic Resilience and Economic Security, 20 May 2023, available at https://www.mofa.go.jp/mofaj/gaiko/summit/hiroshima23/documents/pdf/session5_01_en.pdf?v20231006, p. 2; Ministerial Declaration, The G7 Digital and Tech Ministers' Meeting, 30 April 2023, available at https://www.soumu.go.jp/joho_kokusai/g7digital-tech-2023/topics/pdf/pdf_20230430/ministerial_declaration_dtmm.pdf, paras. 17 and 19; Factsheet on the G7 Partnership for Global Infrastructure and Investment, available at https://www.mofa.go.jp/mofaj/gaiko/summit/hiroshima23/documents/pdf/session1_01_en01.pdf.

(18) Vilnius Summit Communiqué Issued by NATO Heads of State and Government participating in the meeting of the North Atlantic Council in Vilnius, 11 July 2023, available at https://www.nato.int/cps/en/natohq/official_texts_217320.htm?selectedLocale=en, para. 65. これに先立ち，2023年2月には，NATO本部内に重要海底インフラ調整セル（Critical Undersea Infrastructure Coordination Cell）を設立することが発表されている。NATO, "NATO stands up undersea infrastructure coordination cell", 15 February 2023, available at https://www.nato.int/cps/en/natohq/news_211919.htm.

2．関連国際法枠組みの概観

　海底ケーブルに関する国際法規則としては，大きく分けてケーブルの敷設に係る規定と建設されたケーブルの保護に係る規定がある。海洋法に加え，国際投資法，国際武力紛争法や競争法など様々な法分野が関連している。[20]

　海底ケーブルに関する条約の作成の歴史は長く，すでに1884年には海底電信線保護万国連合条約（1884年条約）が採択されている。[21] 第2次世界大戦後には，国連国際法委員会（ILC）の下で海洋法の法典化が進み，1958年には海洋法4条約がジュネーブで採択された。これらの4条約のうち，公海条約と大陸棚条約には，海底ケーブルに関連する規定が盛り込まれた。[22] 1973年から1982年にかけて開催された第3次国連海洋法会議においては海洋法秩序の再構築が図られ，1982年に採択された海洋法に関する国際連合条約（UNCLOS）では，ジュネーブ海洋法4条約でも認められていた内水・領海・接続水域・大陸棚・

---

(19)　2010年以降，ICPCが研究機関や政府間国際組織と協力して様々なワークショップ等を開催するようになり，その後海洋法関連を中心として多くの研究成果が刊行されるようになった。例えば，Burnett, Beckman and Davenport eds., *supra* note 2. 国際法協会（ILA）は2018年にこの問題を扱う委員会を設立し，これまで2つの中間報告が刊行されている。ILA Committee on Submarine Cables and Pipelines under International Law, Interim Report 2020; ILA Committee on Submarine Cables and Pipelines under International Law, [Second] Interim Report 2022 (both available at https://www.ila-hq.org/en/committees/submarine-cables-and-pipelines-under-international-law). 日本における国際法の観点からの研究として，石井由梨佳「海底ケーブルの保護についての機能的アプローチの意義と限界」国際法研究8号（2020年）51-71頁，許淑娟「海底電線・海底パイプライン保護法制」奥脇直也＝坂元茂樹編『海上保安法制の現状と展開——多様化する海上保安任務』（有斐閣，2023年）329-353頁。また，アジア太平洋の視点からの研究として，TAKEI Yoshinobu, "Law and Policy for International Submarine Cables: An Asia-Pacific Perspective," *Asian Journal of International Law*, Vol. 2 (2012), pp. 205-233.

(20)　海底ケーブルに関する法制度の詳細な分析として，注19に記載したものに加え，以下の文献を参照せよ。Shvets, *supra* note 6, at pp. 121-223.

(21)　Convention for the Protection of Submarine Telegraph Cables, *adopted on* 14 March 1884, *entered into force on* 1 May 1888, *Australian Treaty Series*, 1901, No. 1.

(22)　Convention on the High Seas, *adopted on* 29 April 1958, *entered into force on* 30 September 1962, *United Nations Treaty Series (UNTS)*, Vol. 450, p. 82, articles 2 and 26-29; Convention on the Continental Shelf, *adopted on* 29 April 1958, *entered into force on* 10 June 1964, *UNTS*, Vol. 499, p. 312, article 4. これらの条約には，1884年条約の規定の一部が取り入れられるとともに，新たな規定も加えられた。

公海といった海域に加え，排他的経済水域（EEZ）・群島水域・深海底といった新たに認められた水域の法制度が確立した[23]。これらの諸海域に関する規定において，随所で海底ケーブルに係る規定がみられる[24]。さらに，2023年6月に採択された「国の管轄権外区域の海洋生物多様性の保全および持続可能な利用に関する海洋法に関する国際連合条約の下の協定」（BBNJ協定）では，海底ケーブルの敷設などに関連しうる規定が含まれている[25]。ICPC は，この BBNJ 協定交渉の随所において，海底ケーブルが海洋環境に与える影響はほとんどないため，現行の UNCLOS の下の法制度を変更して不必要な規制を設けるべきでないとの主張を繰り広げた[26]。新協定は UNCLOS の下で採択されており，その法的枠組みが維持されているものの，現行の海底ケーブルに関する法制度に対して一定の影響を与えるものと評価される[27]。

　海底ケーブルに関する現在の法的枠組みの基盤となっているのは UNCLOS の関連規定であり，本稿の海洋法に係る記述も UNCLOS の関連規定の分析が中心である（以下，特に明示がなければ条文番号は UNCLOS の条文である）[28]。なお，UNCLOS 非締約国である約30か国に関しては，UNCLOS の関連規定は適用されず，慣習国際法が適用される[29]。

---

(23) United Nations Convention on the Law of the Sea, *adopted on* 10 December 1982, *entered into force on* 16 November 1994, *UNTS*, Vol. 1833, p. 3.

(24) 海域ごとの規定のほかに，紛争解決に関する297条も海底ケーブルに言及している。なお，UNCLOS および公海条約の公定訳では "submarine cable" は「海底電線」となっているが，本章では，条約の規定からの引用箇所を除き，「海底ケーブル」の表現を用いる。

(25) Agreement under the United Nations Convention on the Law of the Sea on the conservation and sustainable use of marine biological diversity of areas beyond national jurisdiction, UN Doc. A/CONF.232/2023/4, articles 7, 19-26 and 28-39.

(26) ICPC, "Submarine Cables and BBNJ", available at https://www.iscpc.org/documents/?id=2827.

(27) なお，ICPC は新協定の採択を歓迎し，すべての締約国に規制の確実性とネットワークの強靭性を促進することを呼びかけている。ICPC, "International Cable Protection Committee Welcomes New Marine Biodiversity Treaty, Calls on All Parties to Promote Regulatory Certainty and Network Resilience", 27 June 2023, available at https://www.iscpc.org/news/.

(28) 1884年条約およびジュネーブ海洋法4条約も締約国間では現在も効力を有しているため，各締約国に適用されうる。もっとも，1884年条約の締約国は40か国未満であり，公海条約および大陸棚条約についてもそれぞれ約60か国が締約国となっているに過ぎない。なお，UNCLOS311条1項の規定により，ジュネーブ海洋法4条約および UNCLOS の双方の締約国間では，UNCLOS がジュネーブ海洋法4条約に優先する。

第8章　国際海底通信ケーブルに関する法制度

(1) 海底ケーブルの敷設
(i) 敷設の権利・自由
　海底ケーブルの敷設に関する法制度は，①沿岸国の主権に服する海域である領海および群島水域における規律と②沿岸国の主権的権利および管轄権の範囲内である EEZ および大陸棚といかなる国の管轄権にも服すことのない公海および深海底における規律に二分される。

　領海においては，沿岸国の主権の例外としてその他の国の船舶が行いうるのは無害通航に限られており，沿岸国の同意なく海底ケーブルを敷設することは許されない[31]。群島水域においても新規の海底ケーブルの敷設については同様に沿岸国の許可が必要である[32]。

　領海の外側については，すべての国に海底ケーブルの敷設が認められている（58条1項，79条1項，87条1項および112条1項）[33]。ただし，敷設の自由は無制限ではなく，「妥当な考慮を払う」義務（58条3項および87条2項）と沿岸国による措置に従うことという2種類の制約に服する。海底ケーブル敷設の自由に内在する「妥当な考慮」の義務の対象は海域によって異なり，EEZ においては，「沿岸国の権利及び義務」に妥当な考慮を払うものとされ，公海においては「公海の自由を行使する他の国の利益及び深海底における活動に関するこの条

---

(29)　UNCLOS の規定の多くは一般に慣習国際法になっていると考えられている。Robin Churchill, Vaughan Lowe and Amy Sander, *The Law of the Sea*, Fourth edition (Manchester University Press, 2022), pp. 35-36; Douglas Burnett, Tara Davenport and Robert Beckman, "Overview of the International Legal Regime Governing Submarine Cables," in Burnett, Beckman and Davenport eds., *supra* note 2, at p. 65 (63).

(30)　敷設の際には，遠洋では海底にそのまま設置する場合が多いが，他の海洋活動が多く損壊のリスクの高い沿岸域ではケーブルを埋設することも多い Lionel Carter et al., *Submarine Cables and the Oceans – Connecting the World*, UNEP-WCMC Biodiversity Series No. 31, ICPC/UNEP/UNEP-WCMC (2009), pp. 23 and 46.

(31)　Burnett, Davenport and Beckman, *supra* note 29, at p. 77. 沿岸国の平和，秩序又は安全を害する行為を列挙する19条2項には海底ケーブルへの言及はないが，海底ケーブルの敷設は「通航に直接の関係を有しないその他の活動」であり無害通航とは認められない。

(32)　*Ibid.*

(33)　UNCLOS に加え，BBNJ 協定においても海底ケーブル敷設の自由は維持されていると考えられる。BBNJ 協定は，UNCLOS に合致した形で解釈・適用されることとなっているだけでなく，一般原則・アプローチを列挙する7条では，「海洋の科学調査の自由」に加え「その他の公海の自由」への言及があるためである。

約に基づく権利」に妥当な考慮を払うものとされている。また，大陸棚と大陸棚を越える公海の海底につき，「既に海底に敷設されている電線又はパイプラインに妥当な考慮を払わなければなら」ず，「特に，既設の電線又はパイプラインを修理する可能性は，害してはならない」(79条5項および112条2項) と規定されている。なお，上述の海底ケーブル敷設の自由および権利は「国」のみが有する自由・権利であり，私人に直接与えられているわけではないとの解釈が一般的である。[34]

海底ケーブルを敷設するためには，それに先立つ経路決定のための調査を行うことが必要であり，故障・損壊時の修理，将来の交換，不要になった際の除去も必要になるが，これらの活動については UNCLOS では明示の規定はほとんどない（例外として51条2項）。ただし，これは修理・交換・除去といった活動が敷設の一部ではないとしてそのような活動を認めないという趣旨ではなく，沿岸国の主権的権利に服する EEZ においてすら，敷設の自由に関連する海洋の利用として関連する活動が認められており (58条1項)，ましてや公海においては，87条の規定が例示列挙であることにかんがみ当然に認められると解するべきであろう。[35] ただし，経路調査の態様が実際には海洋の科学調査や資源探査とみなしうる場合には，敷設の自由の行使を超えたものと解され，EEZ・大陸棚においては沿岸国の主権的権利・管轄権を侵害したとみなされる可能性もあるが，その線引きは必ずしも容易でない場合もあろう。

(ii) **沿岸国の規制権限**

前述のように，領海における海底ケーブル敷設は沿岸国の許可を必要としており，沿岸国による規制が及ぶことに疑いはない。これに対し，EEZ に関しては妥当な考慮という一般的な文言があるだけであり，沿岸国がどのような規制を行いうるかについての具体的な規定は含まれていない。

大陸棚については，沿岸国は大陸棚における海底ケーブルの敷設又は維持を妨げることができないものの，大陸棚の探査やその天然資源の開発のために適

---

(34) ただし，私人も行使しうる権利であるとの少数派の解釈もみられる。ILA Committee on Submarine Cables and Pipelines under International Law, Interim Report 2020, *supra* note 19, at p. 8.

(35) *Ibid.*, at pp. 7-8; Michael N. Schmitt ed., *Tallinn Manual 2.0 on the International Law Applicable to Cyber Operations* (Cambridge University Press, 2017), pp. 255-256, commentary accompanying Rule 54, paras. 12-13.

当な措置をとる権利を有する（79条2項）[36]。海底パイプライン（79条3項）とは異なり，大陸棚に海底ケーブルを敷設するための経路の設定について，沿岸国の同意を得る義務は明文の規定としては存在しない。しかし，79条2項の規定に鑑みると，大陸棚の探査やその天然資源の開発を害するような場合に，一定区域における海底ケーブルの敷設を禁止することや，維持・修理に対して制限を課すことを禁じているとまでは言えない。

79条には，「この部のいかなる規定も，沿岸国がその領土若しくは領海に入る海底電線（……）に関する条件を定める権利又は大陸棚の探査，その資源の開発若しくは沿岸国が管轄権を有する人工島，施設及び構築物の運用に関連して建設され若しくは利用される海底電線（……）に対する当該沿岸国の管轄権に影響を及ぼすものではない」という無害条項が含まれている。この条項の意味については沿岸国の規制の射程をめぐり様々な解釈がなされている[37]。

一部の国は，敷設・修理の際に沿岸国の許可を求める内容の国内法令の制定や，通過するケーブルに対する課税といったUNCLOSの規定からは許容されえない過度な規制を行っているとされている[38]。

(iii) **海洋環境の保護・保全**

海底ケーブルの敷設・修理が海洋環境に与える影響は軽微なものであり，石油・ガス等の漏れるリスクのある海底パイプラインと比較すると，いったん敷設された海底ケーブルが維持されることによる海洋環境への影響もほとんどないと考えられている[39]。このような特徴に鑑みると，海洋環境の保護・保全に関してどのような法規則が適用されるのであろうか。

---

(36) このほかに，後述の海底ケーブル保護に関する規定の中に，海底ケーブル敷設・修理の際に既存の海底ケーブル・パイプラインを損壊した場合の修理費用の負担についての規定がある（114条）。この規定を根拠にして，沿岸国が自国大陸棚上のケーブルの修理費用の負担について法令を制定することは想定しうる。

(37) *Compare* Lionel Carter and Alfred H.A. Soons, "Marine Scientific Research Cables," in Burnett, Beckman and Davenport eds., *supra* note 2, at p. 335 (323); Burnett, Davenport and Beckman, *supra* note 29, at p. 83; Stuart Kaye, "International Measures to Protect Oil Platforms, Pipelines, and Submarine Cables from Attack," *Tulane Maritime Law Journal*, Vol. 31 (2007), pp. 400-401 (377).

(38) J. Ashley Roach, *Excessive Maritime Claims*, Fourth edition (Brill, 2021), pp. 557-560.

(39) Carter et al., *supra* note 30.

第1に，UNCLOS の下，すべての国は海洋環境の保護・保全に関する一般的な義務を負っているのに加え，UNCLOS 第12部では汚染源別に海洋汚染の防止・軽減・規制に関する規定が設けられている。さらに，海底ケーブル敷設船自体からの汚染については，UNCLOS（特に211条）および具体的な国際規則・基準を設定している船舶による汚染の防止のための国際条約の規定に服することとなる。(40)また，ケーブル敷設に伴って，海底の掘削などの海底活動が行われるとするならば，そのような活動は208条の規定にも服することとなる。(41)

　なお，海洋環境の汚染防止については，海底パイプラインの場合には，79条2項で「海底パイプラインからの汚染の防止，軽減及び規制のために適当な措置」をとる沿岸国の権利が明記されているが，海底ケーブルについてはかかる措置への言及はない。海底パイプラインと海底ケーブルでは海洋汚染のリスクの程度が全く異なることが背景にあるが，はたして沿岸国による汚染防止・軽減・規制措置をとる権利をまったく認めないという趣旨であるかについては議論の余地がある。(42)

　地域レベルでの海底ケーブルの敷設に関連する海洋環境の保護・保全の試みとして，1992年の北東大西洋海洋環境保護条約(43)によって設立された委員会（OSPAR 委員会）における取組みが挙げられる。OSPAR 委員会は，北東大西洋における海洋環境の保護を目的として設立された政府間国際組織であり，ヨーロッパ諸国15か国および欧州連合（EU）が加盟している。2012年には，海底ケーブルの敷設・運用における環境ベストプラクティスに関するガイドラインが採択されている。(44)

---

(40)　なお，海底ケーブルの敷設は海洋投棄の定義から除外されており，海洋投棄による海洋汚染とはみなされないと考えられている。1996 Protocol to the Convention on the Prevention of Marine Pollution by Dumping of Wastes and Other Matter, 1972, article 1(4)(2)(3).
(41)　208条は海底ケーブルおよび海底ケーブル活動には適用されないとの見解もみられる。Lionel Carter, Douglas Burnett and Tara Davenport, "The Relationship between Submarine Cables and the Marine Environment," in Burnett, Beckman and Davenport, *supra* note 2, at p. 198 (179).
(42)　沿岸国のとりうる措置を厳格に解釈する立場として，*ibid.*, at pp. 197-198.
(43)　Convention for the protection of the marine environment of the North-East Atlantic, *adopted on* 22 September 1992, *entered into force on* 25 March 1998, *UNTS*, Vol. 2354, p. 67.
(44)　Guidelines on Best Environmental Practice (BEP) in Cable Laying and Operation (revised in 2017), available at https://www.ospar.org/documents?d=32910.

現行の条約に加え，将来BBNJ協定が発効した際には，同協定の区域型管理ツール（海洋保護区を含む）（ABMT）と環境影響評価（EIA）に関する規定も関連してくる。実際，ICPCは，交渉において海底ケーブルの敷設が環境に与える影響が軽微なものであることを根拠に，EIAを行う必要のない活動であると明記すべきと主張してきた[45]。しかし，採択された同協定の規定によれば，一定の閾値を超える影響が予見される活動については，一律にEIAが求められ（30条），仮に一定以上の影響が生じうる場合には，締約国はそのような活動を許可してはならない（34条）。海底ケーブルの敷設による海洋環境への影響は軽微なものであるとされており，そのような活動にEIAが義務付けられることはないと考えられるが，将来同協定が発効し，締約国会議が活動を始めた場合，この点についてより明確になることであろう[46]。また，個別の活動による影響の評価であるEIAに関する規定に加えて，計画・プログラムの評価である戦略環境評価（SEA）に関する規定（39条）が置かれた点も注目される。締約国はEIAを行う際に関連するSEAの結果を考慮に入れなければならないとされており，海域全体の環境の観点から個別の海底ケーブル敷設活動への評価が行われうる点は興味深い。

BBNJ協定では，海洋保護区を含むABMTの設立に関する流れとABMT設立によって生じる法的効果が明確にされた（19条-23条）。ABMTが設立された海域では，海洋活動への管理が強化されうることから，海底ケーブルの敷設についても他の海域と比べてより厳格な制限が課されるおそれがある。

(2) **海底ケーブルの保護**

海底ケーブルの保護に関する規定も，敷設の場合と同じく，領海に関する規定とEEZ・大陸棚・公海に関する規定に分かれている。領海においては，沿岸国の主権の例外として無害通航権が認められているが，沿岸国は海底ケーブルの保護のために領海における無害通航に係る法令を制定することができる

---

(45) ICPC, "Submarine Cables as a Sustainable Use of the Deep Sea Environment", available at https://www.iscpc.org/documents/?id=3043.
(46) 将来EIAを必要としない活動のリスト（または必要とする活動のリスト）を作成することも視野に入れた規定が存在している（38条（2）(a)）。

(21条1項)。領海内の海底ケーブルの保護に関する規定は沿岸国に対して法令制定の権利を与えるものに過ぎず、沿岸国は義務を負っているわけではない点には注意が必要である。EEZ および公海においては、①海底ケーブル損壊の犯罪化 (113条)[47]、②海底ケーブル又は海底パイプラインの敷設・修理時に他の海底ケーブル又は海底パイプラインを損壊した場合の修理費用の負担 (114条)、③海底ケーブルの損壊を避けるために錨、網その他の漁具を失った場合の当該海底ケーブルの所有者による補償 (115条) に関する法令制定の義務が課せられている。

海底ケーブルが損壊された際に、どのような措置をとることが出来るかについては、海洋法の法的枠組みに従って判断される。すなわち、領海内においては、沿岸国の海底ケーブル保護法令が制定されている場合には、沿岸国がそれらの法令の執行を自国領海内で行うことは可能である。これに対し、EEZ・公海上での海底ケーブルに対する損壊行為については、旗国による法執行が原則であり、それ以外の国による海上法執行を許容する明文の規定はない。113条の下、自国の管轄権に服する者による損壊行為を処罰の対象とするための立法措置をとる義務はあるが、これは公海上の船舶に対する旗国の排他的管轄権の例外を認めるものではない[48]。ただし、旗国による113条の法令制定義務違反に対する対抗措置として旗国以外の国が執行管轄権を行使するという状況が完全に排除されるわけではないだろう[49]。

---

(47) 「いずれの国も、自国を旗国とする船舶又は自国の管轄権に服する者が、故意又は過失により、電気通信を中断し又は妨害することとなるような方法で公海にある海底電線を損壊し、及び海底パイプライン又は海底高圧電線を同様に損壊することが処罰すべき犯罪であることを定めるために必要な法令を制定する。この法令の規定は、その損壊をもたらすことを意図し又はその損壊をもたらすおそれのある行為についても適用する。ただし、そのような損壊を避けるために必要なすべての予防措置をとった後に自己の生命又は船舶を守るという正当な目的のみで行動した者による損壊については、適用しない。」

なお、必ずしも新規立法が必要というわけではなく、テロ関連法令の条文が海底ケーブルの意図的な損壊にも適用可能である場合もある。Douglas Guilfoyle, Tamsin Phillipa Paige and Rob McLaughlin, "The Final Frontier of Cyberspace: The Seabed beyond National Jurisdiction and the Protection of Submarine Cables," *International and Comparative Law Quarterly*, Vol. 71 (2022), pp. 674-675 (657).

(48) なお、1884年条約の10条では、軍艦による公海上での他国籍の被疑船舶の臨検が認められており、実際に米国軍艦によるソ連漁船の臨検の例がある。*ibid.*, at p. 663. ただし、この条項は公海条約や UNCLOS には継承されなかった。

海洋法上の規定に加え，国際投資法においても海底ケーブルの保護は議論されてきた。国際投資の法的規律は，二国間の投資条約や地域の自由貿易協定・経済連携協定などを通して行われている。これらの条約においては，投資受け入れ国における外国投資の保護が定められているが，その射程に海底ケーブルが含まれることがある。また，通常これらの投資関連条約においては投資受け入れ国の領域内の投資が保護の対象だが，領海に加え，EEZ・大陸棚に敷設された海底ケーブルも保護の対象と考えられる場合もある。

3．脅威類型ごとの法的問題と政策上の課題

　海底ケーブルの敷設および保護については，上述のような国際法枠組みが存在しており，各国の国内法制において関連する法規則が実施されてきた。これに加え，近年は様々なレベルで海底ケーブル保護の強化を図る動きもみられる。国連総会は，2010年より海洋および海洋法に関する年次決議において，光ファイバー海底ケーブルの世界経済およびすべての国の国家安全保障にとっての死活的な重要性を認め，その保護を強化することを求める決議を採択してきた。アジア太平洋経済協力（APEC）の枠内においても，2010年頃には海底ケーブルの保護をめぐる議論が盛んに行われていた。最近では，前述のNATOにおける海底ケーブル・パイプライン保護のためのセンターの設立やG7首脳声明における海底ケーブル保護の必要性への言及に加え，日本とEUの間の協力やNATOとEUの協力などに見られるように国際的な枠組みにおけるこのよ

---

(49) 旗国の相当の注意義務違反によってケーブル損壊が発生した場合の国家責任について，Guilfoyle, Paige and McLaughlin, *supra* note 47, at pp. 665-670.

(50) 武力紛争時の海底ケーブル保護の可能性については次節で扱う。

(51) Wenlan Yang, "Protecting Submarine Cables From Physical Damage Under Investment Law," *Ocean Development and International Law*, Vol. 52 (2021), pp. 96-97 (93).

(52) *Ibid.*, at pp. 98-101; James Harrison, "International Investment Law and the Regulation of the Seabed," in Catherine Banet ed., *The Law of the Seabed: Access, Uses, and Protection of Seabed Resources* (Brill, 2020), pp. 486-488 (481).

(53) 最新の決議は，2023年12月5日に採択された決議78/69である。Oceans and the law of the sea, A/RES/78/69, paras. 147 and 175-178.

(54) 例えば，APEC Committee on Trade and Investment, "APEC: Submarine cable resilience critical to connectivity", available at https://www.apec.org/press/news-releases/2013/0206_cable.

うな動きは加速している。

これらの様々な取組みのなかで、現行の海底ケーブル保護に関する国際法制度および国内実施体制における多くの問題点が指摘されてきた。これまで提案されてきた解決策は、政府機関その他の利害関係者の間での情報共有の促進や非常事態への対応策の事前準備、利害関係者の間での調整（政府機関内の調整、政府とケーブル業界との間の調整、国際組織を通じた調整、国際組織間の調整など）、損壊時の修理能力の向上、関連する法規制の改善など多種多様である[57]。これらの解決策の中には、自然災害を含めすべての脅威への対応に役立つものもあれば、特定のタイプの脅威に対してのみ有効なものもある。

本節においては、武力紛争時以外のケーブル保護（他の海洋活動による損傷事故からの保護および意図的な攻撃からの保護）、武力紛争時のケーブル保護、ケーブルの通信傍受の防止というカテゴリーごとに現行の法制度および国内実施体制にどのような問題があり、それに対してどのような政策上の対応がなされているのか（または将来的に必要なのか）について検討を行う。

(1) 他の海洋活動による破損、切断事故

ICPCによれば、2021年には185件の海底ケーブル修理が行われ、海底ケーブル障害の約4割が漁業活動や船の錨による事故であるとされている[58]。これら

---

(55) Memorandum of Cooperation on submarine cables for secure, resilient and sustainable global connectivity between the European Commission on behalf of the European Union and the Ministry of Internal Affairs and Communications of Japan, 3 July 2023, available at https://ec.europa.eu/commission/presscorner/detail/en/ip_23_3831.

(56) NATO, "NATO Secretary General addresses protection of critical undersea infrastructure, support to Ukraine with EU Defence Ministers", 14 November 2023, available at https://www.nato.int/cps/en/natohq/news_220058.htm.

(57) Wall and Morcos, *supra* note 10; Bueger, Liebetrau and Franken, *supra* note 11; Keller, *supra* note 12; European Union Agency for Cybersecurity (ENISA), "Undersea Cables – What is at Stake?", August 2023, available at https://www.enisa.europa.eu/publications/undersea-cables; Jill C. Gallagher, "Undersea Telecommunication Cables: Technology Overview and Issues for Congress", 13 September 2022, Congressional Research Service Report R47237, available at https://crsreports.congress.gov/product/pdf/R/R47237; Njall Trausti Fridbertsson, "Protecting Critical Maritime Infrastructure – The Role of Technology", General Report, 032 STC 23 E rev.2 fin, 7 October 2023, available at https://www.nato-pa.int/document/2023-critical-maritime-infrastructure-report-fridbertsson-032-stc.

の活動は世界中どこでも行われており、いずれの国の海底ケーブルもこのようなリスクから逃れることはできない。

前述のように、UNCLOSにおいては、沿岸国は領海内における海底ケーブル保護のための国内法を制定することが許容されているが、これは権利にとどまっており、（投資条約などによって別段の規定がなされていないかぎり）義務ではない。また、EEZ・大陸棚においては、そもそも沿岸国に認められている規制権限が限定的であり、仮に沿岸国が必要な措置をとろうとしても国際法上認められないおそれがある。さらに、故意だけでなく過失による損壊に関しても処罰法令制定の義務が課されているが、ケーブル損壊者の処罰に関しては損壊者（船舶）の国籍国が必ずしも処罰に関心を有するとは限らず、他の国に対しても管轄権の行使を許容すべきであるとの主張もみられる[59]。また、損壊等を処罰するための法令制定義務を履行している国は限られており、国内法を制定している国であっても、その罰則が損壊行為を抑止するには不十分である旨も指摘されている[60]。

一部の国においては、これらの問題点に対応するため、罰金の金額の引き上げや海底ケーブル保護区域の設定による他の海洋活動からの保護といった国内措置が近年になってとられている。特に、オーストラリアでは、保護区域が領海だけでなくEEZにも及んでいる[61]。日本においても近年は海底ケーブルの保護が議論されているが[62]、このような取組みが参考になるであろう[63]。ただし、前述のように、EEZ・大陸棚において沿岸国が有する権限で十分に規制が行えるのかが問題となろう[64]。

また、海洋保護区においては海洋活動が制限されることから、海洋保護区の

---

(58) また、発生した障害の5割近くは原因が不明だといわれている。ICPC, "A Global Comparison of Repair Commencement Times: Update on the analysis of cable repair data", April 2022, cited in ENISA, *ibid.*, pp. 16-17.

(59) Robert Beckman, "Protecting Submarine Cables from Intentional Damage: The Security Gap," in Burnett, Beckman and Davenport eds., *supra* note 2, at pp. 288-289 (281). 113条から115条に関して、いずれの国が義務の名宛人となっているかについて、以下の文献も参照せよ：Alexander Proelss ed., *United Nations Convention on the Law of the Sea: A Commentary* (C.H. Beck, Hart and Nomos, 2017), pp. 782-791.

(60) 例えば、Roach, *supra* note 38, at pp. 560-561. 日本における状況につき、石井・前掲論文注（19）53頁、許・前掲書注（19）350-351頁を参照せよ。

設立が間接的に海底ケーブルに対する脅威を減少させることにつながる可能性がある。さらに，海洋空間計画において，あらかじめ海底ケーブルが敷設されている海域において他の海洋活動を排除しておくことも考えられる。このような観点から，BBNJ 協定の ABMT に関する規定が海底ケーブルへのリスク削減のための有効なツールとなることもあり得るであろう。

現行の海洋活動の中で，海底ケーブルにとって最も脅威となっているのは海運や漁業であるが，将来的には深海底の鉱物資源の開発も大いに問題となり得る。UNCLOS の87条に加え，147条では，深海底における活動と海洋環境における他の活動は相互に合理的な考慮を払いながら行われなければならないことが明記されている。換言すれば，海底ケーブル敷設と深海底開発に係る活動のいずれかの活動が優先されるわけではなく，両者の間で調整が行われなければ

---

(61) オーストラリアの海底ケーブル保護区域とその UNCLOS との整合性については，以下を参照せよ。Robert Wargo and Tara Davenport, "Protecting Submarine Cables from Competing Uses," in Burnett, Beckman and Davenport eds., *supra* note 2, at pp. 272-276（255）。Guilfoyle, Paige and McLaughlin, *supra* note 47, at pp. 664-665; Xuexia Liao, "Protection of Submarine Cables against Acts of Terrorism", *Ocean Yearbook*, Vol. 33（2019）, p. 465（456）; Stuart Kaye, "The Protection of Platforms, Pipelines and Submarine Cables under Australian and New Zealand Law," in Natalie Klein, Joanna Mossop and Donald R. Rothwell eds., *Maritime Security: International Law and Policy Perspectives from Australia and New Zealand*（Routledge, 2009）, pp. 199-200（186）も参照。ニュージーランドも同様に EEZ 内における保護区の設定を認める法令を制定しているが，その適用対象は限定的である。また，中国も内水，領海，「大陸棚と管轄下にあるその他の海域」において海底ケーブルとパイプラインを保護するための新たな法令を定めており，一定の保護区を設定できるものの，保護区設定の例はないとされている。石井・前掲論文注（19）69-71頁。

(62) 例えば，「国際海底ケーブルの保護についての法制に関する質問主意書」平成30年 7 月16日提出（質問第452号），「海底ケーブルの脆弱性に関する質問主意書」令和 3 年12月14日提出（質問第17号），参議院国際経済・外交に関する調査会「国際経済・外交に関する調査報告」（令和 4 年 6 月）20-34頁。

(63) 保護区設定により生じうる問題点については，Wolff Heintschel von Heinegg, "Protecting Critical Submarine Cyber Infrastructure: Legal Status and Protection of Submarine Communications Cables under International Law," in Katharina Ziolkowski ed., *Peacetime Regime for State Activities in Cyberspace. International Law, International Relations and Diplomacy*（NATO CCD COE Publication, 2013）, p. 313（291）; Jill C. Gallagher and Nicole T. Carter, "Protection of Undersea Telecommunication Cables: Issues for Congress", 7 August 2023, Congressional Research Service Report R47648, available at https://crsreports.congress.gov/product/pdf/R/R47648, p. 31; ICPC, "Government Best Practices for Cable Protection Resilience", Version 1.2, available at https://www.iscpc.org/documents/?id=3733, p. 3.

(64) Schmitt ed., *supra* note 35, at p. 256, Commentary to Rule 54, para. 14.

ならないことが示されている。実際に，中国企業の探査海域として与えられた海域に日豪間やグアム・フィリピン・インドネシア間のケーブルが存在することが判明した例もあり，ISA とケーブル事業者との間の情報共有の重要性が指摘されている。⁽⁶⁵⁾

　これら2つの活動をどのように調和させていくかに関して重要になるのが，現在作成中の深海底の鉱物資源の開発に関する規則である。⁽⁶⁶⁾ 現在議論されている草案においては，UNCLOS87条に規定されている海底ケーブル敷設の自由の行使における妥当な考慮の意味内容が明確化されるとともに，資源開発に関連するコントラクターおよび関係国の義務として海底ケーブル敷設への影響を考慮することが定められている。当初の草案と比べ，オーストラリアによる提案を受け，海底ケーブル保護に関する規定が強化されている点が注目される。⁽⁶⁷⁾

(2) 武力紛争時以外の意図的な損壊および窃取

　武力紛争時以外に生じうる海底ケーブルへの攻撃には，金銭目的のケーブル窃取と通信機能を妨害するための損壊行為の双方が考えられ，様々な事例が知られている。⁽⁶⁸⁾ ケーブル窃取が，金銭目的の通常犯罪であるのに対し，後者に関しては，通信の妨害が目的であり，攻撃の主体は，国家および非国家主体の双方が考えられる。⁽⁶⁹⁾ 海底ケーブルへのテロといわれる行為はこのカテゴリーに入

---

(65) 戸所弘光＝土屋大洋「海底ケーブルのガバナンス——技術と制度の変化」秋道智彌＝角南篤編『海はだれのものか』（西日本出版社，2020年）176頁。この点，ICPC は ISA との間で MOU を結び，情報交換を試みるだけでなく，ワークショップの共催などを通じて協力を深めている。ワークショップの成果は以下の報告書として刊行されている。Deep seabed mining and marine cables: developing practical options for the implementation of 'due regard' and 'reasonable regard' obligations under the United Nations Convention on the Law of the Sea: Report of the second workshop held in Bangkok, Thailand, 29-30 October, 2018 (ISA Technical Study No. 24).

(66) 2025年の採択を目指して開発規則作成作業が進められている。ISA, "ISA Council closes Part II of its 28th session," Press Release, 24 July 2023, available at https://www.isa.org.jm/news/isa-council-closes-part-ii-of-its-28th-session/.

(67) 草案の分析として，以下を参照せよ。Shvets, *supra* note 6, at pp. 262-264. 現在の交渉の状況については，以下の ISA ウェブサイトの情報を参照。https://www.isa.org.jm/the-mining-code/working-groups/.

(68) Douglas R. Burnett, "Submarine Cable Security and International Law", *International Law Studies*, Vol. 97 (2021), pp. 1675-1676 (1659).

(69) Bueger, Liebetrau and Franken, *supra* note 11, at pp. 31-35.

るであろう。[70]

武力紛争時を除き,海底ケーブルに損害を与えることは国際慣習法の下で禁止されているといわれている[71]。前述のように,領海内で行われたケーブルの意図的な損壊行為および窃取については,沿岸国の管轄権が及ぶため違法行為への海上法執行と訴追・処罰が可能である。また,容疑船舶の旗国の立法管轄権も同時に及ぶと考えられる。しかし,領海外における損壊行為と窃取については旗国の管轄権は及ぶものの,旗国が処罰の意思を有しているとは限らない。また,前述のように各国の国内法令における処罰規定は不十分であるとの指摘がある[72]。

UNCLOS上,公海において旗国以外の国が執行管轄権を行使しうる状況は限定的である。海賊船舶の拿捕は,そのような例外のひとつであり,普遍的管轄権の行使が広く許容されている(105条および110条)。これまで海賊として処罰がなされてきたのは,「私有の船舶又は航空機の乗組員又は旅客が私的目的のために行う(……)不法な暴力行為,抑留又は略奪行為」のうち,「公海における他の船舶若しくは航空機又はこれらの内にある人若しくは財産」に対して行われるもの(101条(a)(i))であった。これに加え,「いずれの国の管轄権にも服さない場所にある船舶,航空機,人又は財産」(101条(a)(ii))に対して行われるそのような行為も海賊の定義に含まれるため,海底ケーブルの窃取や故意の海底ケーブル損壊に対して海賊としての処罰が可能であるとの議論もなされている[73]。しかし,この規定の起草過程において主に念頭においていたのは無主地の島における暴力行為などであり[74],公海において海底ケーブルへの攻撃

---

(70) なお,国際法上のテロリズムの定義についての議論および参考文献については,以下を参照。Christian Walter, "Terrorism", *Max Planck Encyclopedia of Public International Law*, available at https://opil.ouplaw.com/home/mpil.
(71) Schmitt ed., *supra* note 35, at p. 256, Commentary to Rule 54, para. 15.
(72) ケーブルの損壊だけでなく,窃取に関しても適切な国内法令の欠如が指摘されている。Shvets, *supra* note 6, at pp. 245-246.
(73) 海底ケーブル窃取が海賊に関する規定でカバーされうるとするものとして,Mick P. Green and Douglas R. Burnett, "Security of International Submarine Cable Infrastructure: Time to Rethink?," in Myron H. Nordquist et al. eds., *Legal Challenges in Maritime Security* (Brill, 2008), p. 581 (557). 慎重な見解として,Beckman, *supra* note 59, at p. 289.
(74) International Law Commission (ILC), Articles concerning the Law of the Sea with commentaries, *Yearbook of the International Law Commission, 1956*, vol. II, Commentary to art 39.

を行っている船舶を旗国以外の国がこの規定に基づいて拿捕するのは難しく，さらに，「私的目的のために」という文言から，テロ行為に対しての適用は排除されるともいわれている(75)。

また，既存のテロ関連条約による対処へのハードルも高い。1988年の海洋航行の安全に対する不法な行為の防止に関する条約（SUA条約）は，船舶，船舶内の人，海洋航行に関する施設に対する攻撃を対象としており(76)，海底ケーブルに対する攻撃には適用されない。2005年のSUA条約改正議定書の3条の2が(77)適用されか否かには議論があり，仮に適用されるとしても，旗国以外の国が乗船検査を行うためには，旗国の同意が必要とされる(78)。テロリストによる爆弾使用の防止に関する国際条約も適用されうるが(79)，そのためにはケーブル損壊が爆発物その他の致死装置を用いる形で行われなければならない(80)。

前述のバルト海の海底ケーブルおよび海底パイプラインの損傷事件では，容疑船舶は被害を受けた国の領海にいなかったことから，管轄権が行使できなかったとされている(81)。

海底ケーブルへの攻撃が国への武力攻撃と認定された場合には，攻撃された

---

(75) Liao, *supra* note 61, at pp. 471-472; Laurence Reza Wrathall, "The Vulnerability of Subsea Infrastructure to Underwater Attack: Legal Shortcomings and the Way Forward," *San Diego International Law Journal*, Vol. 12 (2010), pp. 247-248 and 256 (223). 反対の見解として Guilfoyle, Paige and McLaughlin, *supra* note 47, at pp. 672-673.

(76) Convention for the suppression of unlawful acts against the safety of maritime navigation, *adopted on* 10 March 1988, *entered into force on* 1 March 1992, *UNTS*, Vol. 1678, p. 201, article 3.

(77) Protocol of 2005 to the Convention for the suppression of unlawful acts against the safety of maritime navigation, *adopted on* 14 October 2005, *entered into force on* 28 July 2010, IMO Doc. LEG/CONF.15/21, Vol. 3432.

(78) Kaye, *supra* note 37, at pp. 419-420.

(79) International Convention for the Suppression of Terrorist Bombings, *adopted on* 15 December 1997, *entered into force on* 23 May 2001, *UNTS*, Vol. 2149, p. 256.

(80) Beckman, *supra* note 59, at pp. 292-293; Davenport, *supra* note 2, at p. 89.

(81) Barents Observer, "Runaway ship Newnew Polar Bear, suspected of sabotage in Baltic Sea, is sailing into Russian Arctic waters", 26 October 2023, available at https://thebarentsobserver.com/en/security/2023/10/runaway-ship-newnew-polar-bear-suspected-sabotage-baltic-sea-sailing-russian-arctic. なお，その後中国当局に対してエストニア側から法的支援の要請が行われたと報じられている。Reuters, "Estonia says Chinese ship is main focus of probe into cables damage", 10 November 2023, available at https://www.reuters.com/world/europe/estonia-says-chinese-ship-is-main-focus-probe-into-cables-damage-2023-11-10/.

国が自衛権を行使することも考えられる。⁽⁸²⁾もっとも，どの国が攻撃の対象と考えられるのか（沿岸国，ケーブル陸揚国，ケーブル所有者の国籍国など），どのような攻撃であれば武力攻撃の要件をみたすのか，攻撃の主体が国家の場合にのみ認められるのか，といった様々な検討すべき要素がある⁽⁸³⁾。

(3) 武力紛争時の攻撃

　海底ケーブルの切断は，武力紛争時には敵国戦力の削減に資する有効な手段となりうる。1884年条約15条は，同条約の規定は交戦当事者の行動の自由をいかなる形でも制限しないと規定している。実際，第一次世界大戦の際，イギリスは開戦後すぐに北海のドイツの海底ケーブルを切断し，通信網の遮断をはかった⁽⁸⁴⁾。ロシアによるウクライナ侵攻後にも，ロシアのメドベージェフ前大統領が海底ケーブル切断を示唆したことが知られている⁽⁸⁵⁾。実行者が国家の支配下にある軍隊であれ非国家主体であれ，武力紛争時の海底ケーブル切断は交戦当事者だけでなく，第三国を含め広い範囲で影響を及ぼしうる安全保障上の脅威といえるであろう。

　武力紛争時における海底ケーブルの保護については，条約において特別の規定が設けられることはほとんどなかった⁽⁸⁶⁾。伝統的な海戦法規において，交戦国の間を結ぶ海底ケーブルは攻撃の対象となり，逆に中立国の間を結ぶ海底ケーブルは攻撃の対象とはならないと考えられていた。他方，交戦国と中立国を結

---

(82) Kaye, *supra* note 37, at 419; Alexander Lott "Attacks against Europe's Offshore Infrastructure within and beyond the Territorial Sea under Jus ad Bellum," *EJIL:Talk!*, 17 October 2023, available at https://www.ejiltalk.org/attacks-against-europes-offshore-infrastructure-within-and-beyond-the-territorial-sea-under-jus-ad-bellum/.

(83) Lott, *ibid.*; Guilfoyle, Paige and McLaughlin, *supra* note 47, at p. 679; Davenport, *supra* note 2, at p. 88.

(84) 戸所＝土屋・前掲書注（65）164頁。

(85) Reuters, "Russia now has free hand to destroy undersea communications cables, Putin ally says", 14 June 2023, available at https://www.reuters.com/world/europe/russias-medvedev-says-moscow-now-has-free-hand-destroy-enemies-undersea-2023-06-14/.

(86) 数少ない例外として，1907年ハーグ陸戦条約附属規則54条が挙げられる。Convention (IV) respecting the Laws and Customs of War on Land and its annex: Regulations concerning the Laws and Customs of War on Land, *adopted on* 18 October 1907, *entered into force on* 26 January 1910, article 54. しかし，この規定は占領地と中立地を接続する海底ケーブルのみを対象としており，適用される場面は非常に限定的である。

ぶケーブルについては，その保護のための提言がたびたびなされてきたが，そのような規則は成立しなかったとされている[87]。

近年では，安定的な国際通信の重要性は飛躍的に高まっており，海底ケーブルへの攻撃はその付随的損害の大きさゆえに均衡性の原則に常に反するとの主張もみられる[88]。特に，1994年に策定されたサンレモ・マニュアルや2018年のオスロ・マニュアル[89]では，現代における海底ケーブルの重要性を踏まえてより手厚い保護が規定されているが，そのような国家実行は未だみられないとの指摘もなされている[90]。また，サイバー行動に適用される国際法に関するタリン・マニュアル2.0では，領海外の適法な軍事目標である中立国海底ケーブルが攻撃されうることが示されている[92]。点と点を結ぶ性質のケーブルの時代とは対照的に，現代のケーブルは陸揚国間だけではなく，そのさらに先までの通信を伝送しており，また損傷等により停止した際には別のケーブルを通じてデータが伝送されることになっている。このような状況が関連法規則にどのように影響を与えるかについての解釈は分かれている[93]。

武力紛争時に海底ケーブルが攻撃の対象となった場合には，通常時以上に迅

---

(87) 石井由梨佳「国際的武力紛争における軌道上人工衛星の保護」国際法外交雑誌122巻（2023年）64-69頁。武力紛争時の海底ケーブルに対する攻撃に関する法規則の歴史的展開については以下の文献も参照せよ。Rob McLaughlin, Tamsin Phillipa Paige and Douglas Guilfoyle, "Submarine Communication Cables and the Law of Armed Conflict: Some Enduring Uncertainties, and Some Proposals, as to Characterization," *Journal of Conflict & Security Law*, Vol. 27 (2022), pp. 303-320 (297).

(88) Guilfoyle, Paige and McLaughlin, *supra* note 47, at pp. 695-696.

(89) Louise Doswald-Beck ed., *San Remo Manual on International Law Applicable to Armed Conflicts at Sea* (Cambridge University Press, 1995), para. 37 and Commentary 37.1. なお，この規定は公海および国家管轄権外の海底に関する節においておかれているが，海洋のすべての部分の海底に敷設されているケーブルとパイプラインの保護に関するラウンド・テーブルの懸念を反映していることがコメンタリーに記載されている。

(90) Yoram Dinstein and Arne Willy Dahl, *Oslo Manual on Select Topics of the Law of Armed Conflict: Rules and Commentary* (Springer International Publishing, 2020), Rule 69.

(91) 石井・前掲論文注（87）68-69頁。James Kraska et al., "Newport Manual on the Law of Naval Warfare," *International Law Studies*, Vol. 101 (2023), p. 148も参照。

(92) Schmitt ed., *supra* note 35, at p. 556, Commentary accompanying Rule 150, para.5.

(93) Kraska et al., *supra* note 91, at pp. 147-148; James Kraska, "The Law of Maritime Neutrality and Submarine Cables", *EJIL:Talk!*, 29 July 2020, available at https://www.ejiltalk.org/the-law-of-maritime-neutrality-and-submarine-cables/; Guilfoyle, Paige and McLaughlin, *supra* note 47, at p. 687.

速な修理が難しくなる。そもそも海底ケーブル修理船の数には限りがあり，特定の海域で集中的に損壊が起きた時には修理船が間に合わなくなることに加え，紛争に巻き込まれることをおそれ修理船が当該海域に立ち入るのをためらうかもしれないとの懸念もある。さらに，海底ケーブル修理船が船籍に応じてどのような法的保護を受けうるのかも問題となる。アメリカ軍は，武力紛争時にケーブル修理船を自国軍の船団に組み込むことを法制度化しており，このような取組みは日本にとっても参考になる。

(4) 通信傍受

海底ケーブルの物理的な損傷からの保護に加え，ケーブルによって伝送される情報を傍受することを目的とした行為からのケーブルの保護も問題となる。通信傍受の形態としては，①海底ケーブルの機材製造段階で通信傍受のための装置を取り付けておく，②陸揚局において傍受する，③海中において潜水艦や自律型のドローンを用いて傍受するという3つの形態が考えられる。上記の3つの方法の中では，①が最も容易であると考えられている。②については，2013年のスノーデンによる告発で明らかになったイギリスによる傍受事例が最も知られているであろう。③については，通信ケーブルとして現在用いられている光ファイバーケーブルは，かつて使われていた同軸ケーブルと異なり海中での通信傍受は容易でないとされるが，ケーブルを折り曲げてデータ漏洩ポイントを作ったり，海底の増幅器に通信傍受用の装置を設置することにより傍受が行われるリスクも指摘されている。冷戦期の事例や上述のイギリスの事例が

---

(94) Burnett, *supra* note 68, at pp. 1679-1680.
(95) Wall and Morcos, *supra* note 10.
(96) *Ibid*.
(97) Guardian, "GCHQ taps fibre-optic cables for secret access to world's communications", 21 June 2013, available at https://www.theguardian.com/uk/2013/jun/21/gchq-cables-secret-world-communications-nsa.
(98) 神田英宣「海底ケーブルの海洋管轄権――サイバー空間における防御機能の追求」防衛大学校紀要（社会科学分冊）117輯（2018年）54-58頁；Jason Petty, "How Hackers of Submarine Cables May Be Held Liable Under the Law of the Sea," *Chicago Journal of International Law*, Vol. 22 (2021), pp. 265-267 (260). ただし，水中における傍受の難しさを指摘するものとして，戸所＝土屋・前掲書注（65）172-173頁。

よく知られているが，海底ケーブルの製造および所有における中国企業の存在感の大きさから，中国による通信傍受のリスクも指摘されている[99]。

このような通信傍受行為は国際法上どのように規律されるのであろうか。諜報全般を違法とする国際法規則は存在しないとされているものの[100]，活動の場所や形態により国際法上の扱いは変わる。他国領海および群島水域における海底ケーブルの傍受は違法であるものの[101]，公海における同様の行為については適法であるとされる[102]。EEZにおける通信傍受の法的評価については，外国EEZにおける軍事活動の適法性に関する議論に左右されるといえる。すなわち，外国軍艦による情報収集を含む軍事活動を合法とする立場からは海底ケーブルの傍受も法的に問題なく，逆に軍事活動が認められないのであれば，通信傍受も違法となるであろう[103]。また，海底ケーブルの通信傍受活動の結果として海底ケーブルの損壊が生じた場合には，関係国の国内法上の処罰対象となりうるのに加え，政府機関による行為の場合にはその行為が国家に帰属し国家責任を生じうる[104]。

このほかにも，無差別の大量傍受によりプライバシー権が侵害されうる点や[105]

---

(99) Justin Sherman, "Cyber Defense Across the Ocean Floor: The Geopolitics of Submarine Cable Security", September 2021, available at https://www.atlanticcouncil.org/wp-content/uploads/2021/09/Cyber-defense-across-the-ocean-floor-The-geopolitics-of-submarine-cable-security.pdf, pp. 9-16; Bueger, Liebetrau and Franken, *supra* note 11, at pp. 32-33.

(100) 中谷和弘「サイバー諜報と国際法」国際法外交雑誌122巻（2023年）3頁; Ashley Deeks, "An International Legal Framework for Surveillance," *Virginia Journal of International Law*, Vol. 55 (2015), pp. 300-313 (291).

(101) Schmitt ed., *supra* note 35, at p. 257, commentary accompanying Rule 54, para. 17; Tara Davenport, "The Use of Cable Infrastructure for Intelligence Collection During Armed Conflict: Legality and Limits," in Russell Buchan and Asaf Lubin eds., *The Rights to Privacy and Data Protection in Times of Armed Conflict* (NATO CCDCOE Publications, 2022), p. 197 (181). ただし，問題となるのは通航の無害性であり，通信傍受自体は必ずしも適法でないわけではないとの指摘がみられる。James Kraska, "Putting Your Head in the Tiger's Mouth: Submarine Espionage in Territorial Waters," *Columbia Journal of Transnational Law*, Vol. 54 (2015), p. 246 (164).

(102) Schmitt ed., *ibid.*, at p. 257, Commentary accompanying Rule 54, para.17; Davenport, *ibid.*, at p. 199.

(103) 外国EEZでの軍事活動の適法性に関しては，以下の文献を参照せよ。Schmitt ed., *ibid.*, at p. 240, commentary accompanying Rule 47, paras. 3-4; Davenport, *ibid.*, at pp. 198-199.

(104) 損害の発生それ自体が義務の違反を構成するかについて，Schmitt ed., *ibid.*, at p. 257, Commentary accompanying Rule 54, para.18; Petty, *supra* note 98, at p. 279.

(105) Petty, *ibid.*, at pp. 280-283 and pp. 291-297; Davenport, *supra* note 101, at pp. 200-205.

外交使節団の公文書や通信の不可侵が侵害されうる点が問題となる(106)。特に前者に関連して、欧州人権裁判所によってイギリスの大量傍受作戦「テンポラ」の欧州人権条約違反が認められている(107)。

近年は、海底ケーブルに関する安全保障の問題として、物理的な損壊のリスクと並んで、通信傍受のリスクやサイバーセキュリティが挙げられることが多く、各国の取組みもこの点を重視している。例えば、米国では2020年に行政命令13913号により、省庁間グループである「電気通信サービス分野における外国企業の参入評価委員会」(通称「チーム・テレコム」)が正式に設立され、国家安全保障に対するリスク等の観点から連邦通信委員会(FCC)が交付する免許類に対する外国組織からの申請の却下、条件付加・変更、取消し等を勧告している(108)。EUでは、2022年に改正されたネットワーク・情報システム指令において、各国がサイバーセキュリティ戦略の一環として採択する必要がある政策として海底通信ケーブルのサイバーセキュリティへの言及がみられる(109)。海底ケーブル陸揚免許に関する日本の法制度は、かつて「きわめて近似の通信法制度をもつ近隣諸国に比べても極端に「無防備」であ」り、「『国民の耳目を守る』という、その本来の機能を失ってしまったのではないだろうか」との指摘もなさ

---

(106) 外交使節団の公文書や通信などの不可侵については、Schmitt ed., *supra* note 35, at pp. 219-225, Commentary accompanying Rule 41.

(107) Case of Big Brother Watch and Others v. The United Kingdom (Applications nos. 58170/13, 62322/14 and 24960/15), European Court of Human Rights, Judgment of the First Section, 13 September 2018, available at https://hudoc.echr.coe.int/eng# {%22appno%22:[%2258170/13%22],%22itemid%22:[%22001-186048%22]}; Judgment of the Grand Chamber, 25 May 2021, available at https://hudoc.echr.coe.int/eng# {%22tabview%22:[%22document%22],%22itemid%22:[%22001-210077%22]}. なお、本件では原告の少なくとも一部はイギリス所在のため、域外適用の問題についての判断を下す必要はなかったが、プライバシー権の侵害が争われる際にはこの点が問題となりうる。Davenport, *supra* note 101, at pp. 202-203.

(108) Executive Order 13913 of 4 April 2020, Establishing the Committee for the Assessment of Foreign Participation in the United States Telecommunications Services Sector, *Federal Register*, Vol. 85, No. 68, p. 19643. これまでの運用とその問題点について、Keller, *supra* note 12. チーム・テレコムについては、以下のウェブサイトを参照せよ。U.S. Department of Justice, National Security Division, "The Committee for the Assessment of Foreign Participation in the United States Telecommunications Services Sector", available at https://www.justice.gov/nsd/committee-assessment-foreign-participation-united-states-telecommunications-services-sector-0. また、米国の海底ケーブルのサイバーセキュリティに関連する取組み全般について、Gallagher, *supra* note 57, at pp. 14-17.

れた。現在，このような状況は変わりつつあるようではあるが，法制度の基盤は変わっていないように思える。

4．近年の海底ケーブル敷設に係る展開と法的問題

　本節では海底ケーブル事業に関与しているアクターとガバナンスの担い手を素材として，関連するアクターの多様化と変化をめぐる近年の動向が今後の法制度の発展にどのように影響しうるかを検討する。

(1) 事業者の多様化と国の役割の変化
　第 1 の変化は，海底ケーブル事業の主体の変化である。第 2 次世界大戦後の海底ケーブル敷設は，通信事業者による自己使用のための建設が中心で，その多くがコンソーシアムによるプロジェクトとなっていたが，2000年前後の海底ケーブルブームの際には，回線容量を売却する目的の企業によるプライベート・ケーブルの建設が目白押しとなった。これらのプライベート・ケーブルの供給過多によりその後2008年頃まで新規ケーブルの建設は行われなかった。

　その後コンソーシアムによる新規ケーブルの建設が再び始まったが，グループ構成に大きな変化がみられるようになった点が注目される。巨大IT企業，特にコンテンツ・サービス提供事業者による海底ケーブルの使用容量が急激に

---

(109) Directive (EU) 2022/2555 of the European Parliament and of the Council of 14 December 2022 on measures for a high common level of cybersecurity across the Union, amending Regulation (EU) No 910/2014 and Directive (EU) 2018/1972, and repealing Directive (EU) 2016/1148 (NIS 2 Directive), recital 97 and article 7(2)(d). これと同時に，重要事業体レジリエンス指令も制定された。Directive (EU) 2022/2557 of the European Parliament and of the Council of 14 December 2022 on the resilience of critical entities and repealing Council Directive 2008/114/EC.
(110) KDDI総研・前掲書注（5）63-65頁。
(111) ロイター「焦点：日本が情報通信の防御強化，中国念頭にドローンや海底ケーブル」（2020年10月 6 日）〈https://jp.reuters.com/article/idUSKBN26R0FX/〉。
(112) 第 2 次世界大戦前の海底ケーブル建設事業の実行については，山本草二『インテルサット（国際電気通信衛星機構）恒久協定の研究』（国際電信電話株式会社，1973年）22頁を参照。
(113) 海底ケーブル事業の形態の変遷については，戸所弘光「国際海底ケーブル・コンソーシアムの変遷：なぜ，海底ケーブル・オーナーはコンソーシアムを組もうとするのか」情報通信学会誌39巻 3 号（2021年）23-36頁を参照。

増加するのに伴い[114]，グーグルの参入を皮切りに，メタ，マイクロソフト，アマゾンといった企業も海底ケーブル敷設に出資し，ケーブル所有者としてその保守・運用にも参加するようになった点である。当初は，これらの企業はコンソーシアムの一員として参加するに過ぎなかったが，その後プライベート・ケーブルの敷設も始めるようになり，現在では両方の形態を併用する形で関与している[115]。現在では2023年から2025年までの3年間に新設される海底ケーブルの約5割に米国のグーグルとメタが出資しているともいわれている[116]。

第2の変化は，資金供与を通じて国が海底ケーブルの敷設に関与することが増えた点である。この流れの中心にあるのは，中国によるいわゆるデジタルシルクロード構想であり[117]，この計画のもと，様々な海底ケーブル・プロジェクトへの資金供与がなされるに至った[118]。さらに，このような動きに懸念を持った西側諸国も，海底ケーブル・プロジェクトへの資金供与を行うようになった。例えば，最近では2025年の運用開始を目指してスタートした東部ミクロネシア海底ケーブル事業への日米豪の関与が挙げられる[119]。

第3に，陸揚許可を通じた沿岸国の関与も時々の政治情勢の変化を受け，海底ケーブル・プロジェクトにより大きな影響を与えるようになった。例えば，ソロモン諸島とオーストラリアなどを結ぶ海底ケーブル事業は中国のファー

---

(114) 2010年以降，海底ケーブルの利用者に占めるコンテンツ・サービス提供事業者の割合は急増している。2012年以前には（容量ベースで）全体の1割に満たなかったものの，2017年までには通信事業者に匹敵する規模となり，2022年時点では，全体の71％を占めるに至っている。TeleGeography, "Submarine Cable Map 2022", available at https://submarine-cable-map-2022.telegeography.com/; TeleGeography, "Submarine Cable Map 2023" available at https://submarine-cable-map-2023.telegeography.com/.
(115) 戸所・前掲論文注（113）29-33頁。
(116) 日本経済新聞「Googleとメタ，世界の新設海底ケーブルの5割に出資」2022年12月10日 〈https://www.nikkei.com/article/DGXZQOUC195ND0Z10C22A5000000/〉。
(117) デジタルシルクロード構想については，伊藤亜聖「第9章 中国の『デジタルシルクロード』構想：背景，関連文書，企業行動」公益財団法人 日本国際問題研究所編『中国の対外政策と諸外国の対中政策』令和元年度外務省外交・安全保障調査研究事業（2020年3月）119-133頁を参照。
(118) Matthew S. Erie and Thomas Streinz, "The Beijing Effect: China's 'Digital Silk Road' as Transnational Data Governance," *New York University Journal of International Law and Politics*, Vol. 54 (2021), pp. 50-51 (1); Mercator Institute for China Studies, "Networking the "Belt and Road" - The future is digital", available at https://merics.org/en/tracker/networking-belt-and-road-future-digital.

第 8 章　国際海底通信ケーブルに関する法制度

ウェイが受注していたが，オーストラリア政府が安全保障上の懸念から Vocus 社を選ぶに至った[120]。また，当初は米国と香港や東南アジアの諸国を結ぶ予定であったパシフィック・ライト・ケーブル・ネットワークの陸揚げ先から，米国側の安全保障上の懸念により，香港を外すに至った[121]。

　これらの流れは，海底ケーブルをめぐる法制度にどのような影響を与えうるのであろうか。ケーブル事業の運用や資金調達形態の変化といった実務的・経済的側面への影響と比べ，一見，法制度自体への影響は見受けられない。1 点目については，これまでも海底ケーブルの所有者は，多くの場合，企業であり，通信事業者や回線容量売却を目的とした企業から GAFAM のような IT 企業に移ること自体は特に影響を与えるようには思えない（通信事業や回線容量売却とはビジネス上の考慮要素が異なることによる陸揚国の変化はありえる）。しかし，GAFAM の潤沢な資金が通信容量需要の爆発的な増加を支えることにより，海底ケーブル建設プロジェクトの急激な増加が見込まれ，他の海洋活動との調整の必要性が増大し，海底ケーブル保護のために他の海洋活動が実質的に排除されることへの疑問が投げかけられる時が来るかもしれない。衛星通信に関しては，無線周波数および静止軌道が有限な天然資源であるとの認識が，国際法制度の発展において重要な役割を果たしてきた[122]。海底ケーブルに関する国際法制度においては，海底の物理的な有限性はこれまで問題になってこなかったが，将来そのような状況が変化する可能性はかならずしも否定できない。

---

(119)　外務省「東部ミクロネシア海底ケーブル事業に関する海底ケーブルの調達契約締結を受けた共同報道発表の発出」報道発表，2023年6月6日〈https://www.mofa.go.jp/mofaj/press/release/press7_000032.html〉。さらに，QUAD の枠組みでも，質の高い海底ケーブルネットワークをインド太平洋において支援する必要性から，「ケーブルの連結性と強靱性のための日米豪印パートナーシップ」が発表されている。Quad Leaders' Joint Statement, 20 May 2023, available at https://www.mofa.go.jp/mofaj/files/100506952.pdf, para. 18.
(120)　South China Morning Post, "Solomon Islands drops Chinese tech giant Huawei for billion-dollar undersea cable, signs Australia", 13 June 2018, available at https://www.scmp.com/news/asia/diplomacy/article/2150616/solomon-islands-drops-chinese-tech-giant-huawei-billion-dollar.
(121)　ZDNet, "Facebook and Google drop plans for underwater cable to Hong Kong after security warnings", available at https://www.zdnet.com/home-and-office/networking/facebook-and-google-drop-plans-for-underwater-cable-to-hong-kong-after-security-warnings/. Erie and Streinz, *supra* note 118, at pp. 44-45も参照。
(122)　衛星通信については，本書第9章を参照せよ。

2点目・3点目の関連では，現状でもサイバーセキュリティの観点から米国が中国やキューバと自国を直接接続するケーブルの陸揚げへのライセンス付与を拒否する事例が見受けられるが[123]，このような事例が将来より頻繁に起こることになるかもしれない。また，これまでも自国大陸棚上の外国海底ケーブルの通過に対して許可を求める国家実行はあったが[124]，もし将来相手方陣営に陸揚げされる海底ケーブルが自国のEEZ・大陸棚を通過することを拒否するような（UNCLOSに反する）実行が生じることになった場合には，UNCLOSの海底ケーブル関連条項の実効性は大きく損なわれてしまうであろう。

(2) 国際ガバナンス体制

前述のとおり，19世紀以来，1884年条約やUNCLOSといった多数国間条約の作成を通じて海底ケーブルに関連する国際協力は進展してきたものの，これらの条約の中では海底ケーブルの分野における「権限のある国際機関」が設立されることはなかった。ITU，ISA，OSPAR委員会といった既存の政府間国際組織の所轄事項の一部に海底ケーブルに関する任務が含まれているが，あくまでもこれらの組織の任務の一部に過ぎない。海底ケーブルのガバナンスはICPCおよびそのメンバーをはじめとするプライベートなアクターに委ねられている部分が多い。しかし，近年の海底ケーブルに対する脅威の増加と多様化を踏まえると，現行のガバナンス体制が今後も続くかは明らかでない。ICPCを軸に今後の展開を考えていきたい。

ICPCは，2010年以降は政府機関もメンバーとして受け入れるようになり，オーストラリア，英国，マルタ，シンガポールなどの政府機関がメンバーとして参加している[125]。しかし，政府機関が参加しているとしても，政府間国際組織

---

[123] U.S. Department of Justice, Office of Public Affairs, "Team Telecom Recommends that the FCC Deny Pacific Light Cable Network System's Hong Kong Undersea Cable Connection to the United States", Press Release, 17 June 2020, available at https://www.justice.gov/opa/pr/team-telecom-recommends-fcc-deny-pacific-light-cable-network-system-s-hong-kong-undersea; U.S. Department of Justice, Office of Public Affairs, "Team Telecom Recommends the FCC Deny Application to Directly Connect the United States to Cuba Through Subsea Cable", Press Release, 30 November 2022, available at https://www.justice.gov/opa/pr/team-telecom-recommends-fcc-deny-application-directly-connect-united-states-cuba-through.

[124] Roach, *supra* note 38, at p. 559; ENISA, *supra* note 57, at p. 11.

第8章　国際海底通信ケーブルに関する法制度

としての要件は充たしておらず，将来的に政府間国際組織になる可能性もほとんどないであろう。国際自然保護連合（IUCN）のように国家会員・政府機関会員・非政府機関会員が混在する特殊な組織はあるものの，ICPC の場合，政府機関メンバーは投票権を有さず，執行委員会へは選出されない。国家会員・政府機関会員が重要な役割を果たしている IUCN との違いは大きい。

　ICPC の勧告に拘束力を持たせることにより海底ケーブルのガバナンス体制の強化をはかるべきであるとの主張がみられるが，ICPC の勧告は現在でも各国のケーブル事業者によって実施されており，このような改革の効果は疑問である。海底ケーブルの伝統的な脅威は投錨や漁業活動であり，より多くの漁業者団体や海運業界の団体が ICPC にメンバーとして加わらない限り，ICPC 自体の機能強化によるケーブル破損，切断事故の削減効果は限定的であろう。他方，ICPC と国や政府間国際組織との協力関係の強化は，各国国内法令の整備や各国・各組織の活動における海底ケーブル保護の重要性の認識向上といった形で間違いなく貢献することであろう。

　UNCLOS において，海底ケーブルの保護については政府間国際組織による

---

(125)　ICPC, *supra* note 8.
(126)　政府間国際組織の要件については，例えば以下を参照せよ。ILC, Draft articles on the responsibility of international organizations, UN Doc. A/66/10, para. 87, article 2(a).
(127)　Shvets, *supra* note 6, at pp. 316-317.
(128)　Alan Boyle and Catherine Redgwell, *Birnie, Boyle & Redgwell's International Law and the Environment*, Fourth Edition (Oxford University Press, 2021), pp. 103-104.
(129)　ICPC, "Join the ICPC", available at https://www.iscpc.org/join-the-icpc/.
(130)　IUCN 総会では，国家会員・政府機関会員も投票権を有し，その投票結果は NGO や先住民族組織の投票結果とは別に集計される。IUCN Statutes, articles 30-35bis. なお，IUCN は，国連総会のオブザーバー資格を有しており，これに対し ICPC は，国連経済社会理事会の協議資格を有している。
(131)　例えば，ドメイン名や IP アドレスなどを世界規模で管理・調整している ICANN の例に倣い，メンバーとの契約を通じて ICPC の勧告に拘束力を持たせるべきであるとの主張がなされている。Shvets, *supra* note 6, at pp. 311-312.
(132)　戸所弘光「国際海底ケーブルのプライベート・ガバナンス――『混雑する』海の秩序はどのように保たれているのか？」問題と研究50巻（2021年）156-158頁。
(133)　ICPC がどのような政府間国際組織の活動に関与していくべきか，そしてどのような政府間国際組織との協力を深めていくべきかについては，様々な見解が示されている。海洋問題を扱う機関に加え，国連インターネット・ガバナンス・フォーラム（Shvets, *supra* note 6, at p. 323），サイバーセキュリティに関する国連政府専門家グループ（神田・前掲論文注（98）66頁）といった機関への言及もなされている。

275

対応を予定した条文はおかれておらず，地域的漁業管理のように政府間国際組織の設立を予定するような条文もない。しかし，テロなどによるケーブル損壊問題への対処という点では，国や政府間国際組織が果たしうる役割が大きく，民間企業を中心にした団体であるICPCの行いうる活動には限りがあると思われる。上述のように，既存の法制度の下では故意の海底ケーブル損壊に対応するための法的枠組みが不十分であり，新たな条約の作成は，このような行為への対処策のひとつといえる。先行研究では，意図的なケーブル損壊に対処するための新たな条約の作成が議論されることは多いものの，現状ではそのような条約作成に向けた動きは見られない。もっとも，アキレ・ラウロ号事件がSUA条約作成の契機となったように，大規模な海底ケーブルの切断事案が発生し世界中に甚大な影響を与えた場合には，新たな条約の作成への機運が高まる可能性が高い。その場合，SUA条約作成時のようにIMOを交渉の舞台とする可能性が高いが，条約の規律対象事項が海底ケーブルに関する他の事項にも拡大される場合には，海底ケーブルを専門とする新たな国際組織の設立も1つの選択肢となろう。

　もっとも，現在意図的な海底ケーブル損壊を行うおそれがある主体として認識されているのは，非国家主体だけではない。ロシアや中国をはじめとする一部の国家による海底ケーブル損壊のリスクが指摘されているが，このようなリスクへの対処はグローバルな国際組織ではなく，地域機構や軍事同盟のような枠組みが中心となるであろう。

　また，海底ケーブルについては一部の例外を除き，船舶のように特定の国への登録はなされておらず，船舶の旗国のように管轄権と責任を一手に引き受けるような国は存在しない。この点に注目し，国際的な海底ケーブル登録国制度を設けることを提案する論者もある。船舶の旗国のように，一定の国に対して

---

(134)　例えばBeckman, *supra* note 59, at pp. 290-294; Davenport, *supra* note 2, at pp. 89-91; Liao, *supra* note 61, at pp. 475-478.

(135)　Chiara Ragni, "Achille Lauro Affair (1985)", *Max Planck Encyclopedia of Public International Law*, available at https://opil.ouplaw.com/home/mpil.

(136)　Bueger, Liebetrau and Franken, *supra* note 11, at pp. 31-33.

(137)　ICPC, "2023 Plenary Highlights", available at https://www.iscpc.org/events/2023-plenary-meeting/.

個別のケーブルに対する管轄権と責任を付与するような法制度をつくるとしたら，その過程で政府間国際組織の設立（または既存の組織への新たな任務の付与）も視野に入るかもしれない。[138]

なお，仮に新たな政府間国際組織が設立されるとしても，ICPCを含む既存の業界団体の役割は重要である。例えば，IMOにおいては，海運に関連する様々な業界団体が会合に参加し，規則作成に関与している。特に，船級協会の団体である国際船級協会連合（IACS）がIMOの規則作成においてはたしている役割は大きいとされるが，海底ケーブルに関する政府間国際組織が設立された際には，ICPCも同様に重要な役割を果たすことができるであろう。

5．おわりに：現行法制度の課題と今後の展望

海底ケーブルは現代社会において必要不可欠な存在であるものの，様々な脅威に直面している。UNCLOSを中心とする国際法制度は存在するものの，その実施は不十分である。特に保護に関する規則は，いずれの国が管轄権を行使するのかという点も含め，現代の脅威への対応に十分であるとはいえない。さらに，物理的な損傷のリスクだけでなく，海底ケーブルの通信傍受の防止も喫緊の課題である。近年のGAFAMをはじめとする巨大IT企業の参加や米中の政治的な対立は海底ケーブル事業の展開に大きな影響を与えつつあるが，このような状況が現行の法制度にどのような影響を与えることになるのかは現段階では判断が難しい。また，ガバナンス体制の大胆な現状変更は現時点では想定できないが，山積する課題に対して現行の体制が適切であるかについて，さらなる検討が必要である。

---

(138) 宇宙物体に関しては，宇宙空間に打ち上げられた物体の登録に関する条約に基づき，宇宙物体登録制度が設立されている。ただし，実施が不十分である（登録されない宇宙物体が多い）との指摘は繰り返しなされている。例えば，小塚荘一郎＝佐藤雅彦編『宇宙ビジネスのための宇宙法入門〔第2版〕』（有斐閣，2018年）49頁，79-82頁。

第9章

衛星通信に対する有害な混信の禁止と宇宙安全保障
——透明性・信頼醸成措置に着目して——

高屋　友里

1．はじめに：国連と衛星通信

　一般に，宇宙空間の利用は，そのアクターに応じて民生利用，軍事利用，商業利用の3つに分類されるが，宇宙活動を規律する国連宇宙諸条約の起草過程では，宇宙空間の平和利用と軍事利用とに分けて法規範形成がなされた。前者について議論する場は国連宇宙空間平和利用委員会（UNCOPUOS）であり，後者は国連外にあるジュネーブ軍縮会議である。また，宇宙安全保障の概念が創出された2000年初期より議論の場を提供してきたのは国連軍縮研究所であり，これまで UNCOPUOS 及びジュネーブ軍縮会議をつなぐ役割を果たしてきた。近年，「宇宙空間における脅威」に対する法規範の必要性が国連内で広く認識され，国連総会第1委員会，国連軍縮委員会，国連軍縮部も議論の場となっている。

（1）　国連宇宙諸条約とは，1967年宇宙条約，1968年宇宙救助返還協定，1972年宇宙損害賠償条約，1975年宇宙物体登録条約，1979年月協定である。Treaty on Principles Governing the Activities of States in the Exploration and Use of Outer Space, including the Moon and other Celestial Bodies, opened for signature on 27 January 1967, 610 *UNTS* 205 / 6 *ILM* 386 (1967); The Agreement on the Rescue of Astronauts, the Return of Astronauts and the Return of Objects Launched into Outer Space, opened for signature on 22 April 1968, 19 *UST* 7570 / 672 *UNTS* 119 (1968); The Convention on International Liability for Damage Caused by Space Objects, opened for signature on 29 March 1972, 24 *UST* 2389 / *TIAS* 7762 / 961 *UNTS* 187; The Convention on Registration of Objects Launched into Outer Space, opened for signature on 14 January 1975, 1023 *UNTS* 15; The Agreement Governing the Activities of States on the Moon and Other Celestial Bodies, opened for signature on 18 December 1979, 1363 *UNTS* 3 (1979).
（2）　UN Res. A/RES/1348(XIII); and UN Res. A/RES/1472 (XIV).
（3）　UNIDIR Doc., "Outer Space and Global Security," UNIDR/2003/26, available at https://unidir.org/wp-content/uploads/2023/05/outer-space-and-global-security-307.pdf.

一方，宇宙活動を支える衛星通信の国際規制を行うのは国際電気通信連合（ITU）[4]である。ITUが構築してきた国際規制枠組とは，電気通信活動を規律する国家主権（電気通信主権）[5]を広く尊重するものであったが，衛星通信技術の発展及びサイバー空間の創出により台頭した脅威（サイバー脅威）に対応すべく，ITU憲章条約[6]及びその他の関連諸規範[7]の改正を重ねている。AI時代の基盤インフラとなる衛星通信は，国家安全保障だけでなく，国際社会の平和と安全に直結するため，衛星通信に対する脅威を低減する国際法規範の形成が急がれている。

衛星通信とは，衛星の運用に使用する地上部分（ground segment）と宇宙部分（space segment），さらに衛星間の通信システム（link segment）とで構成される衛星通信システムの通称であり，宇宙航空技術と通信技術とを結合させたものである。[8]一国内で完結する電気通信は国内法で規制されるが，国境を超える無線通信は周波数間の混信が生じる可能性があるため，ITUが無線周波数（radio frequency）利用の国際調整を行う。つまり，宇宙空間を介する衛星通信はITUの国際規制の対象である。また，衛星通信の概念は広く，衛星システム（もしくは宇宙システム）を運用するための通信[9]のほか，地球観測や気象観測など，特定の宇宙ミッションを担う衛星が宇宙活動で得た原データを地上局に向けて送信する通信も含まれる。[10]さらに，ロケットエンジンの切り離しや宇宙

---

(4) 1865年5月17日に万国電信条約に基づき万国電信連合（International Telegraph Union）として発足し，1947年に国際電気通信連合（International Telecommunication Union）と改称した世界最古の国際機関。ITU Doc., "Overview of ITU's History," available at http://search.itu.int/history/HistoryDigitalCollectionDocLibrary/12.28.71.en.pdf.
(5) 各国は電気通信を規律する主権を有する。これを電気通信主権といい，ITU憲章前文において確認される。山本草二『国際法』（有斐閣，1994年）474頁参照。
(6) Constitution and Convention of the International Telecommunication Union, Geneva, 22 December 1992, entered into force 1 July 1994; 1825 UNTS 1; UKTS 1996 No. 24; Cm. 2539; ATS 1994 No. 28; Final Acts of the Additional Plenipotentiary Conference, Geneva, 1992.
(7) ITU憲章条約のほか，世界通信会議（World Radiocommunication Conference：WRC）で規定される付属無線通信規則（Radiocommunication Regulations：RR）や国際無線通信規則（International Radiocommunication Regulations：IRR）を含む。
(8) 衛星通信の基礎知識について，Timothy Pratt, Jeremy E. Allnutt, *Satellite Communications*, (John Wiley & Sons, 2019)や飯田尚志編『衛星通信』（オーム社，1997年）1-3頁を参照。
(9) 地上局から衛星に向けて制御情報（command）を送信し（uplink），衛星は機体の状態情報（telemetry）を地上局に向けて送信する（downlink）という一連の送受信を指す。
(10) Frans von der Dunk, "Legal aspects of satellite communications," in Frans von der Dunk with Fabio Tronchetti eds., *Handbook of Space Law* (Edward Elgar Publishing, 2015), p. 457.

ステーションの姿勢制御も，地上局から通信で遠隔操作されるため衛星通信に該当する。つまり，衛星通信とは宇宙活動そのものであり，無線周波数はすべての宇宙活動にとって必要不可欠な要素なのである。

しかし衛星通信用の無線周波数の数は限られている。また，静止軌道（実用的な通信・放送・気象衛星や常時監視用の軍用衛星が配備される赤道上の高度約3万6000kmに位置する地球軌道）における衛星配備位置（slot）の数はさらに少ない。これらはITU憲章において「限りある天然資源」と定義され，その公平な利用を確保するため，ITUは通信資源の使用と配分，設備の設定と運用に関して国際的に調整する任務を担うのである(12)。

無線周波数及び静止軌道の利用がITUにより国際規制されるとはいえ，宇宙空間の脅威はかつてないほど増大している。その主な原因は宇宙に存在する物体の数にある。宇宙物体による衝突事故で想定される損害規模の甚大さは宇宙時代の幕開けからすでに予測されており，国際法の文脈において宇宙活動は「高度の危険を伴う活動」と称されてきた(13)。2024年現在までに打ち上げられた宇宙物体の数は1万7273機(14)，そのうち地球軌道にある衛星は6718機(15)，また，運用を終えた衛星やその破片といった宇宙デブリの数は10cm以上のもので約3万4000個，1cm以上10cm未満のもので約90万個，1mm以上1cm未満のもので約1億2800万個が観測されている(16)。それだけの物体が地球軌道を時速約2万8000kmの速さで不定方向に周回している。宇宙物体及び宇宙デブリによる軌道上の衝突リスクが高まる一方，宇宙ビジネスに参入する民間企業の数も増え，小型衛星を数千も配備するメガ・コンステレーションや軌道上で燃料補給やデブリ低減ビジネスを展開する軌道上サービスといった新たなビジネスもさ

---

(11) ITU憲章44条2項。
(12) 山本・前掲書注5）474頁参照。
(13) Wilfred C. Jenks, "Liability for Ultra-Hazardous Activities in International Law," *Collected Courses of The Hague Academy of International Law* (Brill, 1966), pp. 106-107.
(14) UN OOSA, "Online Index of Objects Launched into Outer Space," available at https://www.unoosa.org/oosa/osoindex/search-ng.jspx?lf_id=.
(15) Union of Concerned Scientists, "UCS Satellite Database, 1 January 2023," available at https://www.ucsusa.org/resources/satellite-database.
(16) ESA Doc. "ESA's Annual Space Environment Report," 12 September 2023, p. 26, available at https://www.sdo.esoc.esa.int/environment_report/Space_Environment_Report_latest.pdf.

第9章　衛星通信に対する有害な混信の禁止と宇宙安全保障

らに宇宙空間の混雑を加速させる。また，対衛星破壊（ASAT）実験を明示的に禁止する条約がないため，対宇宙兵器を開発する宇宙活動国も増加している。しかし，近年急速に台頭する宇宙空間の脅威は，衛星のIoT（Internet of Things）化に起因する。[17] 衛星を含む宇宙物体は地上運用局のコンピュータ・システムにより制御されるため，衛星通信のサイバー脅威に対する脆弱性が増しているのである。[18]

　サイバー脅威に国連としていち早く対応してきた機関はITUである。従来，ITU法体制は各国の電気通信主権を尊重するあまり，義務違反に対して強制的に是正させる法執行力を備えてこなかったが，[19] 近年になりジャミングをめぐる国際問題が増加したため，その仲介役として混信解除に向けた国際協議を促進させる是正機能を発揮している。[20] もとより軍による戦闘作戦としての通信活動はITUの規制対象とならないが，有限な通信資源の公平な利用の観点から，ITUは無線周波数の軍事利用を制限する法的アプローチを模索し，2018年にITU決議186「宇宙活動における透明性・信頼醸成措置（TCBM）に関するITUの役割強化」[21] を採択した。同決議は2022年に再び採択され，無線周波数の利用状況における情報の共有を通じて，宇宙空間における脅威低減を図る透明性措置を提示する。なお，TCBMとは，1978年の国連決議33/91Bで明示された信頼醸成措置（CBM）に類似するものであり，国家間での武力紛争のリスク低減を目的とし，法的拘束力は欠くものの1970年代初頭から軍縮・軍備管理法において発展してきた条約の履行措置である。

　これらに鑑み，本章は，宇宙空間およびサイバー空間の脅威に晒される衛星

---

(17)　P.J. Blount, "Satellites Are Just Things on the Internet of Things," *Journal of Air and space Law*, Vol. 43（2017）, pp. 273-294.

(18)　Markus Hesse and Marcus Hornung, "Space as a Critical Infrastructure," in Kai-Uwe Schrogl et al. eds., *Handbook of Space Security*（Springer, 2015）, p. 190.

(19)　Ram S. Jakhu and Joseph N. Pelton eds., *Global Space Governance: An International Study*（Springer, 2017）, p. 151.

(20)　イランによるジャミング問題に対するITU法制度の是正過程に関する詳細な考察について，青木節子「宇宙資産に対するサイバー攻撃に適用可能な国際法の検討」国際法外交雑誌115巻4号（2017年）9-11頁を参照。

(21)　ITU Res.186, "Strengthening the role of ITU with regard to transparency and confidence-building measures in outer space activities," 2018, available at https://www.itu.int/en/council/Documents/basic-texts/RES-186-E.pdf.

通信に対し，近年 ITU が提案する TCBM が前者の低減に限定されている点を指摘する。構成として，ITU 法制度における「有害な混信」の禁止規範とその履行制度，及び，ITU によるサイバー脅威低減への法的試みを概観することで，ITU 法制度がすでに備えている TCBM を確認する（2．）。次に，宇宙空間の脅威低減の文脈において，国連諸機関が検討する TCBM を分析し，課題を指摘する（3．）。なお，衛星通信は通信活動であると同時に宇宙活動でもあるため，平時には ITU 法と国際宇宙法が適用される。学説において，ITU 法は国際宇宙法に含まれるとする説と，法規範の形成過程や制度が異なるため別の法体制とみなす説とがあるが，本節は後者の立場をとる。また，戦時における衛星通信の妨害には国際人道法が適用されるが，本章では射程外とする。

2．衛星通信に対する「有害な混信」

(1) 定　義

　ITU 無線通信規則は「混信」と「有害な混信」とを分けて定義する。混信は「無線通信システムにおける受信時に，放出・放射・誘導（induction）のうち一つもしくはそれらの組み合わせが原因で生じる不必要なエネルギーによる影響（effect）をいい，それはパフォーマンスの低下，解釈の誤り（misinterpretation），当該エネルギーが存在しなければ抽出できたであろう情報の滅失により現れるもの」と定義される。不必要なエネルギーは技術的及び人的な要因から発せられることも多く，衛星通信における歴史的な例としては1957年のスプートニク１号打上げ時に生じた混信が挙げられる。

　一方，有害な混信は「無線航行業務その他の安全業務の運用を妨害し，又は無線通信規則に従って行う無線通信業務の運用機能に重大な悪影響を与え，若

---

(22)　Dunk, *supra* note 10, at p. 492.
(23)　戦時における衛星攻撃に関する武力紛争法の適用について，石井由梨佳「国際的武力紛争における軌道上人工衛星の保護」国際法外交雑誌122巻１号（2023年）48-75頁を参照。
(24)　2020年無線通信規則1.166条は次のように定める。"[T]he effect of unwanted energy due to one or a combination of *emissions, radiations,* or inductions upon reception in a *radiocommunication* system, manifested by any performance degradation, misinterpretation, or loss of information which could be extracted in the absence of such unwanted energy."
(25)　Bin Cheng, *Studies in International Space Law* (Oxford University Press, 1997), pp. 94-95.

しくはこれを反復的に中断し若しくは妨害する混信」と定義される。混信の結果として業務の運用妨害や運用機能に重大な悪影響や妨害を生じさせる混信は、ITU憲章45条で明示的に禁止されており、その代表的な例としてジャミングが挙げられる。

有害な混信の禁止を定める同条1項は、「すべての局（stations）は、その目的のいかんを問わず、他の加盟国、認められた事業体その他正当に許可を得て、かつ、無線通信規則に従って無線通信業務を行う事業体の無線通信又は無線業務に有害な混信を生じさせないように設置し及び運用しなければならない」と規定し、同条2項は、国家に対し、国内の事業体にも1項を遵守させるよう求める。つまりITUの加盟国193か国及び約900もの民間企業や学術機関が、有害な混信を生じさせない義務を負うのであり、例外は軍用無線のみである。理由は、ITU憲章前文冒頭において「電気通信を規律する主権」を認めるとおり、通信活動とは国家主権に基づく活動であり、その運用並びに停止に関して国家の広範な裁量が付与されているためである。とはいえ、軍用無線であっても、遭難救助や公衆通信業務などに参画する際には第45条1項に従い有害な混信を生じさせてはならない。

この有害な混信の禁止規範は、さらに無線通信規則15条により補完される。

---

(26) 2020年無線通信規則1.169条は次のように定める。"*Interference* which endangers the functioning of a *radionavigation service* or of other *safety services* or seriously degrades, obstructs, or repeatedly interrupts a *radiocommunication service* operating in accordance with Radio Regulations (CS)."

(27) ITU憲章45条1項は次のように定める。"[A]ll stations, whatever their purpose, must be established and operated in such a manner as not to cause harmful interference to the radio services or communications of other Member States or of recognized operating agencies, or of other duly authorized operating agencies which carry on a radio service, and which operate in accordance with the provisions of the Radio Regulations."

(28) ITU憲章48条は「有害な混信」禁止事項の例外として「加盟国は軍事無線施設に関しては完全な自由を有する」（1項）と規定する。しかし、その自由も救難共助・有害な混信回避・周波数に関する規定はできる限り遵守し（2項）、公衆（public）通信業務に参加する際は原則として関連規則に従わなくてはならない。

(29) ITU憲章48条2項・3項。

(30) 1987年ITU開催の「移動業務に関する世界無線通信主管庁会議（WARC MOB-87）」においてITU憲章条約附属無線通信規則が改定され、2007年世界通信会議（WRC-07）を経て、「15付属無線通信規則に記載される周波数」への混信禁止が加わった。

同条は「不要な伝送,過剰な信号の伝送,間違った若しくは誤解を生じさせる信号の伝送もしくは識別ない信号の伝送を行うこと」を「すべての局(All stations)」に対し禁止し(15.1§1),中継局は「業務を果たすのに十分な電力(power)しか放射してはならない」(15.2§2)と定める。

なお,国際海洋法及び国際航空法においても通信の妨害の禁止条項は存在する[31]。例えば,2002年改正海上における人命の安全のための国際条約(改正SOLAS条約)[32]は,その義務履行上に必要な周波数を確保するため,無線通信規則第31条「全世界的海上安全制度(GMDSS)」,第32条「遭難通信のためのGMDSS運用手続き」,第33条「緊急安全通信のためのGMDSS運用手続き」が追加で規定されている。

(2) 履行制度

前節で確認したように,混信とは「不必要なエネルギーの放出による影響」をいい,それが無線航行業務やその他の安全業務の運用妨害や運用機能に多大な悪影響を与える段階になると有害な混信となる。有害な混信を引き起こした場合,ITU憲章では義務違反に関する仲裁条項を設けており[33],まず交渉・外交・国際紛争解決のため関係国間で締結された合意に基づく解決を目指し[34],それでも問題が解決しなかった場合には仲裁裁判で対応するよう定めている[35]。強制解決に関する選択議定書も適用されるが[36],仲裁で解決しない場合,国際司法

---

(31) 1974年改正海上における人命の安全のための国際条約(改正SOLAS条約4章C9規則)(b)は「無線電信室は(……)無線電信局の運用を妨害することのあるいかなる目的にも使用してはならない」と規定し,また,国連海洋法条約19条2項(k)は無害通航の意味として「沿岸国の通信系又は他の施設への妨害を目的とする行為」と規定する。1971年民間航空の安全に対する不法な行為の防止に関する条約1条1項では「不法かつ故意に行う」「(b) 業務中の航空機を破壊し,又は業務中の航空機に対しその飛行を不態にする損害若しくは飛行中のその安全を損なうおそれがある損害を与える行為」又は「(d) 航空施設を破壊し,又はその運用を妨害する行為(飛行中の航空機の安全を損なうおそれがあるものに限る)」及び「(e) 虚偽と知っている情報を通報し,それにより飛行中の航空機の安全を損なう行為」を犯罪として規定しており,これらの未遂及び加担も含まれる。

(32) International Convention for the Safety of Life at Sea, entered into force on 25 May 1980, 32 *UST* 47; 1184 *UNTS* 278.

(33) ITU憲章56条及びITU条約41条。

(34) ITU憲章56条1項。

(35) ITU憲章56条2項。

第 9 章　衛星通信に対する有害な混信の禁止と宇宙安全保障

裁判所へ付託しても勧告にとどまる可能性が高い[37]。なぜなら，前節で述べたとおり，ITU 加盟国は軍用通信に関し自由を享受するからである。このため ITU は，有害な混信発生の防止措置に重点を置いた履行制度として，①登録制度，②通報制度，③国際モニタリング制度を設けている。ITU が宇宙空間における脅威低減の文脈において提示する TCBM に関連するため，以下，それぞれの制度について説明する。

(ⅰ)　**登録制度**

　無線通信規則に従って割当てられた無線周波数及びそれに付随する軌道の性質は国際周波数登録原簿（MIFR）に登録される[38]。MIFR への登録を以て当該無線周波数に対する国際的な権利義務が生じるのであり，すでに登録されている無線周波数に対し有害な混信を引き起こしてはならない[39]。なお，MIFR への登録制度は，1967年宇宙条約及び1975年宇宙物体登録条約における宇宙物体の登録制度[41]や情報共有制度[42]と連動しているわけではない[40]。

　各国の主管庁は，ITU の業務別の周波数分配に基づき国内の通信業務の割当てを行い，その使用実績を無線通信局長に通告し，審査を経て同原簿に登録する。

(ⅱ)　**通報制度**

　無線通信規則15条によれば，ITU 法違反を探知した管理機関（control organization），通信局（stations）もしくは査察官（inspectors）は，それぞれの行政機関に通達しなくてはならない[43]。深刻な違反の場合，当該通信局に対して管轄権を有する国の行政機関に，違反を探知した通信局から抗議（representations）が付される[44]。一方，自国の管轄下にある通信局より ITU 法違反（特にITU 憲章45条の「有害な混信」及び無線通信規則第15条１部が禁止する不要な伝送）に

---

(36)　ITU 憲章56条３項。詳細な手続きは ITU 条約41条に規定される。
(37)　Bin Cheng, *supra* note 25, at p. 96.
(38)　ITU 条約12条２項 (e)。
(39)　2022年無線通信規則8.1条。
(40)　2022年無線通信規則8.3条。
(41)　1967年宇宙条約８条，1975年宇宙物体登録条約。
(42)　1967年宇宙条約11条，1975年宇宙物体登録条約５条。
(43)　2020年無線通信規則15条５部 §11（15.19）。
(44)　同上 §12（15.20）。

関する情報を得た管理機関は，その事実を確かめ，必要な措置をとらなくてはならない。[45]この「必要な措置」義務とは，2003年からイランが数年にわたり引き起こしたジャミング問題を契機にITUが2012年に追加した規定である。[46]

また，有害な混信に関する紛争解決にはITU加盟国による最大限の善意（the utmost goodwill）及び相互支援の実施が不可欠であり，[47]周波数の調整，送受信アンテナの特徴，時間共有，多重チャネル伝送におけるチャンネル変更といった技術・運用に関する要素にも妥当な考慮が払われなくてはならない。[48]遭難安全周波数及び航空飛行の安全性と規則性（regularity）に使われる周波数への伝送には絶対的な国際保護が必要であり，その伝送に対する有害な混信の排除は最重要規則（imperative）と認識され，有害な混信を探知した管理機関はただちに措置を講じなくてはならない。[49]なお，自国の管轄下にある通信局が有害な混信の発生源であると通報があった場合，その連絡を受け取った旨をできるだけ早く認容しなくてはならないが，この認容行為は国家責任を受容したことにならない。[50]

安全業務が有害な混信を被った場合，被害を受けた通信局に管轄権を有する管理機関は，混信源である通信局に対して直接に連絡を取ることができ，[51]一方，発生源の通信局に管轄権を有する管理機関は，迅速に対応するため調査し，必要な回復措置を講じなくてはならない。[52]もし行政機関が有害な混信の発生源を特定できない場合にはITUに支援を要請することができ，[53]ITUは国際モニタリング制度に協力する行政機関に協力を要請できる。[54]

---

(45)　同上 §13（15.21）。
(46)　イランは西側諸国の政治的思想が国内へ与える影響を恐れ，2003年から長年にわたり，フランスをはじめとする欧州企業の衛星放送に対しジャミングをかけた。2009年，フランスは本件について ITU 無線通信部門（ITU-R）無線通信規則委員会（RRB）で取り上げるよう求めたが，最終的に２国間交渉により解決した。混信は2013年に終了したが，イランはジャミングへの関与を認めることはなかった。詳細について，青木・前掲論文注（20）9-12頁を参照。
(47)　2020年無線通信規則15条６部 §14（15.22）。
(48)　同上 §15（15.23）。
(49)　同上 §20（15.28）。
(50)　同上 §27（15.35）。
(51)　同上 §28（15.36）。
(52)　同上 §29（15.37）。
(53)　同上 §34（１）（15.43）。

286

(ⅲ)　国際モニタリング制度

　国際モニタリング制度[55]とは，無線周波数スペクトルの合理的かつ経済的な利用を確保する無線通信規則の義務履行を支え，また，有害な混信の迅速な停止を可能とするものである。各国の行政機関は，自国のモニタリング施設の開発，及び，国際モニタリング制度の継続的な開発の協力に同意する[56]。モニタリング局はITU-R23-1及びIRU-R SM.1139に従い選定され，その主体は民間企業や複数国による共同通信業務と様々である[57]。行政機関が規則違反を発見しITUに通達した場合，ITUは当該行政機関に「注意を促す」こととなる[58]。これは前述のイランによるジャミング問題を受けてITUがモニタリング制度の強化を図った経緯に基づく。しかし，同制度は混信と有害な混信とを区別しておらず[59]，また，有害な混信の発生源である通信局に管轄権を有する国家に対し，ITUは通達を行うものの，無線通信規則の違反に対する執行措置を有さない[60]。ITU法体制の弱さが指摘される所以である。

(3)　ITUとサイバーセキュリティ

　衛星通信に対する脅威には，2007年に中国が実施したASAT実験のように物体の運動エネルギーを用いる動力型（kinetic）と，運動エネルギーを用いず電磁波などにより有害な混信等を引き起こす非動力（non-kinetic）型とがある[61]。衛星通信の中でも米国の測位衛星GPSに関する脅威は多くの事例があり，サイバー攻撃としてはジャミング，ハイジャッキング[62]，ハッキング，スプーフィング[63]などがある[64]。この非動力型の脅威に対し，ITUはサイバーセ

---

(54)　同上 §34(2)(15.44)。
(55)　2020年無線通信規則16条。
(56)　同上16.1条。
(57)　2020年無線通信規則16.2条。
(58)　2020年無線通信規則16.8条。
(59)　João Falcão Serra, "Cybersecurity and Outer Space: Learning from Connected Challenges," in Annette Froehlich ed., *Outer Space and Cyber Space - Similarities, Interrelations and Legal Perspectives* (Springer, 2021), p. 92.
(60)　Ingo Baumann, "GNSS Cybersecurity Threats - An International Law Perspective," *Inside GNSS*, 3 June 2019, available at https://insidegnss.com/gnss-cybersecurity-threats-an-international-law-perspective/.
(61)　João Falcão Serra, *supra* note 59, at p. 93.

キュリティの強化を図ってきた。

まず初めに，2003年1月31日に採択された国連決議57/239「Creation of a global culture of cybersecurity」(65)及び2005年情報社会世界サミット（WSIS）における「情報社会におけるチュニス・アジェンダ」(66)に基づき，ITU はインターネット・ガバナンス・フォーラム（IGF）を設置した。さらに2007年5月17日，ITU 事務局長トゥーレ氏の主導によりグローバル・サイバーセキュリティ・アジェンダを打ち出し，ハイレベル専門家グループ（HLEG）を立ち上げ，サイバー犯罪の取締まりを検討し始めた。2014年に提出された HELG 報告書では2001年サイバー犯罪条約(67)（以下，サイバー犯罪条約）の批准を ITU 加盟国に求めるよう提言がなされ(68)，サイバー犯罪に関する各国の国内法整備を通じたサイバーセキュリティ対応策が講じられた(69)。

同条約は，コンピュータ・システムに対する一定行為の犯罪化，コンピュータ・データの迅速な保全等に係る刑事手続きの整備，犯罪人引渡などに関する国際協力について規定し，条約当事国に立法措置を義務付けるものである(70)。サイバー犯罪とは，サイバーテロやサイバー攻撃の構成要素の1つであり(71)，イン

---

(62) Stefan Tanase, "Satellite Turla: APT Command and Control in the Sky," Kaspersky, 9 September 2015, available at https://securelist.com/satellite-turla-apt-command-and-control-in-the-sky/72081/.

(63) Jahshan Bhatti and Todd E. Humphreys, "Hostile Control of Ships via False GPS Signals: Demonstration and Detection," *NAVIGATION: Journal of the Institute of Navigation*, Vol. 64 (2017), pp. 51-66.

(64) これら4つのサイバー脅威のほか，初歩的な ASAT サイバー攻撃を含めれば5類型ある。青木・前掲論文注（20）8-23頁を参照。

(65) UN Res., A/RES/57/239, "Creation of a global culture of cybersecurity," January 31, 2003.

(66) ITU Doc., "World Summit on the Information Society, Geneva 2003-Tunis 2005," available at https://www.itu.int/net/wsis/docs/brochure/wsis.pdf.

(67) The Convention on Cybercrime, Council of Europe, *European Treaty Series* No. 189, 23 November 2001.

(68) ITU Doc., "Report of the Chairman of HLEG," *Global Cybersecurity Agenda*, High-Level Experts Group, 2007, p.1, available at http://www.itu.int/en/action/cybersecurity/Documents/gca-chairman-report.pdf.

(69) ITU Doc., "Cybersecurity - Understanding cybercrime: Phenomena, challenges and legal response," November 2014, available at http://www.itu.int/en/ITU-D/Cybersecurity/Documents/Cybercrime2014_E.pdf.

(70) 外務省「サイバー犯罪に関する条約の説明書（平成十六年二月）」1頁〈http://www.mofa.go.jp/mofaj/gaiko/treaty/pdfs/treaty159_4b.pdf.〉参照。

ターネットを介するすべてのサイバー脅威は不正アクセスというサイバー犯罪から始まる一方で[72]、領土主権に基づく国内法で対応することは難しい[73]。このため、同条約を介してITU加盟国間でサイバー犯罪を取締まる国際環境の整備に注力したのである[74]。

しかし、複数国の領域内にある無数のサーバを介してのサイバー脅威には、技術的な課題も多く、通信活動に有害な混信を生じさせた加害国の認定は困難になる可能性が高い[75]。電気通信活動の規律は国家主権に基づくことから、サイバー脅威に対する措置として通信の遮断・停止やコンピュータ・システムを断絶する電子封鎖（electronic blockade）もその裁量で決定が可能である[76]。とはいえ、衛星やロケットの運用・打上げを支える衛星通信や、軌道上の衛星から地上へのデータ通信の遮断は現実的ではない。なぜなら、衛星による宇宙システムはすでに社会インフラ化しており、特に測位衛星の運用停止は陸・海・空・宇宙のすべての交通機関に重大な影響を及ぼすからである。このため、ITUは2015年よりグローバル・サイバーセキュリティ・インデックス（GCI）を作成し[77]、加盟国それぞれのサイバーセキュリティの取組みを多角的に評価することで、二国間及び多国間の協力体制の構築を目指すこととした[78]。宇宙空間における脅威低減を目的とするものではないが、IoT化した衛星通信のサイバーセキュリティ強化において有用であろう。

---

(71) 2001年サイバー犯罪条約が定めるサイバー犯罪は、不正アクセスの他にも、違法なデータ取得・傍受（acquisition）（3条）、データの傍受（interception）（4条）、システムの妨害（5条）、装置の濫用（6条）、コンピュータ関連の偽造（7条）及びコンピュータに関連する詐欺（8条）などがある。

(72) Susan W. Brenner, *Cyberthreats: The Emerging Fault Lines of the Nation State* (Oxford University Press, 2009), pp. 37-45.

(73) *Ibid.*, at p. 2.

(74) 詳細について、高屋友里「サイバーテロリズムの防止——通信活動における『有害な干渉禁止原則』の観点より」早稲田大学社会安全政策研究所紀要11号（2018年）63-82頁を参照。

(75) Heather Harrison-Dinniss, *Cyber Warfare and the Laws of War*, (Cambridge University Press, 2012), pp. 99-102.

(76) 中谷和弘「サイバー攻撃と国際法」国際法研究3号（2015年）86頁参照。

(77) ITU Doc., "Global Cybersecurity Index 2020 – Measuring commitment to cybersecurity," 2021, available at https://www.itu.int/dms_pub/itu-d/opb/str/D-STR-GCI.01-2021-PDF-E.pdf.

(78) 各国が講ずる法的措置、技術的措置、組織的措置、教育的措置、協力措置を評価の対象とする。*Ibid.*, at p. vii.

第Ⅲ部　国際通信インフラ

　以上，ITU法体制における有害な混信の定義，履行制度，及びサイバーセキュリティ強化への法的試みを概観し，ITU法制度が内包するTCBMとしてMIFRおよび国際モニタリング制度を確認した。

3．宇宙安全保障と透明性・信頼醸成措置（TCBM）

　本節では，まず宇宙安全保障の概念および定義を確認し，次に，国連軍縮委員会，国連総会第1委員およびITUが宇宙空間の脅威低減の文脈で検討するTCBMを分析し，課題を示す。

(1)　宇宙安全保障の概念

　宇宙安全保障は国際条約で定義された用語ではないため，その概念は広く，宇宙活動国や国連機関が考える概念や定義に一貫性はない。日本は2015年1月9日に決定された宇宙基本計画において宇宙安全保障を政策目標の1つに掲げたが，その定義は示していない。その後2023年6月13日に発表した宇宙安全保障構想において「宇宙空間を通じた国家安全保障上の目標への貢献」及び「宇宙空間を通じて国の平和と繁栄，国民の安全と安心を増進しつつ，同盟国・同士国等とともに，宇宙空間の安定的利用と宇宙空間への自由なアクセスを維持すること」と明記した。しかし宇宙安全保障を宇宙政策において掲げる宇宙活動国はまだ少なく，また，その概念は明瞭さを欠く。

　そもそも宇宙安全保障の概念とは，1946年に米国RAND社が発表した"Preliminary Design"という文書を起点とする。同文書は衛星の軍事的重要性を強調し，衛星から得られる正確な位置データによりミサイルの攻撃能力が向上する点や，衛星自体を使った動力型攻撃（kinetic striking）の実現可能性を示唆し

---

(79)　内閣府「宇宙基本計画（平成27年1月9日　宇宙開発戦略本部決定）」〈https://www8.cao.go.jp/space/plan/plan2/plan2.pdf〉参照。

(80)　内閣府「宇宙安全保障構想（令和5年6月13日　宇宙開発戦略本部決定）」〈https://www8.cao.go.jp/space/anpo/kaitei_fy05/anpo_fy05.pdf〉参照。

(81)　RAND Corporation, *Preliminary Design of an Experimental World-Circling Spaceship*, Report No. SM-11827, 2 May 1946, available at https://www.rand.org/content/dam/rand/pubs/special_memoranda/2006/SM11827part1.pdf.

(82)　RAND, *ibid*, at p. 10.

た。これは1957年に旧ソ連が衛星打上げに成功する11年も前のことである。宇宙における優位性が国家安全保障を強化するという考えはその後も受け継がれるのであるが，最も顕著に反映させた宇宙政策を打ち出したのは2001～2009年のブッシュ政権である。

2000年米国国防権限法により，米国の国家安全保障上の利益を支える宇宙活動の組織及び監理を調査する宇宙委員会が設置された。当時のラムズフェルド国防長官が委員長を務めたため，ラムズフェルド宇宙委員会とも称される。同委員会の作成した報告書は宇宙空間における紛争が不可避であると明言し，スペース・パール・ハーバー（宇宙空間における奇襲）の阻止を求め，米国の国益を最優先とする国家政策の策定を提言した。これを基に宇宙空間における優位性（space superiority）や宇宙コントロール（space control）といった用語が米国の防衛関連文書で使われるようになるのであるが，いずれもラムズフェルド宇宙委員会の国家安全保障観に基づいている。さらに同政権は，2006年国家宇宙政策（NSPD-49）において，米国の防衛及びインテリジェンス活動が1967年宇宙条約における宇宙空間平和利用原則において許容されるものであるとの見解を示した。宇宙安全保障の概念を国家安全保障の文脈で捉えるアプローチであり，前述のとおり日本が2015年に発表した宇宙基本計画においても確認される。

一方，2002年より宇宙安全保障の用語を用いてきた国連軍縮研究所は，2023

---

(83) Jeremy Grunert, *The United States Space Force and the Future of American Space Policy* (Brill, 2022), p. 48.
(84) U.S. Public Law 106-65, The U.S. National Defense Authorization Act for Fiscal Year 2000, October 5, 1999.
(85) U.S. Doc., "Report of the Commission to Assess United States National Security Space Management and Organization - Pursuant to Public Law 106-65 ("Rumsfeld Commission Report")," 11 January 2000, pp. 1-2, available at https://aerospace.csis.org/wp-content/uploads/2018/09/RumsfeldCommission.pdf.
(86) Jeremy Grunert, *supra* note 83, at p. 103.
(87) U.S. Doc., Rumsfeld Commission Report, *supra* note 85, at p. 100.
(88) *Ibid.*, at p. 23.
(89) *Ibid.*, "Executive Summary," pp. vii-xxxv.
(90) Jeremy Grunert, *supra* note 83, at p. 104.
(91) U.S. White House, U.S. National Space Policy, NSPD-49 (Washington, D.C., 2006), available at https://irp.fas.org/offdocs/nspd/space.html.

年に宇宙安全保障辞典を発刊した[92]。そこで示された定義を要約すると，宇宙安全保障とは，①宇宙物体と宇宙活動との関係，国際の平和と安全の維持，及び宇宙空間での軍拡競争防止を含む軍縮に関連し，②他の主体による意図的な妨害から宇宙システムを守る防止措置と理解され，③宇宙の安全性（space safety）とは異なるが相互関連性があり，④宇宙安全保障に対する脅威とは軍事的危険性と脅威である[93]。ここでは，国家安全保障より広い「国際社会の平和と安全」との概念が示されており，一部の学説もこの立場をとる[94]。

また，学説において示される宇宙安全保障の解釈も幅広い。一説では「宇宙安全保障は冷戦時代の米ロ二国間の戦略的均衡に関する軍事用語に相当し[95]（……）宇宙空間で展開する軍事活動における安全保障と，宇宙空間という特殊な環境ゆえに懸念される安全保障という2つの文脈で捉えるべきであり[96]，宇宙デブリによる宇宙環境に関する安全保障，さらには地球上の『人間の安全保障』確保における宇宙システムの利用なども含む[97]」とする。一方，カナダのマギル大学による調査報告書"Space Security Index"では「宇宙空間にある脅威から，宇宙空間の自由なアクセス及び利用を確保すること」と簡略的な定義が示された[98]。いずれも宇宙空間を「長期にわたり人間が活動できる持続可能な環境となるよう確保する」という理念を含むが，国際的に合意された定義ではない[99]。宇宙空間を利用する目的や利益により持続可能な環境を脅かす脅威が変わるため[100]，宇宙安全保障の概念は多義的になりやすいのである[101]。

---

(92) Azcárate Ortega, A. and Victoria Samson, V., *A Lexicon for Outer Space Security*, UNIDIR, 16 August 2023, available at https://unidir.org/publication/lexicon-outer-space-security.
(93) *Ibid*, at p. 40.
(94) P.J. Blount, "Space Security Law," in *Oxford Research Encyclopedia of Planetary Science*, Oxford University Press, 2018, available at https://papers.ssrn.com/sol3/papers.cfm?abstract_id=3388592.
(95) Michael Sheehan, "Defining Space Security", in Kai-Uwe Schrogl eds., *supra* note 18, p. 7.
(96) *Ibid.*, at p. 8.
(97) *Ibid.*, at pp. 10-19.
(98) Michael Sarah Estabrooks, "Space Security 2006," in UNIDIR Conference Report of 30-31 March 2006, *Building the Architecture for Sustainable Space Security*（UNIDIR, 2006), p. 93.
(99) Michael Sheehan, *supra* note 95, at p. 9.
(100) Michael Sheehan, *supra* note 95, at p. 7.
(101) Ram Jakhu and Karan Singh, "Space Security and Competition for Radio Frequencies and Geostationary Slots," *Zeitschrift für Luft- und Weltraumrecht*, 58 Jg.（2009), p. 76.

第9章 衛星通信に対する有害な混信の禁止と宇宙安全保障

(2) 国連軍縮委員会による2013年 TCBM/GGE 報告書の検討

国連において軍縮・不拡散に関する議論は、国連軍縮委員会及び国連総会第1委員会おいて行われる。国連軍縮委員会は、国連総会の外に位置付けられ、3年間継続して特定の問題を審議する機関であり[102]、宇宙空間の脅威低減は2022年から議題となっている。

2023年4月、国連軍縮委員会は「(2013年) 政府専門家グループ (GGE) による TCBM 報告書をもとに具体的な TCBM の履行を促進する提言[103]」を全会一致で採択した。TCBM とは、①相互理解と信頼の構築、及び、②誤解・誤算の低減を目的とした政府間の情報共有手段であり、結果として軍事衝突の回避や地域・国際社会の安定化を目指す措置である。また、平和に対する諸国家の意図を明確にすることで、経済や安全保障といった戦略的分野においても相手国の目的を予見可能なものとする。一般的に TCBM は法的拘束力のない自発的な規範と理解されるが、すでに条約に規定される TCBM (例：通報義務など) であれば法的拘束力があるため、国連軍縮委員会は TCBM をいずれ条約の一部を成す規範とみなしている[104]。

2011年、国連決議65/68に基づき設置された「宇宙活動の TCBM を検討する GGE」は、国連宇宙諸条約がすでに TCBM の要素を備えていると評価し、UNCOPUOS、CD、ITU といった国際レベルの取組みを確認した。2013年に国連総会へ提出した最終報告書 A/68/189 (2013年 GGE 報告書) では、TCBM のモデルとして、欧州主導の「宇宙活動に関する国際行動規範 (ICOC) 案」及び中露主導の「宇宙空間における兵器配置防止条約 (PPWT) 案」が示された

---

[102] 軍縮会議日本政府代表部「国連軍縮委員会 (UNDC)」ウェブサイト〈https://www.disarm.emb-japan.go.jp/UNDC_info_jese.html〉参照。

[103] UNDC Doc., "Recommendations to promote the practical implementation of transparency and confidence-building measures in outer space activities with the goal of preventing an arms race in outer space, in accordance with the recommendations set out in the report of the Group of Governmental Experts on Transparency and Confidence-Building Measures in Outer Space Activities," UNDC Working Group II, 20 April 2023, available at https://docs-library.unoda.org/United_Nations_Disarmament_Commission_-_(2023)/Recommendations_UNDC_WG_II_AS_ADOPTED.pdf.

[104] 宇宙空間の軍事利用に関する TCBM について、Yuri Takaya-Umehara, "TCBMs over the Military Use of Outer Space," *Acta Astronautica*, Vol. 67 (2010), pp. 1299-1305を参照。

が，いずれも条約に至っていない（なお，中露は2008年に PPWT 案の初案を，2014年に改訂案を公表している）。しかし国連軍縮委員会は，TCBM が宇宙空間軍拡競争回避（PAROS）に資すると評価し，法規範化の可能性を肯定的に捉えている。

2013年 TCBM/GGE 報告書は，国連軍縮委員会の他，国連総会第1委員会が設置したオープン・エンド作業部会（OEGW）（2022～2023年）においても議論の素地となる重要な文書である。同報告書は TCBM の例として，①宇宙政策に関する情報公開，②新たな宇宙システム開発計画に関する情報交換，③宇宙の平和利用としての探査・利用に関する目的の明確化，④地球軌道に配備された宇宙物体の機能に関する情報交換，⑤宇宙飛行の安全性を高める行動規範の確立（宇宙ゴミの発生を回避する目的での打ち上げ通達など），⑥人材育成や持続可能な開発に関する情報提供を目的とした国際協力措置などを挙げる。また，宇宙空間の平和利用に限らず，宇宙空間の軍事利用についても議論できるよう，国連軍縮部と国連宇宙部との連携を提言している。

宇宙空間における軍事活動および軍事費に関する情報共有も，同報告書は TCBM として提案し，国連軍縮委員会も支持するのだが，無線周波数に対するジャミングやサイバー攻撃など，サイバーセキュリティに関連する記述は同報告書にみられない。TCBM の文脈における ITU の役割として，無線周波数に対する有害な混信を最小限とする政策や措置を講ずることの重要性が指摘されるのみである。なお，2023年に全会一致で採択された国連軍縮委員会の報告書は，ITU 法体制および1967年宇宙条約第11条における協議の設定も TCBM であると明記する。

(3) 国連総会第1委員会による「責任ある行動規範」決議と TCBM

国連第1委員会は宇宙空間の利用に関する規範形成を図るため，①宇宙空間軍拡競争回避（PAROS）に関する決議，②透明性・信頼醸成措置（TCBM）に関する決議，そして③責任ある行動の規範，規則及び原則を通じた宇宙における脅威の低減（Norms, Rules and Principles of Responsible Behaviours）に関する決

---

(105) Conference on Disarmament, CD/1839, 29 February 2008.
(106) Conference on Disarmament, CD/1985, 12 June 2014.
(107) UN Disarmament Commission, A/78/42, 27 April 2023.

議（責任ある行動規範決議）を採択してきた。これらは，衛星通信に対して有害な混信を引き起こすジャミングやスプーフィングといったサイバー脅威に対応する決議ではない。

2019年に英国が国連総会第1委員会及び第4委員会の合同パネルへ共同声明を発表したことをうけ，2020年12月に国連総会第1委員会において責任ある行動規範決議が採択されると，「宇宙における脅威（space threat）」という文言が国連決議及び国連文書において使われるようになった。翌2021年12月24日，国連決議76/231「責任ある行動規範」に基づき，国連はオープン・エンド作業部会（OEWG）を設置した。その目的は，①宇宙空間における国家の行動から生じる脅威に関する既存の国際法枠組及びその他の規範的枠組みの確認，②国家による宇宙システムに対する現在及び将来の脅威，及び無責任とみなされる可能性のある行動，活動及び不作為の検討，③宇宙システムに対する国家による脅威に関連する責任ある行動の可能な規範・規則・原則の提言，及び，④第78回総会への報告書提出，とされる。

2023年OEWG最終報告書では，当該決議に関する国際法規範として国連宇宙諸条約のほか，1963年部分的核実験禁止条約及び1976年環境改変兵器禁止条

---

(108) UN Office for Disarmament Affairs, "Outer Space," available at https://disarmament.unoda.org/topics/outerspace/.

(109) UN Doc., "Report by the Chair of the Group of governmental experts on further practical measures for the prevention of an arms race in outer space – pursuant to A/RES/72/250," 31 January 2019, p. 9, available at https://front.un-arm.org/wp-content/uploads/2019/02/oral-report-chair-gge-paros-2019-01-31.pdf.

(110) UN Res. A/RES/76/55, "Transparency and confidence-building measures in outer space activities," paras. 7-8.

(111) UN Res. A/RES/75/36, "Reducing space threats through norms, rules and principles of responsible behaviours," 7 December 2020.

(112) UN Res. A/RES/76/231, "Reducing space threats through norms, rules and principles of responsible behaviours: resolution / adopted by the General Assembly," 24 December 2021, para. 5.

(113) UN Res. A/RES/76/231, *supra* note 120, para. 6.

(114) UN Doc. A/AC.294/2023/CRP.1/Rev.1, "Draft report of the Open-ended working group on reducing space threats through norms, rules and principles of responsible behaviours," 31 August 2023.

(115) Treaty Banning Nuclear Weapon Tests in the Atmosphere, in Outer Space and Under Water, 10 October 1963; 480 *UNTS* 43; *TIAS* No. 5433; 14 *UST* 1313; *UKTS* 1964 No. 3; *ATS* 1963 No. 26.

約の適用可能性が確認された。また，1967年宇宙条約第 9 条が定める他の国家に対する利益（the corresponding interests）への妥当な考慮（due regard）義務など，国際法に従って宇宙活動を行う重要性が強調される一方，宇宙空間に適用される既存の法的枠組みだけでは十分ではなく，宇宙システムへの脅威，宇宙から発せられる脅威，又は宇宙空間軍拡競争防止に対する脅威を想定した法規範の強化の必要性が指摘された。その他，同条約第 9 条における協議制度の有用性，国連憲章第33条における平和的解決の適用，国連憲章第 2 条 4 項が定める武力不行使原則の適用可能性，国連憲章第 2 条 3 項に基づき平和的手段によって国際紛争を解決する義務を負う点が確認されている。

なお，国際人道法の適用可能性について OEWG は再確認したものの，たとえ国際人道法の適用やさらなる精緻化に関する議論が OEWG でなされたとしても，それを以て侵略行為や国連憲章に矛盾するその他の武力行使を正当化または承認したと解釈することはできないと指摘する。また，宇宙活動に関連する法分野に限らず，航空法や海洋法といった他の国際法分野や，サイバー空間における責任ある行動に関するソフトローな諸規範も検討された。

前節で検討した国連軍縮委員会による TCBM の検討も OEWG において確認されている。誤解や誤算といったリスクを低減させ，軍事的な緊張の回避や地域における安定性を促進するという重要性が理解され，特に経済や安全保障の分野において予見可能な戦略的状況の構築に寄与する点，及び宇宙活動が TCBM に寄与する，TCBM は PAROS に関する条約を補完する点が言及された。国連軍縮委員会と同じく，国連第 1 委員会でも2013年 GGE 報告書が参照

---

(116) UN Doc., *supra* note 114, para. 17.
(117) *Ibid.*, para. 18.
(118) *Ibid.*, para. 19.
(119) *Ibid.*, para. 20.
(120) *Ibid.*, para. 22.
(121) 衛星通信に対する武力紛争法の適用可能性について，石井由梨佳「国際的武力紛争における軌道上人工衛星の保護」国際法外交雑誌122巻 1 号（2023年）48-75頁及び Hitoshi Nasu, "Targeting a Satellite: Contrasting Considerations between the Jus ad Bellum and the Jus in Bello," *International Law Studies*, Vol. 99 (2022), pp. 143-179を参照．
(122) UN Doc., *supra* note 114, para. 23.
(123) *Ibid.*, para. 25.

され，特にロケットの打上げ及び打上げ機のミッションに関し，打上げ国による事前の打上げ通知の重要性が強調されている。一方，衛星のIoT化に伴い宇宙安全保障とサイバーセキュリティはすでに交錯しているため，衛星通信に対するサイバー脅威を低減する具体的なTCBMの検討が喫緊の課題であろう。

(4) ITU と TCBM

ITU法体制における既存の履行制度がTCBMに資するとして，2023年12月4日の国連決議78/52「宇宙活動におけるTCBM決議」[125]はITU決議186「宇宙活動におけるTCBMに関するITUの役割強化」に言及する。宇宙安全保障の文脈において有用なTCBMとして，①有害な混信の事例を把握するため，衛星監視施設に関する情報へのアクセス促進，②有害な混信の事例に関するデータベースの保持，③MIFRに登録される情報へのアクセス促進及び透明性の向上を挙げている。

従来，ITUは有限な通信資源の利用に対する国際規制を管轄しながらも，衛星通信に対する脅威低減に対して強い姿勢を示してこなかった。しかしITU決議186の後，ITUは2022年ITU全権委員会議において決議ITU-R74「無線周波数スペクトルと付随する衛星軌道資源の持続可能な利用に関する活動」[126]を採択し，2023年世界無線通信会議（WRC-23）では国連宇宙部及びCOPUOSとの連携を通じて宇宙の持続可能性に関する国際枠組の強化を決定した。[127]

一方，衛星通信に対するサイバー脅威には，衛星運用システムや衛星データ情報システムといった地上施設にあるコンピュータのハッキングも含まれるため，衛星通信に対する脅威はジャミングなどによる有害な混信に留まらない。[128]

---

(124) UN Doc., A/68/189, "Group of Governmental Experts on Transparency and Confidence-Building Measures in Outer Space Activities."
(125) UN Res. A/RES/78/52, 4 December 2023.
(126) ITU Res., "Activities related to the sustainable use of radio-frequency spectrum and associated satellite-orbit resources used by space services," ITU-R78, pp. 148-151.
(127) UN Doc. A/AC.105/2023/CRP.23, 5 June 2023, para. 44.
(128) Federico Bergamasco, et al., *Cybersecurity: Key Legal Considerations for the Aviation and Space Sectors* (Wolters Kluwer, 2020), pp. 112-113.

大規模な損害となれば，国家安全保障および防衛能力に関する情報の流出，インフラ・サービスの遮断，軌道利用の中止，宇宙物体の破壊もしくは深刻な損害を被るリスクがある[129]。衛星通信に対する有害な混信がサイバー犯罪・サイバー攻撃・サイバーテロリズムにより引き起こされた場合，ITU法体制における是正措置およびITUが提案するTCBMがどこまで機能するかは不明である。衛星通信が宇宙活動でありサイバー活動である点に留意し，適用される国際法を宇宙空間およびサイバー空間に分けて議論を進める国連内の規範形成アプローチも再検討が必要であろう。

4．おわりに：ITU法体制の課題

　宇宙空間における脅威の概念整理が進む中，TCBMに資する履行制度を有するITU法体制の重要性は増すばかりである。しかし，衛星通信に対する有害な混信を引き起こすサイバー脅威がそのまま宇宙活動に対する脅威であるとの認識は[130]，動力型脅威に比べると国連機関間で共有されておらず，また，宇宙安全保障の概念や定義も宇宙活動国，国連諸機関，学説において統一されていない。衛星のIoT化に国際法が追い付いていない状況である。

　ITU法体制は，国際宇宙法と異なる分野として無線周波数及び静止軌道位置の利用を国際規制してきたが，2022年に採択された2つの決議（ITU決議186及びITU-R78）を契機に，ITUは宇宙空間における脅威低減に向けて国連宇宙部と連携を図ることとなった。具体的には，有限な通信資源の持続可能な利用を確保するため，MIFRの情報や国際モニタリング制度で得られた有害な混信に関する情報の公開である。TCBMは信頼醸成の他，義務違反の抑止機能も有するため，衛星通信に対する有害な混信の情報共有は，宇宙空間におけるサイバー脅威の低減にも寄与すると考えられる。確かにITU法体制は戦闘中の

---

[129] David Livingstone and Patricia Lewis, "Space, the Final Frontier for Cybersecurity?," *Research Paper*, (Chatham House. 2016). p. 13, available at https://www.chathamhouse.org/sites/default/files/publications/research/2016-09-22-space-final-frontier-cybersecurity-livingstone-lewis.pdf.

[130] 例えば，国家安全保障のためのジャミングであっても宇宙ユーザーにとっては区別がつかない。Ram Jakhu and Karan Singh, *supra* note 101, at p. 87参照。

通信作戦や軍事無線設備には適用されないが，遭難援助や公衆通信業務に使われる施設には有害な混信禁止規範は適用され[131]，また，ITUが進めるサイバーセキュリティ強化の試みや通信資源の持続可能な利用に向けたアプローチは，既存の有害な混信禁止規範の履行確保に有用である。

なお，衛星通信に対する有害な混信には，国際通信法，国際宇宙法，国際人道法，国際刑事法など，複数の国際法分野が適用可能性を有するため，宇宙空間における有限な通信資源の保護を目的とする新たな法体系の必要性を謳う学説もある[132]。しかし，どの国際法規範が適用されるにせよ，その違反を探知する観測技術や通達制度といった履行措置が不可欠となる。また，AI時代には月軌道における衛星通信の需要も高まることから，月面活動を支える衛星通信に対する有害な混信もいずれITU法体制で対応することとなる。ITUが提示するTCBMは，衛星通信に対する有害な混信の「可視化」を促進するものであり，それはサイバー脅威低減につながることから，TCBMという透明性措置そのものが宇宙空間とサイバー空間とをシームレスに規制する法規範となる時代が来るかもしれない。規範力の濃淡はあるにせよ，あとは有害な混信を是正する法機能をいかに強化するかが，ITU法体制の課題であろう。

---

(131) ITU憲章48条2-3項。
(132) 新たに国際サイバー法を提案する学説について Martha Mejia-Kaiser, "Space Law and Unauthorised Cyber Activities," in Katharina Ziolkowski ed., *PEACETIME REGIME FOR STATE ACTIVITIES IN CYBERSPACE*, (NATO CCD COE, 2013), pp. 349-372. を参照。

事項索引

【ABC】

ACDC 法案（Active Cyber Defense Certainty Act）[米国, 2019年提出] 219, 221, 239, 242
AI に関するグローバルパートナーシップ（GPAI）[2020年] 145
AI 倫理指針 [EU, 2019年] 142
Alito, Samuel 48
Barrett, Amy Coney 46
Biden, Joe 3
C&C サーバ 203-205
Carpenter 連邦最高裁判決 [米国, 2018年] 46
CISA [米国, 2015年] 219
Digital Policy Alert 128
EU 基本権憲章 [2000年] 149
FinCEN [米国] 103
FIU（金融情報機関） 98
G7 249
G7デジタル・技術大臣閣僚声明 [2023年12月] 126
G7デジタル・技術大臣閣僚宣言 [2023年4月] 115
G7広島サミット首脳会議 27
GAFAM 165, 273
Ginsburg, Ruth Bader 46
Heydari, Farhang 64
Holder v. Humanitarian Law Project 連邦最高裁判決 [米国, 2010年] 29
ICTS 審査 15
IT 基本権 62
Jones 連邦最高裁判決 [米国, 2012年] 45
Katz 連邦最高裁判決 [米国, 1967年] 44
LINE 問題 139
Miller 連邦最高裁判決 [米国, 1976年] 45
Ney, Paul 182
NOTICE 235, 236, 238, 239
OSPAR 委員会 256
Q アノン 171
Rhine 連邦コロンビア特別区巡回区控訴裁判所判決 [米国, 2023年] 55
Riley 連邦最高裁判決 [米国, 2014年] 45
Roberts, John 46
Scalia, Antonin 47
Smith 連邦最高裁判決 [米国, 1979年] 45
SNS プラットフォーム 3
Sotomayor, Sonia 45
splinternet 142
St. Gallen Endowment for Prosperity Through Trade 128
Streisand 効果 173
Thomas, Clarence 47
TikTok 7, 153
Trump, Donald 3
Wallace-Wolf, Jordan 59
WeChat 7
Wright, Jeremy 182
Ybarra 連邦最高裁判決 [米国, 1979年] 51
Z ホールディングス社 140

【あ 行】

アカウンタビリティ 65
アクセス制御機能 197
アクティブ・サイバー・ディフェンス 191
アジア太平洋経済協力（APEC） 126, 150
アトリビューション 194, 222, 224, 231
アラブ連盟情報技術犯罪対処条約 [2010年] 160
アルファベット社 169
委縮効果 57
位置情報履歴データ 42
位置履歴逆探知令状 41
一般データ保護規則（GDPR）[EU, 2016年] 104, 142
一般的・包括的な違法性阻却 236, 240
一般令状 50
違法性阻却事由 206, 214, 231, 233
因果関係 183
インターネット・ホットラインセンター 104

301

インターネット安全法（网络安全法；サイバー安全法；サイバーセキュリティ法）［中国，2016年］　21, 23, 105, 140, 151
ウィキリークス　176
宇宙安全保障　278, 290
宇宙空間における脅威　278
宇宙条約［1967年］　285
宇宙物体登録条約［1975年］　285
営業秘密　197
衛星通信　279
エコーチェンバー　165
エコノミック・ステイトクラフト　136
エスカレーション，エスカレート　219, 226
越境プライバシー規則（CBPR）［2011年］　150
　CBPR 認証　152
欧州委員会　169
欧州委員会ハイレベル専門家会合指針　142
欧州人権裁判所　173, 179
欧州連合司法裁判所（CJEU）　149
大川原化工機　83
オンライン安全法［英国，2023年］　147

【か 行】

海外のデータの合法的使用を明確化する法律（CLOUD Act）［米国，2018年］　160, 175
外国投資リスク審査現代化法（FIRRMA）［米国，2018年］　16, 153
外国の敵対勢力が支配するアプリケーションからアメリカ人を保護するための法律（PAFACAA）［米国，2024年］　35
海上保安庁［日本］　71
改正海上における人命の安全のための国際条約（改正SOLAS条約）［2002年］　284
海賊船舶　264
外国為替及び外国貿易法（外為法）［日本，1949年］　154
海底ケーブル登録国制度　276
海底ケーブル保護区域　261
海底電信線保護万国連合条約［1884年］　251, 258, 266
ガイドライン　234, 240
外務省［日本］　71

海洋航行の安全に対する不法な行為の防止に関する条約（SUA 条約）［1988年］　265
海洋法に関する国際連合条約（UNCLOS）［1982年］　251-256, 261, 264, 274
海洋保護区　257, 261
拡大防止類型　192, 215
合衆国憲法
　修正1条［米国，1791年］　59
　修正4条［米国，1791年］　43
ガバメントアクセス　33
ガバメントクラウド　152
加盟店情報交換制度（JDM）　107
環境影響評価（EIA）　257
環境改変兵器禁止条約［1976年］　295
ギグワーク　37
北大西洋条約機構（NATO）　74, 250
危難の現在性　215
器物損壊罪　228, 230
機密性　196, 197, 205
旧ユーゴ国際刑事裁判所（ICTY）　181
共犯　208
記録命令付き差押え令状　90
緊急行為　206, 214, 232, 241
緊急事態宣言　28
緊急避難　193, 206, 214, 231, 240
金融作業活動部会（FATF）　74
　FATF 勧告　74
国の管轄権外区域の海洋生物多様性の保全および持続可能な利用に関する海洋法に関する国際連合条約の下の協定（BBNJ 協定）［2023年］　252, 253, 257
クラッキング　201, 210
経済安全保障　136
経済安全保障推進法［日本，2022年］　31
経済協力開発機構（OECD）　74, 115, 120-123, 125
経済連携協定（EPA）　115
　環太平洋パートナーシップに関する包括的及び先進的な協定（CPTPP）［2018年］　114, 119, 124
　日EU経済連携協定（日EU EPA）［2019年］　119, 123, 124
警察官職務執行法（警職法）［日本，1948年］

事項索引

193, 240
警察庁［日本］　71
刑事共助法［豪州，1987年］　158
刑事訴訟法［ドイツ，1999年］　62
原意主義　47
厳格審査　11
限定解釈　212, 214
公安調査庁［日本］　71
公海条約［1958年］　251
公私区分論　44, 58
高度情報通信ネットワーク社会　2
高度情報通信ネットワーク社会形成基本法［日本，2000年］　30
合理的期待テスト　45
国際宇宙法　282
国際海底機構（ISA）　248, 363
国際緊急経済権限法［米国，1977年］　4
国際ケーブル保護委員会（ICPC）　247, 248, 274-277
国際司法裁判所（ICJ）　181
国際人道法　282
国際電気通信連合（ITU）　279, 297
　ITU憲章条約　279
国勢調査 連邦憲法裁判所判決［ドイツ，1983年］　61
国内管轄権　180
国防生産法［米国］　16
国防総省［米国］　69
国立標準技術研究所（NIST）［米国］　152
国連安全保障理事会　73
国連宇宙空間平和利用委員会（UNCOPUOS）　278
国連軍縮委員会　278, 293
国連軍縮研究所　278
国連軍縮部　278
国連総会決議36/103　181
国連総会第1委員会　278, 294
国連貿易開発会議（UNCTAD）　115, 119, 122
個人情報　27
個人情報保護法［中国，2021年］　21, 157
個人情報保護法［日本，2003年］　96, 140
国家安全法［中国，2015年］　21, 140, 178

国家安全保障局（NSA）［米国］　69
国家安全保障戦略［日本，2022年］　185, 190, 192
国家機密法　176, 177, 179
国家緊急事態　5
国家緊急事態法［米国，1976年］　4
国家情報法［中国，2017年］　140, 151, 175
小山剛　29
コンピュータ不正行為防止法（CFAA）［米国，1986年］　212, 218, 219, 240

【さ　行】

サイバー脅威　279
サイバー主権　23
サイバーセキュリティ　287
サイバーセキュリティ維持活動　225
サイバーセキュリティの研究　210
サイバー犯罪条約［2001年］　160, 288
サイバー犯罪条約第2追加議定書［2022年］　160, 175
サプライチェーン　31
暫定的差止命令　11
自衛権　266
ジオフェンス（geofence）令状　40
時間の切迫性　215-217
自救行為　223
事業者の暗号解除義務　146
自己情報コントロール権　39
自主規範　171
実質的かつ真正の連関　154
市民的及び政治的権利に関する国際規約（市民権規約）［1966年］　183
社会的・国家的法益　225, 226
ジャミング　281
自由貿易協定（FTA）　115
習近平　22
十分性認定　148
重要インフラ情報法［米国，2002年］　178
重要インフラに対するサイバー事案報告法［米国，2022年］　178
ジュネーブ軍縮会議　278
情報刑法　241
情報公開　64

303

情報コントロール権　141
情報自己決定権　56
情報戦　163, 165-167
情報操作との戦いに関する法律［フランス，2018年］　169
情報通信庁（Office of Communication）［英国］　147
情報のCIA（機密性，完全性，可用性）　200
情報保護協定　185
商務省・産業安全保障局（BIS）［米国］　69
侵害の急迫性　215
新型コロナ感染症　171
シンクホール　203, 204
人工知能　165
真実への権利　179
真正な連結　156
信頼性のある自由なデータ流通（Data Free Flow with Trust, DFFT）　33, 113, 115, 135, 143
　DFFT具体化のための国際枠組み（IAP）　115, 135
心理戦　163
ステークホルダー　64
静止軌道　280
脆弱性　224
正当業務行為　206, 211, 233, 239, 240
正当防衛　193, 206, 214, 227, 231, 240
政府の使用するデバイスでのTikTok禁止法［米国，2023年］　18
世界貿易機関（WTO）　113, 117
世界貿易機関を設立するマラケシュ協定（WTO協定）［1995年］　114
　衛生植物検疫措置の適用に関する協定（SPS協定）　118, 129, 131
　関税及び貿易に関する一般協定（GATT）　118
　サービス貿易協定（GATS）　118, 133
　知的所有権の貿易関連の側面に関する協定（TRIPS協定）　118
　貿易の技術的障害に関する協定（TBT協定）　118, 120, 121
　補助金及び相殺措置に関する協定（補助金協定）　118, 122, 129

責任ある行動規範　294
セキュリティ・ホール攻撃　196
セキュリティベンダー　103
積極的加害意思　217
接続ソフトウェア・アプリケーション　13
ゼロデイ攻撃　191
全国銀行協会［日本］　100
全国暴力追放運動推進センター　107
先制的自衛　216
戦略環境評価（SEA）　257
早期警戒体制　189
総合的国家安全観［中国］　22, 140
捜査共助　97
捜索令状（warrant）　41
捜査権限法［英国，2016年］　147
捜査の密行性　144
相当な理由　50
属地主義　156
租税条約　99
ゾンビ理論　205

【た　行】

ターゲット理論　157
第三者機関　187
第三者法理　45
対テログローバル・インターネットフォーラム　172
大統領命令［米国］
　13873号［2019年］　4
　13942号［2020年］　7
　13943号［2020年］　7
　13971号［2021年］　10
　14034号［2021年］　13
対米外国投資委員会（CFIUS）［米国］　16, 153
大陸棚条約［1958年］　251
妥当な考慮　296
タリン・マニュアル2.0　216, 267
地域的な包括的経済連携協定（RCEP）［2022年］　119, 125
チーム・テレコム　270
知的プライバシー論　60
中央情報局（CIA）［米国］　69

中間審査　11
中国騰訊控股（テンセント社，Tencent Holdings）　8, 154
諜報　269
ツイッター社　170
通信の秘密　197, 203, 239
通信の秘密侵害罪　203, 204, 238
通信品位法230条［米国，1996年］　168, 188
通信法［豪州，1979年］　105
ディープフェイク　165
データ・ドリブンな（date-driven）技術　144
データ安全法［中国，2021年］　21, 151
データ駆動型捜査技術　137
データ主権　24
データ保護法則　150
データローカライゼーション　25
デカップリング　27
適正手続保障（due process）　172, 188
敵対貿易法（TWFA）［米国，1917年］　28
適用除外規定　236
テクノデモクラシー　162
デジタル権威主義　136
デジタルサービス法［EU, 2022年］　106
デジタル社会形成基本法［日本，2021年］　31
デジタル正当防衛　241
デジタル帝国　137
デジタルトランスフォーメーション（DX）　80
デジタル貿易協定　160
テロリストによる爆弾使用の防止に関する国際条約［1997年］　265
電気通信事業におけるサイバー攻撃への適正な対処の在り方に関する研究会［日本］　206
電気通信事業法［日本，1984年］　204
電気通信法改正（支援・アクセス）法［豪州，2018年］　147
電気通信法改正（国際提出命令）法［豪州，2020年］　158
電子計算機損壊等業務妨害罪　197, 201, 209, 227, 229, 238
電子証拠規則［EU, 2023年］　105
電磁的記録　199
電磁的記録毀棄罪　203, 229

電磁的記録不正作出罪　197, 203
テンポラ　270
同意の形骸化　141
透明性　65
透明性・信頼醸成措置（TCBM）　281
透明性と説明責任に関するサンタクララ原則［2018年］　171
　第2版［2021年］　171
透明性レポート　144
特定秘密保護法［日本，2013年］　190

【な　行】

なりすまし　196
ニカラグア軍事活動事件判決　181
偽旗作戦　166
日米欧三極貿易大臣会合　130
日EUデジタル貿易原則［2023年］　161
任意処分　91
認知戦　163
ネットワーク執行法［ドイツ，2017年］　170

【は　行】

バーマン修正　10
売却命令　18
バイトダンス社（北京字節跳動科技，ByteDance）　8, 153, 175
バックドア　146
ハニーポット　208
犯罪（海外提出命令）法［英国，2019年］　158
犯罪対策　68
反スパイ法（反間諜法）［中国，2014年］　140, 178
反テロ法［米国，1990年］　169
ビーコン　195, 198, 200
人質司法　82
表現の自由　11, 167, 168, 172, 173, 179, 183, 184, 186, 187, 189
ファイブ・アイズ　175
フーシ派　249
フェイスブック社　168, 170, 171
不正アクセス禁止法［日本，1999年］　196
不正指令電磁的記録　198
物理空間メタファ　193

305

物理的侵害法理　44
部分的核実験禁止条約［1963年］　295
踏み台　209
プライバシー　39, 81, 204, 205, 223
プライバシー権　39
プライバシーシールド　149
プラットフォーム事業　164, 165, 167
プラットフォーム事業者，企業　36, 188, 189
プラットフォームの地政学転回　138
プロファイリング　137
文書提出命令（subpoena）　41
平和のための放送の使用に関する国際条約［1936年］　180
防衛省［日本］　71
貿易政策検討機関（TPRB）　121, 123
貿易政策検討制度（TPRM）　117, 121-123, 131
幇助犯　209
暴力団員　100
法令行為　211, 235, 240, 241
ポートスキャン　194
保全法益　224
ボットネット　204, 206
本人の同意　141

【ま 行】

マルウェア　198, 203, 215
マルチステークホルダー主義　143
未然排除類型　192, 215, 241
無害化　201
メディアリテラシー　190
モザイク理論　53, 178
モノのインターネット（IoT）　36, 281, 289
モバイル・アプリケーション（アプリ）　8

【や 行】

有害な混信　282
ユーザー認証　196
ユーチューブ社　171
輸出管理改革法（ECRA）［米国，2018年］　153

【ら 行】

楽天　154
リモートアクセス　86
連邦捜査局（FBI）［米国］　69, 170
　FBI覆面捜査・調査ガイドライン　84
連邦通信委員会［米国］　20

講座 情報法の未来をひらく：AI時代の新論点
[第7巻] 安全保障

2024年12月1日 初版第1刷発行

監修者　山本龍彦
編　者　石井由梨佳
発行者　畑　　光
発行所　株式会社 法律文化社

〒603-8053
京都市北区上賀茂岩ヶ垣内町71
電話 075(791)7131　FAX 075(721)8400
https://www.hou-bun.com/

印刷：㈱中村印刷／製本：㈱吉田三誠堂製本所
装幀：仁井谷伴子

ISBN978-4-589-04373-3

©2024 T. Yamamoto, Y. Ishii Printed in Japan

乱丁など不良本がありましたら，ご連絡下さい。送料小社負担にて
お取り替えいたします。
本書についてのご意見・ご感想は，小社ウェブサイト，トップページの
「読者カード」にてお聞かせ下さい。

JCOPY 〈出版者著作権管理機構　委託出版物〉

本書の無断複写は著作権法上での例外を除き禁じられています。複写される
場合は，そのつど事前に，出版者著作権管理機構（電話 03-5244-5088，
FAX 03-5244-5089，e-mail: info@jcopy.or.jp）の許諾を得て下さい。

山本龍彦 監修
[2025年刊行予定]

講座 情報法の未来をひらく：AI時代の新論点
A5判・並製

ポストAI時代のパラダイムシフトをリードする法学の主役としての情報法

第1巻　ガバナンス　　　　　　　　　　　　稲谷龍彦 編
第2巻　法　　　　　　　　　　　　　　　　松尾 陽 編
第3巻　プライバシー　　　　　　　　　音無知展・山本龍彦 編
第4巻　プラットフォーム　　　　　　　　　　成原 慧 編
第5巻　表現の自由　　　　　　　　　　　　水谷瑛嗣郎 編
第6巻　経済・金融　　　　　　　　　　　　藤谷武史 編
第7巻　安全保障〔既刊〕　　　　　　　　　　石井由梨佳 編

水谷瑛嗣郎編

リーディング メディア法・情報法
A5判・308頁・3190円

メディア制作者のための法知識とプラットフォーム事業者のための法知識という情報法学の新枠組みを提示。基本論点とともに、"ネット上の誹謗中傷"などのポスト・デジタル時代の新論点をよみとき、多角的に未来社会・未来法学のあり方を導く。

指宿 信・板倉陽一郎編

越境するデータと法
——サイバー捜査と個人情報保護を考える——
A5判・386頁・5940円

越境する捜査活動をめぐる法的課題に、比較法的・分野横断的に取り組む論文集。「第一部 越境捜索を問う」「第二部 世界の越境捜索とその規律」「第三部 越境捜索と令和3年最高裁決定」「第四部 データ駆動型捜査と個人情報収集の規律」の構成で論考21本を収録。

佐藤史郎・川名晋史・上野友也・齊藤孝祐・山口 航編

日本外交の論点〔新版〕
A5判・290頁・2640円

日本外交における「すべきである／すべきでない」の対立を取り上げ、日本が直面している課題について、安全保障・国際協力・経済・文化などの要素を盛り込み、議論の材料を提供する。新たに宇宙政策の論点を収録。

——法律文化社——

表示価格は消費税10%を含んだ価格です